Mein 20. Jahrhundert

Das Buch

Walter Laqueur, Jahrgang 1921, verbrachte die Kindheit in der Weimarer Republik, die Jugend im Dritten Reich. Mit siebzehn floh er vor den Nazis nach Palästina. Hier erlebte er den Zweiten Weltkrieg und den israelischen Unabhängigkeitskrieg von 1948. Seine Familie wurde im Holocaust ermordet. 1950 ging er in die USA und wurde in der Ära des Kalten Krieges zum führenden Russland-Experten und zum Begründer der Terrorismus-Forschung. Die Stationen seines Lebenswegs haben ihn zu den großen Themen des »ungeliebten« 20. Jahrhunderts geführt, mit denen er sich zeitlebens beschäftigt hat: Warum konnten Hitlers Machtergreifung und die Rückkehr der Barbarei nach Europa nicht verhindert werden? Warum übten Marxismus und Sowjetkommunismus lange Zeit eine solche Faszination aus? Warum hat sich die israelisch-palästinensische Nachbarschaft in einen unlösbaren Weltkonflikt verwandelt? Warum haben die Geheimdienste und politischen Analysten des Westens weder den Untergang der Sowjetunion noch die neuen Gefahren des internationalen Terrorismus vorausgesehen? Laqueur nimmt uns mit auf seine persönliche Bildungsreise durch ein turbulentes Jahrhundert, erzählt im abgeklärten Ton eines auf sein Leben zurückschauenden Weisen.

Der Autor

Walter Laqueur, geboren 1921 in Breslau, 1938 nach Palästina emigriert, lebt heute in London und Washington. Von 1964 bis 1991 war er Direktor des Londoner Institute of Contemporary History and Wiener Library, seit 1969 zugleich in führender Stellung im Center of Strategic and International Studies in Washington tätig. Einer der renommiertesten Historiker seiner Generation und Begründer der Terrorismus-Forschung. Zahlreiche zeitgeschichtliche Bücher über den Holocaust, den Terrorismus, Russland und Europa.

Von Walter Laqueur sind in unserem Hause bereits erschienen:

Die letzten Tage von Europa
Gesichter des Antisemitismus (HC-Ausgabe)
Krieg dem Westen

Walter Laqueur

Mein 20. Jahrhundert

Stationen
eines politischen Lebens

Aus dem Englischen
von Norbert Juraschitz

List Taschenbuch

Besuchen Sie uns im Internet:
www.list-taschenbuch.de

Ungekürzte Ausgabe im List Taschenbuch
List ist ein Verlag der Ullstein Buchverlage GmbH, Berlin
1. Auflage Februar 2011
© für die deutsche Ausgabe
Ullstein Buchverlage GmbH, Berlin 2007/Propyläen Verlag
© by Walter Laqueur, 2009
Titel der amerikanischen Originalausgabe: *Best of Times, Worst of Times*
(University Press of New England, Lebanon, NH)
Konzeption: semper smile Werbeagentur GmbH, München
Umschlaggestaltung: bürosüd° GmbH, München (unter Verwendung
einer Vorlage von Morian & Bayer-Eynck, Coesfeld)
Titelfoto: Amin Akhtar
Satz: Pinkuin Satz und Datentechnik, Berlin
Gesetzt aus der Minion
Papier: Munkenprint von Arctic Paper Munkedals AB, Schweden
Druck und Bindearbeiten: CPI – Clausen & Bosse, Leck
Printed in Germany
ISBN 978-3-548-61009-2

Dem Andenken meines Freundes Ruprecht Schulte
(* 1920 in Breslau, † 2009 in San Diego) und seines
Vaters Eduard Schulte (*1891 in Düsseldorf, † 1966 in Zürich),
dem Mann, der das Schweigen brach,
ein Gerechter unter den Völkern

Inhalt

Vorwort 9

Prolog: Warum ich das 19. Jahrhundert vorgezogen hätte 11

Kindheit unter den Nazis, oder: Warum man dabei
gewesen sein muss, um es zu verstehen 18

Marxismus, Russland und der Kalte Krieg, oder:
Der gescheiterte Traum 60

Der »Kongress für kulturelle Freiheit«, der Sturz
des sowjetischen Imperiums und der
Wiederaufstieg Russlands 103

Der Nahe Osten: Gedanken zu Israel, Zionismus und
Antisemitismus 158

Gedanken zur Geschichtsschreibung 198

Thinktanks und politische Aufklärung, oder:
Warum Prognosen so schwierig sind 243

Guerilla und Terrorismus, oder:
Die Gegenwart im Entstehen 273

Europa 1945–2009, oder: Eine kurze Studie zu
Hoffnung und Enttäuschung 313

Nachwort 340

Publikationen des Autors 345

Personenregister 349

Vorwort

Als meine Enkelkinder größer wurden, beschloss ich, eine Autobiographie zu schreiben, allerdings weniger wegen ihrer unersättlichen Neugier bezüglich meiner Kindheit. Ich liebe sie wirklich sehr, aber sie haben völlig andere Interessen als ich; die Palette reicht von der Wahrscheinlichkeitstheorie bis hin zu sozialen Fragen wie der Adoption von Kindern. Ich nannte das Buch *Thursday's Child has far to go* (deutsch: *Wanderer wider Willen*) und hielt das für einen ziemlich originellen Titel, stellte später aber fest, dass es mindestens ein halbes Dutzend weitere Bücher mit diesem Titel gibt, darunter die Autobiographie von Eartha Kitt. Meine Erzählung endete Anfang der 1950er Jahre, und zwar aus zwei Gründen: Viele Personen, die ich hätte erwähnen müssen, wenn ich über spätere Jahre geschrieben hätte, waren damals noch am Leben, und ich wollte beim Schreiben nicht ständig auf alle möglichen Fettnäpfchen achten müssen. Noch wichtiger war aber: Ich war mir nicht sicher, ob mein Leben in den Jahren danach, in Amerika und Europa, überhaupt so bemerkenswert oder außergewöhnlich war, dass die Leser sich dafür interessieren würden. In *Thursday's Child* habe ich es vermieden, über meine intellektuellen Interessen, über Politik und Geschichte zu schreiben, ich habe mich ausschließlich auf persönliche Erlebnisse beschränkt.

Im vorliegenden Buch habe ich versucht, dies nachzuholen. Ich hatte das Glück, den Zweiten Weltkrieg zu überleben, während die meisten Menschen, die mir nahestanden, umkamen. Ich habe dieses Glück nicht immer voll zu schätzen gewusst; so kam ich auch zu der Frage, die mich häufig beschäftigt und die ich in diesem Buch zu beantworten versuche: Welche historische Periode, welches Land, welche Kultur, welchen Beruf hätte ich vorgezogen, wenn ich die Wahl gehabt hätte? In meiner Zeit gab es für meinen Geschmack zu viel Politik, zu viele Ereignisse von historischer Bedeutung und zu wenig Kultur, Unterhaltung, *joie de vivre*. Wenn ich noch einmal ganz neu anfangen könnte, würde ich mich wahrscheinlich nicht mit Geschichte und Politik befassen.

Ich bin in einem Zeitalter der Spezialisierung ein »Generalist« gewesen und befasse mich in diesem Buch mit einer breiten Palette von Themen, angefangen mit meinen Gedanken zum Nationalsozialismus, die sich (wie könnte es anders sein) auf meine persönlichen Erlebnisse als Heranwachsender und Schüler in NS-Deutschland stützen. Das Buch ist zugleich persönlich und unpersönlich, es behandelt im Wesentlichen das, was ich im Laufe der Jahre gelernt und erfahren habe. Allerdings gehe ich auch auf Fragen ein, zu denen ich nicht immer befriedigende Antworten anbieten kann: von der Sowjetunion und vom Kalten Krieg bis hin zum Schicksal Europas im 20. Jahrhundert, vom Nahen Osten, von Israel und vom Zionismus bis hin zum Rätsel des Terrorismus und der Frage der Einsicht (warum ist es so schwierig, politische und wirtschaftliche Entwicklungen auch nur ansatzweise vorherzusagen?). Das Buch bot mir Gelegenheit, zurückzublicken und meine früheren Gedanken im Licht der späteren Ereignisse und der Ansichten anderer neu zu überdenken.

Kühne Erkenntnisse oder Prognosen sind hier nicht zu erwarten; ich habe in meinem Leben so viele Thesen gehört, dass ich eine gehörige Portion Skepsis gegenüber spekulativem Denken entwickelt habe. Das Buch ist ein Versuch, gewonnene Erfahrungen zu resümieren. Dazu gehören auch Fehler, die mir womöglich unterlaufen sind, und falsche Denkansätze in Vergangenheit und Gegenwart, die ich hätte vermeiden können. Schließlich spreche ich Fragen an, die in meinen Augen noch heute einer befriedigenden Erklärung harren. Ich bin Barry Rubin dankbar für seine Hilfe bei der Abfassung einiger Kapitel.

Washington, Frühjahr 2009

Prolog:
Warum ich das 19. Jahrhundert
vorgezogen hätte

Marcel Proust wurde im Alter von dreizehn Jahren (und sieben Jahre später noch einmal) gebeten, einen Fragebogen auszufüllen. Er sollte seine Lieblingshelden in der Literatur und im wirklichen Leben, seine Lieblingsfarbe und seinen Lieblingskomponisten angeben, aber es waren auch sehr persönliche – oder gar indiskrete – Fragen darunter, wie zum Beispiel eine Beschreibung seiner aktuellen Stimmung. (In welchen Fällen greifen Sie zu einer Notlüge?) Diese Art von Gesellschaftsspielchen sind seither unzählige Male wiederholt oder nachgeahmt worden. Vor ein paar Jahren bekam auch ich einmal einen solchen Fragebogen in die Hand gedrückt und beantwortete die Fragen eher widerwillig.

Wie groß ist das Interesse Fremder an so persönlichen Details eigentlich, und sind die Antworten wirklich aufrichtig und spontan oder eher gehemmt, gewissermaßen mit einem Blick über die eigene Schulter? Ob Schreiben meine Lieblingsbeschäftigung war? Mein erster Artikel wurde im Jahr 1942 veröffentlicht, mein erstes Buch 1947. Aber Schreiben ist mit Sicherheit nicht immer meine Lieblingsbeschäftigung gewesen, in der Geschichte und Literatur habe ich im Laufe der Jahre andere Helden gewählt, und selbst meine Lieblingsfarbe hat im letzten Jahrzehnt von Blau zu Rot gewechselt.

Ich wurde auch gefragt, in welchem Zeitalter ich gerne gelebt hätte, wenn ich die Wahl gehabt hätte. Das Europa nach dem Ersten Weltkrieg war gewiss nicht der optimale Ort, die Zeit nach dem Zweiten Weltkrieg war zwar besser, aber im Rückblick auch nicht ideal. Da es mir an der nötigen Empathie fehlt, möchte ich ungern ein allzu fernes Zeitalter angeben – es hätte zweifellos seinen Reiz, ein Zeitgenosse von Perikles oder Sokrates zu sein, vorausgesetzt man gehörte nicht der *hoi polloi,* der Masse oder Unterschicht, an, aber es fällt mir schwer, mich in diese Zeit einzufühlen: Wie sah das Leben ohne die vielen Annehmlichkeiten der heutigen Zeit aus, die wir für selbstverständlich halten? Vermutlich wäre es ein kurzes Leben gewesen. Perikles und Philosophen wie Sokrates, Platon und Aristoteles erreichten zwar ein hohes Alter, aber die meisten Menschen starben damals früh. Alexander der Große war gerade mal dreißig, als er starb. Heutzutage wäre er selbst für den Rang eines Oberst noch zu jung. Hannibal war sechsundzwanzig, als er oberster Feldherr der karthagischen Armee wurde.

Als Bürger Roms hatte man gewiss allen Grund, stolz zu sein (*»civis Romanus sum«*), doch das war ein Zeitalter der Tugend (zumindest in der Theorie, wenn auch nicht immer in der Praxis), nicht des süßen Lebens, von einem hochkultivierten ganz zu schweigen. Der Übergang von den traditionellen Tugenden, die von Cato und anderen beschworen wurden, zum Luxus und zur Dekadenz der späteren Jahre erfolgte zu abrupt und war zu extrem. Im Übrigen ist Tugend ohnehin, wie John Adams sagte, nicht immer angenehm. Die Herrschaft des Kaisers Augustus wurde von den meisten Zeitgenossen als ein Goldenes Zeitalter empfunden, und eine vergleichbare Begeisterung galt für das Sizilien im 13. Jahrhundert unter dem Staufer-Kaiser Friedrich II.

Edward Gibbon fällte einst ein hartes Urteil über die Dekadenz der Römer in den späteren Jahren. Die meisten Historiker hielten sie, neben der territorialen Überdehnung, für die Hauptursache des Niedergangs; es werden Parallelen zu den Vereinigten Staaten der Gegenwart gezogen und allzu häufig überstrapaziert. Der östliche Teil des Römischen Reiches hatte nämlich nach dem Fall Roms trotz seiner Dekadenz noch weitere tausend Jahre Bestand.

Ich bin mit den romantischen Märchengeschichten aufgewachsen, mit alten Schlössern, Burgen mit Zinnen und Zugbrücken, jungen Rittern und Prinzessinnen, Minnesängern, Nachtigallen und blauen Blumen, Hexen und Köhlern, nächtlichen Zauberwäldern mit wispernden Blättern, einem Silbermond und großer Einsamkeit. Aber im Großen und Ganzen war das Mittelalter nicht die schönste Zeit zum Leben, freilich abgesehen von einigen bemerkenswerten Ausnahmen wie Spanien vor der Reconquista oder Bagdad oder Sizilien, oder Italien während der Renaissance. Was Edmund Burke über den unbestechlichen Anstand und das Zeitalter der Ritterlichkeit unter dem *ancien régime* in Frankreich schrieb, traf zweifellos zu, aber man musste einer sehr kleinen Bevölkerungsschicht angehören, um sich dieser Tugenden erfreuen zu dürfen.

Das führt uns ins 19. Jahrhundert, und hier wird die Versuchung allmählich größer. Napoleon III. war alles andere als ein idealer Herrscher, und natürlich gab es auch damals Zensur, immerhin musste ein Victor Hugo auf Guernsey im Exil leben. Die Jahre nach der französischen Niederlage von 1870/71 waren Jahre der Depression, die Zeit des berühmten Verses »*Je suis l'Empire a la fin de la décadence*« (Ich bin das Reich am Ende der Dekadenz) des französischen Symbolisten Paul Verlaine. Aber es war auch das Paris der Café-Konzerte und später der Belle Époque (keineswegs einer »triste époque«, wie Maurice Barrès sie nannte; Paris war eine Stadt voller Lebensfreude). Das war das Paris des Präfekten Baron Georges-Eugène Haussmann, der Straßenszenen Pissarros oder der Parks, der malerischen Vorstädte wie Louveciennes, der Stadtgärten und winterlichen Straßen, der Brücke von Argenteuil, die Manet so oft gemalt hat. Ein gutes Jahrhundert später ist aus dem Städtchen Argenteuil von Manet und Monet, von Delacroix und Braque (der hier geboren wurde) ein weit weniger friedlicher Ort geworden. Heute werden dort Autos und Motorräder in Brand gesteckt, und Nicolas Sarkozy gab die berühmte Erklärung ab, man müsse den »Abschaum« beseitigen.

Selbst London, so faszinierend es sein mag, gehört gewiss nicht zu den schönsten Städten der Welt, doch es erscheint geradezu reizvoll, wenn man sich etwa die Sydenham High Street ansieht, wie Pissarro sie während seines Zwangsaufenthalts in der Stadt malte (nach der Pariser Kommune). Die Zeitgenossen hatten Gelegenheit, die erste Ausstellung der Impressionisten in Paris zu besuchen, die im Jahr 1874 im Studio eines Fotografen stattfand. Dabei war Unterhaltung keineswegs nur ein Privileg der Reichen: Im Jahr 1880 gab es in den Arbeitervierteln von Paris 150 Tanzlokale, Tendenz steigend. In den Zeitungen der Jahrhundertwende wird berichtet, dass bald an jeder zweiten Straßenecke ein *bal musette* veranstaltet wurde. In den 1880er Jahren gingen rund eine halbe Million Pariser jede Woche ins Theater; ein Jahrhundert später konnten die Theaterintendanten von solchen Zahlen nur träumen.

Das Jahr 1874 ragte mit Blick auf die Kultur dieses Jahrzehnts nicht sonderlich heraus. Doch es war das Jahr von Tolstois *Anna Karenina* und Turgenjews *Aufzeichnungen eines Jägers,* von Mussorgskis *Bildern einer Ausstellung* und Tschaikowskis Erstem Klavierkonzert, nicht zu vergessen Brahms' Lieder. Es war das Jahr, in dem Thomas Hardys *Far From the Madding Crowd* (deutsch: *Am grünen Rand der Welt)* und George Eliots *Middlemarch* erschienen. Der Bestseller des Jahres war Jules Vernes *Reise um die Erde in 80 Tagen*, der ein Jahr zuvor in Paris erschienen war. Im Jahr 1874 wurde die *Fledermaus* von Johann Strauss, dieses Meisterwerk der Operetten, in Wien uraufgeführt. Es dürfte schwerfallen, im 20. Jahrhundert ein Jahr mit einem so reichen Kulturschaffen zu finden.

In den Vereinigten Staaten, im deutschen Kaiserreich und sogar in Großbritannien herrschte damals eine optimistische Stimmung. Gewaltige Fortschritte wurden gemacht, und der letzte große Krieg lag bereits einige Zeit zurück. Auch Frankreich erholte sich allmählich von der Niederlage im deutsch-französischen Krieg, und als die Jahrhundertwende näher rückte, schrieb Charles Peguy, nicht gerade ein großer Optimist, dass sich die Welt (und Frankreich) seit Jesus Christus nicht so sehr verändert habe wie in den letzten dreißig Jahren. Das Leben war leichter geworden. Die Löhne und Gehälter blieben zwar annähernd gleich, aber die Preise waren zwischen 1873 und 1893 in Frankreich um mehr als ein Drittel gefallen, und in den anderen Ländern Europas war ein vergleichbarer Trend zu beobachten.

Gewiss hatte einst schon Kardinal Segni, der spätere Papst Innozenz III., in einem Traktat mit dem Titel *De contemptu mundi* verkündet: Der Mensch ist zur Arbeit geboren, zu Leid, Angst und Tod. Doch die Versuchungen des Fleisches waren stärker. Als das 20. Jahrhundert eingeläutet wurde, bezeichnete die *New York Times* in einer 15-teiligen Serie das 19. Jahrhundert als ein ruhmreiches Jahrhundert der Wunder, als die Blüte aller Jahrhunderte. Allerorten waren liberale Einrichtungen aufgeblüht, die Wissenschaft hatte enorme Fortschritte gemacht, erst unlängst war die Medizin auf einzigartige Weise revolutioniert worden, und ein Herr Edison hatte unzählige großartige Erfindungen präsentiert.

Das Thema wurde aus demselben Anlass von einem Autor der *Washington Post* aufgegriffen. Was gibt es noch zu entdecken?, fragte er rhetorisch. Allein in den Vereinigten Staaten waren in diesem Jahrhundert 700 000 Erfindungen patentiert worden. Auf dem Feld der Elektrizität überstiegen die Möglichkeiten für die Zukunft das menschliche Vorstellungsvermögen. In allen Wissenschaften und geistigen Betätigungen war man weit über die kühnsten Träume der Arbeiter und Denker von 1800 hinausgeschossen. In allem, was dem Menschen zu Trost, Glück und Bequemlichkeit gereicht, hatte man Fortschritte erzielt, die vor einem Jahrhundert noch undenkbar gewesen wären.

In Paris wurden die Erwartungen keineswegs niedriger gesteckt. »Das 19. Jahrhundert ist großartig, das 20. wird glücklich sein«, sagte Victor Hugo voraus. Und das wohl Erstaunlichste war ein Poem von Algernon Charles Swinburne, dem Großvater der englischen Dekadenten und Bewunderer Baudelaires, mit dem Titel *1901*:

An age too great for thought of our to scan
A wave upon the sleepless sea of time
We cry across the veering gale
Farewell – and midnight answers us Farewell
Hail – and the heaven of the morning answers Hail.

(Ein Zeitalter, so groß, dass es unser Denken übersteigt
Eine Welle auf dem schlaflosen Meer der Zeit,
Rufen wir durch den heulenden Sturm
Lebwohl – und Mitternacht antwortet uns Lebwohl
Heil – und der Morgenhimmel antwortet Heil.)

Freilich war nach der Jahrhundertwende unter Künstlern und Dichtern – in Deutschland und Russland stärker, in Frankreich und Großbritannien weniger stark – das Gefühl verbreitet, dass bald etwas ganz Schreckliches passieren werde, aber diese Vorahnung war auf eine sehr kleine Gruppe beschränkt, die, obgleich völlig apolitisch, die Zeichen der Zeit richtig zu deuten wusste. Die große Mehrheit der Bevölkerung amüsierte sich jedoch, man tanzte am 14. Juli auf den Straßen von Paris. Und sogar die Sozialdemokraten in Berlin und Wien waren bei ihrem traditionellen Aufmarsch am 1. Mai überzeugt, dass die guten Zeiten noch vor ihnen lägen. Ein derartiger Optimismus war nach dem Ersten Weltkrieg in kaum einem Land anzutreffen, allenfalls in Amerika als der einzigen großen Ausnahme.

Leo Trotzki hat einmal geschrieben: Wer sich ein ruhiges Leben wünscht, hätte besser daran getan, nicht im 20. Jahrhundert geboren zu werden. Aber ein ruhiges Leben ist ja nicht alles: Das Leben in einer großen europäischen Hauptstadt in der zweiten Hälfte des 19. Jahrhunderts war meines Erachtens auch in anderer Hinsicht dem heutigen vorzuziehen, ungeachtet des Fehlens der modernen Zahnmedizin, ganz zu schweigen von den anderen technischen Neuerungen und heutigen Annehmlichkeiten. Die Prognosen in den Medien im Jahr 2000 für das 21. Jahrhundert fielen erheblich pessimistischer aus als hundert Jahre zuvor. In den Annalen der Menschheit mag es noch andere, ebenso glückliche Zeiträume gegeben haben, aber wohl kaum in der neueren Geschichte.

In dem erwähnten Fragebogen vermisste ich eine wichtige Frage: Welchen Beruf hätte ich gewählt, wenn ich eine möglichst breite Auswahl gehabt hätte, welche Tätigkeit hätte mir in einer idealen Welt die größte Befriedigung verschafft? In erster Linie habe ich über Geschichte und Politik geschrieben; in mancher Hinsicht lag das nahe, weil ich wie die meisten meiner Zeitgenossen den politischen Kräften, auf die ich im Grunde keinen Einfluss hatte, auf Gedeih und Verderb ausgeliefert war und weil mir die Frage nach den Gründen und Ursachen für den Lauf der Geschichte keine Ruhe ließ. Aber im Rückblick könnte ich mir durchaus andere Felder des menschlichen Strebens vorstellen, die meinen Bedürfnissen besser entsprochen hätten. Ich bin keineswegs der Ansicht, dass Geschichte, wie Gibbon einmal schrieb, nichts weiter ist als die Summe der menschlichen Narreteien, Verbrechen und Katastrophen. Aber Politik und politische Geschichte befassen sich, bei all ihrer Faszination, weniger mit den Errungenschaften der Menschheit und mehr mit ihren Irrtümern und Fehlern; angesichts der Unzulänglichkeit der Menschen kann das wohl kaum anders sein. Ein weiser, alter Mann sagte mir vor vielen Jahren, dass er in der Tageszeitung immer zuerst die Sportseiten lese, weil es hier im Gegensatz zum Rest der Zeitung stets um die Leistungen von Menschen gehe.

Nach meinem Eindruck ist die heutige Zeit gewiss nicht die ruhmreichste Epoche der Geschichte, aber fast alle Epochen haben große Werke hervorgebracht. An jedem beliebigen Ort und zu praktisch jeder Zeit kann ein Genie erscheinen, und wenn es auch viel Leid auf der Welt gibt, so herrscht doch zugleich eine große Zufriedenheit. Aber wir blicken heute mit viel weniger Optimismus in die Zukunft als vor hundert Jahren – und das mit gutem Grund.

Kindheit unter den Nazis, oder:
Warum man dabei gewesen sein muss,
um es zu verstehen

Das erste größere Ereignis von öffentlichem Interesse, an das ich mich erinnere, dürfte der Anblick des Luftschiffs Graf Zeppelin gewesen sein. Lautlos glitt es über meiner Heimatstadt durch die Luft, hellgrau schimmernd und knapp 240 Meter lang. Fliegen war damals noch etwas Außergewöhnliches und Faszinierendes. Familien machten an warmen Sommerabenden und Wochenenden einen Ausflug zum nächsten Flugplatz, um die kleinen Flugzeuge bei Start und Landung zu beobachten.

Das erste größere politische Ereignis, an das ich mich noch gut erinnere, waren die deutschen Parlamentswahlen von 1930, aus denen die Nationalsozialisten als zweitstärkste Partei hervorgingen. Wie haben wir das Wahlergebnis erfahren? Aus dem Radio. Aber nicht etwa aus dem Lautsprecher, der damals gerade aufkam. Wir hatten nur kleine Kästen mit »Kristalldetektoren«, an die Kopfhörer angeschlossen wurden.

Meine Eltern interessierten sich, wie die meisten ihrer Schicht und Herkunft, nicht für Politik und hielten politische Betätigung für ungesund und riskant. Sie stimmten (glaube ich) für die kleine Demokratische Partei. Aber als diese Mitte-Links-Partei immer unbedeutender wurde, wechselten sie zu den Sozialdemokraten. Meine Eltern förderten keineswegs mein Interesse an Politik.

Die Erinnerung an das Luftschiff und das Radio passt wohl gut in die Zeit. Es war der Anfang der kommerziellen Luftfahrt und des Rundfunks, zweier Errungenschaften, die unsere Ära nachhaltig prägten. Sie waren gleichsam ein Vorgeschmack auf die Art von Kriegführung, Propaganda und Massenpolitik, die in Kürze über mein Leben und das aller Deutschen hereinbrechen sollte. Ferdinand Adolf Heinrich August Graf von Zeppelin war der ideale Namensgeber für das Luftschiff, denn in gewisser Weise hatte er die Zeppeline erfunden. Flugreisen brachten den raschen Transport von Menschen; Rundfunk den Transport von Informationen. Hitler machte von beiden Errungenschaften überaus wirksam Gebrauch. Sie verknüpften die Welt miteinander, unterstützten aber auch totalitäre Bewegungen. Für die Generation nach mir spielten das Düsenflugzeug und das Fernsehen die gleiche Rolle, und für meine Enkelkinder ist es der Computer. Und neue Technologien werden stets zu Waffen in politischen ebenso wie militärischen Auseinandersetzungen.

Wie oft musste ich den Satz hören: »Politik verdirbt den Charakter«, den manche Talleyrand, andere Fürst Metternich zuschreiben. Die berühmte Zeile »Ein garstig Lied! Pfui! ein politisch Lied!« aus der Szene in Auerbachs Keller in Goethes *Faust* betont den gleichen Gedanken. Die Generation, die etwa zehn Jahre älter war als ich, noch vor dem Ersten Weltkrieg geboren wurde und in der Weimarer Republik heranwuchs, war überwiegend sehr stark politisiert. Und bis zu einem gewissen Grad prägte sie wiederum meine Generation. Aber alles in allem stelle ich im Rückblick fest, dass unter meinen Zeitgenossen Interesse und Engagement für Politik längst nicht so stark verbreitet waren, wie man annehmen sollte. Wie ist das zu erklären? Vielleicht herrschte ein Gefühl vor, der oder die Einzelne zähle im Grunde nicht, er oder sie seien anonymen Kräften auf Gedeih und Verderb ausgeliefert. Eine NS-Parole lautete: »Der Einzelne ist nichts, die Gemeinschaft – alles.« Aber das war keineswegs ein rein nationalsozialistischer Grundsatz, diese Losung war Teil des Zeitgeistes, allerdings war diese Haltung in Deutschland besonders stark ausgeprägt. Individualismus hatte man in Deutschland noch nie für eine Tugend gehalten.

Aus heutiger Sicht fällt es schwer, sich von den Annahmen frei zu machen, Anfang der 1930er Jahre müsse eine Krisenstimmung geherrscht haben, eine Vorahnung des nahenden Untergangs, und die Machtübernahme der Nazis sei unvermeidlich gewesen.

Aber dem war nicht so. Die Menschen machten sich wegen

der Wirtschaftskrise, die im Jahr 1929 mit dem Zusammenbruch großer Banken begonnen hatte, große Sorgen, und sie hatte auch in anderen europäischen Ländern und in den Vereinigten Staaten verheerende Folgen. Bilder von Arbeitslosen, die in den Straßen Schlange stehen, von Feldküchen, um die über Nacht Verarmten zu ernähren, und Demonstrationen sind mir noch lebhaft in Erinnerung.

Politik lag in der Luft, und es herrschte eine große Unsicherheit. Doch im Grunde galt das bereits für die Zeit seit Kriegsende. Ich war schon mit neun Jahren ein eifriger Zeitungsleser, auch wenn ich von dem, was ich las, wohl nicht allzu viel verstand. Da ich es mir nicht leisten konnte, am Tag ein halbes Dutzend Zeitungen zu kaufen, ging ich in die Redaktionsgebäude und bat um Probeexemplare, die mir meist gerne überlassen wurden.

Wenn ich es recht bedenke, muss mein politisches Erwachen noch länger zurückliegen. Ich erinnere mich lebhaft an den Winter 1928/29, den wohl kältesten seit Menschengedenken. Mein Vater schickte mich an einem Sonntagmorgen zum Kiosk an der Ecke, um das *Berliner Tageblatt* zu kaufen. Ich bibberte vor Kälte, aber das hielt mich nicht davon ab, einige Minuten lang vor dem Kiosk die Schlagzeilen der anderen Zeitungen zu studieren.

Oft bin ich gefragt worden, ob damals Angst vor einem Krieg grassierte, aber ich kann mich an nichts dergleichen erinnern, schon gar nicht unter den Veteranen des Krieges. Fast alle Männer waren eingezogen worden. Mein Vater, der für den Dienst in einer Kampfeinheit zu alt gewesen war, wurde vorübergehend zum Leiter einer großen Textilfabrik in Łodz ernannt. Sein Bruder hatte an der russisch-ukrainischen Front gedient und wurde mit dem Eisernen Kreuz ausgezeichnet – was ihm nach Hitlers Machtübernahme jedoch herzlich wenig half. Zwei meiner Onkel waren im Krieg gefallen. Wir hatten eine ganz typische Familiengeschichte.

Die Veteranen waren überzeugt, zu ihren Lebzeiten werde es nicht mehr zu einem Krieg kommen, womöglich sogar nie wieder. Gewalt und Militär waren nicht sonderlich beliebt, einmal abgesehen von ein paar jungen Männern wie Ernst Jünger, einem

Schriftsteller und Kriegshelden, der den Kampf als spirituelle Erfahrung schilderte. Aber Jünger war die Ausnahme, Krieg war äußerst unpopulär. Er bedeutete Hunger und andere Entbehrungen, den Verlust der besten Freunde und nächster Angehöriger. Selbst in der NS-Propaganda kam Krieg nicht ausdrücklich vor, die Nazis verkündeten lediglich, dass sie die Bestimmungen des Versailler Friedensvertrags wie etwa die Reparationszahlungen nicht akzeptierten. Aber Hitler forderte nie direkt einen Krieg, im Gegenteil: Er erklärte fortwährend, dass ein Soldat wie er, der im Ersten Weltkrieg verwundet worden sei (bei einem Gasangriff), niemals einen Krieg wünschen könne – nur die Juden wollten einen Krieg entfesseln.

Später wurde ich Historiker der Weimarer Republik, jenes Intermezzos zwischen der Niederlage des deutschen Kaiserreichs im Ersten Weltkrieg, dem Sturz der Monarchie und dem Aufstieg der NSDAP. Heute betrachten viele diesen Zeitraum voller Nostalgie, als goldenes Zeitalter der Kultur und als Vorläufer der modernen Gesellschaft, mit all ihren Vor- und Nachteilen. Überdies wird die Vorstellung der Freiheit kultiviert, die entweder wegen der eigenen Exzesse oder wegen der nervtötenden Krittelei der Bürger und der Weigerung, ihre Rechte zu verteidigen, dem Untergang geweiht war.

Damals sprachen wohl nur die extremen Rechten von »Weimar«, und selbst sie zogen Begriffe wie die »Novemberrepublik« vor, die von den »Novemberverbrechern« gegründet worden war. Der Name »Weimar« gewann erst ab den 1960er Jahren an Bedeutung. Auch das Wort »Faschismus« gebrauchte kaum jemand, mit Ausnahme einiger Kommunisten. Allgemein sprach man von der »Republik« und nicht von »Weimar«.

Ich lebte damals in Breslau. Was wir heute Weimar und die Weimarer Kultur nennen, konzentrierte sich auf Berlin, genauer gesagt, auf einige westliche Viertel der deutschen Hauptstadt. Gewiss, die Architekten der Gruppe Bauhaus saßen in Dessau, und einige Maler der Avantgarde lebten in München oder Dresden. Aber im Großen und Ganzen war alles, was die Menschen mit

»Weimarer« Kultur und Denken assoziieren, in Berlin konzentriert. Das zeigt, wie einfach es ist, einige vielfach beschriebene oder besonders reizvolle Aspekte einer Gesellschaft herauszugreifen und das Phänomen einer Minderheit als den wichtigsten und sogar prägenden Aspekt jener Zeit darzustellen.

Das Leben in Breslau, damals eine Stadt mit etwa 600 000 Einwohnern, ging im Wesentlichen weiter wie zuvor. Es gab beachtliche Theateraufführungen und Konzerte, aber die Stadt war nicht die Wiege der Moderne. Im Grunde galt das auch für das übrige Deutschland. Alles war noch sehr provinziell, im guten wie im schlechten Sinne. Reisen ins Ausland, um nur ein Beispiel zu nennen, waren die absolute Ausnahme. Das Gesellschaftsleben, die Umgangsformen und Sitten waren seit den Tagen der Monarchie ein wenig freizügiger geworden, aber es hatte weder eine kulturelle noch eine gesellschaftliche Umwälzung gegeben, sondern lediglich graduelle Veränderungen auf wenigen Gebieten.

Immerhin hatten sich manche Einrichtungen tatsächlich verändert. Zum Beispiel waren die Schulen nicht mehr so autoritär wie im Kaiserreich. Unsere Lehrer beeinflussten die vorherrschenden Anschauungen meiner Generation. Sie waren Produkte der Weimarer Republik oder hatten sie zumindest erlebt. Die Bücherregale in den Häusern unserer Eltern enthielten überwiegend »Weimarer« Bücher, also linksgerichtete, liberale und in meiner Familie zu einem großen Teil jüdische Werke. Ich hatte das Glück, im Keller des Hauses eines Onkels in einer Provinzstadt vollständige Sammlungen der führenden Zeitschriften Weimars wie der *Weltbühne* und *Tagebuch* zu entdecken. Das war bereits lange nach der Machtübernahme der Nazis. Mein Onkel handelte mit Spirituosen, und das Gebäude hatte einen gewaltigen dunklen Gewölbekeller, in dem die Fässer und Flaschen gelagert wurden.

Viele Traditionen des wilhelminischen Deutschland waren auch noch in der Weimarer Republik lebendig, und so wurde auch der Lebensstil von Weimar im Dritten Reich weiter gepflegt, ungeachtet aller Bemühungen der Nazis, die Überreste des »Kulturbolschewismus« auszumerzen.

Die Zensur der Nazis war längst nicht so streng wie die sowjetische, allerdings nur, wenn nicht Juden oder Gegner des NS-Regimes betroffen waren. Die meisten französischen, britischen und amerikanischen Bestseller erschienen auch nach 1933 in deutscher Übersetzung.

Selbstverständlich hatten die Nazis ihre ausländischen Lieblingsautoren wie Celine und Jean Giono in Frankreich oder Thomas Wolfe in Amerika (Wolfe war gerne in Berlin und interessierte sich nicht für Politik). Er wurde damals in Deutschland vermutlich mehr gelesen als in den Vereinigten Staaten, aber so etwas kommt häufig vor. Beispielsweise hatte Romain Rolland in Deutschland mehr Bewunderer als in Frankreich – bis er nach 1930 mit kommunistischen Ideen sympathisierte. Aber auch Hemingway und Faulkner wurden verlegt, und natürlich *Vom Winde verweht.*

Erich Kästner zählte zu den beliebtesten Autoren der Epoche. Die Nazis mochten ihn wegen seiner pazifistischen Haltung überhaupt nicht und diffamierten ihn als »entarteten« Schriftsteller. Nach 1933 erhielt er Veröffentlichungsverbot, aber er schrieb unter einem Pseudonym Drehbücher und musste nicht Hunger leiden. Die Bücher von Thomas Mann wurden in Deutschland bis 1936 verkauft und erst verboten, als er aus dem Exil einen offenen Brief schrieb, in dem er sich von dem »neuen Deutschland« distanzierte.

Die meisten bekannten Schauspieler und Schauspielerinnen des deutschen Films in der Weimarer Ära traten weiter vor die Kamera, und das Niveau des deutschen Spielfilms war selbst Ende der 1930er Jahre beachtlich. In einigen Filmen schwangen Nationalismus und sogar Chauvinismus mit, aber in anderen war eine große Bewunderung für Frankreich zu spüren. Großbritannien und die Vereinigten Staaten lagen außerhalb des Blickfelds der meisten Deutschen – vielleicht mit Ausnahme der Stadt Hamburg, die stets eine Schwäche für alles Englische gehabt hatte. Einer der größten Hits von 1936 war »Paris, du bist die schönste Stadt der Welt«. Die Deutschen waren auch noch unter Hitler geneigt einzuräumen, dass Paris schöner sei als Berlin.

Ich liebte ausländische Filme über alles: Das war die Zeit, in der große französische, britische und amerikanische Spielfilme produziert wurden. In allen größeren Städten gab es Kinosäle, die sich auf ausländische Filme spezialisiert hatten, und einige liefen sogar in allen Kinos. So sah ich, um nur einige zu nennen, die Filme von René Clair, Julien Duvivier, Jean Renoir und anderen. Wahrscheinlich habe ich keinen einzigen Film mit Jean Gabin in der Hauptrolle verpasst. Die einzigen großen Filme, die ich damals nicht sehen konnte, waren die russischen, doch das holte ich später nach. Jazz war verboten, doch die deutschen Fans nannten diese Musik einfach Blues und spielten sie trotzdem. Sogar Benny Goodman und seine Band wurden eingeladen, offenbar wussten die deutschen Behörden nicht, dass er Jude war.

Weimar war sowohl auf politischer als auch auf kultureller Ebene ein elitäres Phänomen, das nie Wurzeln in der Bevölkerung schlug. Zugleich machte sich seine politische Elite all jene zum Feind, die immer noch der guten alten Zeit nachtrauerten.

Die Republik war eine Demokratie mit wenigen Demokraten und einer wachsenden Zahl an Extremisten. Das galt auch auf kultureller Ebene. Merkwürdigerweise waren viele, die der Avantgarde von Weimar angehörten, sich dessen gar nicht bewusst oder wollten in späteren Jahren vergessen, wie isoliert sie gewesen waren. Ich erinnere mich an eine Konferenz über die Weimarer Kultur an der New School in New York um 1970. Ich hielt einen Vortrag über die Bestseller im Deutschland der 1920er Jahre. Hannah Arendt nahm an der Konferenz teil und erklärte verächtlich: »Wir haben diese Bücher nie gelesen, nicht einmal von ihnen gehört.« Das war absolut richtig, aber als ich mich erkundigte, wen sie denn mit »wir« meinte, stellte sich heraus, dass sie sich auf einen Kreis von Intellektuellen bezog, der sich in Kaffeehäusern am und um den Kurfürstendamm getroffen hatte und überwiegend aus Linken und Juden bestand.

An dieser Haltung der kulturellen Elite eines Landes hat sich mit Sicherheit wenig geändert. Sie ist auch in den Vereinigten

Staaten sowohl auf politischer als auch auf kultureller Ebene weit verbreitet. Tatsächlich ist diese Überheblichkeit in der ganzen westlichen Kultur eher der Standard. In den meisten Fällen zeitigt dies überwiegend amüsante oder allenfalls ärgerliche Resultate. In Deutschland waren es tragische.

Das deutsche Lesepublikum wurde von einer völlig anderen Art von Literatur in den Bann gezogen, teils apolitisch, teils patriotisch, in der traditionelle Werte wie der deutsche Heldenmut im Ersten Weltkrieg gepriesen wurden. Was wir heute »Weimarer Kultur« nennen, war in Wirklichkeit nur ein Teil der Szene und überwiegend nicht einmal der dominierende Trend. Der Modernismus und die neue Freiheit lockten einige junge Engländer nach Berlin, darunter die Autoren W. H. Auden, Stephen Spender und Christopher Isherwood, sowie einige Franzosen. Auch ein paar Amerikaner kamen, wie der Physiker Robert Oppenheimer, der nach Göttingen ging, dem damaligen Mekka der Physiker und Mathematiker.

Die deutsche Jugend interessierte sich nicht für den Modernismus. Unter Universitätsstudenten waren die Nazis bereits sehr stark, bevor sie in der deutschen Politik zu einer wichtigen Kraft aufstiegen. Die Linke hingegen war in der akademischen Welt kaum vertreten. Es gab nur eine Handvoll linksliberaler Professoren, und kein einziger Hochschullehrer gehörte der extremen Linken an.

Freilich gab es die Frankfurter Schule, aber die Protagonisten mussten ihren Marxismus sorgfältig tarnen, indem sie eine eigene, esoterische Sprache benutzten. Ihr Einfluss war auf einen sehr kleinen Kreis begrenzt. Sie strebten eine Synthese an aus einem weiterentwickelten Marxismus und der Psychoanalyse. Aber die meisten Akademiker wussten nicht einmal von ihrer Existenz. Wie die Weimarer Kultur erlebte die Frankfurter Schule ihre Blütezeit erst vierzig Jahre später in Amerika.

Die Ära Weimar und in noch höherem Maße die NS-Zeit sind ein Lieblingsthema in der westlichen Volkskultur, insbesondere in Filmen. In den meisten Fällen fiel es mir schwer, sie anzusehen, was auch für den berühmten Musikfilm *Cabaret* galt, denn sie wirkten auf mich nicht authentisch.

Der vorherrschende intellektuelle Trend, wenn es ihn denn gegeben haben sollte, war neoromantisch. Aber das war nicht die apolitische, individualistische Neoromantik der emotionalen Einkehr, sondern die patriotische, kollektivistische Variante, die sich nach einem Zusammenschluss der Kräfte, einem starken Führer (nicht unbedingt Hitler) und einer Wiederherstellung des alten Ruhmes eines mächtigen Landes sehnte. Diese Romantik hatte nichts mit Flöte- oder Klampfespielen und Wanderungen durch die Wälder zu tun, sondern mit Trommelschlagen und dem Marsch im Gleichschritt auf deutschen Straßen. Es war die Zeit endloser grauer Marschkolonnen. Es war die Zeit des Gehorsams und Marschierens, nicht des Denkens, und das galt auch für das faschistische Italien und für die Sowjetunion.

Mich beschleicht immer ein merkwürdiges Gefühl, wenn ich Texte über die Weimarer Republik lese, die sich über viele Seiten hinweg mit dem *Zauberberg,* mit Expressionismus und atonaler Musik beschäftigen. Gewiss waren alle diese Dinge vorhanden, und Thomas Mann erhielt den Nobelpreis, aber nur eine verschwindend kleine Minderheit interessierte sich wirklich für moderne Kunst. Politisch gesehen existierten diese Künstler nicht, die Marschierer überwogen, es kam nicht einmal zu einem echten Wettstreit. Es besteht ein grundlegender Unterschied zwischen diesem zweiten Weimar und dem Weimar Goethes und Schillers. Zugegeben, selbst im Jahr 1800 gab es eine Volkskultur, aber ihre Künstler und deren Bewunderer hatten keinerlei politisches Gewicht, während die gebildete Schicht ganz versunken war in die Lektüre ihrer großen Schriftsteller und in die Musik ihrer großen Komponisten. Von diesen Meistern waren sie stark beeinflusst.

Mit Blick auf das Wiederaufleben des Totalitarismus, auf die Anziehungskraft radikaler, gewaltsamer, antidemokratischer und extrem ideologischer Bewegungen erscheint das intellektuelle Weimar vor 1930 heute wie ein schwaches Licht, das bald darauf gelöscht wurde. Obendrein lehnten die meisten linken Politiker und ohne Ausnahme die Kommunisten jegliche Experimente auf kultureller Ebene ab. Tatsächlich billigten sie nicht einmal die »bürgerliche Demokratie«.

Weshalb fehlte Deutschland die Basis für eine Demokratie? Immerhin war diese Regierungsform in Großbritannien und Frankreich bereits fest verankert. Was unterschied Deutschland damals von den beiden Nachbarstaaten?

Die Demokratie war in Deutschland im Gegensatz zu anderen westeuropäischen Staaten nicht sehr stark verwurzelt. Die Revolution von 1848 war gescheitert. Der Schock der Niederlage im Ersten Weltkrieg wirkte noch nach. Die Wirtschaftskrise löste eine Radikalisierung aus, weckte aber zugleich den sehnlichen Wunsch nach Stabilität, was eine Aversion gegen jede Art von politischen oder kulturellen Experimenten zur Folge hatte. Die Avantgarde stand – in der Musik und den schönen Künsten mehr noch als in der Literatur – für einen radikalen Bruch mit der Vergangenheit, was weite Teile der Öffentlichkeit damals scharf ablehnten. Diese Entwicklung in Nazi-Manier »Kulturbolschewismus« zu nennen war natürlich unsinnig, weil in der Sowjetunion Experimente auf kultureller Ebene äußerst eingeschränkt und kurzlebig waren. Das gilt ganz besonders für die sexuelle Freizügigkeit. Ende der 1920er Jahre war die sowjetische Kultur bereits sehr traditionell und sogar konservativ geworden. Stalin liebte die Moderne ebenso wenig wie Hitler.

Ihre größten Erfolge feierte die Weimarer Kultur folglich dreißig oder vierzig Jahre nach dem Ende der Republik. Weimar, oder genauer ein Zweig der Weimarer Kultur, wurde erst Ende der 1960er und in den 1970er Jahren in den Vereinigten Staaten, in Deutschland und in anderen europäischen Ländern wiederentdeckt. Bis zu einem gewissen Grad hatte das politische Gründe. Über den europäischen Marxismus war in den Vereinigten Staaten (New York ausgenommen) nicht allzu viel bekannt, schon gar nicht an den Universitäten. Vielleicht hatte es auch damit zu tun, dass in den 1920er Jahren in Deutschland unzählige vielversprechende Talente lebten, während die 1960er und 1970er im Westen für vergleichbare kreative Schübe eher magere Jahre waren. Vermutlich war deshalb die Bereitschaft größer, Impulse zu übernehmen, die von einer früheren Generation herrührten.

Welche politischen Lehren der Weimarer Republik wurden in das Nachkriegsdeutschland übernommen? Die Deutschen hatten mit Sicherheit ihre Lektion gelernt, aber der Zweite Weltkrieg war nötig gewesen, damit sie diese auch verinnerlichten. Viele Emigranten neigten jedoch zur Überbewertung dieser Lektionen, und manche verfielen regelrecht in Hysterie. Später übertrieben sie maßlos die Gefahren, die der Demokratie in Amerika angeblich drohten. Ich erinnere mich, dass ein Emigrant der älteren Generation (ich glaube, es war Adolph Lowe, Mitglied einer Schule religiöser Sozialisten und führender Wirtschaftsexperte an der New School for Social Research) einmal argumentierte, mit Senator Joe McCarthy habe der Siegeszug des Faschismus in Amerika begonnen. Lowe war keineswegs ein untypischer Fall. Rund zwanzig Jahre später baute sich im Laufe des Vietnamkrieges unter Nixon eine ähnliche Woge der Verzweiflung auf, und viele machten Pläne, nach Europa zurückzukehren. Aber letztlich verließen nur wenige Amerika, und die wenigen wanderten in erster Linie aus, weil sie keine Arbeit fanden oder weil sie Schriftsteller waren und in Deutschland oder zumindest in einem deutschsprachigen Land leben wollten.

Unlängst las ich, dass ein prominenter Historiker prophezeite, von den christlichen Fundamentalisten gehe die Gefahr aus, dass Amerika faschistisch werde. Er behauptete, der Nationalsozialismus sei eine Mischung aus Rassenlehre und »deutschem Christentum« gewesen – eine völlig abwegige Interpretation der Situation in Deutschland 1933 und in den Vereinigten Staaten 2007.

Hitler wollte einen offenen Konflikt mit den Kirchen vermeiden, insbesondere während der Vorbereitungen auf den Krieg und nach dem Ausbruch des Krieges. Aber er erklärte in einer Rede auf einem Parteitag in Nürnberg, dass die Zeit des Christentums vorüber und an seine Stelle der Nationalsozialismus getreten sei.

Warum heulte dieser Kollege zur falschen Zeit und am falschen Ort auf? Es muss psychische Gründe haben. Menschen, die unter der NS-Herrschaft gelitten hatten, waren übersensibel gegenüber der Gefahr einer Diktatur geworden. Die wenigsten jedoch kannten Amerika und die Amerikaner sonderlich gut. Womöglich war das darauf zurückzuführen, dass sie nur eine sehr begrenzte Vorstellung von Amerika hatten. Das Phänomen des Nationalsozialismus jedoch ist heute zu einem politischen Instrument geworden. Wenn eine Person oder eine Gruppe nicht ihren Willen bekommt, werden die Gegner oder Behörden, die zum Beispiel eine Straße sperren lassen, kurzerhand als »Nazis« abgestempelt. Wenn Historiker oder Politologen solche Etikettierungen übernehmen, dann ist das allerdings unverzeihlich.

Ich ging auf eine ziemlich exklusive Grundschule. Die Schüler kamen aus reichen aristokratischen Familien oder aus der jüdischen oberen Mittelschicht. Die Schule war ein wenig elitär, und ich fühlte mich häufig fehl am Platz. Die anderen hatten raffiniertere und teurere Spielsachen als ich, sie fuhren mit ihren Eltern ins Engadin oder an die Adria – damals noch exklusive Urlaubsziele. Wir hingegen reisten in das nahe gelegene Riesengebirge an der deutsch-tschechischen Grenze. Aber im Rückblick war diese Schule wohl ein Glücksfall für mich. Die Schulleitung gab mir die Gelegenheit, vier Grundschuljahre in nur drei Jahren abzuschließen, und das hat mir vermutlich das Leben gerettet. Als Folge des übersprungenen Schuljahres – und wegen der Einführung der Wehrpflicht unter Hitler – machte ich nämlich schon mit sechzehn meinen Schulabschluss und musste mir den Kopf über meine weitere Zukunft zerbrechen. Ich verließ Deutschland gerade noch rechtzeitig im November 1938, einen Tag vor der »Reichskristallnacht«.

Grundschulen waren damals gemischt, aber Gymnasien in der Regel nicht. Die Lehrer waren nicht sonderlich autoritär, doch der Lehrplan hatte sich im Laufe der Jahre kaum verändert. Die aktuelle geschichtliche Entwicklung wurde nicht behandelt, Zeitgeschichte existierte nicht. Die deutsche Geschichte endete mit

Bismarck. Allerdings war (oder ist) das meiner Meinung nach kein spezifisch deutsches Problem. In den meisten Ländern blenden Geschichtslehrbücher die aktuelle Geschichte aus, das Thema ist zu umstritten. Die Lehrer hatten ein hohes Niveau, und einige hätten durchaus Professoren werden können, aber damals gab es an den Universitäten nur wenige Stellen.

Doch die Schule war eigentlich nicht der stärkste kulturelle Einfluss. Es gab die Literatur, Konzerte, Museen, und an dieser Stelle muss ich erneut das Kino nennen. Einige Stummfilme habe ich mir angesehen, meist Slapstickkomödien, sie machten jedoch keinen großen Eindruck auf mich. Das änderte sich mit dem Siegeszug des Tonfilms. Viele Kinosäle waren ziemlich klein, andere riesige und üppig ausgestattete Paläste mit großen Orgeln für die musikalische Begleitung. Ich ging wie die meisten meiner Freunde mindestens ein- oder zweimal pro Woche ins Kino. Es war der Höhepunkt in der Geschichte des deutschen Kinos, der ernsten Filme ebenso wie der Musikfilme und Komödien. Filmstars wie Emil Jannings oder Heinrich George (oder Leslie Howard in Großbritannien) wurden gefeiert.

Was war an diesen Filmen typisch Weimar? Die deutsche Filmindustrie brachte technische Neuerungen hervor, aber über die Inhalte gab es nicht viel zu berichten. Fritz Lang *(M – Eine Stadt sucht einen Mörder)* war eine Ausnahme, aber patriotische Filme über Friedrich den Großen waren viel beliebter. Nach der Niederlage von 1918 wollten viele Menschen Preußen (und Deutschland) siegreich sehen.

War das Kino eine »Traumfabrik«, wie der sowjetische Schriftsteller Ilja Ehrenburg einmal sagte? Für einige mag das zutreffen. Für die meisten war es einfach die Form der Unterhaltung, die vor der Erfindung des Fernsehens am leichtesten zugänglich war. Viele nichtjüdische Filmregisseure und Schauspieler setzten ihre Karriere im Dritten Reich fort. Joseph Goebbels, der Propagandaminister, erkannte die Bedeutung des Films und räumte ihm mehr Freiheiten als anderen Künsten ein. Die meisten Filme der NS-Zeit waren unpolitisch. Goebbels hatte wohl begriffen, dass weder Soldaten noch Zivilisten in Kriegszeiten der Sinn nach politischer Indoktrination stand.

Wo habe ich zum ersten Mal expressionistische und postexpressionistische Gemälde gesehen? Es gab beachtliche private Sammlungen moderner Gemälde. Ich erinnere mich an das Wartezimmer meines Augenarztes, in dem ein Dutzend Bilder der »Brücke« hingen, einer Gruppe moderner Künstler aus der Zeit vor dem Ersten Weltkrieg. Manche Museumsdirektoren schätzten moderne Malerei und Bildhauerei. Sammler waren nicht nur unter den Superreichen zu finden. Gemälde, für die heute Millionen auf Auktionen geboten werden, konnte man damals für wenig Geld erwerben.

Gegenüber der Malerei und Bildhauerei war die NS-Politik längst nicht so liberal wie gegenüber dem Kino. Im Jahr 1937 fand in München die berühmte Ausstellung »Entartete Kunst« statt. Gezeigt und verfemt wurden sogar Maler wie Ernst Barlach und Emil Nolde, die dem Nationalsozialismus auf ideologischer Ebene keineswegs völlig abgeneigt waren. Heute werden Bilder der Künstler, die damals dem Gespött preisgegeben wurden – deutsche Expressionisten wie Erich Heckel, Karl Schmidt-Rottluff, Max Pechstein –, für Millionen Dollar verkauft. Kirchners »Berliner Straßenszene« wechselte erst vor wenigen Jahren für 34 Millionen Dollar in New York bei einer Christie's-Auktion den Besitzer. Zu ihren Lebzeiten waren die meisten, wenn nicht alle Maler bettelarm und überlebten nur dank der Unterstützung einiger wohlhabender Kunstliebhaber. Kirchner nahm sich 1939 in der Schweiz das Leben. Seine Witwe verkaufte das Bild »Berliner Straßenszene« für rund 3000 Mark, was damals als fairer Preis galt!

Jugendliche erkundeten wie zu allen Zeiten die Viertel der Stadt, amüsierten sich auf Geburtstagspartys, spielten Fußball oder sammelten Briefmarken. Das Gymnasium, das ich besuchte, blickte auf eine große Tradition zurück, es hatte drei oder vier Nobelpreisträger hervorgebracht. Aber zu meiner Zeit war von dem Flair nicht mehr viel übrig. Meine Freunde waren überwiegend Nichtjuden.

Das änderte sich im Jahr 1933, aber es folgte keineswegs ein radikaler Bruch. Meine Freunde traten in die Hitlerjugend oder das Jungvolk ein, die Unterorganisation der Hitlerjugend für Zehn- bis Vierzehnjährige, die wenigsten allerdings aus innerer Überzeugung – ich kannte keinen einzigen Fanatiker. Sie fügten sich, weil man es von ihnen erwartete. Nur einige Katholiken, die kirchlichen Organisationen angehörten, traten nicht in die NS-Bünde ein.

Diese Generation war nicht sehr intellektuell, und das gilt sogar für ihre Elite. Sie waren von ihren älteren Geschwistern und der Generation ihrer Eltern beeinflusst und blieben fügsam. Die Rebellion gegen die ältere Generation blieb aus. Um die Jahrhundertwende hatte mit dem Wandervogel eine rebellische »Jugendbewegung« existiert. Für dieses Phänomen gibt es keine Parallelen in anderen Ländern. Man hat die Wandervögel mit den Boy Scouts oder Pfadfindern verglichen, aber in wichtigen Aspekten hoben sie sich deutlich von ihnen ab. Die Jugendbewegung hatte zum Ziel, eine spezifische Jugendkultur zu entwickeln, sie lehnte sich gegen die Schule und das Elternhaus auf. Ihre Anführer waren keine Erwachsenen, sondern Jugendliche, die nur drei oder vier Jahre älter waren als die Masse der Mitglieder.

Ich wurde später zu einem Historiker der deutschen Jugendbewegung. Im Wesentlichen war sie (oder galt zumindest als) apolitisch. Tatsächlich übernahmen ihre Führer unbewusst einen großen Teil der patriotischen Ideologie des wilhelminischen Deutschland; die Weimarer Republik übte keine Anziehungskraft auf sie aus. Im Zuge der späteren allgemeinen Politisierung wandten sich einige dem rechten Lager zu und nur eine Minderheit dem linken. Am Ende wurde die Bewegung von der Hitlerjugend geschluckt, allerdings ohne sonderlichen Enthusiasmus seitens der Vereinnahmten. Mit den Nazis hatten sie die Sehnsucht nach einem starken Führer geteilt, aber anfangs war Adolf Hitler keineswegs das Idol der Jugendbewegung.

Die Jugendbewegung war eine relativ kleine Elite mit kaum

mehr als 100 000 Mitgliedern in unzähligen Gruppen, und jede einzelne hatte eine eigene Orientierung und einen eigenen Stil. Es wurde ein gewisser Militarismus gepflegt, vor allem nach dem Ersten Weltkrieg, aber von einem Überlegenheitsgefühl gegenüber anderen Nationen war nichts zu spüren. Im Gegenteil, es gab unzählige Initiativen, um Jugendliche anderer Länder kennenzulernen und freundschaftliche Bande zu knüpfen. Die Jugendlichen lasen Hermann Hesse, und der war gewiss kein Militarist. Gleichzeitig war der Glaube an ein Idealbild des Soldaten verbreitet: tapfer, diszipliniert, selbstlos, bereit, sich für eine höhere Sache zu opfern. Es herrschte die Überzeugung vor, dass die Gruppe, das Kollektiv, unendlich wichtiger sei als das Individuum. Die meisten Lieder rühmten Soldaten und ihre Kommandeure, tapfere mittelalterliche Söldner und Landsknechte.

Die Jugendbewegung war eine romantische (oder neoromantische) Bewegung, und Deutschland war schließlich das klassische Land der Romantik – abgesehen von der Tatsache, dass in der Romantik des frühen 19. Jahrhunderts die Betonung auf dem Individuum, auf seinen (oder ihren) Stimmungen und Gefühlen gelegen hatte. Die neue Romantik war geprägt von Lagerfeuern und Büchern über den Ersten Weltkrieg, die diese Jungen und jungen Männer verschlangen.

Ich erinnere mich an Klassenkameraden mit literarischen Ambitionen, die den überaus populären Werner Beumelburg nachahmten, einen Weltkriegsoffizier und Weimar feindlich gesinnten Redakteur, der sich später den Nationalsozialisten anschloss. Im Krieg schrieb er von der Westfront. Oder auch Edwin Erich Dwinger, der in *Zwischen Weiß und Rot* über das Schicksal deutscher Kriegsgefangener in Russland zwischen Weißer und Roter Garde schrieb, wobei er die Diskriminierung ethnischer Deutscher in Osteuropa stark betonte. Einige waren von Geschichten aus den ehemaligen deutschen Kolonien in Afrika fasziniert. Dies waren freilich Erlebnisse aus zweiter Hand. In den Schlachten um Verdun war von Romantik keine Rede gewesen, nur Leid, Schmutz und der grausame Tod. Aber von der Wirklichkeit des Krieges wollten die Jugendlichen nichts wissen.

Sie interessierten sich vor allem für Geschichten von Heldentaten. Zu den meistgelesenen Büchern am Ende der Weimarer Ära zählte die sogenannte *Heldenfibel.* Der Autor, ein charismatischer Jugendleiter namens Eberhard Koebel, konnte sich nicht recht zwischen Nationalsozialismus und Kommunismus entscheiden. Er starb 1955 in Ost-Berlin, aber die Kommunisten haben stets an seiner Loyalität gezweifelt.

Heldenverehrung war auch außerhalb der Jugendbewegung verbreitet. Wenn ich Freunde besuchte, sah ich oft gekreuzte Säbel an den Wänden hängen, manchmal Andenken an den Ersten Weltkrieg, nicht selten an den Krieg von 1870/71 gegen Frankreich, in dem die Deutschen einen triumphalen Sieg errungen hatten. Die Attacken der Kavallerie bei Vionville und Mars-la-Tour – das waren Ruhmestaten gewesen.

Für die Weimarer Republik empfanden die Jugendlichen nur Verachtung oder bestenfalls Gleichgültigkeit. Ich erinnere mich an eine Flussfahrt auf der Oder an einem schönen Sonntagnachmittag auf einem kleinen Dampfer. Ein paar Schwimmer kletterten auf das Schiff und trockneten sich demonstrativ den Hintern mit der schwarz-rot-goldenen Flagge der Republik ab, die am Heck wehte. Die meisten Anwesenden applaudierten. Ich war damals vielleicht zwölf, begriff aber bereits, dass ein politisches Regime, dem nicht der geringste Respekt gezollt wurde, keinen Bestand haben konnte. Der Romantizismus war jedoch keineswegs ein Monopol der Rechten. Viele, die sich für die extreme Linke entschieden, taten dies ebenfalls wegen einer romantischen Verklärung der russischen Revolution. Die Hoffnung, eine neue und unendlich bessere Welt zu schaffen, beruhte nicht auf der Lektüre des *Kapitals* von Karl Marx oder des *Anti-Dühring* von Friedrich Engels, sondern auf der Faszination, die von der Idee einer Revolution ausging.

Die Kommunisten konnten den Nationalsozialisten letztlich nicht Paroli bieten, weil sie nicht dem nationalen Lager angehörten. Überdies träumten sie von einem allzu grundlegenden Wandel, und der sollte auch noch nach einem ausländischen Vorbild gestaltet werden. Freilich unternahmen die Kommunisten um 1930 einen halbherzigen Versuch, Nationalgesinnte zu gewinnen, und Ernst Thälmann veröffentlichte Manifeste, in denen »die Knechtung Deutschlands durch den Versailler Frieden« gegeißelt und der »Gewaltfrieden« beklagt wurde.

Doch die Nazis nahmen den Linken mit Leichtigkeit den Wind aus den Segeln, indem sie anprangerten, dass die Loyalität der Kommunisten einem fremden Land gelte (eine Zeitlang lautete ihr Wahlspruch »Heil Moskau«), während sie die wahren und treuen Patrioten seien: »Deutschland erwache!« Die Kommunisten und die Sozialdemokraten unterschätzten den Einfluss des deutschen Nationalismus, und diese Fehleinschätzung reicht bis in eine frühere Phase zurück. Gewiss träumten in den 1920er Jahren auch Goebbels und andere Nazis von einem deutsch-russischen Bündnis, das sich gegen die Kapitalisten im plutokratischen Westen richtete, aber Hitler brachte sie rasch auf die nationale Linie. Nur wenige Abweichler traten aus der Partei aus.

Nach dem Krieg traf ich ein paar von ihnen wie Otto Strasser und interviewte sie. Er war ein Nazi der ersten Stunde, der bis zu seinem Ausschluss durch Hitler im Jahr 1930 den linken Flügel der Partei repräsentiert hatte. 1933 flüchtete er ins Ausland, als andere mit ähnlichen Ideen ausgesiebt und ermordet wurden. Diese Gruppe sogenannter Nationalbolschewisten hatte zu keiner Zeit auch nur die Spur einer Chance auf Erfolg.

Nehmen wir ein herausragendes Beispiel: Rosa Luxemburg. Sie ist bis heute die Heldin der deutschen Linken. Jedes Jahr versammeln sich im Januar, am Jahrestag ihrer Ermordung durch rechtsradikale Freikorpsmitglieder nach dem gescheiterten Spartakusaufstand 1919, Zehntausende von Sympathisanten an ihrem Grab in Berlin. Straßen, Plätze, Einrichtungen werden nach ihr benannt, und das nicht nur in Deutschland, sondern auch in Frankreich und Italien. Sie war eine sehr mutige Frau, die zur Märtyrerin ihrer Sache wurde, hatte einen scharfen Verstand und war eine brillante Rednerin.

Aber in ihren politischen Urteilen, sowohl auf taktischer als auch auf theoretischer Ebene, lag sie überwiegend falsch. Sie irrte sich in ihren Schriften über den Imperialismus, über den Zusammenbruch des Kapitalismus und über den Generalstreik als Waffe. Sie irrte sich sogar in ihrem Streit mit Lenin, der die Bedeutung des Nationalismus klarer erkannt hatte. Doch hatte sie mit ihrem Widerstand gegen den Ersten Weltkrieg recht, und sie prophezeite schon 1918, das sowjetische Regime werde nicht eine Diktatur *des* Proletariats, sondern *über das* Proletariat werden.

Im Januar 1919 unterstützte sie (mit wenig Begeisterung, wie sich zeigen sollte) einen Putsch gegen die sozialdemokratische Regierung. Im Verlauf des Putschversuches wurde sie mit ihrem Gefährten Karl Liebknecht von rechten Extremisten ermordet. Hatte sie erkannt, dass man mit Aufständen und Revolutionen nicht spielen darf und dass eine krasse Fehleinschätzung tödliche Folgen haben kann? Sie befürwortete sogar, dass eine jüdische Frau aus Zamość in Galizien die Führerin der deutschen Arbeiterklasse werden sollte, ein schlagendes Beispiel dafür, in welchem Maße sie die Macht des Nationalismus (nicht nur in Deutschland) unterschätzte. Diese Irrtümer, die sie und viele andere das Leben kosteten, beeinträchtigten jedoch kaum die ihr posthum dargebrachte Verehrung.

Ihrem Schicksal sollte man das Eduard Bernsteins, eines frühen Marxisten, gegenüberstellen. Der 1850 in Berlin geborene Bernstein war ebenfalls jüdischer Abstammung. Er schloss sich Marx in seinem Londoner Exil an und wurde zum Vater des reformorientierten Sozialismus (oder Revisionismus, wie ihn seine kommunistischen Kritiker nannten). Bernstein war überzeugt, dass die Ziele der Arbeiterklasse allmählich als Folge politischen Drucks erreicht werden könnten. Wegen dieser Haltung und seiner Zweifel an Marx' Prognosen zum bevorstehenden Zusammenbruch des Kapitalismus wurde er beinahe aus der Partei ausgeschlossen.

In Wirklichkeit folgten die deutschen Sozialdemokraten (und die meisten sozialistischen Parteien in anderen Staaten Europas) Bernsteins Analyse. Er lag mit seinem politischen Instinkt in der Regel richtig (er lehnte den Ersten Weltkrieg ebenfalls ab), aber seine Ideen waren zu nüchtern, zu unromantisch, um die junge Generation in ihren Bann zu ziehen: keine Revolution, keine radikalen, schnellen Lösungen. Das war nicht der Stoff, mit dem Enthusiasmus geweckt wurde. Historisch gesehen behielt Bernstein recht, aber er ist in Vergessenheit geraten. Er starb im Jahr 1932, und heute besucht niemand sein Grab.

Aber zurück zu den Gründen für den Sturz der Weimarer Republik und der Attraktivität des Nationalsozialismus, wie ich sie damals – und in späteren Jahren – erlebt habe. Immerhin ist sie ein zentraler Aspekt für das Verständnis der modernen Politik. Wenn man jedoch die NS-Bewegung als Karikatur darstellt, dann wird man kaum verstehen können, warum es ihr damals gelang, so viele Gefolgsleute zu mobilisieren. Einige Menschen wollen sich nicht damit abfinden, dass eine bösartige Ideologie so starken Rückhalt in der Bevölkerung gewinnen konnte. Die *vox populi* kann sich in ihren Augen nicht irren. Deshalb müssen diese Schandtaten von einer winzigen Gruppe verübt worden sein, oder die Massen waren einfach an der Nase herumgeführt worden (»falsches Bewusstsein«), oder eine Verschwörung Hitlers und der Großindustriellen steckte hinter dem Aufstieg der Nazis. Diese irrigen Vorstellungen sind noch heute lebendig und durchaus verbreitet.

Tatsächlich hatte die Demokratie in Deutschland keine Wurzeln geschlagen. Es gab von Seiten der Intellektuellen Widerstand gegen sie (wie im heutigen Russland); damals war die Meinung verbreitet, dass ein Land, das stark sein wollte, sich endlose Debatten im Parlament nicht leisten könne. Man bräuchte also eine starke Hand. Zudem war die Weimarer Verfassung mehr als unzulänglich. Sie ließ es zu, dass zahlreiche Parteien wie Pilze aus dem Boden schossen, was die Bildung einer stabilen Regierung erschwerte. Viele Deutsche hatten als Folge der Inflation von 1922/23 ihren ganzen Besitz verloren.

Darauf folgten einige eher ruhige und florierende Jahre. Doch die Weltwirtschaftskrise von 1929 und die extrem hohe Arbeitslosigkeit verunsicherten die Menschen. Bereits 1931/32 waren die antidemokratischen Parteien stärker als die demokratische Mitte, und die Gegner der Demokratie beherrschten vor allem die Straße. Ich erinnere mich an Massendemonstrationen, fast an jedem Sonntag, die mit Straßenschlachten zwischen Nazis und Kommunisten oder zwischen beiden Kontrahenten und der Polizei endeten. Jede Woche gab es bei diesen Ausschreitungen Tote und Verletzte. Viele glaubten, das Land stehe unmittelbar vor einem Bürgerkrieg, und sehnten sich deshalb nach einer Regierung, die die Ordnung wiederherstellte.

Welche Bedeutung hatte der Antisemitismus für diesen Prozess? War er ein vergleichsweise unbedeutender Aspekt für die Attraktivität der Nazis? Brauchten sie ihn überhaupt, um Unterstützung zu mobilisieren, oder war er Hitlers persönliche Obsession?

Er war mit Sicherheit mehr als Hitlers persönlicher Wahn. Der Antisemitismus hatte in Deutschland tiefe Wurzeln, und die politische und wirtschaftliche Krise nach dem Krieg, der Schock der Inflation und der wirtschaftliche Absturz großer Teile des Mittelstandes heizten den Antisemitismus an. Jemand musste also für diese Katastrophen als Sündenbock dienen. Und dennoch, der Antisemitismus allein hätte die Massen nicht angelockt.

Anderswo in Europa war der Antisemitismus mindestens ebenso stark verbreitet, wenn nicht sogar stärker. Ich erinnere mich an eine Diskussion mit meinem Freund George Mosse, dem herausragenden Historiker des modernen Deutschland, der mit mir das *Journal of Contemporary History* herausgab. Wir forschten damals beide zum deutschen Antisemitismus im 19. Jahrhundert. Ich schlug George eine historische Analyse nach dem Motto »Was wäre gewesen, wenn …« vor: Wenn man um 1900 Experten gefragt hätte, in welchem europäischen Land vom Antisemitismus die größte Gefahr ausgehe, was hätten sie wohl geantwortet?

Russland, Polen, Rumänien, womöglich Frankreich, aber mit Sicherheit nicht Deutschland.

George Mosse stimmte mir zu und griff diesen Gedanken in seinen Büchern auf. Nach 1933 setzte eine massive antisemitische Indoktrination in der Schule, den Medien und Parteiorganisationen ein. Aber ich glaube nicht, dass der Antisemitismus jemals das zentrale ideologische Thema wurde, mit Ausnahme einer kleinen Gruppe von Menschen wie Julius Streicher, dem Herausgeber der Wochenzeitschrift *Der Stürmer*. Für ihn war die »Judenfrage« zentral, und die Zeitschrift schrieb vorwiegend über dieses Thema, aber das galt keineswegs für die Masse der deutschen Printmedien. Nichtsdestotrotz wurde Hitler beim Mord am europäischen Judentum von Tausenden aktiv und von vielen Millionen passiv unterstützt.

Es mag verwunderlich erscheinen, aber ich persönlich wurde nie physisch belästigt oder angegriffen, und ich erinnere mich an nicht mehr als drei oder vier Fälle verbaler Angriffe, meist von Mitgliedern einer Gruppe. Mir wurde von anderen Juden über ähnliche Erfahrungen berichtet, aber ich kenne auch ganz andere Fälle. Verdränge ich womöglich bestimmte schmerzliche Erinnerungen? Ich weiß es nicht.

Mit Sicherheit legten sich in jenen Jahren alle ein dickes Fell zu. Ich halte mich nicht für einen traumatisierten Schwächling, vielleicht weil ich so intensiv Sport getrieben habe. Ich boxte unter der Anleitung eines geradezu legendären jüdischen Trainers namens Lachmann. Er brachte eine ganze Galerie deutscher Amateur-Boxchampions hervor. Drei von ihnen nahmen sogar an den Olympischen Spielen von 1936 in Berlin teil, und Josef Miner gewann die Bronzemedaille im Federgewicht. Nach 1933 hätten sich die deutschen Boxer eigentlich nicht mehr mit dem Trainer treffen dürfen, aber sie kamen trotzdem im Schutz der Dunkelheit. Also trainierte ich, ein angehender Teenager, mit ihnen und war manchmal sogar ihr Sparringspartner. Leichtathletik, Fußball, Handball – wir machten alles mit. In meinem Abschlusszeugnis steht, dass aus mir ein guter Sporttrainer werden könnte. Man mag nun einwenden, dass der Sport allenfalls eine Illusion der Normalität bot. Aber die Psyche stabilisierte er mit Sicherheit, und er gab mir das dringend benötigte Selbstvertrauen. Als ein Enkel von mir den schwarzen Gürtel im Karate erwarb, hat mich das mindestens so sehr beeindruckt wie seine akademischen Leistungen.

Worin lag der besondere Reiz des Nationalsozialismus für die junge Generation? Es fällt auf, dass die Führer der NSDAP durchweg jünger waren als die anderer Parteien, das gilt im Übrigen auch für die faschistische Partei in Italien, deren Hymne »*Giovinezza*« (Jugend) hieß. Dadurch konnten sie sich als Partei der Jugend ausgeben, der die Zukunft gehörte. Als die Nazis die Macht übernahmen, war Hermann Göring 40 Jahre alt, und Goebbels, der Propagandaminister, war 36. Rudolf Hess, Hitlers Stellvertreter, war 39, Heinrich Himmler, der gefürchtete SS-Führer und Leiter sämtlicher Polizei- und Sicherheitsdienste, war 33, und sein Stellvertreter, der berüchtigte Reinhard Heydrich, war erst 29. Hitler selbst war 43.

Die jungen Menschen in meinem Umfeld haben meines Erachtens Hitler nicht aufgrund einer bewussten politischen Entscheidung oder der Übereinstimmung mit einer Ideologie unterstützt. Ihr Eintritt in eine halbreligiöse Massenbewegung war viel eher ein Glaubensakt. Die Ideen der Demokratie und der Freiheit waren in ihren Augen überholt und diskreditiert, dieses Denken verdammte den Staat zur Ohnmacht. Zugleich bestand die Bereitschaft, dem »Führer« zu vertrauen, weil er angeblich am besten wusste, was zu tun war. Die wahren Ziele und Konsequenzen des Nationalsozialismus, Massenmord und Krieg, waren 1933 noch nicht absehbar.

Darüber hinaus gab es soziale Faktoren: Die Mittelschicht war von der Arbeitslosigkeit ebenso hart betroffen wie die Arbeiterklasse. Das ganze System schien vom wirtschaftlichen Niedergang und vom Schreckgespenst der Arbeitslosigkeit von Akademikern und Führungskräften geprägt. Armut wurde für viele zur bitteren Realität. Widerstand schien sinnlos oder gar verrückt.

Jemand hat es mal so ausgedrückt: »Der Nationalsozialismus bot alles, was sich ein junger Mann in seinen geheimsten und stolzesten Träumen wünschte: Aktivität, Verantwortung für seine Kameraden und die Arbeit mit ebenso begeisterten Freunden für ein größeres und stärkeres Vaterland. Er stellte offizielle Anerkennung und Karrieren in Aussicht, die zuvor undenkbar gewesen wären. Die Gegenseite bot nur Schwierigkeiten und Gefahren, eine leere Zukunft und Zweifel im Herzen.«

Kurz, die Versuchung war gewaltig. Das gilt für die Idealisten unter den Nazis, die meisten waren jedoch »Mitläufer«, die sich anschlossen, weil es die anderen taten und weil man es von ihnen erwartete oder weil sie zum Beispiel ein Studium aufnehmen wollten. Im Großen und Ganzen sympathisierten sie mit den Nazis und waren von Hitler beeindruckt, aber sie waren überwiegend keine Fanatiker.

War der Zusammenbruch der Weimarer Republik unvermeidlich? Was hätte die Geschichte in eine andere Richtung lenken können? Die demokratischen Parteien, allen voran die Sozialdemokraten, hatten keine starke Führung, und es gelang ihnen nicht, die beachtliche Macht einzusetzen, die sie immer noch besaßen. Mit einer Reihe von Verhaftungen hätte man womöglich im letzten Moment die NSDAP ihrer Führung berauben können.

Die Sozialdemokraten hätten im Jahr 1929 in der Regierung bleiben sollen, statt in die Opposition zu gehen. Die letzten deutschen demokratischen Regierungen hätten eine dynamische Wirtschaftspolitik verfolgen können anstelle jener törichten Sparmaßnahmen, die Heinrich Brüning, der Chef des katholischen Zentrums, durchsetzte. Brüning bekämpfte die Depression mit einer ähnlichen Politik wie Präsident Hoover in den Vereinigten Staaten: Kürzung der Regierungsausgaben, Senkung der Sozialleistungen und Löhne.

Die demokratischen Kräfte hätten das Bild einer handlungsfähigen Führung schaffen können, und sie hätten Zeit gewonnen. Die Wirtschaftskrise erreichte im Jahr 1932 ihren Höhepunkt, ein oder zwei Jahre danach besserte sich die Lage allmählich, und die Demokraten hätten die Früchte ihrer Politik geerntet. Je mehr ich jedoch über Hitlers Rolle nachdenke, desto entscheidender erscheint sie mir. Genau wie es im November 1917 ohne Lenin keine bolschewistische Revolution gegeben hätte, wären die Nazis im Januar 1933 ohne Hitler nicht an die Macht gekommen.

Das heißt natürlich nicht, dass alles mit Hitler als dem großen

Verführer eines unschuldigen Volkes erklärt werden kann. Es bestand eine große Bereitschaft, ihm zu folgen und seiner Botschaft Glauben zu schenken. Aber er wusste genau, wie er dieses Potential nutzen und davon profitieren konnte. Viele haben versucht, Hitlers magische Anziehung zu rekonstruieren. Es ist sehr schwer für uns, das heute nachzuvollziehen, insbesondere für Menschen, die nicht Deutsch sprechen. Welches Gewicht hatte der Inhalt seiner Reden und welches sein Stil?

Einmal habe ich Hitler ein paar Minuten lang bei einer Parade in meiner Heimatstadt beobachtet. Es mag vereinfachend klingen, aber ich bin wirklich überzeugt, dass Hitler eine zentrale Rolle spielte. Natürlich war auch Joseph Goebbels, der ausgezeichnete Redner, wichtig. Im Zeitalter des Fernsehens wäre er ein TV-Star gewesen. Auch Göring, als tollkühner Jagdflieger ein Held des Ersten Weltkriegs, und ein Dutzend andere NS-Führer ragten heraus, aber kein einziger hatte Hitlers unerschütterlichen Willen, Fanatismus, Zielstrebigkeit und dessen Bereitschaft, hoch zu pokern.

Hermann Göring, die Nummer zwei im Dritten Reich, war ein brutaler Tyrann, dem es an persönlicher Courage nicht mangelte. Er hätte Anführer einer Gangsterbande werden können. Aber als politischer Führer wäre er 1939 niemals in den Krieg gezogen, wie er nach Kriegsende bei Verhören in Nürnberg sagte. Er wusste, dass Deutschland unterliegen würde. Anfangs erwähnte er seine Befürchtungen gegenüber Hitler, aber als er erkannte, dass Hitler sich bereits für den Krieg entschieden hatte, wagte er es nicht, sich gegen ihn aufzulehnen.

Im Dritten Reich wurden Entscheidungen niemals von Ausschüssen getroffen. Außer zu Detailfragen zog Hitler andere niemals zu Rate. Die deutsche Regierung wurde ab 1937 zu keiner einzigen Kabinettssitzung zusammengerufen, und selbst davor tagte sie nur wenige Male. Hitler hielt das für Zeitverschwendung und meinte, er wisse ohnehin alles am besten. Hitler hatte 1923 in München einen Putschversuch unternommen, und einige Männer neben ihm wurden beim Marsch zur Feldherrnhalle von Kugeln getroffen. Wenn er damals oder bei einer anderen Gelegenheit getötet worden wäre, bezweifle ich, dass die Nazis 1933 an die Macht gelangt wären.

Selbst wenn die NSDAP an die Macht gelangt wäre, sie wäre nicht dieselbe Partei gewesen und hätte nicht dieselbe Politik verfolgt. Natürlich begünstigte das allgemeine politische Klima die populistische extreme Rechte, doch die NSDAP war in erster Linie die Hitler-Partei. Der Gedanke, dass ein Bürokrat wie Himmler oder ein Ideologe wie Alfred Rosenberg oder selbst ein Göring, denen allesamt jegliches Charisma fehlte, die Partei genauso hätten führen können, ist geradezu lächerlich. Sie waren Menschen, die es gewohnt waren, anderen zu folgen. Es ist durchaus möglich, dass eine rechtsgerichtete, autoritäre Regierung in Deutschland an die Macht gelangt wäre, die sich auf rechte Parteien, die NSDAP und die Wehrmacht gestützt hätte. Aber das wäre ein völlig anderes Projekt gewesen. Es ist vermutlich symptomatisch, dass heute sogar Marxisten oder ehemalige Linke eher detaillierte Hitler-Biographien schreiben, als die Sozialgeschichte des Dritten Reiches unter die Lupe zu nehmen.

Führer der Oppositionsparteien in unserer Stadt wurden verhaftet oder flohen ins Ausland. Überall wurden NS-Flaggen und Hakenkreuze aufgehängt. Aufgrund einer lokalen Initiative wurde außerhalb der Stadt ein erstes Konzentrationslager errichtet. Binnen weniger Monate wurden aus den verschiedenen Einrichtungen alle Personen entfernt, die von den Nazis als unzuverlässig eingestuft wurden.

Die meisten nichtnationalsozialistischen politischen Institutionen und Vereinigungen wurden verboten. Dieser Prozess ging reibungslos vonstatten, es gab so gut wie keinen Widerstand. Die »bürgerlichen« Parteien und die Sozialdemokraten waren jedoch auf die Existenz und die Fortsetzung ihrer politischen Arbeit in der Illegalität nicht vorbereitet.

Die Kommunisten hatten einige Vorkehrungen für die Tätigkeit im Untergrund getroffen, aber die NS-Sicherheitsdienste, die aus der Weimarer Polizei entstanden waren, infiltrierten diese Zellen erfolgreich. Nach 1934 oder 1935 stellten die meisten ihre Tätigkeit ein. Illegale Propagandaschriften wurden einge-schmuggelt, ich kannte einige Jugendliche, die sich daran betei-ligten. Ein paar wurden verhaftet und bezahlten für ihren Mut mit dem Leben, darunter auch eine Bekannte von mir. Die Leute, die diese Pamphlete schrieben, waren völlig realitätsfremd; ihre Schriften bewirkten nicht das Geringste.

Ich stand einer dieser Untergrundgruppen nahe (der KPO – einer rechten Abspaltung der KPD), wurde jedoch nie Mitglied. Sie fütterten mich mit marxistischer Literatur, die ich für einen sehr hilfreichen, ja sogar essentiellen Teil meiner politischen Bildung hielt. Ich las nicht nur Marx und Lenin, sondern auch ihre späteren Interpreten wie die holländische Schule (Herman Gorter, Anton Pannekoek), Fritz Sternberg über den Imperialis-mus, Karl Korsch und noch viele mehr. Als diese Autoren von den amerikanischen und europäischen Linken in den 1960er Jah-ren wiederentdeckt wurden, fühlte ich mich ein wenig im Vorteil, weil ich sie schon vor Jahrzehnten gelesen hatte.

Sie gaben mir auch *Fontamara* von Ignazio Silone. Selbst im zarten Alter von fünfzehn oder sechzehn spürte ich, dass das ein kraftvoller, antifaschistischer Roman war, vielleicht der bes-te aller Zeiten. Viele Jahre später begegnete ich Silone in Rom. Er war sehr niedergeschlagen und einsilbig. Nach seinem Tod wurde bekannt, dass er in den 1920er Jahren (als führendes Mit-glied der kommunistischen Partei) dem italienischen Geheim-dienst als Spitzel gedient hatte. Sein Verhalten ist für mich ein psychologisches Rätsel, obwohl Gerüchte kursierten, er habe das nur getan, um seinen kranken Bruder zu retten, der in die Hände der Faschisten gefallen war.

Aber das reicht als Erklärung nicht aus. Weshalb hätte der faschistische Geheimdienst Silone anwerben sollen? Tatsächlich hatte er schon vor Mussolini Kontakt zum Chef der politischen Polizei. Und weshalb hätte er 1930 die Zusammenarbeit abbre-chen sollen? Er erlitt damals einen Nervenzusammenbruch und wurde von Carl Jung (oder einem seiner Schüler) behandelt. Eine Erklärung muss wohl in seiner Psyche gesucht werden.

Die Vorgänge in unserer Stadt waren charakteristisch für

das ganze Land. Die Nationalsozialisten erhielten aus allen Bevölkerungsschichten Unterstützung, in katholischen Regionen vielleicht weniger als in protestantischen, und ein wenig stärker in der Mittelschicht als im Adel oder in der Arbeiterklasse. Die Unterschiede waren jedoch nicht sehr groß. Die Unterstützung für die NSDAP lag in Schlesien und seiner Hauptstadt Breslau leicht über dem Landesdurchschnitt.

Die Frage der Unterstützung für die Nazis in der Bevölkerung ist in mancher Hinsicht schwer zu beantworten. Ich untersuchte insbesondere die Unterstützung durch Studenten. Ich stellte fest, dass die Nazis, lange bevor sie zu einer bedeutenden Kraft in der deutschen Politik aufstiegen, an den Universitäten beachtlichen Rückhalt gehabt hatten. In kleinen Hochschulorten, wo es wenig jüdische Dozenten und Studenten gab, waren sie am stärksten vertreten. Außerdem waren sie sehr einflussreich in Fakultäten und Disziplinen wie der Forstwirtschaft oder der Veterinärmedizin, für die sich überhaupt keine Juden eingeschrieben hatten.

Einmal wurde ich für ein paar Stunden verhaftet, aber die Sache erwies sich als völlig harmlos. Ich hatte zu einer Zeit an einem Ausflug mit einer Jugendgruppe teilgenommen, als solche Ausflüge verboten waren. Wir hatten den Fehler begangen, in einer ziemlich großen Gruppe Fahrrad zu fahren, statt uns in kleinere Gruppen aufzuteilen. Der Mann, der mich verhaftete, war ein sehr hoher Polizeibeamter, vielleicht sogar der Polizeichef unserer Stadt, der zufällig an unserer Gruppe vorbeigefahren war. Ich forderte ihn nicht auf, sich auszuweisen, weil er darauf kaum freundlich reagiert hätte … Danach räumte ich die verbotene Literatur aus meinen Regalen aus, aber die Vorsichtsmaßnahme erwies sich als überflüssig. Unser Haus wurde nicht durchsucht.

Über die Macht der bürokratischen Apparate und der Einrichtungen wurde viel geschrieben, und es wurde argumentiert, Hitler sei (genau wie Stalin) ein Gefangener der Bürokratie gewesen und habe die wichtigen Entscheidungen nicht selbst getroffen. Das ist kompletter Unsinn, der einen manchmal am Nutzen und Wert der Geschichtsschreibung zweifeln lässt. Selbstverständlich war Hitler weder allgegenwärtig noch allmächtig. Ohne ihn konnte jedoch keine wichtige Entscheidung getroffen werden. Obendrein ist es erstaunlich, in welchem Ausmaß er sich auch in kleine und unbedeutende Angelegenheiten einmischte – etwa unter welchen Bedingungen Ausländern in Deutschland ein Angelschein erteilt werden durfte oder in welcher Farbe bestimmte Gebäude in München gestrichen werden sollten. Dass er nicht die Durchführung eines jeden einzelnen Befehls überwachen konnte, versteht sich von selbst. Aber ich wiederhole: Im Dritten Reich konnte ohne seine Erlaubnis nichts Wichtiges geschehen. Natürlich delegierte er manches auch, vor allem Entscheidungen, die die Wirtschaft betrafen, für die er sich nicht sonderlich interessierte, solange die Wehrmacht bekam, was sie brauchte.

Gut dreißig Jahre nach Ende des Zweiten Weltkrieges diskutierten Historiker und Politologen in Deutschland und den Vereinigten Staaten über den Totalitarismus. Eine Denkschule vertrat die Ansicht, so etwas wie »totalitär« habe es nie gegeben, das sei lediglich Propaganda des Kalten Krieges gewesen und erfunden worden, um das sowjetische System zu verunglimpfen. Falls gewisse Ähnlichkeiten zwischen dem Nationalsozialismus und dem sowjetischen System bestünden, so seien sie allenfalls oberflächlich oder rein zufällig.

Dabei war das Konzept totalitärer Herrschaft schon lange vor Ausbruch des Kalten Krieges entwickelt worden, und wer wollte bestreiten, dass die NS-Herrschaft völlig neue Merkmale hatte, die sie von früheren Diktaturen unterschied – oder auch von den Diktaturen, die Francisco Franco in Spanien, Antonio Salazar in Portugal oder Juan Perón in Argentinien errichteten. Mussolini hatte den Begriff des Totalitarismus für sein System gebraucht, aber er erreichte das Ziel einer totalen Herrschaft nie. Bezeichnenderweise wurde die Monarchie in Italien nicht abgeschafft, auch wenn der König machtlos war. Weil manche Historiker bestritten, dass wesentliche Unterschiede zwischen totalitären Regimen und herkömmlichen autoritären Regierungen bestünden, entstand mit Blick auf das Wesen des Nationalsozialismus große Verwirrung. Leider gibt es auch heute noch Menschen, die, überwiegend aus politischen Gründen, diese Unterschiede nicht sehen wollen.

Traditionelle Diktaturen hielten sich häufig an den Wahlspruch »Leben und leben lassen«. Sie hätten vermutlich offenen Widerstand brutal niedergeschlagen, sich jedoch mit einer gleichgültigen Haltung der Bürger zufriedengegeben. Das NS-Regime – und diesen Aspekt teilte es mit dem kommunistischen – hatte hingegen eine allumfassende Ideologie und den Anspruch, alle Einrichtungen zu kontrollieren. Es forderte unbedingte Unterstützung unter Androhung von schrecklichen Strafen für alle Widerstrebenden. Dieser Universalitätsanspruch ist in meinen Augen ein ganz wesentlicher Bestandteil der Struktur des NS-Regimes.

Erklärtes Ziel war es, die ganze Bevölkerung für eine begeisterte Unterstützung des Regimes zu mobilisieren. Ein Staat, dem dies gelingt, ist viel stärker und hat seine Macht weit besser gefestigt als eine letztlich indifferente Diktatur. Das Paradoxe daran ist jedoch, dass ein solches System – und das galt auch für Josef Stalins Herrschaft – zugleich stark von einer einzigen Persönlichkeit abhängig ist, mitunter nicht weniger als in den herkömmlichen Diktaturen Lateinamerikas.

Hitlers Charisma, seine Fähigkeit, Begeisterung zu wecken, ist aus einer Distanz von siebzig Jahren nur schwer zu erklären. Wenn Menschen ihn heute in Fernsehdokumentationen oder Spielfilmen sehen, dann sind sie meist amüsiert (oder abgestoßen) von dem kleinen Mann mit dem komischen Schnurrbart, wie er bei den Komikern in den Tonfilmen der dreißiger Jahre Mode war, der ständig schreit und wild gestikuliert. Dieser Mann soll eine bedeutende politische Persönlichkeit gewesen sein? Aber hier sollte man sich nicht täuschen. Deutschland steckte mitten in einer tiefen Krise, vor allem in einer Vertrauenskrise, und Hitler verhieß den Deutschen genau das, was sie hören wollten: Arbeit, Ende der Arbeitslosigkeit, neue Ordnung, ein neues, starkes Deutschland. Zu seinem Glück war bereits im Jahr 1936 die Arbeitslosigkeit drastisch gesunken. Die Deutschen beseelte ein neues Gefühl von Sinn und Leistung. Gewiss war die Freiheit erheblich eingeschränkt worden, aber die deutsche Liebe zur Freiheit war viel schwächer als der Wunsch nach Ordnung und Wohlstand.

Doch Hitler tauschte schon bald die verbesserten materiellen Bedingungen des Friedens gegen die Risiken und am Ende horrenden Kosten eines Krieges ein. Im Jahr 1939 hielt sich erwartungsgemäß die Begeisterung für einen neuen Krieg in Grenzen – zu vielen waren die Schrecken des Ersten Weltkrieges noch lebhaft in Erinnerung. Deshalb propagierte Hitler den Blitzkrieg mit einem raschen und entscheidenden Sieg, und er fürchtete sehr, zu einem Stellungskrieg gezwungen zu werden. Im Ersten Weltkrieg waren die Fronten in einem Grabenkrieg ohne größere Landgewinne, aber mit hohen Verlusten erstarrt. Auch bezüglich des Blitzkriegs schien Hitler zumindest anfangs seine Verheißungen einlösen zu können.

Nach dem Sieg über Frankreich war er auf dem Höhepunkt seines Ruhmes angelangt. Halb Europa hatte er erobert, und die andere Hälfte stand unter seinem Einfluss. Der innere Widerstand gegen Hitler war zerschlagen, die Zweifler waren zum Schweigen gebracht. Selbst seine Gegner waren tief beeindruckt. Kurzum, das Geheimnis von Hitlers Einfluss auf die Massen und auf seinen engeren Kreis lag damals weniger in seinem Charisma, der halbmagischen Ausstrahlung, die von ihm ausging, sondern in dem Umstand, dass er seine Versprechen zu halten pflegte. Er hatte für Deutschland wieder eine weltweit führende Stellung errungen, und er hatte den deutschen Nationalstolz wiederhergestellt.

Manche Historiker argumentieren, Hitlers Pläne seien auf Sand gebaut, ja, von Anfang an zum Scheitern verurteilt gewesen. Ich kenne diese These, kann ihr aber nicht zustimmen. Die Westmächte waren in den 1930er Jahren bis zum Kriegsausbruch bereit, Hitler Zugeständnisse zu machen. Sie gewährten ihm durch ihre Appeasement-Politik großartige Erfolge, die sie seinen demokratischen Vorgängern verweigert hatten. Die Weltwirtschaftskrise hatte ihren Tiefpunkt überwunden, Hitlers Wirtschaftspolitik (die vage an Keynesianismus erinnert) war sinnvoller als die früherer deutscher Regierungen, die ihre Hauptaufgabe darin gesehen hatten, Geld zu sparen, statt es auszugeben, um die Wirtschaft wieder in Schwung zu bringen.

War das Dritte Reich spätestens mit Kriegsbeginn dem Untergang geweiht? Auch hier habe ich meine Zweifel. Das Problem war, dass Hitler sich übernahm. Der Ausgang des Krieges war längere Zeit durchaus ungewiss. Wenn Hitler die Sowjetunion nicht angegriffen und den Vereinigten Staaten an dem Tag, als die Japaner Pearl Harbor überfielen, nicht den Krieg erklärt hätte, dann wäre seine Herrschaft über Europa von Dauer gewesen. Weder Stalin noch Roosevelt wären gegen Deutschland in den Krieg gezogen, wenn Hitler sie nicht dazu gezwungen hätte.

Heute kann man häufig beobachten, wie Diktatoren mit Drohungen und raffinierten Schachzügen ihren Willen durchsetzen und wie demokratisch gewählte Politiker – ungeachtet jahrzehntelanger, geradezu ritueller Verunglimpfung der Appeasement-Politik – allzu schnell bereit sind, extremistische und aggressive Regime zu tolerieren oder ihnen Zugeständnisse zu machen. Es wird sogar der Versuch unternommen, deren Ziele und Forderungen rational zu erklären. In der Regel kennen solche Leute doch wohl die Lehren der Vergangenheit, aber sie verschließen vor genau demselben Phänomen in der Gegenwart die Augen. Auch zu Hitler wurde Jahre nach dem Krieg eine erbitterte Diskussion unter deutschen Historikern geführt: Manche versuchten mit gewundenen Argumentationen, die Verantwortung des Regimes für Kriegsverbrechen und Aggression herunterzuspielen.

Einige Teilnehmer der Debatte kannte ich gut. Sie gehörten der Generation an, die im Krieg Soldaten und/oder Mitglieder der NSDAP gewesen waren. Die Diskussion hatte im Grunde bereits mit den Publikationen Fritz Fischers begonnen, der sich mit dem Ersten Weltkrieg befasste. Fischer hatte als junger Mann mit den Nazis sympathisiert. Er gelangte zu der Schlussfolgerung, das deutsche Kaiserreich sei zwar nicht allein für diesen Krieg verantwortlich gewesen, doch dessen Mitschuld wiege schwerer, als damals gemeinhin von der deutschen Historikerzunft angenommen wurde. Heute gelten viele, wenn auch nicht alle Thesen Fischers als hinreichend belegt.

Der eigentliche »Historikerstreit« begann einige Jahre später und dauerte bis in die 1980er Jahre. Einige bedeutende Historiker vertraten die Ansicht, dass die deutsche Geschichte nicht allein aus dem Holocaust bestehe (was absolut korrekt ist) und dass eine Nation ohne einen gewissen Stolz auf ihre Vergangenheit nicht existieren könne. Manche, allen voran Ernst Nolte, gingen darüber hinaus und stellten geradezu absurde Behauptungen auf: Hitler sei gezwungen gewesen, barbarische (Nolte sprach von »asiatischen«) Maßnahmen zu ergreifen, weil die bolschewistische (asiatische) Gefahr ihn bedroht habe. Außerdem habe er lediglich den sowjetischen Gulag kopiert. Chaim Weizmann, der Führer der Zionisten, habe Deutschland im Namen des jüdischen Volkes den Krieg erklärt, was angeblich Hitler berechtigt haben sollte, die Juden zu ermorden. Das war abstruser Unfug, und die meisten deutschen Historiker, auch ausgesprochen national gesinnte, distanzierten sich von Nolte.

Andere leugneten den Holocaust keineswegs und verurteilten ihn entschieden, argumentierten aber, er sei in der Geschichte nicht einzigartig gewesen. Im Großen und Ganzen wuchs, nicht nur unter Historikern, die Überzeugung, dass inzwischen, da so viel Zeit seit dem Holocaust und dem Weltkrieg verstrichen war, alles über dieses Thema gesagt und geschrieben worden sei. Nachdem ein neues demokratisches Deutschland entstanden sei, müsse man sich mit anderen Aspekten der Vergangenheit befassen und den Holocaust nicht länger als Anfang und Ende der deutschen Geschichte betrachten. Dieser Prozess einer Historisierung war wohl unvermeidlich. Aber manche gingen noch weiter und behaupteten, Auschwitz sei von den Feinden Deutschlands als politische Waffe benutzt worden, um das Land einzuschüchtern und zu erpressen und ihm die Selbstachtung zu rauben.

Die Universitäten wurden sehr schnell gleichgeschaltet. Politische Gegner und Kandidaten, die als politisch unzuverlässig angesehen wurden, schickte man in Pension. Juden wurden ausgeschlossen, Dozenten ebenso wie Studenten. Tatsächlich waren Studenten, die mit den Nazis sympathisierten, federführend an der berüchtigten Bücherverbrennung von 1933 beteiligt.

Es gab jedoch einige Ungereimtheiten. Ein paar jüdischen Professoren wurde es gestattet, noch ein oder zwei Jahre lang ihre Lehrstühle zu behalten. Ich kenne einen jüdischen Studenten, der Anfang 1938 seinen Doktortitel erwarb; später wurde er (Henry Kellermann) US-Botschafter bei der UNESCO. In der Schule blieb es bei eher graduellen Veränderungen. Wenn ein Lehrer das Klassenzimmer betrat, mussten die Schüler aufstehen und sein »Heil Hitler« beantworten. Es dauerte einige Zeit, den Lehrplan und die Lehrbücher zu ändern. Der Unterricht zur deutschen Literatur und Geschichte wurde angepasst, und in der Biologie wurden einige Stunden über Rassenlehre eingeführt. Aber in der Hauptsache wurde die ideologische Indoktrination der Hitlerjugend überlassen.

Zumindest nahmen wir Jungen es so wahr. Erst neulich habe ich die Tagebücher eines ehemaligen Lehrers von mir namens Willy Cohn gelesen. Er verlor über Nacht seine Stelle. Die Tatsache, dass er im Ersten Weltkrieg mit dem Eisernen Kreuz ausgezeichnet worden war, half ihm nichts. Der Schulbesuch unter diesen Bedingungen war gewiss eine interessante, wenn auch hier und da bedrückende Erfahrung. Die offizielle Linie lautete, Juden hinauszudrängen, aber anscheinend wurden ich und einige andere übersehen. Die Bürokratie handelte nicht immer konsequent. »Nichtarier« grüßten natürlich niemanden mit »Heil Hitler«. Und an bestimmten Aktivitäten wie Klassenfahrten oder politischen Versammlungen nahmen wir Juden nicht teil. Aber die Lehrer waren im Großen und Ganzen fair, und es kam, wenn überhaupt, nur selten zu Provokationen oder Angriffen seitens unserer Klassenkameraden. Vermutlich war das nicht an allen Schulen so, aber ich kann nur berichten, was ich erlebt habe.

Freilich war die Lage alles andere als idyllisch. Juden wurden nach und nach aus sämtlichen Posten in der Verwaltung, in amtlichen und halbamtlichen Institutionen entlassen. Jüdische Unternehmen und Geschäfte wurden boykottiert und bislang gepflegte gesellschaftliche Kontakte abgebrochen. Juden wurden von der Mitgliedschaft in sämtlichen Vereinigungen ausgeschlossen und hatten zu vielen öffentlichen Orten wie zum Beispiel Schwimmbädern keinen Zutritt mehr. An vielen Ferienorten waren sie nicht mehr gern gesehen. Es war eine lange Liste der Diskriminierungen, und jedes Jahr wurde sie länger.

Eine allgemeine Verarmung setzte ein, und wir Jugendlichen merkten natürlich, in was für einer misslichen Lage sich unsere Eltern befanden. Bald hatte etwa die Hälfte der Juden, die in Deutschland geblieben waren, kein eigenes Einkommen und war auf Sozialhilfe angewiesen. Aber die jüngere Generation litt weniger darunter, wobei sich die Jugendlichen darüber im Klaren waren, dass sie in Deutschland keine Zukunft hatten. Die Mehrheit ging auf jüdische Schulen, sie gehörten jüdischen Jugendgruppen und Sportvereinen an. Es war eine Art Ghetto-Dasein, aber wir konnten uns damit einrichten. Man durfte innerhalb Deutschlands und ins Ausland reisen – vorausgesetzt, man hatte Geld.

Schrittweise wurde die Judenverfolgung verschärft, und nach der Pogromnacht, der Verhaftung Zehntausender Juden und der Deportation der Juden polnischer Nationalität wurden die Verhältnisse schließlich unerträglich. Zu dem Zeitpunkt blieben nur noch neun Monate bis zum Ausbruch des Krieges.

Unlängst haben manche Autoren argumentiert, die deutschen und österreichischen Juden seien doch dumm und kurzsichtig gewesen, weil so wenige auswanderten. Angeblich hätten alle Auswanderungswilligen außerhalb Deutschlands eine Zuflucht gefunden. Zu meiner Bestürzung las ich bis vor kurzem in der Wikipedia, meine Eltern hätten beschlossen, in Deutschland zu bleiben, statt das Land zu verlassen. Tatsächlich versuchten fast alle verzweifelt zu fliehen. Das lässt sich anhand der Briefe und Biographien vieler Personen beweisen. Doch die meisten Staaten stellten den Asylsuchenden nicht einmal kurzfristige Aufenthaltsgenehmigungen aus, geschweige denn Einreisevisa. Mit dieser Argumentationsweise (vom angeblichen Widerstreben gegen die Ausreise) werden die Opfer zu Sündenböcken gemacht.

Diese Ignoranz hat mich maßlos geärgert. Es stimmt, dass es fünf Jahre dauerte, bis die Judenverfolgung in Deutschland ihre volle Intensität erreichte, in Österreich hingegen war dies nach dem Anschluss innerhalb von zwei Monaten der Fall. Als Folge dieser »Politik der kleinen Schritte« dachten viele, die Politik der Nazis würde nach den ersten »Exzessen« von 1933 wieder in gemäßigtere Bahnen gelenkt. Andere hofften, die NS-Herrschaft werde nicht lange Bestand haben.

Schließlich hatte Deutschland seit dem Ersten Weltkrieg bereits unzählige Regierungen gehabt, und kaum eine hatte sich länger als ein Jahr gehalten. Das Bewusstsein, dass ein Massenexodus aus Deutschland unvermeidlich war, stellte sich nicht über Nacht ein. Doch diese Erkenntnis allein hätte das Problem nicht gelöst, weil niemand die deutschen Juden haben wollte. Im Jahr 1933 war es noch vergleichsweise einfach, nach Frankreich oder in die Tschechoslowakei einzureisen. Aber man bekam in diesen Staaten keine Arbeitserlaubnis, und da aus Deutschland kein Geld ausgeführt werden durfte, war dieser Fluchtweg blockiert. Palästina nahm mehr deutsche Juden auf als jedes andere Land, doch 1936 wurde die Einwanderung von den britischen Mandatsbehörden drastisch eingeschränkt. Die Menschen heute können sich kaum vorstellen, wie schwierig es damals war, eine Grenze zu passieren. Verzweifelt warteten die Juden jeden Tag auf den Briefträger und hofften, er werde ihnen vielleicht eine Einladung von irgendwoher bringen, die ihnen neue Hoffnung gab.

Tausende, hauptsächlich aus der jüngeren Generation, verließen das Land illegal oder halblegal. Es gab Beamte in den Konsulaten mehrerer Staaten – meist lateinamerikanische, aber nicht ausschließlich –, die für ein paar hundert Dollar Visa ausstellten. Das war damals viel Geld. Diese Visa galten überall, nur nicht in dem Land, das sie ausgestellt hatte. Außerdem darf man die soziale und altersmäßige Struktur des deutschen Judentums nicht außer Acht lassen. Im Land blieben größtenteils Ältere, ohne Mittel und ohne Fertigkeiten, die im Ausland benötigt wurden, ohne Sprachkenntnisse, häufig in gesundheitlich schlechter Verfassung und unfähig, körperliche Arbeit zu verrichten.

Diese Menschen wollten ebenfalls auswandern, aber sie hatten nicht die geringste Chance. Man neigt dazu, die grundsätzlich ablehnende Haltung gegenüber Einwanderern auf der ganzen Welt zu verdrängen. Ein Minister (ich glaube ein kanadischer) sagte, schon ein jüdischer Einwanderer wäre einer zu viel, und das war keineswegs eine spezifisch kanadische Haltung. Mitunter wurden Auswanderer, denen es tatsächlich gelungen war, in ein anderes Land zu gelangen, sogar zurückgeschickt – von der Schweiz, von den Vereinigten Staaten und der Sowjetunion. Aus Willy Cohns Tagebüchern geht hervor, dass die Emigration das Thema Nummer eins war, wann immer Juden sich in jenen Jahren trafen. In der Regel blieben diese Gespräche ergebnislos, weil es kaum Auswege aus der Falle gab, und jedes Jahr wurden weitere Schlupflöcher geschlossen.

Die Notwendigkeit, das Land zu verlassen, erkannte ich erstmals 1935 oder 1936. Ich war damals vierzehn oder fünfzehn. Die Hälfte meiner Freunde war bereits ausgewandert. Was ist aus ihnen geworden?

Wer schon früh, etwa mit vierzehn, auswanderte, ging in der Regel mit seiner Familie. Diese Jugendlichen hatten also einen gewissen Schutz. Gewiss waren sie in ihrem Zielland relativ arm und mussten für ihre Bildung arbeiten, doch den meisten gelang das ganz gut: Aus dieser Generation gingen später fünf oder sechs Nobelpreisträger hervor. Ich glaube nicht, dass sie talentierter waren als die Generation vor oder nach ihnen, aber sie wurden mit größeren Herausforderungen konfrontiert, für sie hieß es Schwimmen oder Ertrinken.

Wahrhaft abenteuerliche Geschichten hatten jedoch die älteren Jugendlichen zu erzählen, die allein und ohne Schutz ins Ausland gingen. Einer ging nach Nigeria, wurde zum weltweit führenden Experten für die Kunst der Yoruba und machte sie auf der ganzen Welt bekannt (seine in Wien geborene Frau wurde so etwas wie eine Gottheit eines Stammes). Einen anderen verschlug es nach Sri Lanka (damals noch Ceylon). Bei seinem Tod war er auf der Insel einer der führenden Mönche, ein weithin geachteter Guru.

Wieder ein anderer hatte ein mystisches religiöses Erlebnis, trat in einen katholischen Mönchsorden ein (ich glaube, bei den Benediktinern) und wurde später ihr Repräsentant im Vatikan, die höchste Stellung in dem Orden. Er starb vor wenigen Jahren im Kloster Beuron in Baden-Württemberg.

Ein enger Freund von mir namens Werner Guttentag kam ohne einen Pfennig in Bolivien an. Er wurde einer der Gründer der Encyclopedia Boliviana, und in Anerkennung seiner Verdienste auf dem Feld der bolivianischen Kultur wurde zu seinen Ehren vor wenigen Jahren eine Briefmarke gedruckt. Markus Wolf, der legendäre Chef der Hauptverwaltung Aufklärung der DDR, gehört dieser Generation ebenso an wie Henry Kissinger. Ein Mädchen dieser Generation wurde Amerikas berühmteste Rundfunk- und Fernsehberaterin zu Fragen der Sexualität: »Dr. Ruth«.

Vor einiger Zeit traf ich den Chef eines milliardenschweren US-Konzerns. Nach wenigen Minuten stellte sich heraus, dass wir die gleiche Schule besucht hatten. Er war nicht rechtzeitig ausgewandert und wurde nach Auschwitz deportiert. Da er aber relativ kleinwüchsig war, übersah man ihn regelmäßig beim Morgenappell, wenn die Kandidaten für die Gaskammern ausgewählt wurden. Er sprach nicht gerne über seine Erlebnisse in der Vergangenheit.

Ein anderer Freund namens Kurt Reilinger begleitete nur eine Woche vor Kriegsausbruch einen Kindertransport nach Palästina. Ich brachte ihn zu dem Schiff, mit dem er nach Deutschland zurückkehren wollte, denn es war mir nicht gelungen, ihn zum Bleiben zu überreden. Er vollbrachte im Krieg große Taten und organisierte eine geheime »Untergrundbahn« von Holland nach Spanien, über die Hunderte von Juden gerettet wurden. Am Ende verhaftete ihn die Gestapo in Frankreich, aber nur wenige Wochen später bombardierten die Briten das Gefängnis, und ihm gelang die Flucht. Kurz nach dem Krieg wurde er in Paris bei einem Autounfall getötet. Aus meiner Generation meldete sich einer (Helmut Hirsch, ein Mitglied der Jugendbewegung) freiwillig zu einem Attentat auf Hitler. Leider wurde sein konspirativer Kreis von NS-Spitzeln unterwandert. Er wurde verhaftet und hingerichtet, obwohl er eine doppelte Staatsbürgerschaft hatte (die amerikanische und die deutsche).

Eine andere, ein paar Jahre ältere Sozialistin (Hilda Monte) wurde im Krieg mehrmals von England aus mit dem Fallschirm über NS-Deutschland abgesetzt. Sie wurde gegen Ende des Krieges erschossen, als sie die schweizerische Grenze überqueren wollte. Ein junger linker Führer, den ich kannte, wurde von der Gestapo verhaftet und verbrachte die Kriegsjahre im Gefängnis. Eigentlich sollte er nach Auschwitz gebracht und ermordet werden, aber die Mühlen der Bürokratie mahlten langsam, und er wurde gerettet. Doch er hatte Anfang 1930 gegen die kommunistische Parteilinie protestiert, weil die Sozialdemokraten als Faschisten diffamiert wurden; deshalb wurde er nach dem Krieg von den herrschenden Stalinisten in Ostdeutschland nicht mit offenen Armen empfangen. Zu allem Unglück hatte seine Frau angenommen, er sei tot, und in England noch einmal geheiratet.

Der größte Teil meiner Korrespondenz (und damals schrieb man viele Briefe) hatte mit der Ausreise zu tun. Fast mein ganzes Taschengeld gab ich für Marken auf Briefen in ferne, exotische Länder aus. Meine Eltern spornten mich an, nach Mitteln und Wegen zu suchen, das Land zu verlassen. Sie waren beide schon über fünfzig, zählten sich zu den Älteren und trauten sich keinen neuen Anfang zu. Sie hatten nur wenig Geld und keine Kontakte zu Verwandten oder Freunden im Ausland und dachten, es gebe keine Zukunft für sie. Leider sollten sie recht behalten.

Was habe ich unternommen? Ich versuchte, Verwandte zu finden, so entfernt sie auch sein mochten, die vor Jahrzehnten ausgewandert waren. Tatsächlich fand ich auch einen in Chile, ein schwarzes Schaf der Familie. Man hatte ihn ins Ausland geschickt, wo er prompt ein Vermögen verdient hatte. Aber er oder seine Nachfahren antworteten mir nicht. Ich schrieb vergeblich nach Palästina, in die Vereinigten Staaten, nach Großbritannien, in die Schweiz, die Tschechoslowakei und ein halbes Dutzend andere Länder. Ich wandte mich an etliche Organisationen in

Deutschland, die potentiellen Emigranten mit Rat und Tat zur Seite standen – ohne Erfolg.

Ich bekam ein Angebot, ein Ingenieurstudium in der Tschechoslowakei zu beginnen, das ich zum Glück ablehnte. Unweigerlich hätte ich nach der deutschen Besetzung der Tschechoslowakei wieder in der Falle gesessen. Ein Schutzengel muss mich hier gelenkt haben, denn wenn ich dieses Angebot angenommen hätte, dann wäre ich wahrscheinlich in einem KZ gestorben.

Schließlich schrieb ich mich dank eines glücklichen Zufalls und der Großzügigkeit eines Onkels als Student an der Hebräischen Universität in Jerusalem ein. Glücklicherweise übersah die Verwaltung den Umstand, dass ich noch nicht achtzehn war und nach den geltenden Bestimmungen nicht immatrikuliert werden durfte. Die Begleitumstände dieser Aktion waren geradezu grotesk, weil dieser Onkel damals wegen »Rassenschande« im Gefängnis saß (er war Anwalt und lebte mit einer Deutschen zusammen). Da er jedoch ein hochdekorierter Offizier des Ersten Weltkrieges war, gewährte man ihm das Privileg, vom Gefängnis aus über sein Vermögen zu verfügen.

Mit seinem Geld stieg ich am 8. November 1938, unmittelbar vor der Pogromnacht, in den Zug nach Triest und zu dem Schiff, das mich nach Palästina bringen sollte. An der Universität blieb ich nicht allzu lange. Die Tatsache, dass ich keinen akademischen Titel habe (abgesehen von einigen Ehrentiteln, die nicht zählen), beeinträchtigte mich in meinem späteren Leben nicht sonderlich. Gewiss stand einmal in einer von Leugnern des Holocaust herausgegebenen Zeitschrift, dass man meinen Thesen keinen Glauben schenken könne, weil ich nicht einmal einen Bachelor hätte. Und einige meiner Studenten meinten später, es sei überflüssig, für einen akademischen Grad zu lernen, weil ich doch auch ohne ihn ausgekommen sei. Ich musste ihnen erklären, dass das, was vor vierzig oder fünfzig Jahren möglich gewesen war, heute undenkbar sei.

Mein Freund Franz flüchtete nach China, das natürlich nur vorübergehend Zuflucht bot. Ich glaubte, er sei umgekommen. Wie groß war meine Freude, als er im Jahr 1949 plötzlich in meiner

Wohnung in Jerusalem auftauchte. Irgendwie hatte er sich nach Israel durchgeschlagen, eine Stelle als Landvermesser gefunden und obendrein kurz zuvor geheiratet. Ein paar Wochen danach las ich in der Zeitung, dass Franz bei seiner Arbeit als Geometer in der Nähe des Sees Tiberias von einem syrischen Heckenschützen erschossen worden sei. Erst kürzlich erfuhr ich, dass seine Witwe nach seinem Tod eine Tochter zur Welt gebracht hat. Sie ist heute Professorin an einer israelischen Universität.

Die Frage der Emigration war also die Kardinalfrage, die in jenen Jahren alle Juden beschäftigte. Wo immer Menschen zusammenkamen, tauschten sie Informationen aus und lasen einander Briefe von Angehörigen über ihre ersten Erlebnisse im Ausland vor. Und wenn ich jetzt sechzig oder siebzig Jahre später lese, dass jeder Jude, der ausreisen wollte, das ohne weiteres gekonnt hätte und dass die Westmächte alles getan hätten, um ihm oder ihr zu helfen, dann kommt das einer Verhöhnung der Opfer gleich.

Nach 1945 habe ich auch einige deutsche Klassenkameraden wiedergetroffen. Sie gehörten der Generation an, die im Krieg in Stalingrad und Nordafrika gekämpft hat, doch es hatten mehr überlebt, als ich angenommen hatte. Nach Kriegsende kehrten sie aus der Gefangenschaft zurück. Meine Geburtsstadt war inzwischen polnisch geworden, folglich mussten sie nach einem neuen Heim Ausschau halten, und die meisten zogen nach Westdeutschland.

Auch einige Mitglieder meiner eigenen Familie überlebten den Holocaust. Im 19. Jahrhundert war es zu etlichen zwischenkonfessionellen Ehen und Konversionen zum Christentum gekommen, folglich galten sie als Halbjuden oder Vierteljuden – oder waren gar noch weniger jüdisch. Andere lebten in sogenannten privilegierten Mischehen. Sie wurden im Dritten Reich ebenfalls diskriminiert, aber sie überlebten.

Hat meine Jugend in Deutschland meine Arbeit als Historiker und mein Denken als politischer Kommentator geprägt? Meiner Meinung nach war sie von größter Bedeutung. Es war gewiss eine schmerzliche Erfahrung, aber sie bewahrte mich im späteren Leben zuverlässig vor Illusionen, weil sie mich früh gegen unrealistische Denkweisen immun machte. Natürlich ist es ein großer Unterschied, ob man NS-Deutschland (oder das faschistische Italien oder die Sowjetunion) als Zehnjähriger verlässt oder wie ich als frühreifer Siebzehnjähriger. Wer in den Vereinigten Staaten oder in Großbritannien aufgewachsen ist oder einer späteren Generation angehört, die jenes Zeitalter der Gewalt nicht persönlich erlebt hat, hängt häufig einer naiven Überzeugung an, die zwar sehr verführerisch, aber zugleich provinziell und töricht ist: Ich meine das Gerede von »der ganzen zivilisierten Welt«, wobei vergessen wird, dass die ganze zivilisierte Welt bislang ziemlich überschaubar ist und dass sie sich in absehbarer Zukunft kaum erheblich ausdehnen dürfte. Wer in einer freien Gesellschaft aufgewachsen ist, braucht eine gehörige Portion Phantasie, um sich unfreie Gesellschaften überhaupt vorstellen zu können, und diese sind derzeit auf der Erde leider die Mehrheit. Selbstverständlich barg das Aufwachsen in einer Diktatur auch gewisse Gefahren, es konnte die Neigung zu Pessimismus, Schwarzmalerei und sogar Zynismus hervorbringen. Ich war mir dieser Gefahr bewusst und gab mir alle Mühe, nicht in eine solche Geisteshaltung zu verfallen.

Marxismus, Russland und der Kalte Krieg, oder: Der gescheiterte Traum

Vor langer Zeit hatten der Kommunismus und die Sowjetunion beträchtlichen ideologischen Einfluss. Am nachhaltigsten prägten sie wohl die Generation, die vor dem Ersten Weltkrieg geboren worden war. Stärker als auf die Mehrheit dieser Generation wirkten sie auf jene, die in Jugendgruppen organisiert waren. Bei jungen Intellektuellen war ihr Einfluss wiederum stärker als bei Menschen, die sich kaum für politische Ideen interessierten. Nach 1933 war der Zugang zu marxistischer Literatur in Deutschland erheblich erschwert. Vereinzelt wurde sie im Untergrund noch gelesen, und manche Gruppen trafen sich weiter, doch ihre Tätigkeit musste getarnt werden.

In Anbetracht der Schwäche der liberalen Demokratie in Deutschland boten jedoch der Marxismus und das Denken der Linken die wichtigste ideologische Alternative zum Nationalsozialismus. Zu Beginn der 1930er Jahre waren die Sozialdemokraten bereits keine marxistische Partei mehr, Klassenkampf und Revolution gehörten nicht mehr zu ihren Zielen. Sie waren eine etablierte Partei der Weimarer Republik geworden. Hitler benutzte den Begriff »Marxisten« für Sozialdemokraten und Kommunisten, doch das war ein Propagandamanöver, um die gemäßigte Linke ebenso zu diskreditieren wie deren militanten Flügel.

Warum hatten Marxismus und Kommunismus, die wiederum eng mit der Attraktivität der Sowjetunion zusammenhingen, so großen Einfluss auf diese Generation? Auf viele, die, womöglich als Kinder, die Schrecken des Krieges, den Zusammenbruch der Monarchie, die brutale Unterdrückung der Nachkriegsaufstände, die russische Revolution und den finanziellen Zusammenbruch in Deutschland miterlebt hatten, musste der Kommunismus zwangsläufig eine starke Anziehungskraft ausüben. Sie wurden Aktivisten der kommunistischen Partei, der Sozialdemokraten oder der Splittergruppen zwischen den beiden, und sie nahmen an den Demonstrationen teil, die häufig mit blutigen Straßenschlachten endeten.

Meine Generation hingegen wuchs auf im Umfeld der späten Weimarer Republik, und wir waren konfrontiert mit all ihren Problemen. Darüber hinaus war nach 1933 in Deutschland der Zugang zu linken Gruppen im Untergrund erschwert. Es war gefährlich geworden, solche Ideen zu verbreiten oder sich an derartigen Aktivitäten zu beteiligen; schon die leiseste Bekundung von Sympathie für die Linke konnte direkt ins Konzentrationslager führen.

Während junge Menschen in anderen Ländern zu dieser Zeit in Bewegungen mobilisiert wurden, die eine Einheitsfront gegen den Faschismus bilden wollten und den Marxismus als große Alternative zum Nationalsozialismus betrachteten, konnten diese Bewegungen aufgrund der brutalen Unterdrückung der Meinungsfreiheit in Deutschland keine Wirkung entfalten.

Revolutionäre Ideen und Bewegungen üben auch heute noch eine starke Anziehungskraft auf junge Menschen aus. Die politische Lage in Europa war zwischen 1925 und 1935 nicht nur schlecht, sie schien hoffnungslos. Der Kapitalismus schien am Ende seiner Weisheit angelangt zu sein. Angesichts der Schwere und des Ausmaßes der Krise musste man befürchten, dass sich die Wirtschaft nicht wieder erholen könnte. Doch was sollte an die Stelle des kollabierten Systems treten? Dass Kapitalismus und Demokratie in der Lage sein könnten, diese Probleme zu lösen, war ohne historisches Vorbild, und das Konzept des Wohlfahrtsstaates existierte noch nicht. Die Aussichten erschienen geradezu trostlos.

Ich erinnere mich an Massen von Arbeitslosen, die ziellos durch die Straßen streunten. Die Mittelschicht war zum großen Teil verarmt, und der Gegensatz zwischen den Superreichen und den Mittellosen war eklatant. Etwas lief grundlegend falsch in dieser Gesellschaft, in der einige wenige prassten und die Masse hungerte. Wenn ich heute zurückdenke, kommt mir in den Sinn, dass die Superreichen von 1930 verglichen mit den heutigen Zuständen eigentlich gar nicht so reich waren, zumindest nicht in Europa. Die gehobene Mittelschicht hatte immer noch Domestiken und Diener, was sich heute auch Reiche kaum noch leisten können. Aber den Armen ging es zweifellos erheblich schlechter. Es gab regelrechte Slums, wie sie in der Gegenwart nur noch in der sogenannten Dritten Welt existieren.

Wie vollzog sich damals die Radikalisierung junger Menschen? In der Regel gab es eine ältere Verwandte oder Bekannte, die ein Pamphlet wie das *Kommunistische Manifest* empfahl. Nach dieser Einführung ging man zu gehaltvollerer Kost über, sagen wir zu Marx' historischen Schriften über den Bürgerkrieg in Frankreich. So gut diese Werke auch geschrieben sein mochten, sie hatten doch mit der Situation fast hundert Jahre danach wenig zu tun. Besonders Fleißige lasen anschließend Engels' Thesen über die Ursprünge der Familie und des Privatbesitzes, Marx' frühe Aufsätze oder wagten sich gar an *Das Kapital,* die dreibändige Analyse des Kapitalismus, eine wahrlich schwer verdauliche Kost. Ich kenne keinen Einzigen meiner Generation, der auch nur einen Band komplett durchgelesen, geschweige denn das Gelesene verstanden hätte.

Es gab jedoch einige grundlegende Punkte, die auf der Hand lagen: Es gab so etwas wie einen Klassenkampf, und die bestehende Gesellschaftsordnung war ungerecht. Sie musste zerstört und durch eine gerechtere ersetzt werden.

Freilich hatte der Marxismus in den 1930er Jahren, insbesondere in Deutschland, schwere Rückschläge hinnehmen müssen. Die deutsche kommunistische Partei hatte als kommunistischer Musterschüler gegolten, sogar als stärkste Kraft außerhalb Russlands. Alle betrachteten sie als vorbildlich. Doch Hitler war kaum an die Macht gekommen, da stürzte sie in sich zusammen wie ein Kartenhaus.

Anderswo in Europa feierte die Linke hingegen große Erfolge.

Zum Beispiel kam in Frankreich im Jahr 1935 eine Volksfront-regierung an die Macht. Obendrein war da noch die Sowjetunion selbst, die angeblich durch die Erfüllung ihrer Fünfjahrespläne immer stärker wurde. Laut der sowjetischen Regierung und ihrer Gefolgsleute hatte das Land die Arbeitslosigkeit ausgemerzt, und zwischen den Bürgern herrschte völlige Gleichheit. Die Welt wurde nach einem Plan neu gestaltet, und die Menschen glaubten an den Sinn ihres Tuns, was beides in anderen Ländern fehlte. Besonders lebhaft wurde über den Faschismus diskutiert, jene große Gefahr für die Zivilisation. Und waren denn nicht die Kommunisten die standhaftesten, militantesten Antifaschisten? Wenn man also die Wahl hatte zwischen Hitler und Stalin, und in jenen Tagen hielten dies viele für die Alternative, war es dann nicht offensichtlich, wem man den Vorzug geben musste? Freilich stellte sich bald heraus, dass die Kommunisten keineswegs so konsequent antifaschistisch waren, wie wir in unserer Naivität geglaubt hatten. Aber das wurde erst gegen Ende der 1930er Jahre deutlich.

Ich war mit Sicherheit stark von den Ideen der radikalen Linken beeinflusst, aber ich gehörte nie einer organisierten Gruppe an. Allerdings hatte ich enge Freunde, die sich in solchen Gruppen engagierten und mich mit Literatur versorgten. Aber ich hatte von Anfang an gewisse Zweifel am Menschenbild der Linken. Da ich als Jugendlicher in Deutschland aufwuchs, konnte ich mich der Erkenntnis nicht verschließen, dass der Marxismus die Macht des Nationalismus unterschätzte. Die Menschen handelten keineswegs ausschließlich aufgrund von wirtschaftlichen Interessen. Dieses »irrationale Verhalten« mit dem Hinweis auf ein »falsches Bewusstsein« zu erklären (wie die Frankfurter Schule) erschien mir schon in jungen Jahren überheblich und wenig überzeugend.

Außerdem war die sowjetische Propaganda entsetzlich dröge und langweilig. Nach Hitlers Machtübernahme hörten wir ziemlich regelmäßig Radio Moskau auf Deutsch. Die Erkennungsmelodie vor und nach der Sendung war die »Internationale«. Ein paar Jahre später begannen die Sowjets, den Antifaschismus stärker zu betonen als die Revolution. Sie kultivierten wieder den Nationalismus im eigenen Land und verzichteten auf die Hymne des Kommunismus.

Was hatten die Sowjets uns zu sagen? Die Sendungen waren alles andere als raffinierte Propaganda, die auf ihre Zuhörer zugeschnitten war. Die Sprecher psalmodierten über die Zahl der Traktoren, die in Usbekistan die Felder bestellten, und über die Tatsache, dass die Nickelproduktion in Sibirien um erstaunliche 17 Prozent gegenüber dem Vorjahr gestiegen war. Das vermochte uns nicht zu begeistern.

Immerhin wurden alle Zweifel, die man womöglich hegte, von der Anziehungskraft einer revolutionären Ideologie und einer Bewegung überwunden, die eine bessere Weltordnung verhieß. Wir hatten nicht die geringste Ahnung, was sich in der Sowjetunion wirklich abspielte, und als man uns weismachte, dass das Sowjetregime nicht nur den Analphabetismus, sondern auch die Geisteskrankheit ausgemerzt habe, wagten wir in unserer Ehrfurcht nicht, daran zu zweifeln.

Wir lasen die Bücher, die der kommunistische Verlag Malik publizierte. Er legte vor 1933 erschienene Titel neu auf, die vor allem die frühe heroische Phase der Russischen Revolution schilderten: den glorreichen Sieg der tapferen Soldaten der Roten Armee über den reaktionären Zarismus, die Gutsbesitzer und den Obskurantismus der Kirche. Der Klassiker des amerikanischen Journalisten John Reed *Zehn Tage, die die Welt erschütterten* war damals sehr beliebt. Die Bücher priesen den Enthusiasmus, die Opferbereitschaft der jungen Generation beim Aufbau einer neuen Gesellschaft. Kaum jemand wusste, dass es in Russland vor dem November 1917 auch Menschewiki und Liberale gegeben hatte, und die wenigsten interessierten sich für sie.

Außerdem gab es Bücher über unsere Altersgenossen in der Sowjetunion wie *Das Tagebuch des Schülers Kostja Rjabzew* von Nikolai Ognew oder *Das erste Mädel* von Nikolai Bogdanow, die wir als Helden unserer Zeit glühend beneideten. Sergej Tretjakow schrieb über die chinesischen Revolutionäre – wie aufregend war das alles! Zu unserem Unglück waren wir wohl zu spät geboren worden. Wir konnten nicht ahnen, dass Ende der 1930er Jahre die Autoren all dieser Bücher verhaftet und die meisten nach fingierten und grotesken Anklagen hingerichtet werden sollten.

Der Verlag Malik veröffentlichte auch Ilja Ehrenburg, einen talentierten sowjetischen Schriftsteller, dem Stalin außergewöhnliche Freiheiten gewährte. Sein Lieblingsthema war der dekadente Westen. Der Verlag brachte ferner den damals überaus beliebten Upton Sinclair heraus sowie andere Schriftsteller der extremen Linken wie den Dänen Andersen Nexø und den Franzosen Henri Barbusse. Behandelt wurden die Schrecken des Ersten Weltkriegs, und später folgten Lobeshymnen auf Stalin, den großen Führer, der inzwischen aufgestiegen war. Auch der französische Sympathisant (»Fellowtraveller«) Romain Rolland hatte großen Einfluss. Er war ein überaus »idealistischer Schriftsteller«, dessen Hauptinteresse zuvor der klassischen Musik, insbesondere der deutschen, gegolten hatte. Voller Bewunderung hatte er über Mahatma Gandhi und Sri Aurobindo geschrieben, jenen Professor und indischen Nationalisten, der Yogalehrer geworden war. Doch Anfang der 1930er Jahre (und nach der Heirat mit einer Sowjetbürgerin) hatte er in Stalin die einzige Hoffnung für die fortschrittliche Menschheit entdeckt.

An dieser Stelle muss ich betonen, dass nur eine Minderheit der Intelligenz sich zum Marxismus oder Kommunismus bekannte. Sogar unter den jungen Juden in Deutschland, die politischen Jugendgruppen angehörten, schlossen sich allenfalls zehn Prozent den Kommunisten an. Der demokratische Sozialismus hatte am Ende eine viel größere Anziehungskraft, weil er unzählige Varianten anstelle einer einzigen dogmatischen Parteilinie offerierte. Jeder konnte auf ganz individuelle Weise Sozialist sein, weil das Konzept dieser Bewegung überaus vage blieb.

Jene, die damals mit achtzehn oder neunzehn Kommunisten wurden, hielten oft der Partei unverbrüchlich die Treue. Ein paar überlebten den Zweiten Weltkrieg in Konzentrationslagern oder im Exil in England, und viele gingen 1945 nach Ostdeutschland. Wie ist es zu erklären, dass der Kommunismus unter den Exilanten in England so stark verbreitet war im Gegensatz zu den

Vereinigten Staaten oder anderen Ländern? Ein wichtiger Grund war zweifellos, dass die Integration in Amerika, einem Einwanderungsland, sehr viel leichter war. England hingegen wollte die Neuankömmlinge gar nicht aufnehmen. Die Kommunisten waren in dieser Gruppe von Exilanten sehr aktiv. Sie gründeten eine Organisation namens »Freie Deutsche Jugend« und indoktrinierten sie sehr wirkungsvoll.

Es liegt eine gewisse Ironie darin, dass es diesem Land damals so schwerfiel, ein paar tausend überwiegend junge Menschen aufzunehmen, die sich nichts sehnlicher wünschten, als Engländer zu werden. Im Gegensatz dazu hat England in jüngerer Zeit große Anstrengungen unternommen, um Hunderttausende von längst nicht so akkulturationswilligen muslimischen Einwanderern zu integrieren. Mehreren hundert jüdischen Ärzten aus Deutschland wurde es bis 1939 nicht gestattet, in Großbritannien zu praktizieren. Doch heute wird rund ein Drittel der Gesundheitsversorgung in England von Ausländern abgedeckt, und dieser Anteil wird noch steigen.

Die meisten jungen Kommunisten machten in Ostdeutschland eher bescheidene Karrieren. Als Stalin seine Kampagne gegen den »Kosmopolitismus« startete, eine kaum kaschierte antisemitische Kampagne von 1949 bis 1953, da gerieten sie unter kollektiven Verdacht, weil sie die Kriegsjahre im imperialistischen Lager verbracht hatten. Nach Stalins Tod wurden sie jedoch rehabilitiert.

Ungleich tragischere Schicksale mussten Exilanten aus Deutschland in der Sowjetunion erdulden. Man hielt sie für Spione oder feindliche Agenten und verhaftete sie. Einige wurden im Laufe der sowjetischen Säuberungen von 1936 bis 1939 hingerichtet. Manche, die nur verhaftet und in den Gulag geschickt wurden, überlebten, aber die meisten kamen um. Ich habe nach dem Krieg etwa ein Dutzend Überlebende aus Workuta und anderen Lagern befragt. Ein paar hielten trotz allem an ihren politischen Überzeugungen fest, aber sie waren gebrochene Menschen.

Wer zur Zeit der Säuberungen für eine Verhaftung noch zu jung war, hatte Glück gehabt. Selbst in der Sowjetunion wurde ein 14-jähriger Junge nicht als japanischer Spion vor Gericht gestellt. In vielen Fällen blieben Jugendliche jedoch allein zurück, weil ihre Eltern verhaftet wurden, und oft kehrten sie erst nach vielen Jahren oder gar nicht zurück. Und es war gewiss kein Vergnügen, als Sohn oder Tochter sogenannter Volksfeinde die Schule zu besuchen.

Die meisten Juden nutzten jede sich bietende Gelegenheit zur Flucht aus NS-Deutschland. Aber ich habe von ein paar jungen Juden gehört, denen von ihren kommunistischen Gurus befohlen wurde, in Deutschland zu bleiben, um der deutschen Arbeiterklasse beim Sturz des Nationalsozialismus zu helfen. Falls das stimmt, was ich befürchte, so war das eindeutig der Gipfel der Narretei, weil ein junger Jude unter den herrschenden Bedingungen politisch überhaupt nichts ausrichten konnte. Die deutschen Kommunisten wünschten nicht einmal »Nichtarier« in ihren Untergrundzellen, sondern forderten sie auf, eigene Gruppen zu bilden.

Ich beziehe mich vor allem auf die Organisation, die von Herbert und Marianne Baum in Berlin geleitet wurde. Diese lose Gruppe junger Leute wurde von einem jüdischen Kommunisten geführt. Sie wollten Anfang 1942 Feuer in einer antisowjetischen Ausstellung in Berlin legen, aber der Anschlag scheiterte, und fast alle wurden verhaftet, weil die Gruppe bereits von Gestapo-Agenten infiltriert war; mehr als zwanzig Menschen wurden hingerichtet. Man könnte argumentieren, dass es keine Rolle spielte, ob diese jungen Leute, da sie ohnehin dem Untergang geweiht waren, nun 1942 oder ein Jahr später den Tod fanden. Aber das stimmt nicht ganz, weil sie, wenn sie untergetaucht wären oder die Grenze zu einem neutralen Land passiert hätten, zumindest eine gewisse Überlebenschance gehabt hätten.

Mit anderen Worten, wer diesen jungen Leuten befahl, im Land zu bleiben und der deutschen Arbeiterklasse zu helfen – ein hoffnungsloses Unterfangen –, lud eine schwere Schuld auf sich. Überdies lehnten die Kommunisten solche Anschläge ab, weil sie Wasser auf die Mühlen der NS-Propaganda waren, galten sie doch als Beweise dafür, dass »jüdische Kommunisten« versuchten, den Kreuzzug der Nazis zur Befreiung Europas von der bolschewistischen Schreckensherrschaft zu sabotieren.

Die 1930er Jahre waren das Jahrzehnt des Stalinkults und der Moskauer Schauprozesse, in denen die meisten Vertreter der alten bolschewistischen Garde beschuldigt wurden, sie hätten unablässig für den Klassenfeind spioniert. Das hätte eigentlich Fragen zur Gerechtigkeit und Redlichkeit der sowjetischen Sache aufwerfen müssen, aber allem Anschein nach untergruben die Prozesse nicht den Glauben der überzeugten Anhänger des Systems, oder zumindest nicht unmittelbar.

Das hatte mehrere Gründe. Die Argumente, mit denen die Sowjets beweisen wollten, dass die Vorwürfe gegen die alte Garde begründet seien, waren nicht überzeugend. Und der »Kult des Individuums«, wie der Stalinkult nach dem Tod des Diktators genannt wurde, war in der Tat abstoßend. Aber die Schauprozesse und der Personenkult waren damals etwas Neues, und die Menschen kannten keine historischen Beispiele für solche Verfahrensweisen. Der Skeptizismus, den spätere Generationen gegenüber derartigen Methoden entwickeln sollten, war ihnen fremd. Merkwürdige und unerklärliche Ereignisse passierten fast ständig; kein Erklärungsversuch, und wäre er noch so weit hergeholt gewesen, durfte einfach verworfen werden. Womöglich steckte doch ein Körnchen Wahrheit in den Anklageschriften gegen die alten Bolschewiken; vielleicht waren sie subjektiv unschuldig, hatten sich jedoch »objektiv schuldig« gemacht, indem sie Stalins Herrschaft untergraben hatten.

Allmählich begriff ich, dass der »real existierende Marxismus« bei all seinem Anspruch, eine rationale, ja sogar wissenschaftliche Weltanschauung zu sein, sich auf eine Überzeugung stützte, die auf Glauben beruhte: Er war eine säkulare Religion. Seinen Anhängern schenkte er die Sicherheit, nach der sie sich gesehnt hatten, genau wie ein gläubiger Christ oder Jude überzeugt ist, dass sein Gott weiß, was er tut. Doch die Wege der Vorsehung (in diesem Fall des Führers oder des Politbüros) waren für gewöhnliche Sterbliche unergründlich, und niemandem war es gestattet, sie zu hinterfragen. Fjodor Tjutschew, der russische Dichter und Diplomat des 19. Jahrhunderts, hat einen berühmten Vierzeiler geschrieben, der auf Russisch mit den Worten beginnt: »*Umom Rossii ne ponjat.*«

> Mit dem Verstand allein ist Russland nicht zu fassen,
> Gewöhnlich Maß misst es nicht aus:
> Man muss ihm sein Besondres lassen –
> Das heißt, dass man an Russland glaubt.

Die Gemeinschaft der Gläubigen prägte und umfasste das Leben der Anhänger mit einem Ausschließlichkeitsanspruch. Wenn sie die Seite wechselten, verloren sie nicht nur dieses Gefühl der Sicherheit, sondern auch alle Freunde und Bekannten. Ich habe einige getroffen, die viele Jahre im Gulag verbracht hatten und in den »Säuberungen« ihre besten Freunde, ihre Angehörigen, ja sogar ihren Ehepartner verloren haben. Dennoch blieb ihr Glaube an die Partei und ihren Führer unerschütterlich. Das war eindeutig kein ideologisches, sondern ein psychologisches und religiöses Phänomen. Einige Schriftsteller der 1930er und 1940er Jahre, darunter Arthur Koestler, schilderten dies in späteren Jahren in einem Sammelband mit dem Titel *Ein Gott, der keiner war* sehr detailliert.

Mit der Zeit wurden jedoch die Anzeichen, dass die Religion des Marxismus unvollkommen war, unübersehbar. Eine immer größere Anstrengung war erforderlich, um an ein System zu glauben, das andernfalls absurd erschienen wäre. Überdies waren nach 1945 Hitler und der Faschismus, und mit ihnen die existentielle Bedrohung, verschwunden. Die Tatsache, dass sich die UdSSR nunmehr in einem Konflikt mit den USA und Westeuropa befand, führte den Vertretern der Linken die Kluft zwischen der Loyalität gegenüber ihrem eigenen Land und gegenüber Moskau in aller Deutlichkeit vor Augen. Zugleich fiel es der UdSSR immer schwerer, ihre Rückständigkeit und ihre Schwächen zu verbergen, und diese traten besonders deutlich hervor durch die Kritik der sowjetischen Führer an Stalin nach dessen Tod.

Langfristig untergrub diese Entwicklung natürlich auch die

Glaubwürdigkeit des Marxismus und Kommunismus. Ich bin jedoch der Meinung, dass es keineswegs müßig ist, sich beim eigenen Forschen und Denken mit der marxistischen Lehre auseinanderzusetzen. Marx irrte sich zwar bei den meisten Prognosen bezüglich des Kapitalismus und Sozialismus. Außerdem betonte er die Bedeutung des Klassenkampfes in der Geschichte allzu sehr und verfiel einer generellen Überbewertung der ökonomischen Faktoren.

Wer jedoch die marxistische Lehre studiert hat, der erwirbt einen gewissen Realitätssinn und ein Bild von der Gestaltung politischer Macht. Er wird davor gefeit sein, auf spätere Absurditäten hereinzufallen, dass zum Beispiel China, Nordkorea oder gar Osama bin Laden der fortschrittlichen Menschheit den Weg weisen könnten. Nach meiner Erfahrung haben sich die meisten intelligenten Menschen im Alter von zwanzig Jahren zumindest ansatzweise mit dem Marxismus auseinandergesetzt, und nur ganz wenige haben ihn zehn oder fünfzehn Jahre später nicht abgelehnt.

Außerdem sollte man nicht vergessen, dass die Haltung der Menschen gegenüber dem Marxismus als einer damals überaus einflussreichen Ideologie nicht immer mit ihrer Haltung gegenüber der Sowjetunion übereinstimmte. Viele Menschen, die dem Marxismus und Kommunismus nichts abgewinnen konnten – und die dieses System in ihrem eigenen Land mit Sicherheit nicht gutgeheißen hätten –, hatten sogar eine überaus positive Meinung von der Sowjetunion. Zwischen 1930 und 1945 war dieser Umstand auf die große Auseinandersetzung jener Ära zurückzuführen. Die Politik der Westmächte gegenüber der Achse Berlin–Rom hielt sich bis zum Kriegsausbruch an die Politik des »Appeasement«. Amerika zeigte eine isolationistische Haltung. Allein der Kreml wirkte konsequent anti-nationalsozialistisch, zumindest bis zum deutsch-sowjetischen Nichtangriffspakt im August 1939. Jede Kritik an der Sowjetunion konnte bis zu diesem Zeitpunkt durchaus glaubwürdig als Schwächung der stärksten Kraft im Kampf gegen den Nationalsozialismus interpretiert werden.

Der Pakt zwischen Stalin und Hitler war ein schwerer Schock, ließ sich aber mit einiger Mühe noch als unvermeidliche Kriegslist erklären, auch wenn nur die treuesten Gefolgsleute Stalins diese Deutung akzeptierten. Die Sowjetunion war angeblich von den westlichen »Demokratien« hintergangen worden. Sie versuchten, Hitler zu einem Angriff auf die UdSSR zu bewegen, aber mit Großbritannien und Frankreich sollte er den Frieden wahren. Unter diesen Umständen, so die weit hergeholte Argumentation, hatte Stalin keine andere Wahl. Doch das ist eine dubiose Rechtfertigung: Wäre Hitler denn überhaupt in den Krieg gezogen, wenn er nicht den Rückhalt durch diesen Pakt gehabt hätte? Einige alte Kommunisten kamen über diesen Schock nie hinweg. Der Pakt hielt jedoch nicht einmal zwei Jahre, und anschließend war der Stalinismus für die Linke wieder politisch korrekt.

Ja mehr als das: Nach dem 22. Juni 1941, als der allzu siegessichere Hitler die Sowjetunion angriff, erlebte das Land in vieler Hinsicht einen Popularitätsschub und wurde zu unserer großen, wenn nicht einzigen Hoffnung aufs Überleben. Bis zu diesem Zeitpunkt hatte der Krieg einen schlimmen Verlauf genommen. West- und Nordeuropa waren von deutschen Soldaten überrannt worden. Frankreich hatte kapituliert. Die Invasion Großbritanniens war aufgeschoben worden, aber sie war keineswegs unvorstellbar. Unter Premierminister Winston Churchill würde England zweifellos weiterhin Widerstand leisten, aber wie sollte es ohne Verbündete NS-Deutschland in die Knie zwingen? Jeder, der den Fortbestand der Demokratie wünschte, musste auf den Sieg der Sowjetunion im Krieg bauen.

Doch das Jahr 1941 wurde ein Jahr sowjetischer Niederlagen. In Teilen der Sowjetunion wurden die Deutschen sogar als Befreier empfangen, meist von Angehörigen der unzufriedenen nichtrussischen Völker. Im Sommer und Herbst gelangen der deutschen Wehrmacht rasche Vorstöße. Millionen sowjetischer Soldaten fielen oder gerieten in Gefangenschaft, was beweist, wie schlecht die Russen vorbereitet waren. Stalin hatte Hitlers Beteuerungen seiner Friedfertigkeit mehr Glauben geschenkt als den Warnungen westlicher Politiker.

Der sowjetische Parteichef war von unzähligen Quellen, darunter dem berühmten sowjetischen Agenten Richard Sorge in Japan und dem tschechischen Untergrund, gewarnt worden, aber er tat die Nachrichten als Fehlinformationen ab, mit denen die Sowjetunion zu einem Krieg gegen Deutschland provoziert werden sollte. Stalins Verhalten barg einen überaus subtilen Widerspruch: Der Mann, der niemandem über den Weg traute (am wenigsten allen getreuen Altbolschewiken) und der jeden des Verrats verdächtigte, schluckte bereitwillig die Lügen Hitlers und seines Außenministers Joachim von Ribbentrop.

Die Niederlagen der Roten Armee 1941 waren jedoch nicht allein mit Stalins Leichtgläubigkeit zu erklären. Er hatte in den Säuberungen die militärische Führung der Roten Armee liquidiert, und die neuen Kommandeure hatten noch zu wenig Erfahrung. Außerdem mischte sich Stalin unablässig in militärische Entscheidungen ein, erst nach verheerenden Niederlagen wurde Experten wie Marschall Schukow mehr Handlungsspielraum gewährt.

Doch hatte Stalin mächtige Verbündete: die Größe Russlands und das Klima. Wie Napoleon mussten die deutschen Generäle feststellen, dass Russland ein riesiges Land war. Die Straßen waren in einem schlechten Zustand, und sobald der Winter einsetzte, geriet die Offensive ins Stocken. Die Wehrmacht konnte Leningrad nicht einnehmen. Sie wurde im Dezember 1941 vor Moskau gestoppt und musste sich zurückziehen.

Das war bereits der Anfang vom Ende, auch wenn das damals niemand hätte vorhersagen können. Großbritannien und später auch die Vereinigten Staaten unterstützten die Sowjetunion auf alle erdenkliche Weise und lieferten über das Lend-Lease-Programm Flugzeuge, Panzer, Jeeps und Lebensmittel. Später versuchten die Sowjets die Bedeutung dieser Hilfe herunterzuspielen, aber sie war in vielerlei Hinsicht entscheidend. Ohne den tapferen Kampf der Soldaten der Roten Armee, die unvorstellbares Leid ertragen mussten, wäre jedoch nicht viel erreicht worden. Das soll nicht heißen, dass Hitler den Krieg gewonnen hätte, aber es hätte zu einem Patt kommen können. Womöglich wäre die erste Atombombe dann über Deutschland abgeworfen worden.

Allerdings prägte die Hartnäckigkeit des sowjetischen Widerstands im Kontrast zur raschen Kapitulation der Franzosen und Polen sehr stark die öffentliche Meinung im Westen. Damals waren »Uncle Joe« und das sowjetische System überaus populär. Joseph Davis, ein ehemaliger US-Botschafter in Moskau, antwortete auf die Frage, weshalb in der Sowjetunion keine fünfte Kolonne existiere, Stalin habe sie in den 1930er Jahren erschießen lassen, und viele Ahnungslose glaubten dieses Geschwätz. Die Meinung war sehr verbreitet, es müsse doch etwas wirklich Positives am sowjetischen System geben, das es den dekadenten, schwachen westlichen Demokraten überlegen machte.

Fasziniert von diesem Land, begann ich Russisch zu lernen. Ende 1941 brach ich mir ein Bein. Damals war ich Mitglied eines Kibbuz; wenn unsere Genossinnen krank waren, mussten sie Socken stopfen, aber für einen kranken Mann gab es wenig zu tun. Meine Nachbarin war eine betagte russische Dame, die aus Nikolajew am Schwarzen Meer stammte, der Region, aus der auch Leo Trotzki kam. Sie war Lehrerin gewesen und freute sich über einen fleißigen Schüler. Mit ihrer Hilfe lernte ich acht Stunden täglich Russisch, und am Ende des Monats konnte ich mit Hilfe eines Wörterbuchs bereits die *Prawda* lesen. Das war freilich keine große Leistung, weil die Redakteure der *Prawda* nicht mehr als 1000 Wörter benutzten, eher weniger, damit alle den Text verstanden. Von der *Prawda* wechselte ich zu *Kapitanskaja Dotschka (Die Hauptmannstochter)*, Puschkins bekannter Novelle mit dem Pugatschowaufstand im 18. Jahrhundert als historischem Hintergrund. Das war ein Standardtext für russische Schulkinder. Als Nächstes las ich einen Teil der sowjetischen Kriegsliteratur, die in einem winzigen Format von *Ogonjok* (Flämmchen), einer illustrierten Wochenzeitschrift, publiziert wurde.

Bei all meiner Begeisterung blieb mir jedoch nicht verborgen, dass die *Prawda* ebenso wie die *Iswestija* unsäglich langweilige Zeitungen waren. 1943 erschien dann eine neue Wochenzeitschrift: *Woina i rabotschi klass* (Der Krieg und die Arbeiterklasse), die ansprechender und inhaltlich anspruchsvoller war. Ich fing an, die Zeitschrift regelmäßig zu lesen, darüber hinaus aber auch die bekannten Kriegsautoren Ehrenburg, Alexej Tolstoi, Wassili Grossman, Konstantin Simonow (das Liebesgedicht »Wart auf mich«) und viele andere. Ich ahnte damals nicht, dass nicht ganz fünfzig Jahre später die *Iswestija* und die *Nowoje Wremja* (Neue Zeit, *Woina i rabotschi klass* hatte inzwischen den Namen geändert) mich bitten würden, für sie einen Artikel zu schreiben. Das tat ich dann auch bereitwillig (wenn auch nicht auf Russisch), wohl aus einem Gefühl der Nostalgie heraus.

Meine Russischlehrerin war jedoch nicht meine einzige Quelle der Inspiration und Information. Ich arbeitete damals auf den Feldern im Norden Israels als berittene Wache. Meine Kollegen waren mehrheitlich Juden aus Russland, ein paar kamen auch aus Sibirien. Sie brachten mir Lieder und Flüche in ihrer Muttersprache bei, also jenes Vokabular, das man nicht im Wörterbuch findet. Es herrschte eine romantische Stimmung. Wenn man bei Nacht dort Wache schob, hatte man kaum mehr zu tun, als zu singen und das Feuer zu schüren.

Bis zu meinem ersten Besuch in Russland sollten noch mehr als zehn Jahre vergehen, aber damals wurde Russland zu meinem wichtigsten Interessengebiet. Ich musste mich zwischen Arabisch und Russisch entscheiden – ich meine damit nicht nur die Sprache, sondern auch Kultur und Politik. Damals konnte ich mich auf Arabisch mündlich verständigen, die Kenntnisse der Hochsprache ließen allerdings zu wünschen übrig. Ich war kein Sprachentalent und erkannte, dass ich nie beide Sprachen beherrschen und beide Kulturen verstehen würde. Russisch und die ganze Welt der russischen Kultur erschienen mir jedoch interessanter.

Die sowjetische Politik und die Geschichte der KPdSU waren mir bereits hinlänglich vertraut, aber die Geschichte Russlands im 19. und im frühen 20. Jahrhundert interessierte mich mehr als die Gegenwart. Wenn man die Mitglieder des Politbüros und anderer führender Organe kannte sowie ein wenig über ihre Karrieren und Herkunft wusste, war das so ziemlich alles, was man in Erfahrung bringen konnte. Was in diesen Kreisen wirklich vorging, war völlig rätselhaft, denn es herrschte eine strenge Zensur. Wer den sowjetischen Entscheidungsprozess auf höchster Ebene rational erklären wollte (später wurde diese Wissenschaft Kremlinologie genannt), der war um diese trübselige Aufgabe nicht zu beneiden. Die Experten mussten ihre Thesen etwa auf die Frage stützen, wie häufig bestimmte Parteiführer in den führenden Tageszeitungen namentlich erwähnt oder in welcher Reihenfolge ihre Namen genannt wurden. Auch wenn man wusste, welcher Führer in Ungnade fallen und welcher bald aufsteigen könnte, so war das reichlich belanglos, weil man nicht wusste, ob sich ihre politischen Ziele wesentlich unterschieden. Die sowjetische Politik war überaus wichtig, aber sie zu beobachten war extrem langweilig. Die russische Kulturgeschichte hingegen war überaus anregend.

Doch es gab andere Informationsquellen: die Neuankömmlinge aus der Sowjetunion. In den ersten beiden Jahren nach dem Krieg beschlossen viele Hunderttausende, entweder im Westen zu bleiben (zum Beispiel Kriegsgefangene) oder auf die andere Seite überzulaufen. Das war damals nicht allzu schwierig, denn die Grenzen waren ungewöhnlich offen. Hinzu kamen die vielen polnischen und tschechischen Soldaten, die während des Krieges in der Sowjetunion stationiert gewesen waren und die nach Kriegsende das Land verlassen durften, sowie politische Exilanten aus über einem Dutzend Staaten, die in Moskau Zuflucht gesucht hatten. Zugegeben, unter den Überläufern waren kaum Führungskräfte, aber sie waren Augenzeugen gewesen und konnten viel über die Funktionsweise des Systems berichten. Nur wenige schrieben damals Bücher, es bestand noch keine Nachfrage nach kritischer Literatur. Außerdem wollten viele keine Aufmerksamkeit erregen, weil sie fürchteten, dass man ihnen dann im Westen kein Asyl gewähren würde.

Es wäre falsch zu glauben, die meisten wären NS-Kollaborateure gewesen (obwohl das auf manche zutraf). Viele Tausende waren Juden, die in der polnischen Armee unter General

Władisław Anders gedient hatten – einer nichtkommunistischen Einheit, die unter britischem Kommando gegen die Wehrmacht gekämpft hatte. Andere flohen aus den baltischen Staaten, die 1940 von Moskau annektiert worden waren, weil sie nicht den Rest ihres Lebens in der Sowjetunion verbringen wollten.

Das Bild, das sich aus ihren Erzählungen ergab, wich erheblich ab von den offiziellen Darstellungen in den sowjetischen Medien und von den Berichten westlicher Korrespondenten in Moskau, die unter einer strengen Zensur arbeiteten. Einige führende Korrespondenten waren mit Sowjetbürgerinnen verheiratet, denen die Behörden nicht gestattet hätten, das Land zu verlassen, wenn ihre Ehemänner wegen unliebsamer Berichterstattung des Landes verwiesen worden wären. Das war ein weiterer wichtiger Aspekt, der die Berichterstattung über sowjetische Politik aus Moskau beeinträchtigte. Henry Schapiro von United Press gehörte in diese Kategorie, aber auch Louis Fischer, den ich später kennenlernte. Fischer war ein kommunistischer Sympathisant, der später mit einer Gandhi-Biographie bekannt wurde. Edmund Stevens, der Autor von *Russia is No Riddle,* gehörte auch zu dieser Kategorie von Reportern.

Auf Journalisten wird auch noch heute in vielen Teilen der Welt Druck ausgeübt. Ich habe kürzlich einen Artikel eines führenden westlichen Korrespondenten gelesen, der aus dem Iran berichtete. Offenbar war er sehr gut informiert und kannte die Landessprache. Dennoch spürte ich eine gewisse Zurückhaltung in seiner Darstellung. Auf Russisch nannte man das *perestrachowka* (Rückversicherung). Journalisten hielten fortwährend nach allen möglichen Gefahren Ausschau und waren bestrebt, sich die Gunst des Regimes zu sichern. Welche Gründe hatte dieser Journalist für seine Vorsicht? Ich fand heraus, dass er mit einer Iranerin verheiratet war und dass ihre Familie in Teheran lebte. Ich mache ihm keineswegs einen Vorwurf, aber er hätte sich vielleicht ein anderes Land für seine Berichterstattung aussuchen sollen.

Eine Zeit lang stand ich vor einem ähnlichen Problem, als ich Ende der 1950er und Anfang der 1960er Jahre im Auftrag der *Neuen Zürcher Zeitung* ausgedehnte Reisen durch Russland unternahm. Die Eltern und Angehörigen Naomis, meiner inzwischen verstorbenen Gattin, lebten im Kaukasus, und mir war nicht ganz wohl bei meiner Berichterstattung. Ich versuchte, das Problem zu lösen, indem ich nicht über sowjetische Politik, sondern über andere Aspekte des Lebens in der Sowjetunion schrieb. Aber eine derartige Selbstbeschränkung war für einen Auslandskorrespondenten keine Lösung.

Bereits in den 1940er Jahren war meine Skepsis gegenüber der Sowjetunion gewachsen. Das lag weniger an der aktuellen politischen Entwicklung als an der Geschichte. Ich hatte das Standardlehrbuch über die Geschichte der KPdSU, den berühmten *Kratki Kurs (Geschichte der Kommunistischen Partei [Bolschewiki]). Kurzer Lehrgang)* gelesen, der 1938 auf Stalins Anordnung zusammengestellt und angeblich von ihm persönlich geschrieben worden war. Alle Kommunisten mussten ihn damals lesen; das Standardwerk wurde in jedem Artikel zitiert und in fast alle Sprachen der Welt übersetzt. Die Gesamtauflage war enorm. Aber ich habe auch viele andere Bücher über die Geschichte der Partei gelesen, und es stellte sich rasch heraus, dass eklatante Diskrepanzen und Widersprüche zwischen den authentischen zeitgenössischen Quellen und dem *Kurzen Lehrgang* bestanden. Mit anderen Worten, die offizielle Geschichte war gefälscht worden.

Ich konnte mir mühelos die nötige Literatur beschaffen. Die Hebräische Universität in Jerusalem verfügt über eine ausgezeichnete Sammlung russischer und sowjetischer Zeitschriften aus der Zeit vor der Revolution und danach. Also saß ich viele Vormittage im Campus auf dem Mount Scopus und arbeitete mich durch verstaubte Zeitschriften, die offensichtlich seit Jahren kein Mensch mehr durchgeblättert hatte. Mein Lesehunger war unersättlich; die Bibliothekare verfluchten mich insgeheim wegen der vielen Arbeit, die ich ihnen machte. Einer war übrigens der Vater von Amos Oz, dem bekannten israelischen Schriftsteller.

Schriften über Politik sind häufig tendenziös, doch der kommunistischen Literatur haftete ein besonderer Makel an: eine systematische Missachtung der Wahrheit, welche alle Behauptungen ihrer Autoren unglaubwürdig machte. Aber damit nicht genug. Bei der Lektüre der Werke russischer Emigranten stellte ich fest, dass einige dieser Autoren schlichtweg verrückt waren. Ich meine damit die Schriften über die »Protokolle der Weisen von Zion«, über gigantische Verschwörungstheorien, in denen Juden und Freimaurer die Rolle der grauen Eminenzen spielten. Zugleich machte ich die Beobachtung, dass manche Kritiker des Bolschewismus in ihrer politischen Analyse überaus scharfsinnig urteilten.

Nehmen wir zwei Beispiele: die Menschewiki und *Smena Wech* (Wechsel der Wegzeichen). Die Menschewiki waren vergleichbar mit westlichen Sozialdemokraten. Sie hatten sich am Kampf gegen die Herrschaft des Zaren beteiligt, glaubten aber an soziale Reformen und kontinuierlichen Wandel, nachdem die Demokratie in Russland gesiegt haben würde. Sie waren überzeugt, dass die Errichtung der Diktatur einer Partei am Ende zur Diktatur einer kleinen Gruppe führen würde, oder gar zu einem einzigen Diktator, was später ja auch eintraf. Ein derartiges System sei nicht das, was wahre Sozialisten sich wünschten, erklärten sie. Es sei unmenschlich, würde viel Leid und Zerstörung hervorbringen und aller Wahrscheinlichkeit nach nicht den versprochenen wirtschaftlichen und sozialen Fortschritt erzielen.

In ihrer Zeitschrift *Sozialistitscheski Westnik* (Sozialistischer Bote) und in ihren Büchern aus den 1920er und 1930er Jahren veröffentlichten die Menschewiki laufend Kommentare zu den Entwicklungen in der Sowjetunion, die sich als verblüffend präzise Prognosen entpuppten. In den 1960er Jahren lernte ich in den Vereinigten Staaten einige überlebende Menschewiki kennen wie Boris Nikolajewski und Solomon Schwartz, seine Frau Wera Alexandrowa und andere. Im Nachhinein muss ich feststellen, dass diese netten Leute den Zusammenbruch kommen sahen.

Die Vertreter der Gruppe *Smena Wech* waren weniger pessimistisch. Diese russischen Emigranten in Mitteleuropa und im Fernen Osten hatten wie Millionen andere nach der Revolution Russland aus Protest gegen den Bolschewismus verlassen. Ihr wichtigster Denker war ein Moskauer Professor namens Nikolai Ustrjalow. In den folgenden Jahren gelangten sie jedoch zu dem Schluss, dass die Auswanderung ein Fehler gewesen sei, und nach und nach kehrten die meisten in die Sowjetunion zurück. Warum? Sie glaubten, sie hätten den Kommunismus zu ernst genommen, und hielten ihn mittlerweile für ein vorübergehendes Phänomen, womöglich für den einzigen Weg, einem Land, das im Ersten Weltkrieg besiegt worden war, wieder zur Macht zu verhelfen. Nationalismus und Großmachtstatus hielten sie für die bleibenden Faktoren. Der Bolschewismus werde Russland, so ihre Annahme, wohl wieder zum Status einer Großmacht verhelfen.

Die Leute von *Smena Wech* behielten mittelfristig recht. Ustrjalow und seine Gefährten wurden in den 1930er Jahren verhaftet. Sie verschwanden und wurden wohl von der Geheimpolizei exekutiert; Ustrjalow vermutlich 1937 erschossen. Auf lange Sicht wurde jedoch eine ihrer Prognosen von den Ereignissen bestätigt. Der Nationalismus erwies sich als stärker denn der Kommunismus. Wenn Putin Ustrjalow gelesen hätte, würde er ihm wohl in jeder großen russischen Stadt ein Denkmal setzen lassen.

Intuitiv erkannte ich, dass die Gruppe *Smena Wech* zu Unrecht völlig in Vergessenheit geraten war. Deshalb war ich auch nicht überrascht, als der sowjetische Patriotismus zuerst unter Stalin wiederauflebte, dann unter seinen Nachfolgern, und sich in den 1970er und 1980er Jahren als »Nationalbolschewismus« am Rand der russischen Literaturszene in Zeitschriften wie *Nasch Sowremennik* (Unser Zeitgenosse) und *Molodaja Gwardija* (Junge Garde) immer fester etablierte. Nach dem Zerfall der Sowjetunion wurde der Nationalismus Bestandteil der neuen russischen Ideologie und lebte auch in seiner Extremform als Neonazismus wieder auf. Kurioserweise besteht heute auf ideologischer Ebene, aber auch in anderer Hinsicht kein großer Unterschied mehr zwischen der jetzigen Russischen Kommunistischen Partei und der russischen extremen Rechten.

Ich möchte zwei weitere Autoren nennen, deren Schriften ich als anregend empfand und die heute selbst unter Experten vergessen sind. Einer war Marc Vishniak, ein »rechter« Sozialrevolutionär und Juraprofessor, der unter dem Zarenregime wiederholt verhaftet worden war, im ersten gewählten Parlament saß (das von den Bolschewiki rasch aufgelöst wurde) und anschließend nach Paris und weiter in die Vereinigten Staaten floh. Dort arbeitete er für das Magazin *Time*. Er schrieb bei Kriegsende, der Bolschewismus werde eines Tages abtreten, aber sein Vermächtnis der Unfreiheit sei verderblich. Knechtschaft und Korruption hätten die Gesellschaft durchdrungen und würden nicht mit dem Bolschewismus verschwinden. Auch wenn dieser aus der Distanz von Tausenden Kilometern, die ihn vom Westen trennten, gewisse »Merkmale einer Erhabenheit und Größe« erhalten habe, sah Vishniak mit Blick auf die Freiheit in Russland keinen Grund zum Optimismus.

Der andere Denker war Georgi Fedotow, ein Theologe und liberaler Antikommunist, der in die Vereinigten Staaten auswanderte. Seine Aufsätze wurden nach seinem Tod von Bewunderern sowohl in den Vereinigten Staaten als auch in Russland wieder veröffentlicht. Er befürchtete ebenfalls, dass Russland von der eigenen Geschichte der Unfreiheit zerrissen werden könnte. Aber ich bezweifle, dass er viele Leser hatte.

All das lag im Jahr 1945, als ich mich auf dem Campus der Hebräischen Universität durch oben erwähnte Literatur kämpfte, noch außerhalb meines Horizontes. Bei meiner intellektuellen Odyssee stieß ich zwangsläufig auch auf den Trotzkismus und las sogar von Anfang bis Ende das ganze *Buljetin Opposizii* der Bewegung. Die Zeitschrift war das Organ der russischen Trotzkisten, die ich im Gegensatz zur stalinistischen Parteilinie als sehr anregend empfand. Später lernte ich Max Shachtman kennen, den Kopf einer der beiden wichtigsten trotzkistischen Gruppen in Amerika, sowie Tony Cliff, einen Israeli (oder genauer Palästinenser, denn er verließ das Land noch vor der Staatsgründung), der zum Guru des »International Socialism« wurde, dem eher aufgeklärten Flügel des Trotzkismus in Großbritannien.

Aber es wäre übertrieben zu behaupten, ich sei sonderlich beeindruckt gewesen. Natürlich schrieb Trotzki viel besser als Stalin, er war gebildet und ein Meister der Rhetorik. Unter Trotzki hätte es keinen »Kult des Individuums« gegeben (obwohl er ziemlich eitel war) und mit Sicherheit keine blutigen Massensäuberungen, denen so viele unschuldige Menschen zum Opfer fielen. Aber als Politiker war er unstreitig ein Versager, und auch als politischer Denker erregt er kein großes Interesse, weil es ihm nicht gelang, den Marxismus weiterzuentwickeln, obwohl dessen Grundannahmen inzwischen eindeutig überholt waren. Die Versuche der Trotzkisten, die Sowjetunion im Rahmen der marxistischen Lehren als ein Beispiel für Staatskapitalismus oder für eine bürokratische Degeneration zu interpretieren, konnten nicht überzeugen.

Der Trotzkismus hat eine tragische Geschichte. Erschreckend viele führende Persönlichkeiten wurden umgebracht, aber wie viel Sympathie konnte man einer Bewegung schon entgegenbringen, die sich unablässig spaltete und in Grabenkämpfen zerfleischte? Der Trotzkismus war eine wichtige geistige Strömung unter französischen Intellektuellen der Nachkriegszeit und in einem geringeren Ausmaß unter Amerikanern in den Jahren vor dem Zweiten Weltkrieg. In Deutschland hatte er kaum Anhänger, und in Großbritannien hat er noch einen gewissen Einfluss, aber nicht in intellektuellen Kreisen. Die britischen Trotzkisten wollten eine Massenbasis erlangen, indem sie Gruppen mit völlig unterschiedlichen Agenden infiltrierten und zu übernehmen versuchten (der sogenannte »Entrismus« in der linken Terminologie). Sie sind gescheitert und inzwischen Verbündete der radikalen Islamisten geworden. Ist das nun eine tragische oder gar eine komische Episode der Geschichte? Im 20. Jahrhundert sympathisierten viele intelligente junge Leute mit dem Trotzkismus, aber die wenigsten blieben ihm treu.

Wenn der Marxismus eine Enttäuschung war, was sollte an seine Stelle treten? Ich hielt mich für einen Mann der linken Mitte, und in den meisten Punkten tue ich das immer noch. (Den Kulturschaffenden gegenüber bin ich konservativ. Ich kann mit ultramoderner Kunst, Musik und Literatur nichts anfangen.) Das wirft die Frage auf: Was ist links, und was heißt es, links zu sein? In meinen Augen war Stalin kein Linker, ebenso wenig wie seine Gefolgsleute oder die diversen postmodernen Denkschulen wie der Postkolonialismus; weder die deutschen noch die italienischen Terroristen der 1970er Jahre waren links. Und das gilt auch für Nordkorea oder das Albanien Enver Hoxhas oder das Kambodscha eines Pol Pot oder die Islamisten, ob sie nun Osama bin Laden oder anderen verquasten Ideologen anhängen.

Man könnte diese Liste endlos verlängern. »Links« sind in Israel ein Mann oder eine Frau, die ungeachtet aller Widrigkeiten eine Verständigung mit den Arabern anstreben, aber sie sind nicht unbedingt zugleich Sozialisten im herkömmlichen Sinn. Wenn man die Wahlergebnisse analysiert, stellt man fest, dass die reichen Wohngegenden in Israel, z.B. Kfar Shmaryahu nördlich von Tel Aviv, »links« wählen, die armen Entwicklungsstädte hingegen »rechts«. Bei den US-Wahlen von 2008 hat ein größerer Anteil der Wähler mit hohem Einkommen Obama (der als linker Kandidat angesehen wurde) unterstützt als seine Rivalen.

Die Bedeutung dieser Begriffe hat sich auf der ganzen Welt grundlegend gewandelt. In Europa und den Vereinigten Staaten war die Linke traditionell die Partei der Ideale der Französischen Revolution, des sozialen Fortschritts und der Freiheit. Die konservative Rechte stand für traditionelle Werte, für die Bewahrung der wirtschaftlichen und gesellschaftlichen Ordnung und, ganz allgemein, des Status quo. Kann man die herkömmliche Definition mit der Betonung der Freiheit noch auf die heutige Linke anwenden? Der Begriff »Populismus« ist häufig gefallen, um diese neue Linke zu beschreiben, aber Populisten können auch im rechten Teil der Wählerschaft auf Stimmenfang gehen.

Der Zweite Weltkrieg endete in Europa im Mai 1945. Nach sechs Jahren Kampf und Zerstörung hatten natürlich alle sehr hohe Erwartungen. Viele mir sehr teure Menschen waren umgekommen. Meine Generation musste bei Null wieder anfangen, studieren, arbeiten, heiraten und Familien gründen. Millionen kehrten aus dem Militärdienst ins zivile Leben zurück. Über allem stand die bange Frage: Wie lange würde der Wiederaufbau dauern?

Zugleich schienen jedoch in den internationalen Beziehungen keine größeren Konflikte zu drohen. Die Vereinten Nationen waren gegründet worden. Die Hoffnung war verbreitet, dass ihnen mehr Erfolg beschieden sein könnte als dem Völkerbund.

Sehr zum Erstaunen der Menschen machte die wirtschaftliche Erholung weit schneller Fortschritte als angenommen, während auf internationaler Ebene schon bald Spannungen entstanden. In den letzten Kriegsmonaten hatte es erste Anzeichen gegeben, die auf ernste Differenzen zwischen den Alliierten bezüglich Polens, des Balkans, der Türkei und des Iran hindeuteten. Aber man war geneigt, darüber hinwegzusehen. Nach dem Sieg über NS-Deutschland und Japan war in den Vereinigten Staaten und Großbritannien das Gebot der Stunde Demobilisierung, also Rückkehr zu normalen Verhältnissen.

Der ehemalige britische Premierminister Winston Churchill wurde 1946 in den Vereinigten Staaten und Großbritannien wegen seiner Rede in Fulton, Missouri, scharf angegriffen, obwohl er nur ausgesprochen hatte, was kaum zu übersehen war. Churchill warnte davor, dass in Europa wegen der sowjetischen Ambitionen ein Eiserner Vorhang fallen werde. Diese Vorstellung war so ungeheuerlich, dass manche sagten, er plappere den NS-Propagandaminister Goebbels nach, der zur Rechtfertigung des deutschen Angriffs auf die UdSSR ebenfalls die Gefahren einer sowjetischen Aggression beschworen hatte.

Einigkeit herrschte hingegen darüber, dass die Sowjetunion für ihre Kriegsanstrengungen belohnt und für die erlittenen Verluste entschädigt werden müsse. Hatte die Sowjetunion etwa nicht das Recht, einen Kordon unterworfener Völker oder gar Satellitenstaaten zu bilden, die sie künftig nie wieder angreifen könnten? Weshalb sollte die UdSSR nicht entlang ihrer Westgrenze eine Einflusssphäre bekommen? Außerdem wurde vielfach angenommen, allerdings völlig zu Unrecht (auch in Teilen der sowjetischen Bevölkerung), dass sich als Folge des Krieges auch in Russland sehr viel ändern und das Regime liberaler werden würde. Eine optimistische Stimmung lag in der Luft, obwohl es dafür eigentlich keinen Grund gab.

In der Sowjetunion wurden diese Hoffnungen alsbald enttäuscht. Nach dem Krieg zog das Regime unverzüglich die Daumenschrauben wieder an, statt sie zu lockern. Die zurückkehrenden sowjetischen Kriegsgefangenen wurden in Lager verbannt, um nur ein eklatantes Beispiel für die Repression zu nennen. Der Stalinkult wurde intensiviert (und immer widerwärtiger). Zur Feier seines 70. Geburtstages im Jahr 1949 ergingen sich alle in Lobhudeleien auf den großen Führer. Allein die *Prawda* druckte viele Monate Artikel, die alle historischen Huldigungen an byzantinische Kaiser bei weitem übertrafen. Im Westen dauerte es länger, bis Politiker und Führungskräfte erkannten, was dieses Spektakel bedeutete und was sich wirklich in der Sowjetunion abspielte.

Die Menschen in Russland wollten natürlich ebenfalls demobilisieren und das Land wieder aufbauen. Aber die demokratischen Staaten wiederholten einen klassischen Fehler und übertrugen ihre eigenen Erwartungen auf die Sowjetunion. In einer Diktatur zählt jedoch allein, was der Diktator will. Stalin erkannte, dass jenes Vakuum, das durch den Krieg in Europa entstanden war, eine einzigartige Chance zur Ausdehnung seines Machtbereichs bot, und er wollte sie beim Schopf packen.

Wenn Stalin sich mit der Schaffung einer Einflusssphäre zufriedengegeben hätte – also mit Regierungen der Staaten Osteuropas, die der Sowjetunion freundlich gesinnt waren, aber nicht sklavisch das kommunistische Modell kopieren mussten –, dann hätte das im Westen kaum Aufsehen erregt. Aber Stalin war ein krankhaft misstrauischer Paranoiker. Er wollte zur Festigung seiner Macht die Länder Osteuropas und den Osten Deutschlands in das sowjetische Imperium integrieren. Folglich wandte er die »Salamitaktik« an und stellte immer höhere Forderungen, wobei er auf jedes wohlabgewogene Zugeständnis eine weitere Forderung folgen ließ.

Als Erstes wurden in den Ländern Osteuropas Regierungen installiert, denen alle »fortschrittlichen Kräfte« angehörten. Aber schon bald wurden die »bürgerlichen Elemente« eliminiert, später auch die Sozialdemokraten und am Ende selbst jene Kommunisten, die einen »nationalen Weg« zum Kommunismus befürworteten, was ein Minimum an Unabhängigkeit von Moskau für ihre Länder bedeutet hätte. Diese sowjetische Strategie war kurzfristig sehr erfolgreich, aber sie erwies sich auf lange Sicht als kontraproduktiv. Stalin hätte mit dem Kalten Krieg durchaus leben können, weil er den Eindruck eines Belagerungszustands vermitteln musste, um sein Regime im eigenen Land zu rechtfertigen. Aber wenn er den Kalten Krieg für unvermeidlich hielt, so hatte er nicht in Betracht gezogen, dass die Oktroyierung des sowjetischen Modells und die Verweigerung eines Mindestmaßes an Unabhängigkeit neue Spannungen und sogar Spaltungen im eigenen Lager zur Folge haben würden: Der Prozess begann mit dem Konflikt mit Jugoslawien, später folgten Rumänien, Albanien und China, in der Endphase erhoben sich die Völker in Osteuropa und am Schluss stand der Zusammenbruch des sowjetischen Imperiums.

Lange und heftig wurde über die Frage diskutiert, ob der Kalte Krieg allein von Stalin angezettelt worden war und ob der Westen den Konflikt hätte verhindern können oder ob er ihn bis zu einem gewissen Grad sogar provoziert hatte. Das war eine verbreitete revisionistische Meinung in den 1960er und 1970er Jahren, die in letzter Zeit wieder vorgebracht wurde. Neuere Beiträge zu dieser Debatte bietet John Lewis Gaddis in zwei Büchern.*

In den Anfängen des Kalten Krieges war im Westen die Meinung verbreitet, dass der Kampf um Freiheit und Demokratie absolut gerechtfertigt sei, denn die westlichen politischen Systeme seien – auch wenn sie kapitalistisch waren – dem Stalinismus und dem Kommunismus nach Stalin überlegen. Die Sozialdemokraten in Großbritannien, Frankreich und Deutschland standen in diesem Kampf an vorderster Front und waren häufig erheblich kritischer als rechte Kräfte im Westen, weil sie den Stalinismus besser durchschauten.

Ihre Ansichten wurden in den 1960er Jahren von den Ver-

---

* Gaddis, John Lewis: *We Now Know. Rethinking Cold War History* (1997) und *Der Kalte Krieg. Eine neue Geschichte* (2005; deutsche Ausgabe 2007).

tretern der neuen Schule des Revisionismus in Frage gestellt. Sie argumentierten, dass der Ausbruch des Kalten Krieges ebenso (wenn nicht mehr) die Schuld Amerikas wie Stalins gewesen sei, dass Amerika die legitimen Sicherheitsinteressen der Sowjetunion nicht angemessen respektiert habe und dass es bereits unzählige Gelegenheiten gegeben habe, den Kalten Krieg zu beenden, aber der amerikanische militärisch-industrielle Komplex habe das um jeden Preis verhindern wollen. (Dieses Denkmuster mit den »verpassten Gelegenheiten« als Axiom wurde nach 2001 auch bei der Interpretation der amerikanisch-iranischen Beziehungen wieder angewandt.) In der extremsten Variante vertraten Revisionisten die Ansicht, Amerika sei am Ausbruch des Koreakrieges schuld, und sie erhoben gar den Vorwurf, dass die amerikanischen Truppen dort bakteriologische Waffen eingesetzt hätten, womit sie lediglich die Propaganda der Kommunisten nachplapperten.

In Wirklichkeit war Amerika allenfalls (wenn überhaupt) verantwortlich für den Ausbruch des Koreakrieges, weil Dean Acheson in einer Rede im Januar 1950 Südkorea nicht als Teil der amerikanischen Einflusssphäre erwähnt hatte. Womöglich war Stalin deshalb zu der Überzeugung gelangt, ein Angriff sei mit geringen Risiken verbunden. Doch nicht Stalin wollte den Angriff, sondern Kim Il Sung, der nordkoreanische Parteichef. Die UdSSR stellte klar, dass Kim nicht auf sowjetische Hilfe zählen konnte. Falls er in Bedrängnis geraten sollte, würden ihm die Chinesen aus der Patsche helfen müssen – was sie später auch taten. Aber Stalin ließ Kim Il Sung freie Hand und lobte seinen revolutionären Geist. Kim sagte später einmal, er hätte ohne Stalins freundliche Haltung den Angriff nicht gewagt.

Welche Motive hatten die Vertreter der revisionistischen Schule, und weshalb entwickelten sie solche Fehleinschätzungen? Dafür gibt es mehrere Erklärungen.

Erstens waren sie überwiegend keine Experten für die Sowjetunion, die sowjetische Außenpolitik oder Ideologie. Ihre Berichterstattung über den Konflikt glich ein wenig der Reportage über einen Boxkampf, in dem nur ein Boxer zu sehen war. Wie will man das sowjetische Verhalten erklären, wenn man die treibenden Kräfte nicht kennt? Das ist nahezu unmöglich, weil die Motive der sowjetischen Politiker sich grundlegend vom Denken der amerikanischen Historiker oder Politologen unterschieden. Zudem hatten beide Seiten völlig verschiedene politische Erfahrungen. In den Reihen der Revisionisten gab es keinen George Kennan, der den größten Teil seines Lebens mit der Analyse und Beobachtung der sowjetischen Politik verbracht hatte.

Zweitens standen die Revisionisten den Motiven der amerikanischen Regierung überaus misstrauisch gegenüber. Einige kamen aus der extremen Linken, und der Aufstieg der revisionistischen Schule verlief parallel mit dem Siegeszug der radikalen Ideen in amerikanischen Universitäten. Andere Revisionisten waren kurioserweise rechte Isolationisten. Die radikalen Linken glaubten, das sowjetische System sei im Grunde sozialistisch und fortschrittlich, und waren deshalb überzeugt, es könne bei seiner Auseinandersetzung mit dem amerikanischen (und westlichen) Kapitalismus unmöglich eine aggressive Politik verfolgen. Man müsse sich gegenüber den Sowjets an den Rechtsgrundsatz »im Zweifel für den Angeklagten« halten. Die Linken hatten überdies eine so schlechte Meinung von den amerikanischen und westlichen »Pseudodemokratien«, dass aus ihrer Sicht nur diese für den Konflikt verantwortlich sein konnten.

Drittens tendierten Historiker und Politologen der akademischen Welt dazu, in den meisten Konflikten beiden Seiten eine gewisse Mitverantwortung zuzuschreiben. Weshalb sollte das bei diesem Weltgegensatz anders sein? Gegenüber Hitler und dem Nationalsozialismus hatte man nicht den Rechtsgrundsatz »im Zweifel für den Angeklagten« angewandt, aber man ging davon aus, dass der sowjetische Kommunismus seinem Wesen nach erheblich rationaler sei als der Nationalsozialismus; deshalb galt er im Grunde als fortschrittlich. Außerdem musste ein ernst zu nehmender wissenschaftlicher Ansatz die Wahrheit irgendwo in der Mitte suchen, weil stets beide Seiten eine gewisse Verantwortung für den Konflikt hatten. Und zuletzt war es die Aufgabe des Intellektuellen, kritisch zu sein, und zwar vor allem gegenüber der eigenen Seite.

Diese Voraussetzungen erklären in Grundzügen, weshalb so viele Gelehrte der internationalen Politik keine »einseitigen Verurteilungen« aussprechen wollten, und das noch zu einer Zeit, als die sowjetische Politik schwerlich zu rechtfertigen war. Deshalb schwiegen die meisten auch 1952 während der Prager Schauprozesse gegen tschechische Kommunisten, die wegen Hochverrats angeklagt waren, oder angesichts von Stalins wachsendem Wahn in seinen letzten Jahren.

Mit der Glasnost, der Öffnung der Sowjetunion für innere Diskussionen, wurde jedoch ein großer Teil des historischen Materials über die Nachkriegsära zugänglich gemacht, das man bislang unter Verschluss gehalten hatte. Westliche und sowjetische Historiker kooperierten bei ihren Forschungen, neue Einrichtungen wurden gegründet, um den Kalten Krieg zu analysieren, es erschienen Zeitschriften, die sich mit diesem Thema befassten. Aber weshalb brach die revisionistische Schule nicht zusammen wie die Sowjetunion, sondern gab lediglich einige unhaltbare Positionen auf?

Auch hier dürften die Ursachen im Reich der Psychologie und in der Soziologie des Wissens zu finden sein. Bekanntlich fällt es Menschen außerordentlich schwer, lange vertretene Meinungen zu revidieren, weil dies ein schlechtes Licht auf ihr früheres Urteilsvermögen wirft und ihr Ansehen in der Gegenwart schmälert. Noch schmerzlicher wird diese Revision, wenn die neue Information, die ein Umdenken erforderlich macht, im Widerspruch zu den innersten politischen Überzeugungen einer Person steht und wenn sie folglich impliziert, den Kalten Krieg könnte die falsche Seite gewonnen haben. Dieses Phänomen müsste freilich noch näher beleuchtet werden.

Ich bin der Ansicht, dass heute im Großen und Ganzen eine sachlichere Betrachtungsweise dominiert. In den 1970er Jahren entstand unter dem Begriff »Postrevisionismus« eine Denkrichtung der Mitte. Ursprünglich standen diese Historiker, wie John Lewis Gaddis, den gemäßigten Revisionisten relativ nahe. Nach den Enthüllungen aus den Archiven nimmt Gaddis jedoch inzwischen einen viel klareren Standpunkt ein. Heute schreibt er:

»Nachdem Stalin in Moskau an die Spitze gelangt war und klar wurde, dass sein Staat den Krieg überstehen würde, erscheint es nicht minder klar, dass es zu einem Kalten Krieg kommen musste, und zwar unabhängig davon, was der Westen unternehmen würde. Wer trug also die Verantwortung? Die Antwort lautet meiner Meinung nach: die autoritäre Herrschaft, vor allem aber Stalin.«* Manche haben Gaddis und den Verfechtern seiner Thesen solche Schlussfolgerungen nie verziehen. Diese würden angeblich die offizielle US-Außenpolitik, auch »Triumphalismus« genannt, rechtfertigen, was immer dieser obskure Begriff bedeuten sollte.

Ich vertrete nach all diesen Jahren eine radikalere Haltung als Gaddis, schließlich waren einige Historiker schon vor fünfzig Jahren zu seinen aktuellen Schlussfolgerungen gelangt. Meiner Ansicht nach besteht kein Zweifel daran, dass der Westen, nicht zuletzt die Vereinigten Staaten, im Kalten Krieg mitunter fatale Fehler begingen, zum Beispiel so absurde Abenteuer wie die Invasion in der Schweinebucht von Kuba im Jahr 1961 durch Exilkubaner, um Fidel Castro zu stürzen. Auch die Intervention in Vietnam war zweifellos ein Fehler. Ich habe nie begriffen, weshalb Amerika sich in diesen Konflikt hat hineinziehen lassen. In all den Jahren als Kommentator der internationalen Politik schrieb ich keine einzige Zeile über Vietnam, sondern mied das Thema sorgfältig. Das war womöglich keine sehr heroische Haltung, aber ich war kein Asien-Experte und wollte keinen Kommentar zu einem Thema abgeben, über das ich nicht ausreichend informiert war.

Ein paar Verrückte, darunter der bedeutende britische Philosoph Bertrand Russell, fühlten sich berufen, ganz offen von einem Atomkrieg zu reden. Aber ein Atomschlag war niemals eine Option der amerikanischen Politik. Die amerikanische Strategie lautete anfangs Eindämmung, ein Gedanke, den der US-Diplomat George Kennan in seinem »langen Telegramm« von 1946

---

* Gaddis, John Lewis: *We Now Know. Rethinking Cold War History,* Oxford 1997, S. 294.

angeregt hatte. In den 1960er und 1970er Jahren war »Entspannung« die Devise, bis die sowjetische Politik allzu aggressiv wurde und man ihr in Afghanistan Einhalt gebieten musste. Es stimmt ferner, dass die amerikanische Politik nach dem Zweiten Weltkrieg die sowjetische Bedrohung vor allem (und mitunter ausschließlich) unter militärischen Gesichtspunkten interpretierte und strategischen Überlegungen absolute Priorität einräumte. Es bestand die Tendenz, den Konflikt so darzustellen, als gehe es um die Alternative Frieden oder Krieg; dazwischen gab es nahezu nichts.

Aber in wesentlichen Punkten hatte der Westen recht. Der sowjetischen Aggression musste man entgegentreten. Freilich neigten die sowjetischen Führer insgesamt nicht zu leichtfertigem Handeln, und sie scheuten Aktionen, die mit erheblichen Risiken verbunden waren. Jemand verglich die Parteiführung der KPdSU mit einem Hoteldieb, der auf einem Stockwerk alle Türen zu öffnen versucht. Wenn eine Tür verschlossen ist, dann bricht er sie nicht auf, sondern geht weiter zur nächsten Tür.

Verpasste der Westen eine große Chance, den Kalten Krieg früher zu beenden? In der Phase nach Stalins Tod 1953 wurde darüber debattiert, aber ich habe dafür keine überzeugenden Beweise entdeckt. Solange die sowjetischen Parteichefs glaubten, ihr System sei überlegen und dazu bestimmt, eines Tages die ganze Welt zu beherrschen, war der Frieden freilich nicht mehr als ein Waffenstillstand für eine unbestimmte Frist.

Eine Differenzierung der gemäßigten Revisionisten erscheint mir jedoch schlicht und einfach sachlich falsch. Die Ersetzung des Begriffs »Totalitarismus« durch »Autoritarismus« ist meiner Ansicht nach ein unangemessenes Zugeständnis an die alten Revisionisten. Der »Totalitarismus« wurde als Begriff geächtet, angeblich diente er lediglich der Diffamierung des politischen Gegners und diskreditierte folglich alle, die ihn gebrauchten. Er wurde als Schlagwort der Propaganda des Kalten Krieges verworfen, weil er die gemeinsamen Merkmale des Kommunismus und Faschismus allzu sehr betonte. Selbstverständlich hat das Konzept »totalitärer Herrschaft« gewisse Schwächen. Weder

Deutschland unter Hitler noch die Sowjetunion, und schon gar nicht das faschistische Italien waren uneingeschränkt totalitär, in dem Sinne, dass wirklich alles vom Staat, von der Partei und von einem Führer kontrolliert worden wäre. Aber allen Schwächen zum Trotz ist die Bezeichnung »totalitär« viel genauer als »autoritär«. Letztere ist geradezu irreführend, wenn man sie auf die Sowjetunion unmittelbar nach dem Krieg anwendet.

Die Bezeichnung autoritär kann auf alle politischen Regime angewandt werden, die nicht demokratisch sind, derzeit also die Mehrheit der Mitgliedstaaten in den Vereinten Nationen. Francisco Francos Regime in Spanien war autoritär, ebenso Kemal Atatürks in der Türkei, Juan Peróns in Argentinien oder Augusto Pinochets in Chile. Der französische Staatspräsident Charles de Gaulle wurde von seinen unzähligen Feinden als autoritärer Herrscher bezeichnet. Und mit Sicherheit sind die Regime der Könige von Marokko, Jordanien und Saudi-Arabien autoritär. Die Sowjetunion »autoritär« zu nennen verwischt jedoch die enormen Unterschiede zwischen diesem Regime und anderen Diktaturen oder Halbdiktaturen in Vergangenheit und Gegenwart.

Die letzten Jahre der Herrschaft Stalins waren im sowjetischen Block der reinste Albtraum. Bereits zuvor war es schwierig gewesen, die Innenpolitik des Kreml rational zu analysieren (etwa die Schauprozesse der 1930er Jahre in Moskau), aber nach 1949 wurde das nahezu unmöglich. Der Führerkult erreichte ungeahnte Höhen: Stalin, der weiseste Führer der Geschichte, der größte Sprachwissenschaftler, der größte Philosoph und Ökonom. Die Zensur wurde in allen Lebensbereichen rigoros durchgesetzt. Im Jahr 1951 wurde, wenn ich mich recht entsinne, kein einziger sowjetischer Spielfilm produziert, und falls doch, dann gab ihn die Zensur nicht frei. Dafür war nicht allein Stalin verantwortlich. Sein Kulturkommissar Andrej Schdanow führte immer strengere Kontrollen für die Literatur, Geschichtsschreibung, Philosophie und andere Gebiete ein. Ärzte wurden verhaftet und angeklagt, weil sie angeblich sowjetische Parteiführer vergiftet hatten. Stalin erwog ernstlich, alle Juden an den Polarkreis zu deportieren. Die UdSSR wurde zu einem Irrenhaus. Stalin war ein Monster und trug maßgeblich zum Mord an vielen Millionen von Sowjetbürgern bei, er ließ die gesamte alte Garde der Bolschewiki liquidieren, und gegen Ende seines Lebens war er aus medizinischer Sicht vermutlich wahnsinnig. Bis heute gibt es jedoch Männer und Frauen, sogar Akademiker, die fest an seine Größe glauben, und in Russland erscheinen seit Neuestem wieder Geschichtslehrbücher, in denen Stalin gepriesen wird. Monster üben wohl auf manche Menschen eine verhängnisvolle Anziehungskraft aus.

Bei Stalins Tod im März 1953 haben dem Vernehmen nach Millionen seiner Untertanen geweint. »Was sollen wir ohne unseren weisen Führer nur tun?«, fragten sie sich. Sie waren wie eine Herde Schafe, die ihren Hirten verloren hat. Inzwischen ist jedoch bekannt, dass keineswegs alle weinten. Rasch wurden Reformen eingeführt, Häftlinge wurden entlassen, und die ganze Phase wurde nach dem Erscheinen des gleichnamigen Romans von Ilja Ehrenburg »Tauwetter« genannt.

Mein eigenes Wissen über die Sowjetunion war inzwischen so weit vorangeschritten, dass ich diese Reformen zwar begrüßte, doch gleichzeitig war mir klar, dass man sich keine allzu großen Hoffnungen machen durfte. Damit stand ich im Widerspruch zu einem führenden Interpreten der sowjetischen Politik jener Zeit: Isaac Deutscher. Der in Galizien geborene Deutscher (1907–1967) war Kommunist und später Trotzkist in seinem Heimatland Polen gewesen. Er war nach England emigriert und hatte sich dort den Status eines Orakels erworben. Er schrieb einen guten Stil und hatte seine Autorenlaufbahn als Dichter begonnen. Anfangs hatte er sich vor allem mit mystischen Themen befasst. Seine 1950 veröffentlichte Stalin-Biographie wurde als Musterbeispiel der Objektivität gepriesen. Sie wird noch heute aufgelegt und findet zahlreiche Bewunderer. Deutscher ist auch Autor einer weit besseren dreibändigen Trotzki-Biographie; allerdings hat das Werk stark hagiographische Züge. Deutscher räumt zwar ein, dass Trotzki keineswegs unfehlbar war, aber in wichtigen Fragen konnte sich ein Trotzki offenbar niemals irren. Er vertrat die Ansicht, dass einige – womöglich sogar viele – Aktionen Stalins zwar bedauerlich, aber im Großen und Ganzen unerlässlich gewesen

seien, um Russland zu modernisieren, um es unter großem Weh-
geschrei aus dem jahrhundertealten Sumpf zu ziehen. Diese These wurde, daran sei hier erinnert, unter Putin wieder die offizielle
Deutung der Herrschaft Stalins, mit dem einzigen Unterschied,
dass heute der russische Nationalismus stärker betont wird als
der »proletarische Internationalismus«, von dem Deutscher noch
schwärmte.

Diese Haltung gegenüber Stalin ist verbreitet, und zwar nicht
nur bei jenen, die mit seiner Politik sympathisieren. Im Jahr 2006
wurde ein Buch von einem irischen Historiker veröffentlicht, der
die Ansicht vertritt, Stalins Führungsrolle als Stratege im Zweiten
Weltkrieg sei durchaus bemerkenswert gewesen und insgesamt
positiv zu bewerten. Dieser Argumentation muss ich widersprechen. Es gibt allen Grund zu der Annahme, dass sich die Rote Armee unter Schukow oder einem Dutzend anderer Generäle und
Marschälle weit besser geschlagen hätte. Stalin hatte die Verantwortung dafür, dass die Sowjetunion im Juni 1941 überrumpelt
wurde und zu Beginn so gewaltige Verluste hinnehmen musste.
Nachdem inzwischen viele historische Quellen zugänglich sind,
erscheint Stalins Fehleinschätzung geradezu unglaublich. Ferner
ist bekannt, dass er während des ganzen Krieges immer wieder
sowjetische Offiziere hinrichten ließ, nicht etwa weil sie unfähig
gewesen wären, sondern weil er sie nicht mochte oder fürchtete
oder weil sie zu viel über sein Versagen als militärischer Führer
wussten. Wer sich heute, siebzig Jahre nach den Ereignissen,
ein realistisches Bild von Stalins Charakter und vom Wesen des
Stalinismus machen will, ist besser beraten, sowjetische Roman-
autoren wie Wassili Grossman zu lesen als westliche Historiker.
Überdies trifft es zu, dass viele russische Militärhistoriker weit
objektiver urteilten als ihre westlichen Kollegen (zum Beispiel in
dem 2007 von einem Autorenkollektiv veröffentlichten *Welikaja
otetschestwennaja katastrofa 1941,* deutsch: Die große vaterlän-
dische Katastrophe 1941).

Vieles spricht dafür, dass die Verluste der Roten Armee weit
geringer gewesen wären und dass die Wehrmacht schon früher
hätte besiegt werden können. Vielleicht ist es eine Ironie der

Geschichte, dass Stalins Unfähigkeit letztlich der nichtkommunistischen Welt genützt hat. Wenn die Sowjetunion nämlich noch stärker aus dem Krieg hervorgegangen wäre, dann wäre der Westen mit einer noch furchterregenderen Gefahr konfrontiert gewesen.

Auch Stalins Leistungen auf anderen Gebieten sind keineswegs beeindruckend. Sein Staat brach nur deshalb nicht zusammen, weil er extrem rigide organisiert war, was freilich zur Folge hatte, dass dieser Staat sich nicht selbst reformieren konnte. Russland machte unter den Fünfjahresplänen zwar gewisse Fortschritte, aber viel geringere als der Rest der Welt, und das auch noch unter Verschwendung enormer menschlicher und natürlicher Ressourcen. Andere vergleichbare Länder haben ohne ein stalinistisches Regime viel schneller Fortschritte gemacht.

Doch Stalin ist derzeit populär in Russland. Eine Mehrheit der Bevölkerung ist der Meinung, dass er unter dem Strich mehr Gutes bewirkte, als er Schaden anrichtete. Das ist wohl Stalins Beitrag zur Errichtung einer Gesellschaft, der jedes Verständnis für Freiheit fehlt. Die Zaren waren bei den russischen Bauern ebenfalls sehr beliebt gewesen, womöglich hat sich seit ihrer Herrschaft nicht allzu viel verändert. Die Überzeugung, dass die Obrigkeit geliebt und ihr gehorsam gedient werden müsse, hat sich in Russland bis heute gehalten. Vielleicht spielte Stalin, »objektiv« betrachtet, sogar den Feinden des Sozialismus in die Hände. Denn der Zusammenbruch des von ihm errichteten Hauses diskreditierte nicht nur den Kommunismus, sondern den Sozialismus insgesamt.

Im Jahr 1953 wurde jedoch in erster Linie nicht über Stalin, sondern über die Zukunft des Sowjetregimes gestritten. In dem mit heißer Feder geschriebenen Buch *Russia What Next* argumentierte Deutscher, die negativen Merkmale des stalinistischen Regimes würden nunmehr verworfen und das Land werde zu den Prinzipien des unverfälschten leninistischen Sozialismus zurückkehren. Ich erklärte in einer Rezension und in einem folgenden Briefwechsel, dass ich keinen Grund für einen derartigen Optimismus erkennen könne. Freilich würden selbst unter Stalins zuverlässigsten Schülern, nämlich Bürokraten wie Malenkow, manche Reformen durchgeführt werden, aber eine Rückkehr zu Freiheit und Demokratie? Ich verglich dies mit dem deplatzierten Optimismus der russischen Intelligenz zur Zeit der Thronbesteigung Zar Alexanders II. im Jahr 1855. Er befreite zwar die leibeigenen Bauern und wurde in der Folge als Befreierzar bejubelt. Wie sich jedoch bald herausstellte, hatte die Befreiung eng gesteckte Grenzen.

Ein ähnliches Wunschdenken grassierte in Russland im Jahr 1953. Deutschers Glaube an die »gute alte Zeit« unter Lenin empfand ich durchaus als Ärgernis. Schließlich waren auch unter Lenin unzählige Menschen ermordet worden, Russland hatte den größten Teil seiner Intelligenzija verloren, und das von Lenin errichtete Regime hatte dem Stalinismus den Weg bereitet. Ich machte mich über Deutschers Leichtgläubigkeit lustig, und das missfiel ihm außerordentlich.

Inzwischen hat die Geschichte überdeutlich gezeigt, wie naiv sein Optimismus damals war, aber das hat seinem Ruf keinen Abbruch getan. Unter Amazon.com wird die englischsprachige Ausgabe der Stalin-Biographie noch heute als »fest etablierte Standardbiographie« angepriesen. Die Hoffnung, selbst die eitle Hoffnung, stirbt zuletzt.

Die Geschichte der Sowjetologie, also die Kunst (eine Wissenschaft kann man es kaum nennen), die Innen- und Außenpolitik der sowjetischen Führung zu einer Zeit zu interpretieren, als man in der UdSSR weder Zugang zur Bevölkerung noch zu verlässlichen Quellen hatte, muss erst noch geschrieben werden. Anfangs bestand diese Zunft in erster Linie aus alten Menschewiki, ehemaligen Kommunisten oder Trotzkisten, vom Marxismus-Leninismus durchdrungenen Menschen, die jahrelang die Entwicklungen im sowjetischen und weltweiten Kommunismus aufmerksam verfolgt hatten. Sie waren sich nicht unbedingt in allen Punkten einig, häufig waren sie sehr voreingenommen und hatten keineswegs immer recht. Aber sie hatten im Lauf der Jahre ein intuitives Verständnis entwickelt, das es ihnen erleichterte, wesentliche Entwicklungen in der Sowjetunion zu erkennen.

Und selbst ihre Vorurteile waren alles andere als ein Hindernis, sondern schärften häufig ihre Wahrnehmung, ähnlich wie der britische Philosoph Edmund Burke mit seiner Voreingenommenheit gegenüber der Französischen Revolution im Jahr 1790 ihre Zukunft richtiger voraussagte als viele abgehobene, zeitgenössische Experten für Frankreich.

Das theoretische Modell, auf das sich diese Generation Sowjetologen stützte, war häufig der Totalitarismus, mit der Betonung auf der unerbittlichen Ausweitung und Konsolidierung der Staatsmacht. Aber nach Stalins Tod traten offensichtlich gewisse Veränderungen ein, und neue theoretische Ansätze wurden benötigt.

Es begann eine Suche nach neuen Modellen, die Jahre währte und im Rückblick seltsam anmutet. Zuerst wurde die Modernisierungstheorie erörtert, die in modernen Gesellschaften eine zwangsläufige Hinwendung zum Pluralismus, zu wirtschaftlicher und politischer Dezentralisierung, verbunden mit einem Bedarf an Konsumgütern (auch »geistigen Konsumgütern«) postulierte. Es dauerte jedoch nicht allzu lange, bis sich die Erkenntnis durchsetzte, dass diese Theorie wenig zum Verständnis der Sowjetunion unter Nikita Chruschtschow und Leonid Breschnew beitrug.

Als Nächstes kam das Bürokratiemodell aufs Tapet. Dessen Vertreter teilten uns mit, die Sowjetunion unterliege, wie andere Gesellschaften auch, den inhärenten Gesetzmäßigkeiten aller Bürokratien: Funktionelle Unterteilungen waren ausschlaggebend, institutionelle Interessen spielten eine wichtige Rolle, die Leistung und Zugehörigkeit zu einer Gruppe waren bedeutender als die Ideologie, juristische Verfahren wurden wichtiger für zu treffende Entscheidungen.

Die Modernisierungstheorie und das Bürokratiemodell legten beide die Schlussfolgerung nahe, dass der Westen und der Osten sich annähern würden. Aber selbst wenn es gewisse Ähnlichkeiten zwischen den beiden Gesellschaftsformen gegeben haben sollte, so betrafen sie doch nicht das Wesen des sowjetischen Regimes, in dem die Herrschaft der kommunistischen Partei und die Ideologie eine entscheidende Rolle spielten.

Einige Experten für die Sowjetunion entwickelten ein reges Interesse für kognitive Psychologie und eine Obsession für die Wahrnehmungen und falschen Wahrnehmungen in der Außenpolitik. Sie stützten sich auf folgende Überlegungen: Da wir die Realität, in der wir handeln, selbst konstruieren, werden weltweit die meisten Konflikte durch falsche Schlussfolgerungen verursacht, die aufgrund von mehrdeutigen Informationen gezogen wurden. Deshalb sind besondere Anstrengungen nötig, um die Mentalität und die Wahrnehmungen des Antagonisten zu verstehen. Grundsätzlich ist an solchen Bemühungen nichts auszusetzen, abgesehen davon, dass sie die Überzeugung hervorbrachten, gemeinsame sowjetische und westliche Interessen könnten die Differenzen überwiegen. Folglich könnten auch die meisten Konflikte mit einem Minimum an gutem Willen gelöst werden, wenn nicht die Hardliner beider Seiten bei der Einschätzung der Erwartungen ihres Gegners – unweigerlich vom schlimmsten Fall ausgehend – ein »objektives Bündnis« eingegangen wären.

Diese Kombination aus naheliegenden Annahmen und unsinnigen Spekulationen wirkte sich verderblich auf die amerikanische Denkweise aus. In keinem anderen Land war das Verständnis für die Funktionsweise einer Diktatur so schwach ausgeprägt und wurde die Bedeutung der Ideologie (religiöser ebenso wie nationalistischer) für die Politik so sehr unterschätzt. In keinem anderen Land gab es so viel guten Willen und eine so große Bereitschaft, die Existenz echter Interessenkonflikte zwischen Nationen, Ideologien und politischen Systemen zu ignorieren oder zumindest herunterzuspielen. Die Amerikaner verweigerten sich schon immer gerne der Einsicht, dass bestimmte Konflikte grundlegend und unlösbar sind, und dieser Abneigung wurde nun eine wissenschaftliche Grundlage verliehen.

Die erste Generation der Sowjetologen waren überwiegend Menschen mit viel breiteren kulturellen und historischen Interessen und Erfahrungen als die Schmalspurexperten, die ihnen folgten. Das gilt für Männer wie Hugh Seton-Watson und Leonard Shapiro, für Bertram Wolfe ebenso wie für Franz Borkenau und E. H. Carr. Wenn die Sowjetologen der 1970er Jahre häufig die Bedeutung des komparativen Ansatzes hervorhoben, so waren derartige Ermahnungen bei der ersten Generation schwerlich nötig, weil sie diesen Ansatz für selbstverständlich gehalten hatten.

Hinter diesen neuen Forschungsansätzen steckte auch eine Revolte gegen die »überholte Kalter-Krieg-Mentalität« und gegen eine amerikanische Politik, die, getrieben von einem blinden Antikommunismus, das Land in den Vietnamkrieg geführt hatte. Aber es lässt sich nicht leugnen, dass viele Angehörige dieser (dritten) Generation der Sowjetologen von den neuen »wissenschaftlichen« Ansätzen wirklich fasziniert waren, die das Studium der sowjetischen Politik auf eine gesicherte, objektive und wissenschaftliche Grundlage stellen sollten. Im Vergleich mit dem subjektiven, intuitiven, mit Vorurteilen behafteten (»folkloristischen«) Ansatz einer früheren Generation galt sie nun als überlegen. Die Debatte war in vielerlei Hinsicht Ausdruck eines Generationenkonflikts.

Wenn das sowjetische System als eine »Diktatur der sozialen Gerechtigkeit im Versuchsstadium« bezeichnet wurde, welche das Ziel hatte, die sowjetischen Völker freier und wohlhabender zu machen, so betrachteten ebendiese Völker die Systeme im Westen als reaktionär und erwarteten zugleich deren Niedergang. Die ersten Bücher erschienen, in denen behauptet wurde, der Stalinismus habe viele positive Aspekte, weil er zum Beispiel eine kulturelle Revolution ausgelöst habe. Andere erklärten, der Gulag und die Säuberungen seien maßlos übertrieben worden; nur vergleichsweise wenige Sowjetbürger hätten wirklich in Angst gelebt. Angeblich sollte das sowjetische System demokratischer und weniger aggressiv sein, als dies eine frühere Generation von Sowjetologen angenommen habe. Es handle sich hier um eine andere Form der Demokratie, und wenn sie auch beim Lebensstandard und der wirtschaftlichen Leistung ein wenig dem Westen hinterherhinke, so werde sie doch vom Volk akzeptiert und hole allmählich auf. Der Westen möge also von ihr lernen.

Im Rückblick gelangten die Revisionisten zu der Schlussfolgerung, dass der Coup der Bolschewiki im Oktober 1917 keineswegs ein Staatsstreich, sondern eine unvermeidliche, letztlich fortschrittliche Entwicklung gewesen sei. Das galt auch für die Kollektivierung der Landwirtschaft in den 1930er Jahren. Das sowjetische System wurde also nicht mehr als totalitär begriffen und sollte dies auch nie gewesen sein, sondern es wurde nun dargestellt als aufgeklärte Diktatur.

Faszinierende Parallelen bestehen zwischen dieser Art von Geschichtsrevisionismus und ähnlichen Trends in der Erforschung des Nationalsozialismus in Deutschland, die um dieselbe Zeit zu beobachten waren. Auch in Deutschland erschienen Bücher, in denen argumentiert wurde, der Nationalsozialismus sei eine Diktatur in der Entwicklungsphase und niemals ein totalitäres Regime gewesen. Das betrifft die sogenannte funktionalistische Schule für die Erforschung des Dritten Reichs. Hitler wurde als »schwacher Diktator« (Hans Mommsen) bezeichnet, genau wie Stalin angeblich weitgehend ein Gefangener der Bürokratie gewesen sein sollte. Die Diktatoren erinnerten nun an Hamlet, und angeblich hatten sie die meiste Zeit nur gezögert und gezweifelt, ob sie überhaupt etwas tun sollten, und wenn ja, was. Nach diesen Darstellungen wussten sie nicht einmal, was um sie herum vorging. In sowjetischen Studien bestand genau wie in NS-Studien die Tendenz, das Ausmaß und die Bedeutung des Terrors herunterzuspielen.

Die revisionistische Schule behauptete, die Zahl der Opfer der Säuberungen und der Lager in der UdSSR sei extrem übertrieben worden. Es könne nicht von vielen Millionen die Rede sein, sondern allenfalls von Hunderttausenden. Manche Experten argumentierten, die Lagerverwaltung Gulag sei nicht aus politischen, sondern aus wirtschaftlichen Gründen eingerichtet worden, überspitzt ausgedrückt: Kein Mensch wollte nach Sibirien und in den hohen Norden ziehen, also musste ein gewisser Druck ausgeübt werden. Die Zahl der Opfer des NS-Regimes in Zweifel zu ziehen war hingegen kaum möglich, weil sie sehr genau dokumentiert war. Es wurde jedoch behauptet, dass überhaupt kein Gesamtplan für den Mord etwa an den Juden existiert habe; immerhin sei nie ein entsprechendes Dokument gefunden worden. Folglich

könne man nicht ausschließen, dass der Massenmord das End-
ergebnis lokaler Initiativen gewesen sei: Juden wurden aus einem
Teil Deutschlands oder Europas deportiert (und ermordet), dies
löste ähnliche Aktionen in anderen Regionen aus, und am Ende
wurde daraus die allgemeine Praxis.

Unter den westlichen Sowjetologen herrschte erwartungsgemäß keine Einigkeit. Wenn es auch in den 1970ern und Anfang
der 1980er Mode war, die sowjetische Führung und das System
aus einem viel zu günstigen Blickwinkel zu betrachten, so gab
es doch zugleich viele Andersdenkende. Nach und nach zweifel-
ten selbst einige Revisionisten ihre eigenen Interpretationen an.
Bereits vor der Öffnung des sowjetischen Systems unter Michail
Gorbatschow wurde im Westen erkannt, dass in den 1970er Jahren in der Sowjetunion in weiten Teilen der Gesellschaft eine
optimistische von einer pessimistischen Haltung abgelöst worden war. Sogleich begann die Suche nach den Ursachen für diese
Veränderung. Man erkannte, dass die wirtschaftliche Situation
sich verschlechterte. Außerdem grassierte die Meinung, der alten
Garde sowjetischer Führer seien die Ideen ausgegangen und sie
hätten das Land seinem Schicksal überlassen. Als 1989/90 die
große Krise einsetzte, kam sie keineswegs für alle westlichen
Experten völlig überraschend. Für die Revisionisten war sie jedoch mit Sicherheit ein Schock. Sie fühlten sich hintergangen,
als die Russen plötzlich selbst von Totalitarismus in ihrem Land
sprachen, obwohl dieser laut westlichen Sowjetologen niemals
existiert hatte.

Der Kalte Krieg tobte nicht von Anfang bis Ende mit der gleichen
Intensität. Man kann ihn grob in drei Phasen unterteilen: Die
erste währte von den Spannungen der ersten Nachkriegsjahre bis
1962. Die folgende Ära der Entspannung dauerte ungefähr bis
1979. Anschließend begann die dritte Phase heftiger Spannungen
von 1979 bis zum Zerfall der UdSSR 1990/91. Mein Interesse für
die sowjetische Politik erlahmte allmählich, als die Sowjetunion
in die Phase der Stagnation unter Breschnew eintrat. Ich besuchte
das Land zum ersten Mal in meinen Dreißigern und reiste einige

Zeit fast jedes Jahr in die Sowjetunion. Ich war weder schockiert noch enttäuscht, denn was ich zu sehen bekam, entsprach durchaus meinen Erwartungen.

Der erste Besuch führte mich nach Moskau und Sotschi, dem noblen Ferienort am Schwarzen Meer – beide nicht unbedingt typische Orte für die Sowjetunion. Ich hatte sie mir nicht ausgesucht; es waren damals, wenn ich mich recht entsinne, die einzigen Orte, die Ausländer besuchen durften. Zu jener Zeit reisten nur sehr wenige Ausländer in die Sowjetunion, und stets nur in Gruppen. In manchen Teilen des Kaukasus, wo die Eltern meiner Frau lebten, erregten wir auf späteren Reisen einiges Aufsehen, weil wir dort seit langer Zeit die ersten Ausländer waren. Da unsere Angehörigen unsere Schritte lenkten, bekamen wir vermutlich mehr zu sehen als die meisten Besucher. Andererseits mussten wir uns mit noch größerer Vorsicht bewegen. Als mich bei einer späteren Gelegenheit ein Unbekannter auf der Hauptstraße eines kaukasischen Urlaubsortes ansprach und bat, seinem Bruder in England einen Brief zu überbringen, da zuckte ich wie von der Tarantel gestochen zusammen. Meine Tochter im Teenageralter beschwerte sich prompt über das ungehobelte Benehmen ihres Vaters.

Bei diesem Besuch Mitte der 1960er Jahre kam mir während der Fahrt auf der georgischen Autobahn der Gedanke, dass es an der Zeit sei, meine intensive Beschäftigung mit der aktuellen sowjetischen Politik zu beenden. Ich war zu der Schlussfolgerung gelangt, dass sich unter den Nachfolgern Chruschtschows auf absehbare Zeit nichts Interessantes ereignen dürfte. Damals bekam ich Angebote und Einladungen, die mich aus der Redaktion des *Survey* weglockten, einer Zeitschrift, die sich auf sowjetische Politik spezialisiert hatte. (Im folgenden Kapitel gehe ich ausführlich auf *Survey* und den *Kongress für kulturelle Freiheit* ein, unter dessen Dach die Zeitschrift erschien, sowie auf meinen bescheidenen Beitrag zum Kalten Krieg.) Das hieß keineswegs, dass ich das Interesse an sowjetischen und russischen Angelegenheiten völlig verloren hätte; dieses Feld übte selbst in Perioden der Stagnation eine gewisse Anziehung aus, und wer einmal vom Russland-Virus angesteckt wurde, der wird ihn nie wieder ganz los. Damals wurde erbittert über Stalin, den Kalten Krieg, totalitäre Herrschaft und dergleichen diskutiert. Heute jedoch werden die Antworten auf die Fragen, die uns damals beschäftigten, allgemein akzeptiert.

Zwei Gebiete faszinierten mich in den 1970er Jahren vor allem: Geistesgeschichte und Weltpolitik. Der Marxismus und die Sowjetunion waren von geringerem Interesse. Freilich war die Sowjetunion immer noch eine wichtige Akteurin der Weltpolitik, und es gab in einigen Ländern größere kommunistische Parteien, ja, es entstanden sogar vermeintlich neue Trends wie der Eurokommunismus. Als Kommentator der Weltpolitik verfolgte ich zwangsläufig auch die Ereignisse in Moskau, aber mein Eifer hielt sich in Grenzen. Erst als Gorbatschow an die Macht kam, erwachte mein Interesse wieder. Ich werde noch ausführlich auf das Ende des Kalten Krieges und die unzähligen Fragen zum Zerfall der Sowjetunion eingehen: Bis zu welchem Grad war der Zusammenbruch vorhersagbar? Was haben wir damals gewusst? Und was lässt sich im Rückblick darüber sagen?

Der »Kongress für kulturelle Freiheit«, der Sturz des sowjetischen Imperiums und der Wiederaufstieg Russlands

Die Geschichte des Kongresses für kulturelle Freiheit, der 1950 auf einer Konferenz in Berlin gegründet wurde, nahm seltsame Wendungen, machte aber all jenen Mut, die noch an die Gerechtigkeit in dieser Welt glaubten. Einige Zeitschriften, die der Kongress herausgab, hatten in den 1950er Jahren und Anfang der 1960er einigen Einfluss, die Konferenzen waren anregend und gut besucht. Als Mitte der 1960er Jahre jedoch aufgedeckt wurde, dass der Kongress von der CIA Gelder angenommen hatte, schien eine Welle der Empörung alle früheren Errungenschaften zunichte zu machen. Freilich teilten nicht alle diese Empörung. George Kennan schrieb in einem privaten Brief an Shepard Stone von der Ford-Stiftung:

> Der Kongress ist eine überaus wertvolle Einrichtung, die, wie mir scheint, in der westlichen Welt einen dauerhaften Platz haben sollte. Der Skandal um das CIA-Geld war völlig unberechtigt und sorgte für mehr Aufsehen, als die Affäre eigentlich verdient gehabt hätte. Ich hatte wegen dieser Gelder nie die geringsten Gewissensbisse. Das Land [die USA] hat kein Kultusministerium, und die CIA war verpflichtet, zu tun, was in ihren Kräften stand, um in die Bresche zu springen. Man sollte sie deswegen loben, anstatt sie zu kritisieren. Es ist unfair, dass sie wegen ihrer Versäumnisse so scharf verurteilt und dann getadelt werden soll, wenn sie einmal etwas Konstruktives und Vernünftiges macht. Und der Kongress selbst wäre in Not geraten, wenn er das Geld nicht angenommen hätte, das ihm in der besten Absicht ohne Hintergedanken oder Bedingungen zur Verfügung gestellt wurde.

Doch weitere Angriffe folgten, und es entstand der Eindruck, dass die Verbrechen, die der Kongress begangen hatte, als er dieses Geld für seine Veröffentlichungen annahm, mindestens so ungeheuerlich waren wie die Hitlers und Stalins zusammen. Erst vor wenigen Jahren wurde nach der Auseinandersetzung mit islamischem Fundamentalismus und anderen internationalen Entwicklungen allmählich die historische Rehabilitierung des inzwischen längst aufgelösten Kongresses eingeleitet. Das Stichwort *Soft Power* war bei führenden Harvard-Professoren geläufig, und Autoren der verschiedensten politischen Richtungen betonten, dass eine derartige Initiative anstelle einer eindimensionalen Konzentration auf militärisches Handeln das Gebot der Stunde gewesen sei. Wo war der Kongress jetzt, als man ihn dringend gebraucht hätte?

Im Mai 1953 besuchte ich zum ersten Mal den Sitz des Kongresses in Paris. Es war ein bescheidenes Büro mit drei oder vier Zimmern in der eleganten Avenue Montaigne unweit der Champs Élysées. Generalsekretär des Kongresses war Michael Josselson, ein Mann Ende vierzig, der in Reval (heute Tallinn in Estland) geboren wurde und in Berlin zur Schule gegangen war. Vor dem Krieg hatte er als Chefeinkäufer eines führenden New Yorker Kaufhauses in Paris gelebt, bevor er in die amerikanische Armee eintrat. Er war polyglott und hatte als Manager im besten Sinne ein gutes Urteilsvermögen und einen gesunden Menschenverstand. Er konnte sehr einnehmend sein, wirkte jedoch die meiste Zeit so unter Druck, dass man meinte, er werde jede Sekunde explodieren. Sein Kollege und offizieller Vorgesetzter Nicholas Nabokov rannte von einem Zimmer ins nächste und warf unablässig mit den Namen von Prominenten um sich.

Der Kongress war einige Jahre zuvor gegründet worden, und mich hatte George Lichtheim empfohlen, ein enger Freund von mir, der nicht dem Kongress angehörte, weil ihm Josselsons Strategie missfiel, sich vor allem an die literarische Intelligenz zu wenden, z. B. an Personen wie Stephen Spender. Lichtheim hielt das für reine Zeitverschwendung. Er hatte Josselson gesagt, ich sei ein später Rastignac, ein junger Mann aus der Provinz, ein etwas ungeschliffener, aber vielversprechender Autodidakt mit interessanten Ideen wie der Herausgabe einer Zeitschrift über sowjetische Kultur. Josselson gerierte sich von Zeit zu Zeit gerne als Talentscout und stellte mich einigen Freunden, Kollegen und Gurus vor. Beim Tee mit Raymond Aron war auch ein berühmter amerikanischer Soziologe anwesend, aber da meine Kenntnisse der amerikanischen Soziologie damals noch geringer waren als heute, verwechselte ich den Besucher mit einem Komiker, der in den ersten Tagen des amerikanischen Fernsehens sehr beliebt war. Das amüsierte Aron (den ich später sehr schätzte), den amerikanischen Soziologen hingegen weniger.

Ich war zum ersten Mal in Paris. Die Stadt war damals ein schäbiger, aber geistig sehr aufregender Ort. Überall sah man diese großen Citroëns, wie man sie aus alten Gangsterfilmen kennt, in jedem zweiten Haus war ein winziger Laden, in dem man Butter, Eier und Käse kaufen konnte, und in unserem kleinen Hotel an der Ecke Rue Jacob und Rue Bonaparte gab es weder Aufzug noch eigene Dusche oder Toilette. Abgesehen von den Parisern traf ich auch interessante Durchreisende, deren Bücher ich zuvor gelesen hatte: den Schweizer Historiker Herbert Lüthy und seinen Freund François Bondy, Chefredakteur der Zeitschrift *Preuves,* den Schriftsteller Manes Sperber, Richard Löwenthal und Franz Borkenau sowie Irving Kristol, der bald darauf die erste Ausgabe der Zeitschrift *Encounter* veröffentlichen sollte.

Ich blieb weiterhin mit dem Kongress in Kontakt, aber es dauerte zwei Jahre, bis mein Vorschlag, eine Zeitschrift über sowjetische Kultur zu gründen, akzeptiert wurde. In der Zwischenzeit fragte man mich zu bestimmten Themen um Rat. Ich empfahl dem Kongress, sich nicht aktiv im Nahen Osten einzumischen, weil ich dort für kulturelle Freiheit wenig Hoffnungen hegte. Der Kongress ignorierte jedoch meine Empfehlung und förderte bestimmte Aktivitäten wie ein Kulturmagazin im Libanon. Es war ein Schlag ins Wasser. Ebenso skeptisch war ich bezüglich eines Engagements des Kongresses in Indien, Amerikaner galten (um einmal mehr Kennan zu zitieren) als machthungrig, geldgierig und missionarisch selbstgerecht. Indische Intellektuelle hatten eine eigene Agenda, viele sympathisierten vorsichtig mit dem Kommunismus, andere mit nationalistischen Hindus, die gegen die Muslime kämpften und die Kaste der Unberührbaren an ihren Platz verwiesen. Interne westliche Querelen unter Marxisten, Nichtmarxisten und Antimarxisten waren den Indern gleichgültig. Der Kongress war ein vorwiegend westliches Projekt, und die Versuche, seine Tätigkeit nach Asien auszudehnen, waren zum Scheitern verurteilt.

Schließlich erlaubte mir Josselson, monatlich ein Rundschreiben mit einer Auflage von mehreren hundert Exemplaren herauszugeben. Georg Lichtheim, der Historiker der sozialistischen Lehre, griff mir in den ersten Tagen unter die Arme, sowie Jane Degras, die Russlandexpertin des Royal Institute of International Affairs. Sie war eine herzliche, impulsive und strenge Lady, die von allen Experten auf dem Gebiet respektiert wurde. Sie stammte aus einer Arbeiterfamilie und hatte in den 1920er Jahren am Marx-Engels-Lenin-Institut in Moskau gearbeitet. Zehn Jahre später folgte sie mir, als ich die Zeitschrift verließ und gemeinsam mit George Mosse das *Journal of Contemporary History* gründete. Ich habe in jenen Tagen von ihr und Georg Lichtheim viel gelernt.

Das Rundschreiben wurde in unserer kleinen Wohnung in Hampstead zusammengestellt und von Janes Schwester, die in einer englischen Gartenstadt wohnte, abgetippt. Anfangs wurde es vom Kongress nicht als fester Bestandteil des Programms akzeptiert, aber nach einiger Zeit wuchs das Rundschreiben von 16 auf 60 Seiten und schließlich auf 150 und mehr. Ein Vierteljahresheft wurde daraus, und der Name wurde von *Soviet Culture* zu *Soviet Survey* geändert, schließlich nur *Survey,* eine Zeitschrift für Geschichte, Politik und Soziologie sowie für kulturelle Trends. Ihr Jahresbudget lag bei meinem Ausscheiden bei knapp über 40 000 Dollar. Zwei Jahre nach der Gründung stellte ich Leopold Labedz als Assistenten an, der 1964/65 nach mir Chefredakteur wurde. Der *Survey* erschien danach regelmäßig noch fast ein Vierteljahrhundert lang.

Meine Mitarbeit im Kongress dauerte ungefähr zehn Jahre, aber ich war nie voll angestellt. An einigen Konferenzen habe ich teilgenommen, aber ich gehörte nicht zum inneren Kreis, und meine Kenntnisse zur Entscheidungsfindung habe ich ausschließlich aus zweiter Hand. Aber ich erlebte die Aufregung jener ersten Jahre beim Aufbau eines Unternehmens, von dem ich hundertprozentig überzeugt war und das mir, in Anbetracht der Unvollkommenheit allen menschlichen Strebens, auch im Rückblick verdienstvoll erscheint.

Der Kongress für kulturelle Freiheit war an der ideologischen Auseinandersetzung zwischen Ost und West beteiligt, hatte allerdings nur begrenzten Einfluss – wie groß dieser wirklich war, kann nach der endgültigen Öffnung der sowjetischen und osteuropäischen Archive erforscht werden. Tausende von Studien wurden bereits über politische und militärische Aspekte des Kalten Krieges geschrieben, aber kaum jemand hat sich mit dem Wettstreit um die Herzen und Mentalitäten der Menschen auf beiden Seiten des Eisernen Vorhangs befasst. Die Historiker haben der »liberalen Verschwörung«, so der Titel eines Buches über die Geschichte des Kongresses, wenig Aufmerksamkeit geschenkt. Doch wir waren keine Verschwörer, sondern bildeten eine kleine Organisation mit einem winzigen Budget und ein paar Verwaltungsangestellten. Unlängst widmete eine viel gekaufte kritische Geschichte der CIA dem Kongress ein oder zwei von vielen hundert Seiten, und was der Autor über ihn zu sagen hat, zeugt, gelinde gesagt, nicht gerade von Vertrautheit mit dem Gegenstand.

Bislang sind zwei Monographien veröffentlicht worden, eine von Peter Coleman, einem ehemaligen Mitglied des australischen Parlaments, und eine von Pierre Gremion, einem französischen Gelehrten. Ferner ist eine umfangreiche Studie der britischen Fernsehjournalistin Frances Stonor Saunders über die Aktivität des Kongresses in Deutschland erschienen, die ursprünglich als Dissertation angelegt war. Die Autorin steht der Organisation sehr feindselig gegenüber. Hinzu kommen einige Essays und Kurzbiographien von Edward Shils, dem bekannten Soziologen.

Die Bücher von Coleman und Gremion sind gut durchdacht, kundig und zuverlässig. Keiner der Autoren hat allerdings die Gründung des Kongresses persönlich erlebt, die damals Mitwirkenden hätten wohl nicht allen Beobachtungen und Kommentaren zugestimmt. Ihre Darstellung stützt sich ausschließlich auf Quellen, aber aus Quellen erschließt sich nur selten die ganze Geschichte, und das gilt selbst mit Blick auf relativ unbedeutende Organisationen wie den Kongress. Wer viele Briefe und Memoranden verfasst hat, tritt heute stärker in Erscheinung als andere, die keine Memoranden geschrieben haben, aber mindestens ebenso wichtig waren. Wie so oft schrieben jene, die am besten Bescheid wussten, kein Tagebuch und veröffentlichten auch keine Memoiren.

Der kommunistischen Machtübernahme in Osteuropa folgte eine massive sowjetische Propagandakampagne, durch die Volksfronten wie die Weltfriedensbewegung westlichen Intellektuellen nahegebracht werden sollten, etwa auf der Konferenz von Kulturschaffenden und Intellektuellen in Wrocław (1948). In dieser Anfangsphase war Melvin Lasky die treibende Kraft des Kongresses. Der in Brooklyn geborene Lasky hatte als Offizier in der US Army gedient. Später wurde er Herausgeber der Zeitschrift *Der Monat,* danach des *Encounter.* Maßgeblichen Anteil hatten ferner Arthur Koestler, Carlo Schmid, ein führender deutscher Sozialdemokrat, Ignazio Silone und Sidney Hook, der amerikanische Philosophieprofessor. Kein Einziger von ihnen war ein begabter oder gar geschulter Organisator, und sie hatten diesbezüglich auch keine Ambitionen. Deshalb übernahmen Michael Josselson und sein provisorisches Büro in Paris die Leitung. Ob die Wahl dieser Stadt klug war, lässt sich im Rückblick nicht eindeutig sagen.

Aus unlängst veröffentlichen CIA-Dokumenten geht hervor, dass eine starke Gruppe Berlin den Vorzug vor Paris gegeben hätte, weil Paris als zu »vergeistigt, verweichlicht und neutralistisch« im Kampf zwischen Freiheit und Tyrannei schien. Nach vorherrschender Meinung von Historikern ging die Initiative ursprünglich vom Büro für taktische Koordination (englisch: Office of Policy Coordination, OPC) aus, einem Ableger der CIA für verdeckte Operationen. Die Dokumente belegen jedoch, dass eine kleine Gruppe europäischer Intellektueller den Anstoß gab, den Kontakt zum OPC aufzunehmen. Die CIA-Behörde zögerte anfangs und äußerte Bedenken. Außerdem wurde unterstellt, Lasky sei damals CIA-Agent gewesen. Aber auch hier geht aus den Dokumenten hervor, dass der allzu ungestüme und freimütige Lasky in Washington *Persona non grata* war und dass als Voraussetzung einer Unterstützung durch die CIA seine Absetzung gefordert wurde. Also wurde beschlossen, den *Monat* zu »beenden«, der dank der Unterstützung durch John McCloy (den US-Hochkommissar in der amerikanischen Besatzungszone) und andere, die mit Lasky in den ersten Nachkriegsjahren in Berlin zusammengearbeitet hatten, dennoch überlebte.

Gerüchten zufolge hielt das KGB den *Monat* für so interessant, dass der sowjetische Geheimdienst einen Agenten einschleuste (oder eine Person in der Redaktion umdrehte – das ist bis heute nicht ganz geklärt). In der Redaktion des *Encounter* hingegen saß vermutlich kein Spion, und falls doch, dann hätte seine Geschichte das Szenario für einen hochklassigen Thriller abgegeben.

Der Kongress war geprägt von zahlreichen intellektuellen Primadonnen, politisch gesehen war er eine Koalition aus Sozialdemokraten, ehemals kommunistischen Liberalen, Konservativen und unpolitischen Philosophen wie Karl Jaspers und erratischen Figuren wie Bertrand Russell, der zwischen der Befürwortung eines Atomschlags gegen die Sowjetunion und der Unterwerfung unter Stalin schwankte. Einige klassische Liberale wie Raymond Aron waren ebenso darunter wie stramme Antikommunisten wie James Burnham (ein ehemaliger Trotzkist). Folglich war es kein Wunder, dass sich im Laufe der Jahre viele Autoren wieder verabschiedeten und dass es fast unmöglich war, gemeinsame Plattformen und Resolutionen zu formulieren, von ganz vagen, nebulösen, schönen Worten einmal abgesehen. Der Kongress hatte keine Parteilinie. Ein gehässiger Artikel über die amerikanische Massenkultur wurde vom *Encounter* abgelehnt, aber von

Tempo Presente, dem italienischen Organ des Kongresses, veröffentlicht.

Diese Divergenzen betrafen auch aktuelle politische Themen: Manche unterstützten den Vietnamkrieg, andere, auch Josselson, lehnten ihn von Anfang an ab. Einige waren heftige Gegner der Studentenrevolten von 1968, andere schrieben voller Sympathie über die Proteste. Aber was hielt die Koalition dann überhaupt zusammen? Eine Verpflichtung zur Verteidigung der kulturellen Freiheit, die in ihren Augen immer noch bedroht war.

Es ist einfach, im Rückblick die totalitäre Bedrohung herunterzuspielen; in den 1970er und 1980er Jahren wurde von vielen die bloße Annahme dieser Gefahr bestritten. Der Kalte Krieg, so ihre Argumentation, sei ohnehin bereits gewonnen, was in gewisser Weise auch stimmte – allerdings gewiss nicht dank der Bemühungen der Neutralisten und Fellowtraveller. In den 1950er Jahren und Anfang der 1960er war der Zeitgeist in der Außenpolitik weitgehend »progressiv«, was neutral und sogar defätistisch bedeuten konnte. Sartres politische Meinung sowie jene der Zeitungen *Le Monde* und *Esprit* dominierten in Frankreich; in Italien und Frankreich existierten starke kommunistische Parteien; die stärkste Zeitschrift der britischen Intelligenz war mit ungefähr 85 000 Abonnenten der *New Statesman,* in Italien und Skandinavien sah die Lage nicht viel anders aus – Äquidistanz hieß damals das Schlagwort der politischen Korrektheit. Weshalb musste das eigentlich so sein? Warum waren europäische Intellektuelle ohne amerikanischen Rückhalt außerstande, der totalitären Versuchung zu widerstehen?

Vereinfacht ausgedrückt hatte die temporäre Herrschaft der Nazis in Europa einen traumatisierenden Effekt ausgelöst, der lange Zeit nachwirkte. Die Wirtschaft erholte sich nach dem Krieg vergleichsweise rasch, aber ohne den Marshallplan hätte sie bei weitem nicht so gewaltige Fortschritte gemacht. Die Schlagkraft der europäischen Armeen war eher gering, und ohne den Nordatlantikpakt hätte man die Verteidigung nicht gewährleisten können. Zum ersten Mal in der Geschichte konnte Europa nicht auf eigenen Füßen stehen. In einen breiteren Kontext gestellt war also eine gewisse Schwäche des Rückgrats nicht verwunderlich. Die Mehrheit der westeuropäischen Intellektuellen hätte freilich die Errichtung eines Regimes nach sowjetischem Vorbild im eigenen Land niemals befürwortet. Sie propagierten jedoch die Ansicht, diese Gefahr bestehe eigentlich gar nicht und die sowjetische Bedrohung sei eine amerikanische Erfindung oder zumindest krasse Übertreibung. Viele waren über die Verhältnisse im sowjetischen Imperium unzureichend informiert oder gar grundsätzlich desinteressiert. Ein wenig schlechtes Gewissen trug vermutlich ebenfalls dazu bei; die französische und die italienische Intelligenz hatten sich im Krieg beim Widerstand gegen den Faschismus nicht gerade mit Ruhm bekleckert. Außerdem hatten viele Bürger mit dem NS-Regime kollaboriert und wollten deshalb jetzt unbedingt auf der richtigen, also der progressiven Seite stehen.

Sie wollten Wiedergutmachung leisten, indem sie an vorderster Front des Antifaschismus antraten, obwohl der Faschismus überhaupt nicht mehr existierte. Sogar in Großbritannien habe die Cartoonfigur Colonel Blimps im Kampf gegen den Faschismus größere Erfolge vorzuweisen als viele Intellektuelle, wie Orwell spitz vermerkte – dessen Werke damals im Übrigen von den meisten linken Zeitungen negativ rezensiert wurden. Der *New Statesman* hatte eher zögerlich die Moskauer Schauprozesse und ganz allgemein den Stalinismus verurteilt, hatte sich in den 1930er Jahren gegen die Aufrüstung ausgesprochen, und 1938 konnte er sich nicht entscheiden, ob man Hitler nun mit Zugeständnissen beschwichtigen solle oder nicht.

Wer mit der Lage in der Sowjetunion vertraut war, staunte über den starken Eindruck, den Solschenizyns Bücher in einem Land wie Frankreich machten. Alle diese Fakten waren seit langem bekannt, aber es hatte eben die Bereitschaft gefehlt, sie zur Kenntnis zu nehmen. Viele Intellektuelle, vor allem linke, interessierten sich mehr für innenpolitische Angelegenheiten als für die Außenpolitik, die allzu fern und ein wenig abstrakt wirkte: Außenpolitische Fragen waren nicht Teil des täglichen Lebens und konnten gefahrlos ignoriert werden.

Diese Stimmung herrschte in weiten Teilen der Intelligenz, als der Kongress Anfang der 1950er Jahre auf den Plan trat. Seine Stärke lag nicht in politischen Resolutionen, sondern in den Ideen, die in seinen Workshops und Veröffentlichungen diskutiert wurden. Es ging dabei um Fragen der wirtschaftlichen Entwicklung und Planung, das Konzept der postindustriellen Gesellschaft, das Ende der Ideologiedebatte, die Moderne in der Kunst, den Totalitarismus oder die gesellschaftliche Verantwortung der Wissenschaftler. Diese auf kleinen Konferenzen erörterten Themen spielten im intellektuellen Leben Europas und der USA eine wichtige Rolle. Spätere Konferenzen wie die Veranstaltung in Princeton im Jahr 1968, nachdem der Kongress seinen Namen (und seinen Charakter) geändert hatte, waren weit weniger bedeutend. Bei diesen späteren Zusammenkünften internationaler Prominenz fehlte eine klare Orientierung. Man debattierte über die Stellung und das Image der USA in der Welt, durchaus interessante Themen, aber weit entfernt von der ursprünglichen Absicht des Kongresses. Diese Konferenzen hätten von einem guten Dutzend anderer Stiftungen gesponsert werden können. Michael Josselson, der nach den Enthüllungen im Zusammenhang mit der CIA zurücktrat, saß unterdessen in seinem Haus in Genf und arbeitete an einer Biographie Barclay de Tollys, des berühmten Generals der russischen Armee von 1812.

Von den Zeitschriften, die der Kongress finanzierte, hatten *Der Monat* und *Encounter* jahrelang den größten Erfolg. *Der Monat* lief am besten. Deutschland war mehr als zehn Jahre lang vom Westen nahezu abgeschnitten gewesen, und die Intellektuellen hatten nun den starken Wunsch, das Versäumte nachzuholen. Obendrein stand Deutschland im Kalten Krieg an vorderster Front; die sowjetische Bedrohung war hier nicht so abstrakt wie für viele Menschen in Großbritannien oder Italien. Unter der sachkundigen Redaktion Melvin Laskys war *Der Monat*, ein internationales Magazin, in den 1950er Jahren die wohl interessanteste und am breitesten diskutierte Zeitschrift in Deutschland, womöglich in ganz Europa. In der Nachkriegsphase herrschte noch eine Offenheit für neue Ideen und eine Frische, die in späteren Jahren allmählich verschwand. Das Wirtschaftswunder hatte stattgefunden, und ein radikaler Schick war an die Stelle des alten deutschen Provinzialismus getreten. Selbstgerechtigkeit und Besserwisserei grassierten. Seit der Einstellung des *Monat* fehlt in Deutschland eine ähnlich interessante Zeitschrift in der Presselandschaft, und die ernst zu nehmenden Zeitschriften hatten Auflagen von wenigen tausend Exemplaren. Die politische Stimmung war ebenfalls umgeschlagen: Amerika hatte im Jahr 1950 noch als unfehlbar gegolten, gleich was es unternahm, doch nach 1970 entwickelten viele deutsche Intellektuelle einen Antiamerikanismus, der den Niedergang und die Einstellung des *Monats* mit verursachte.

Sowohl der französischen Zeitschrift *Preuves* als auch der italienischen *Tempo Presente* stand ein zäher Kampf bevor. Die Stimmung der Intelligenz in Frankreich und Italien war »*progressiste*«, wie man in Frankreich sagte, und »Fellowtraveller« dominierten Schlüsselstellungen im kulturellen Leben. Auch die Gaullisten und französischen Rechten missbilligten *Preuves* wegen ihrer angloamerikanischen Verbindungen, ihrer Kritik am Algerienkrieg und aus anderen Gründen. Silone hingegen war unter dem Faschismus ins Exil gegangen, genau wie Nicola Chiaromonte, seine rechte Hand. Bis zu einem gewissen Grad hatten sie zwangsläufig den Kontakt zur Intelligenz ihres Landes verloren. Die meisten führenden französischen Intellektuellen wie Sartre hatten nicht der Résistance angehört, seine Stücke waren während der gesamten deutschen Okkupation in Frankreich aufgeführt worden. Er und seine Freunde wollten glauben, dass dem Kommunismus, vielleicht von gewissen russischen Exzessen geläutert, die Zukunft gehöre, dass Stalin letztlich ein aufgeklärter, wenn auch ein wenig strenger Herrscher sei, dass der Gulag nicht existiere und dass das sowjetische Wirtschaftssystem rasche Fortschritte mache. Diese Wahnvorstellungen verflogen erst Ende der 1960er Jahre, als der jahrzehntelang geächtete Raymond Aron endlich als der weitsichtigste Denker seiner Generation anerkannt wurde. In den Vereinigten Staaten wird sein Name heute selbst von jenen Historikern und Politologen mit Respekt und

Bewunderung ausgesprochen, die seinen Ansichten distanziert gegenüberstanden. Ich frage mich, ob manche späten Anhänger Aron eher amüsieren oder erschrecken würden.

Wie hat die Zeitschrift *Preuves* zu diesem Stimmungsumschwung in Frankreich beigetragen? Sie hatte gewissen Einfluss, aber vermutlich keinen sonderlich großen. Die Franzosen waren einfach noch nicht bereit für eine liberale Zeitschrift mit einer internationalistischen Orientierung. *Preuves* hatte allerdings in Osteuropa großen Einfluss, und ironischerweise wurden die Bände Jahre nach der Einstellung neu aufgelegt. Die Zeitschrift war zu früh auf der Bühne der Pariser Intellektuellen erschienen.

Der *Encounter* in London hatte mit ganz anderen Problemen zu kämpfen. Er war viel erfolgreicher als *Preuves,* und lange hatte er die höchste Auflage aller seriösen britischen Zeitschriften und wurde zum Flaggschiff des Kongresses. Irving Kristol war in vielerlei Hinsicht ein idealer Chefredakteur, doch es gelang ihm nicht, den Widerstand des britischen literarischen Establishments zu überwinden, das amerikanischen (sowie jüdischen und anderen ausländischen) Einflüssen ablehnend gegenüberstand. Freilich sanken das Ansehen und die Auflage des *New Statesman* ohnehin, aber auch aus anderen Kreisen kam Kritik, zum Beispiel von T. S. Eliot und Evelyn Waugh, beide nicht gerade große Exponenten linken Denkens. Die herrschende Stimmung, häufig von Hochnäsigkeit und Negativismus, von Snobismus und Arroganz geprägt, war für eine Zeitschrift wie den *Encounter* nicht günstig.

Kristol versuchte, sich dem Zeitgeist anzupassen. Der berühmteste Artikel, der in den ersten Jahren der Zeitschrift erschien, war »U and non U« von Nancy Mitford über die britische Aristokratie. Welcher Platz diesen Figuren in der Geschichte der Literatur auch immer gebühren mag, für eine Bewegung, die sich die Freiheit der Kultur auf die Fahnen geschrieben hatte, waren sie ohne Wert. Kurzum, Kristol verkehrte mit den falschen Leuten, vielleicht blieb ihm auch gar nichts anderes übrig, denn zumindest unter den Literaten gab es keine anderen Leute.

Doch die ganze Geschichte der Zeitschrift birgt andere interessante Aspekte. Dass sich die Labour Party im Laufe der Zeit deutlich von einer umfassenden Verstaatlichung distanzierte, war nicht zuletzt der mühsamen Vorarbeit des *Encounter* und mehreren Seminaren des Kongresses in den 1950er und 1960er Jahren zu verdanken. Unter den Akademikern waren einige außerordentlich talentierte Schriftsteller, aber die Unterstützung für eine kosmopolitische Zeitschrift war schwach; den geistigen Modetrends folgend, zogen die meisten die Zeitschrift *Private Eye* oder den *Spectator* vor. Nach seriösen Zeitschriften, wie es sie früher in Großbritannien gegeben hatte, bestand nur eine begrenzte Nachfrage, und intellektuelle Trends im Ausland fanden wenig Interesse. Aus diesem Grund bot der *Encounter* mehr Unterhaltung als Nachrichten. Er veröffentlichte vielgelesene, häufig amüsante Beiträge, aber sein intellektueller Einfluss und sein Ansehen lagen wie bei *Preuves* eher außerhalb des Landes, in dem die Zeitschrift erschien. Genau wie beim *Monat* fand sich kein echter Nachfolger für den *Encounter,* und viele Jahre nach seinem Hinscheiden gab es keine politisch literarische Zeitschrift von vergleichbarem Format.

Der Kongress unterstützte auch die Zeitschrift *Forum* in Österreich, die von Friedrich Torberg herausgegeben wurde, einem sehr talentierten Satiriker, aber unsicheren Kantonisten. In bewährter österreichischer Tradition (man denke nur an Karl Krauss) veröffentlichte er mal brillante, mal verschrobene Beiträge. Er war sehr streitlustig; zu den wenigen Freundschaften, die länger Bestand hatten, zählte die Bekanntschaft mit Marlene Dietrich, die ihn jedes Mal aus Paris anrief, wenn sie sich einsam und unglücklich fühlte – was häufig der Fall war. Torberg ist der Autor des wohl besten Romans über Sport in der Literaturgeschichte *(Die Mannschaft,* über eine Wasserballmannschaft) und hat mit *Der Schüler Gerber* in jungen Jahren einen erstaunlich reifen Roman über den Selbstmord eines Abiturienten geschrieben. Trotz seiner Talente wurde er zu einer Belastung für den Kongress. Torberg wollte sogar ein Aufführungsverbot der Stücke Bertolt Brechts in Österreich durchsetzen. Ich bin ihm zu großem Dank verpflichtet, weil er mich in der Wiener Konditorei Dehmel einführte, dem besten Kaffeehaus der Stadt. Ohne seine Begleitung wäre ich wohl nicht so zuvorkommend bedient worden.

Mit den Angelegenheiten der Zeitschrift *Survey* war ich am besten vertraut, zumindest in den ersten Jahren, sowie mit dem 1960 gegründeten *China Quarterly*. Unablässig stritten wir uns mit der Kongress-Zentrale in Paris um ein höheres Budget, weil wir eine umfangreichere Zeitschrift herausgeben wollten. Es gab so viel interessantes Material, und uns standen nur wenige Seiten zur Verfügung. Ich glaube nicht, dass die Autoren in der Anfangsphase ein Honorar bekamen, und wenn, so waren es gewiss ganz geringe Beträge. Aber gerade in den ersten Jahren wurden einige der interessantesten Themenhefte über marxistischen Revisionismus, über den Stand der sowjetischen Studien und über persönliche Erinnerungen an die frühe »heroische« Phase der sowjetischen Geschichte veröffentlicht. Viele dieser Sonderhefte wurden später auch in Buchform herausgegeben.

An anderer Stelle habe ich über Leo Labedz, meinen Nachfolger, geschrieben. Er war ein Universalgelehrter, ein hervorragender Polemiker und zugleich ein schwieriger Kollege. Leo erhielt die Texte russischer und anderer osteuropäischer Dissidenten und veröffentlichte sie erstmals auf Englisch; in dieser Beziehung hat er Großes geleistet, was nie angemessen gewürdigt wurde. Er wurde mit dem Alter nicht abgeklärter, sondern strenger, was sein Urteilsvermögen beeinträchtigte. Politische Diskussionen mit ihm wurden mühsam, aber wir hatten viele gemeinsame Interessen wie Literatur und die französischen Filme der 1930er und 1940er Jahre. Zu Israels Politik vertrat Leo nach 1967 die Haltung eines Falken, obwohl er sich niemals für jüdische Angelegenheiten interessiert hatte. Er starb im Jahr 1992 nach einer langen und qualvollen Krankheit, die er mit großer Stärke ertrug. Die letzten Ausgaben des *Survey* wurden von Leos Freunden als Gastredakteure herausgegeben. Das sowjetische Imperium brach zusammen, und viele Menschen in Moskau verkündeten, die von *Survey* seit Jahrzehnten publizierten Analysen seien korrekt. Exakt zu diesem Zeitpunkt stellte die Zeitschrift ihr Erscheinen ein.

1967 kursierten bereits seit geraumer Zeit Gerüchte, der Kongress sei von der CIA finanziert worden oder, um genau zu sein, habe einen großen Teil seines Budgets aus Zuwendungen gedeckt, welche die CIA ihm über diverse amerikanische Stiftungen habe zukommen lassen. Nach meinem Eindruck wussten nicht mehr als drei oder vier Menschen davon. Wie viele andere habe auch ich es nicht gewusst und mir keine sonderliche Mühe gegeben, Näheres herauszufinden. Auf dem Höhepunkt des Kalten Krieges schien die Frage belanglos, finanzielle Unterstützung wurde dringend gebraucht, und woher hätte sie kommen sollen? Vergleichbare Zuwendungen verteilten Regierungen in jedem größeren und in den meisten kleineren Ländern, aber sie handelten nicht so offen wie die Vereinigten Staaten. Später stellte sich heraus, dass die meisten nichtkommunistischen Gruppierungen und Parteien, selbst die sozialdemokratische Linke und Willy Brandt, ähnliche Unterstützung von der CIA erhalten hatten, als der sowjetische Druck sehr stark wurde und keine anderen Mittel verfügbar waren.

Ebenfalls 1967 erschienen in mehreren amerikanischen Zeitschriften Artikel über die finanzielle Unterstützung, die der Kongress erhalten hatte, und das sorgte insbesondere in Großbritannien und den USA für viel Unmut unter Menschen, die das Gefühl hatten, ihr Vertrauen sei missbraucht worden. Man hätte argumentieren können, dass eine Aktion, die in den 1950er Jahren auf dem Höhepunkt der sowjetischen Offensive wohl zwingend notwendig gewesen war, zehn oder fünfzehn Jahre danach, als die Kampagne allmählich abflaute, hätte gestoppt werden müssen. Zugleich hätte der Kongress größere Anstrengungen unternehmen sollen, um von anderen Quellen Unterstützung zu bekommen. Solche Bemühungen sollten sich später als wenig erfolgreich erweisen.

Der US-Kongress verteilte keine Gelder an ausländische Unternehmungen, die er nicht unter Kontrolle hatte; einige Linke hätten den Versuch wegen der antikommunistischen Ausrichtung des Kongresses für kulturelle Freiheit blockiert. Die Rechten und Isolationisten im US-Kongress hingegen hätten protestiert, weil sie unter keinen Umständen Liberale und Sozialdemokraten in Europa unterstützen wollten. Und vor allem bestand schon damals eine tiefe, allgemeine Abneigung in Amerika gegen Ausgaben für Diplomatie auf kultureller Ebene (die sogenannte Soft Power), die bis heute andauert. Öffentlichkeitsarbeit war immer ein Stiefkind der amerikanischen Außenpolitik gewesen. Sie wurde bestenfalls als Luxus angesehen – von Zeit zu Zeit wurden Lippenbekenntnisse abgegeben, dass es notwendig sei, sich um die Herzen und Köpfe der Menschen im Ausland zu bemühen, doch die dafür ausgegebene Geldsumme lag weit unter einem Prozent der Verteidigungsausgaben.

Bereits Ende der 1950er Jahre wurden Versuche unternommen, von großen Stiftungen Unterstützung zu erhalten, doch sie scheiterten allesamt. Und es ist auch keineswegs sicher, dass der Kongress für kulturelle Freiheit unter der Schirmherrschaft des Senats oder des Repräsentantenhauses oder einer großen Stiftung mehr Freiheit genossen hätte. Die CIA hingegen mischte sich so gut wie nie in seine Arbeit ein.

Die Tagung in Mailand im Jahr 1955 war eine Schlüsselkonferenz des Kongresses, die sich mit der Zukunft der Freiheit befasste. Professor Peter Wiles von der London School of Economics wurde um einen Vortrag gebeten, in dem er zu zeigen versuchte, dass die sowjetische Industrieproduktion den Westen überholt habe. Professor Michael Polanyi aus Manchester vertrat die Ansicht, dass staatliche Kontrollen nicht automatisch die Freiheit schwächen würden. Daraufhin entgegnete Friedrich A. von Hayek wutentbrannt, die Konferenz von Mailand wolle in Wahrheit nicht die Zukunft der Freiheit planen, sondern ihren Nachruf schreiben. Hayek hatte damals mit seinem Werk *Der Weg zur Knechtschaft* große Beachtung gefunden.

Der Kongress hatte seit langem unter Beschuss gestanden, aber mit den Enthüllungen Mitte der 1960er Jahre erreichte die Kampagne ihren Höhepunkt. Alexander Werth sprach in der

Nation von einer »literarischen Schweinebucht« und machte sich über Zeitschriften lustig, die nach Kräften versucht hatten, den Kalten Krieg weiter zu schüren. Es meldeten sich Connor Cruise O'Brien in *Book Week* und Jason Epstein in der *New York Review of Books* zu Wort. Christopher Lash in der *Nation* und unzählige weniger bedeutende Schreiber verunglimpften die tiefe moralische Korruption der liberalen, antikommunistischen Intellektuellen, insbesondere der Exkommunisten. Es ging überhaupt nicht mehr um die Frage, wofür man die Subventionen verwendet hatte, geschweige denn, wer in der ideologischen Debatte am Ende recht behalten hatte. Weil der Kongress heimlich von der US-Regierung Mittel angenommen hatte, hatte er sich zwangsläufig diskreditiert. Es war überhaupt nicht mehr nötig, ernsthaft über die politischen Themen zu diskutieren, weil jede Sache, die von der US-Regierung unterstützt wurde, *a priori* verwerflich war. Die Anti-Antikommunisten standen nunmehr auf einer moralisch höheren Ebene. Zur fehlenden kulturellen Freiheit in der Sowjetunion wurden von Mr. Lash allerlei mildernde Umstände vorgebracht: Die Sowjetunion sei ja noch unterentwickelt, die knauserige bürokratische Kultur werde nach utilitaristischen Gesichtspunkten beurteilt. Sie nähmen an, sie könnten sich diesen Luxus nicht leisten. Auch Theodore Draper wurde heftig angegriffen, weil er es gewagt hatte anzudeuten, dass Castro kein Demokrat sei, sondern dem sowjetischen Lager angehöre.

Natürlich drehte sich die Tätigkeit des Kongresses nicht ausschließlich um Kommunismus und Antikommunismus, aber dieses Thema erregte bei den Kritikern den größten Anstoß. Sie konnten damals nicht wissen, dass der Kalte Krieg eines Tages enden würde, dass die sowjetischen Archive geöffnet würden und dass so viele ihrer gepriesenen Überzeugungen zum Kalten Krieg, zum Charakter und zu den Zielen der sowjetischen Politik widerlegt werden könnten. Die Enthüllungen sollten nicht nur den größten Teil dessen bestätigen, was vom Kongress publiziert worden war, sondern weit darüber hinaus reichen.

Wie überschwänglich hatten die Anti-Antikommunisten in den 1960er Jahren ihre moralischen Siege gefeiert, und wie peinlich berührt einen die Lektüre ihrer Thesen vierzig Jahre danach. In der modernen Geschichte ist selten eine Organisation so vollständig durch die folgenden Ereignisse rehabilitiert worden wie der Kongress für kulturelle Freiheit. Wenn man vor der Zeit recht hat, so heißt das jedoch keineswegs, dass man sich damit beliebt macht.

Manche Kritiker, wie der vielgelesene Historiker Christopher Lash, der 1994 starb, hatten freilich ihre Ansichten schon zuvor geändert. Das galt auch für Connor Cruise O'Brien, der in späteren Jahren als Autor für Rupert Murdochs Londoner *Times* und als Chefredakteur des *Observer* arbeitete. Er wurde zu einem der schärfsten Kritiker im Kampf gegen den Terrorismus und schrieb eine Geschichte des Zionismus und des Staates Israel, die mit dem Zeitgeist überhaupt nicht im Einklang stand. Die Enthüllungen über den Kongress wurden erstmals in der extrem linken Zeitschrift *Ramparts* veröffentlicht, die Peter Collier herausgab. Gut dreißig Jahre später gründete Collier ein rechtes Verlagshaus mit dem Namen *Encounter*.

Zu den extremsten und tragischsten Gestalten zählt wohl Alexander Werth. Der in Russland geborene Historiker jüdischer Herkunft (ein Umstand, den er selten erwähnte) zählte nicht gerade zu den weitsichtigsten Journalisten. Anfang 1933 hielt er sich im Auftrag des *Guardian* in Berlin auf und verkündete, dass Hitler eigentlich keine große Gefahr sei und nicht allzu ernst genommen werden dürfe. Als russischer Muttersprachler kam er im Zuge der Annäherung an die Sowjetunion während des Zweiten Weltkriegs zu Ansehen und wurde in der Sowjetunion stationiert. In seinen späteren Jahren hielten sich hartnäckig Unterstellungen, er sei ein sowjetischer Agent, aber wenn dem so gewesen sein sollte, dann war er gewiss nicht der einzige. Werth gab zu, dass er die Rolle des Gulag und die Zahl der Opfer bewusst heruntergespielt habe. Doch er habe dies nur getan, weil in den 1950er Jahren viele Menschen im Westen einen Krieg gegen die Sowjetunion hätten führen wollen. Angeblich wollte er nicht Wasser auf die Mühlen der Kriegstreiber leiten. Alexander Werth beging im Jahr 1969 Selbstmord.

Freilich konnten selbst nach dem Fall der Sowjetunion und den Enthüllungen der 1990er Jahre viele dem Kongress nicht verzeihen, dass er mit seinen frühen Analysen recht behalten hatte. Doch das war nicht anders zu erwarten gewesen. Es fiel Menschen, die sich eine Weltanschauung à la Sartre zugelegt hatten, nicht leicht zu akzeptieren, dass die falsche Seite den Kalten Krieg gewonnen hatte. Folglich erlebte in den 1990er Jahren und danach der Antiamerikanismus, vermischt mit einer Angst vor der einzigen verbliebenen Supermacht, einen neuen Aufschwung. Es ist nur menschlich, an einem Irrtum festzuhalten, statt einen Fehler einzugestehen, und die Bedeutung der Kurzsichtigkeit sollte nicht unterschätzt werden. Die eigentliche Tragödie der europäischen und amerikanischen Linken (C. Lash) fand nicht im Jahr 1965 statt, sondern Jahre danach, als das volle Ausmaß ihrer Fehleinschätzungen offenkundig wurde. Wie man in Paris damals sagte: Es war besser, sich mit Sartre zu irren, statt mit Raymond Aron recht zu haben; aber am Ende hatte dieser Unfug seinen Preis.

Der Kongress für kulturelle Freiheit hätte bereits in den 1970er Jahren seinen Zweck erfüllt haben können. Zu diesem Zeitpunkt war alles über die kommunistische Ideologie gesagt worden, sie wurde allmählich ein unsäglich langweiliges Thema. Wer immer noch von dem fortschrittlichen Charakter des sowjetischen Systems überzeugt war, zählte zu den quasi-religiösen Gläubigen, die rationalen Argumenten nicht zugänglich waren. Selbst unter westlichen Experten für die Sowjetunion sind solche Menschen zu finden, wie ich noch zeigen werde.

Der Kongress machte selbstverständlich auch Fehler, aber das waren nicht jene, die ihm später von seinen Gegnern am häufigsten vorgeworfen wurden. Er war überhastet gegründet worden, und die Auswahl einiger Mitarbeiter war unglücklich. Man konzentrierte sich stark auf bekannte Namen und hohes Ansehen, doch mitunter mangelte es an Substanz. Einige Konferenzen dienten vor allem der Show, und die Teilnehmer erinnerten manchmal an die Schickeria, die zwischen St. Tropez im Sommer und St. Moritz oder Gstaad im Winter pendelte. Den Treffen haftete ein Hauch Snobismus an, der äußere Schein von Kultiviertheit und Weltklugheit war gelegentlich wichtiger als die Inhalte. Ein derartiger Mangel an Seriosität stand in scharfem Kontrast zum traditionellen europäischen Bild von Intellektuellen und Intelligenz.

Natürlich kann man mildernde Umstände geltend machen: Eine Organisation, die politischen Einfluss nehmen wollte, konnte sich nicht ausschließlich auf junge und unbekannte Talente stützen; sie brauchte ein paar große Namen. Der Kongress neigte jedoch dazu, dies zu übertreiben. Alles in allem schuf er eine bemerkenswerte Konzentration talentierter, anregender und interessanter Menschen. Aber wirkte er sich auf die politische Linie der Intelligenz in Europa und anderswo aus? Die Wirkung von Ideen auf die Politik ist schwer zu messen. Französische und italienische Intellektuelle wandten sich in den 1970er Jahren vom Kommunismus ab, während die Deutschen um ebendiese Zeit den Marxismus neu entdeckten, nur um anschließend in Antiamerikanismus und neuen Nationalismus zu verfallen. Solschenizyns *Archipel Gulag* schlug in Frankreich wie eine Bombe ein, zeigte in Deutschland jedoch wenig Wirkung. In Osteuropa und in der Sowjetunion hatte der Kongress vermutlich größeren Einfluss.

Eine Zeitschrift wie die polnischsprachige *Kultura* trug maßgeblich zum Sturz des Kommunismus in Polen bei, und da das polnische Beispiel auch das übrige Osteuropa beeinflusste, stand ihre Wirkung außer Frage. Ein großer Teil des vom Kongress veröffentlichten Materials wurde in ein paar hundert Kopien ins Russische übersetzt (»geheim, nur für den Amtsgebrauch«). Sie wurden an gut bewachten Orten für ausgewählte Mitglieder der politischen Elite aufbewahrt, aber die Artikel wurden von vielen Menschen gelesen.

Diese Literatur übte eine große Anziehungskraft aus, und Ende der 1970er hatten bis auf die naivsten Zeloten bereits alle Sowjetbürger den Glauben an den Marxismus-Leninismus verloren. In der Tat gab es damals an westlichen Universitäten vermutlich mehr Anhänger des Marxismus-Leninismus als im gesamten Ostblock. All das hatte sehr wohl mit der Vorarbeit zu tun, die der Kongress über Jahrzehnte hinweg geleistet hatte. Die Soft Power stürzte zwar nicht das Sowjetregime, aber sie hat mit Sicherheit dazu beigetragen.

Jene Kritiker, die einst die Ziele und Aktivitäten des Kongresses verurteilten, haben überwiegend die Seiten gewechselt. Zähneknirschend räumten sie ein, dass der Kongress im Gegensatz zu den Sartres und Moravias recht behalten hatte. Aber jetzt behaupteten sie, dass seine Arbeit überflüssig gewesen sei, weil von der UdSSR nie eine echte Gefahr ausgegangen oder diese stark übertrieben worden sei. Leute, die im Kalten Krieg noch die Ansicht vertraten, das sowjetische System funktioniere ausgezeichnet und die Macht der Sowjetunion sei so groß, dass man den Kreml wegen der Kriegsgefahr auf keinen Fall provozieren dürfe, erklärten nun, Russland sei immer schon wirtschaftlich, politisch und sogar militärisch so schwach gewesen, dass es unsinnig gewesen sei, die vermeintliche Bedrohung ernst zu nehmen.

Ganz ähnliche Argumente wurden, wie erwähnt, auch mit Blick auf Hitler und den Nationalsozialismus vorgebracht: Die Macht der Nationalsozialisten sei massiv übertrieben worden, Hitler habe den Zweiten Weltkrieg bereits am ersten Kriegstag verloren gehabt. Das ist nicht nur eine völlig irrige Betrachtung im Rückblick, die Argumente sind heute genauso falsch wie damals. Nach derselben Logik wäre es auch überflüssig gewesen, riesige Summen für Verteidigung auszugeben, weil das sowjetische System so schwach gewesen sei. Aber hier werden Ursache und Wirkung verwechselt, das sowjetische System war keineswegs immer schwach, es gab durchaus eine offensive militärische Planung, und die sowjetische Propaganda war unter westlichen Intellektuellen durchaus nicht wirkungslos.

Wenn das Sowjetregime zusammenbrach, so haben wir das gewiss nicht jenen zu verdanken, die für Appeasement plädierten und glaubten, Intellektuelle sollten sich tunlichst aus dem Konflikt zwischen den beiden Supermächten heraushalten. Sie müssten vielmehr versuchen, ihn möglichst rasch zu beenden, weil gar kein Anlass zu einem Konflikt bestand. Nach ihrer Meinung wurde er nur durch den blinden Antikommunismus bestimmter westlicher Kreise (insbesondere im militärisch-industriellen Komplex) und ihrer propagandistischen Helfershelfer sinnlos verlängert. Sie hatten gewissen Erfolg, weil der Kalte Krieg vielen als unehrenhafter Kampf galt, ganz im Gegensatz zu jenem gegen den Faschismus.

Das alles ist mittlerweile Geschichte und wirkt doch bis in die Gegenwart fort. Alle, die in jüngster Zeit auf die Bedeutung von Soft Power hingewiesen haben, sprechen einen wirklich kritischen Punkt an. Ich bezweifle jedoch, ob eine Kampagne für kulturelle Freiheit in der muslimischen Welt großen Anklang finden würde: Die Freiheit der Kultur hat in der arabischen Intelligenz nicht viele Fürsprecher, und auch diese haben eine völlig andere Agenda als osteuropäische und russische Intellektuelle.

Leider ist in Teilen der islamischen Welt die Tendenz stark ausgeprägt, an Verschwörungstheorien zu glauben, und je abstruser sie sind, desto attraktiver erscheinen sie. Eine westliche schwarze Propaganda, die sich diese Schwäche zunutze machen würde, wäre unendlich viel wirkungsvoller als alle Appelle, die Zensur abzuschaffen. Aber demokratische Gesellschaften werden solche üblen Tricks wohl allenfalls in Kriegszeiten anwenden.

Der Kongress für kulturelle Freiheit war eine Koalition disparater Individuen und Gruppierungen, wie ein feindseliger Kritiker wie Lash einmal bemerkte. Es gab eine Koalition aus Liberalen und »Reaktionären«, doch Letztere verloren allmählich an Einfluss. Auf keinen Fall war er die Brutstätte des Neokonservatismus, des Schreckgespenstes des 21. Jahrhunderts. Unter denkfaulen Kommentatoren und Moderatoren herrscht die Tendenz vor, alle Kritiker der sowjetischen und kommunistischen Politik als Neokonservative zu verunglimpfen, aber Leo Strauss gehörte nicht dem Kongress an. Kommunismus und die Sowjetunion zählten nicht zu seinen Interessengebieten, und der Begriff Neokonservatismus war damals nicht geläufig. Die Vertreter dieser Schule glauben an den Export der Demokratie, eine Überzeugung, die von Leo Strauss gewiss nicht geteilt wurde. In den Vereinigten

Staaten wurde im Gegensatz zum Rest der Welt das Wort »liberal« zu einem Synonym für »Anti-Antikommunismus«. Aber viele Konservative und einige Neokonservative waren oder wurden Anhänger der Parole »America First«, auch wenn die wenigsten sich dieses Etikett anheften lassen wollten. Hingegen stand der Dachverband der amerikanischen Gewerkschaften AFL-CIO in der vordersten Front der Auseinandersetzungen im Kalten Krieg. Unlängst bemerkte ein Schriftsteller treffend zur Rolle des Neokonservatismus, dass im Gegensatz zu den mit dem Etikett verbundenen Assoziationen nicht wenige »kalte Krieger« (darunter Senator Jackson) in sozialen Fragen wider Erwarten Liberale waren.

In den 1950er und 1960er Jahren gab es in der Tat keine Neokonservativen. Weder Raymond Aron noch Daniel Bell könnte man mit diesem Begriff bezeichnen, und ebenso wenig Edward Shils, die drei Männer, die damals federführend die Agenda des Kongresses gestalteten. Was sollte »neokonservativ« in der internationalen Politik ausdrücken? Waren Breschnew und Andropow Liberale, und wenn ja, was waren dann ihre Gegner? Wenn die Kritiker der sowjetischen Parteichefs Neokonservative waren, so müssten ihre Widersacher doch Radikale oder zumindest Liberale gewesen sein. Dabei waren die sowjetischen Parteichefs wohl eher Konservative. Waren die Chinesen fortschrittlicher oder reaktionärer als die sowjetischen Parteichefs? War die polnische Solidarność eine konservative oder eine liberale Bewegung? Ist Osama bin Laden ein Liberaler oder ein Konservativer? Diese Fragen machen die Absurdität derartiger Etikettierungsversuche deutlich. Dennoch werden ständig Etiketten verteilt (vermutlich auch in Zukunft), und zwar häufig aus Ignoranz oder dem Wunsch nach einer weiteren Schublade, und mitunter dienen sie auch dazu, den Sachverhalt zu verschleiern.

Die Geschichte des Kongresses wird noch einmal mit einem anderen Schwerpunkt dargestellt werden. Sie enthält eine Fülle von Lektionen, die vermutlich ignoriert werden. Die Gelder, die der Kongress für kulturelle Freiheit erhielt, hätten nicht von der CIA kommen sollen, aber damals stand keine andere Quelle zur Verfügung. Die Operation musste hinter dem Rücken des US-Kongresses ablaufen. Eine Koalition aus demokratischen Populisten und republikanischen Isolationisten widersetzte sich im Kongress hartnäckig jeder Kulturpolitik, die einen, weil sie dies als kulturellen Imperialismus betrachteten, die anderen, weil sie dies für Verschwendung von Staatsgeldern hielten. Das lässt sich an der Kürzung des Budgets der United States Information Agency (USIA) in den 1990er Jahren und an der Geschichte der National Endowment of Democracy (NED) ablesen.

Diplomatie auf kultureller Ebene ist elitär, und die Verbreitung von Kultur im Ausland ist ein Luxus und überdies tadelnswert, weil sie eine Einmischung in die Angelegenheiten anderer Länder einschließt. Weshalb sollte man in die Kultur im Ausland investieren, wenn der Sender CNN bereits in jedem Fünf-Sterne-Hotel außerhalb der Vereinigten Staaten empfangen wird? Freilich, in der Theorie sind sich in Amerika alle über die Bedeutung der Soft Power im Gegensatz zur militärischen Macht einig, aber es gibt noch keine Wählerschaft in den USA, die sich wirklich dafür einsetzen würde. Das Budget der NED hat sich unter Clinton verdoppelt und unter Bush nochmals. Es liegt derzeit, zwanzig Jahre nach der Gründung der Organisation, bei 0,02 Prozent der Ausgaben des Pentagon. Manche argumentieren, die US-Regierung könne für sich in Anspruch nehmen, knapp eine Milliarde Dollar für diese Zwecke im Ausland auszugeben, wenn sämtliche Quellen für finanzielle Mittel berücksichtigt würden. Das trifft zu, doch die Franzosen geben einen erheblich höheren Prozentsatz ihres Haushalts für solche Zwecke aus.

Unter den entwickelten Ländern haben die Vereinigten Staaten als einziges kein Ministerium für Kultur (oder Kunst oder nationales Erbe), aus dem privaten Sektor sind nur sporadisch Spenden eingegangen, zudem waren sie in den letzten Jahren rückläufig. Es wird so bald keine mit dem Kongress für kulturelle Freiheit vergleichbare Organisation entstehen, es sei denn, ein Notstand würde dazu zwingen. In den Vereinigten Staaten wurde die diplomatische Öffentlichkeitsarbeit nach dem Ende des Kalten Krieges fast ganz eingestellt. Ich habe im Jahr 1992 den Artikel »Save Public Diplomacy« für die Zeitschrift *Foreign Affairs* geschrieben, allerdings ohne nennenswerte Reaktionen. Rund ein Jahrzehnt später war Soft Power in aller Munde, doch auch dann wurden nur verschwindend wenig Personal und finanzielle Ressourcen für diese Aufgabe bereitgestellt.

In den 1970er Jahren faszinierte mich der Sonderweg Finnlands. Damals hielt der Begriff »Finnlandisierung« Einzug in das politische Lexikon, und die finnische Politik wurde eine Zeitlang zu einem veritablen Zankapfel. Manche schrieben die Wortschöpfung mir zu, andere Franz Josef Strauß, aber im Deutschen wurde er wohl von meinem Freund und einstigen Mentor Richard Löwenthal geprägt, einem der scharfsinnigsten politischen Denker der Nachkriegszeit.

Der Begriff »Finnlandisierung« bezieht sich auf die besondere Beziehung des Landes zur Sowjetunion. Verkürzt ausgedrückt, betrieb die finnische Regierung gegenüber dem mächtigen Nachbarn in einem Ausmaß Appeasement-Politik, dass man das Land nicht mehr als neutral und unabhängig bezeichnen konnte. Die Sowjetunion hatte das Recht, sich in finnische Angelegenheiten einzumischen; politische Parteien und Politiker, die von Moskau nicht gebilligt wurden, konnten nicht ins Kabinett aufgenommen werden. Während der 25-jährigen Präsidentschaft Urho Kekkonens, des finnischen Politikers, dem Moskau das größte Vertrauen schenkte, mussten KGB-Vertreter, anfangs ein Mann namens Stepanow, später ein gewisser Wladimirow, die wichtigsten politischen Entscheidungen absegnen. Es gab in Finnland keine Zensur, aber die finnischen Medien mussten eine Selbstzensur ausüben. Gleichwohl übte die Sowjetunion keine totale Kontrolle aus. Als Finnland beschloss, dem Europarat beizutreten (1989), geschah dies gegen den Widerstand der Sowjetunion.

Da ich mich für das Thema interessierte, besuchte ich Finnland und las alles, was ich mir zur Lage des Landes in anderen Sprachen außer Finnisch beschaffen konnte (was nicht allzu viel war). Im Dezember 1977 schrieb ich schließlich einen längeren Essay mit dem Titel »The Specter of Finlandization«. Er war im

Ton recht gemäßigt. Ich räumte ein, dass Finnland in Anbetracht seiner besonderen geopolitischen Lage gewisse Zugeständnisse gegenüber der Sowjetunion machen müsse, insbesondere auf militärischer Ebene. Aber ich vertrat auch die Ansicht, Kekkonen habe diese Politik viel weiter als nötig getrieben. Er war kein Sozialdemokrat, geschweige denn Kommunist, und in jüngeren Jahren hatte er sich tatsächlich an militanten antikommunistischen Aktivitäten beteiligt. Später hatte er jedoch erkannt, dass Finnland seinen Sonderstatus nur dank dieser politischen Linie erhalten konnte. Sie wurde nicht zuletzt dadurch gesichert, dass Kekkonen sich gemeinsam mit sowjetischen Parteichefs in der Sauna entspannte und ihnen witzige Anekdoten erzählte.

Nach meiner Ansicht konnte diese Politik nicht als Modell für die Politik des restlichen Europa gegenüber der Sowjetunion dienen. Dabei präsentierten Kekkonen und seine Gefolgsleute sie häufig als Inbegriff der Weisheit, Reife und Verantwortung.

Dieser Essay stieß in Finnland, Skandinavien und am Ende sogar in den Vereinigten Staaten auf starke Resonanz. Die Rezeption in Finnland fiel gemischt aus. Manche hielten den Artikel insgesamt für gut recherchiert, andere hielten mich für ignorant, und ein paar wenige glaubten, »Laqueur« sei das Pseudonym eines hohen US-Regierungsvertreters. Kurioserweise versuchten die meisten finnischen Kommentatoren, die mit der wahren Lage ihres Landes vertraut waren, die Finnlandisierung längst nicht so hartnäckig zu verteidigen wie viele Sympathisanten Kekkonens im Westen.

So behauptete etwa ein Kommentator der *Washington Post,* Finnland pflege politische Beziehungen zur UdSSR, die der größte Teil Europas ebenfalls anstrebe. George Kennan, der herausragende amerikanische Diplomat und Historiker, lobte in einem Buch mit dem Titel *The Cloud of Danger* die Finnen, genauer Kekkonens Politik, für ihre Besonnenheit und Standhaftigkeit und verurteilte die Verwendung des Begriffs »Finnlandisierung«, weil er demütigende Unterwürfigkeit unterstelle. Vizepräsident Mondale erklärte in Helsinki, der Begriff beeinträchtige die exakte Kommunikation. Ein Politologe nannte Finnland ein Paradigma für die Zukunft, »eine Lösung für die Probleme, denen sich ein isolierter Kleinstaat stellen muss, wenn er einer riesigen Militärmacht gegenübersteht«.

Die Debatte, die von diesem Essay und mehreren Erwiderungen meinerseits angestoßen wurde, verlief am Ende im Sand. Doch die damit verbundenen Fragen beschäftigten weiterhin vor allem die Menschen in Finnland, und nicht nur dort. Im Jahr 1981 ging Kekkonen endlich in den Ruhestand, ihm folgte Koivisto nach, der eine ähnliche, allerdings weniger konsequente Linie verfolgte. Die Russen hatten Koivisto ursprünglich misstraut, ihn aber akzeptiert, nachdem sie erkannt hatten, dass er Kekkonens Politik aufrichtig fortsetzte. Nach Kekkonens Tod im Jahr 1985 kursierten erste Gerüchte, er sei ein sowjetischer Agent gewesen, die jedoch von seinem offiziellen Biographen als üble Verleumdung zurückgewiesen wurden.

Anfang der 1990er Jahre enthüllte der ehemalige KGB-Resident in Helsinki, dass Kekkonen und andere führende Vertreter der Finnlandisierung von Moskau Millionen erhalten hatten, die einen für ihre Wiederwahl, andere offenbar zu privaten Zwecken. Im Anschluss daran wurden die Akten der Auslandsabteilung des Zentralkomitees der Kommunistischen Partei der Sowjetunion geöffnet, und daraus entstand ein Buch mit dem Titel: »Die KPdSU und Finnland, geheime Dokumente 1955–68, Bd. 1«, das diese Transfers bestätigte. Anlässlich des 100. Geburtstags von Kekkonen im Jahr 2000 erschienen mehrere Biographien und Studien sowie mehrere Bände von Kekkonens Tagebüchern, welche ein neues Licht auf das Zeitalter der Finnlandisierung warfen.

Nun wurde deutlich, dass sich die Sowjetunion viel stärker in die inneren Angelegenheiten des Landes eingemischt hatte, als die meisten außenstehenden Beobachter, darunter auch ich selbst, angenommen hatten. Gewiss wurde Kekkonen deshalb nicht unbedingt zu einem Verräter und einer sowjetischen Marionette. Schließlich hatte auch Lenin 1917 von den Deutschen Geld angenommen, während er seine eigene Agenda verfolgte. Kekkonen hätte vermutlich genauso gehandelt, wenn die Sowjets ihm keine einzige Finnmark gezahlt hätten. Natürlich war Kekkonen ein finnischer Patriot (ein Umstand, den ich in meinem ersten Essay mehṛmals betont hatte), womöglich hielt er sich sogar für den einzigen wahren Patrioten. Er wollte nicht, dass sein Land ein Satellitenstaat der UdSSR wurde wie die Länder Osteuropas, und er dachte, er allein halte den Schlüssel zu guten Beziehungen zu dem übermächtigen Nachbarn in Händen. Viele Finnen denken heute, Kekkonen sei ein Egomane und Zyniker gewesen, der sich die Werke Machiavellis unters Kopfkissen gelegt hatte. Womöglich betrieb er unter diesen besonderen Umständen eine kluge Politik. Aber eine moralisch ehrenwerte Haltung und ein leuchtendes Beispiel für den Rest Europas war sie mit Sicherheit nicht.

Seit Kekkonens Tod sind über zwanzig Jahre vergangen, und Finnland hat sich in vieler Hinsicht gewandelt. Nach einer Wirtschaftskrise in den 1990er Jahren, der Folge einer zu starken Abhängigkeit vom russischen Markt, der schlicht weggebrochen war, passte sich das Land rasch an die neuen Bedingungen auf dem Weltmarkt an. Dank Nokia und einiger anderer weltbekannter Firmen liegt heute das Pro-Kopf-Einkommen in Finnland bei 27 000 Euro, ebenso hoch oder gar höher als das in anderen westeuropäischen Ländern.

Laut der PISA-Studie ist das Bildungsniveau finnischer Schüler überdurchschnittlich hoch. Einige Kommentatoren wollen das mit dem Umstand erklären, dass Finnland im Gegensatz zu anderen Ländern nur wenige Einwanderer aufgenommen habe, andere bezeichnen dies jedoch als Verleumdung. Finnland hat allen Grund, auf seinen Wohlstand stolz zu sein, den viele für eine Folge der klugen Politik während des Kalten Krieges halten. Dabei übersehen sie gern, dass Finnland schlicht Glück gehabt hat, denn seine volle Unabhängigkeit ist die Konsequenz des Zerfalls der UdSSR, und weder Kekkonen noch seine Anhänger leisteten zu dieser Entwicklung einen nennenswerten Beitrag. Der Regierungschef Paavo Lipponen erklärte anlässlich des 100. Geburtstags von Kekkonen, es sei durchaus legitim, von einer Finnlandisierung zu sprechen, aber letztlich sei es der Maus im

Kalten Krieg besser ergangen als der Katze. Das ist wohl wahr, aber er hätte hinzufügen sollen, dass die Maus keineswegs die Katze verschlungen, sondern sich vielmehr mäuschenstill verhalten hatte.

Als ich in den 1970er Jahren meine Artikel schrieb, bekam ich von einigen mutigen Menschen in Finnland Unterstützung, die mir Übersetzungen aus der finnischen Presse zuschickten. Offiziell gab es zwar keine Zensur, aber eine Postsendung von einem ehemaligen Botschafter wurde abgefangen. Ihm wurde prompt die Pension gestrichen. Ohne die Hilfe einiger Freunde hätte er womöglich nicht überlebt. Als ich mich Jahre später nach ihm erkundigte, wurde mir mitgeteilt, die ihm auferlegte Strafe habe nichts mit der Übersetzung von Auszügen aus finnischen Zeitungen zu tun gehabt. Nachdem er in Finnland vergeblich Gerechtigkeit gesucht hatte, wollte er den Fall vor den Europäischen Gerichtshof in Straßburg bringen. Er bekam die abschlägige Auskunft, inzwischen seien zu viele Jahre vergangen. Der Fall liege nicht mehr im Zuständigkeitsbereich des Europäischen Gerichtshofs.

Warum ist nach so vielen Jahren heute wieder von Finnlandisierung die Rede? Vermutlich, weil sie nicht ganz der Vergangenheit angehört. Das Phänomen der Appeasement-Politik gibt es weiterhin, und das wird wohl auch so bleiben. Ich wollte damals zeigen, dass unter gewissen Umständen ein Appeasement unvermeidlich sein kann. Aber ich versuchte ferner darzulegen, dass eine Politik, wie sie Kekkonen betrieben hatte, sehr häufig über das objektiv nötige Ziel hinausschießt und dass sie alles andere als moralisch überlegen war. Alles in allem bewies Finnland unter den gegebenen Umständen vermutlich eine größere Standhaftigkeit, als manches andere europäische Land es getan hätte. Aber welches Schicksal hätte dem Land ohne den Zusammenbruch des sowjetischen Imperiums geblüht? Die kommenden Jahre, in denen Europa zunehmend auf Energielieferungen aus dem Nahen und Mittleren Osten und Russland angewiesen sein wird, werden zeigen, ob meine Bedenken berechtigt waren.

Der Zusammenbruch des sowjetischen Imperiums war nicht das einzige welterschütternde Ereignis des 20. Jahrhunderts, aber mit Sicherheit das überraschendste. Das wirft drei wichtige Fragen auf: Warum erfolgte der Zusammenbruch so plötzlich? Weshalb ahnte so gut wie niemand, dass der Zusammenbruch bevorstand? Und wie stehen die Chancen für eine Wiedergeburt des Imperiums? Wie gesagt, erwachte im Zweiten Weltkrieg mein Interesse an kommunistischen und sowjetischen Angelegenheiten, und in den 1960er Jahren ließ dieses Interesse stark nach. Die Sowjetunion war eine Supermacht, war immer noch eine bedeutende Kraft in der Weltpolitik, aber der Kommunismus war keine ideologische Herausforderung mehr. Aus dem sowjetischen Traum war ein Albtraum geworden. Mein Interesse wurde jedoch von Neuem geweckt, als Mitte der 1980er Jahre der Eindruck entstand, dass es in Moskau nicht so weitergehen konnte wie bisher.

Über einen langen Zeitraum hinweg war der Kommunismus die große Hoffnung und die große Versuchung gewesen. Viele junge Männer und Frauen meiner Generation hatten für den Kommunismus gekämpft und waren für ihn gestorben, gute, selbstlose Menschen und große Idealisten. Auch wenn sie nicht im religiösen Sinn Gläubige waren, so ähnelte ihre Vision doch stark dem Paradies, dem griechischen Elysium, dem siebten Himmel der Muslime, einem Ort, an dem es weder Sünde noch Tod geben würde. In diesem irdischen Paradies, befreit von den Fesseln der Unterdrückung und Ausbeutung, könnten alle Individuen ihre Fähigkeiten voll entfalten und die Gesellschaft gemeinsam gestalten. Langfristig sollten die Menschen zu ihrer wahren Bestimmung finden. Der Aufstieg in diesen Himmel war mühsam, und er würde die Menschheit, genau wie Dante, durch ein Inferno und Fegefeuer führen. Aber schließlich würde man den Wegweiser mit der Aufschrift erreichen: *Incipit Vita Nova* – Hier beginnt das Neue Leben. Die 1920er und bis zu einem gewissen Grad auch die 1930er Jahre waren in der Sowjetunion ein Zeitalter des Enthusiasmus. In Gedichten und Liedern fand diese Begeisterung ihren vollendeten Ausdruck. Anatol d'Aktil verkündete in seinem »Marsch der Enthusiasten«:

Uns hält nichts auf, weder zur See noch auf Land,
Wir fürchten weder Eis noch Wolken.
Das Feuer der eigenen Seele, das Banner des eigenen Landes
Tragen wir durch die ganze Welt und die Zeiten!

Unsere Welt ist zum Ruhm geschaffen.
Jahrhundertwerke entstehen in wenigen Jahren,
Das Glück nehmen an wir als Recht,
Und heiß lieben wir, und singen, wie Kinder
Und unsere blutroten Sterne
Leuchten wie noch nie,
Über allen Ländern, über Ozeanen
Wie ein verwirklichter Traum.

»Wir sind geboren, Taten zu vollbringen«, hieß es im Marsch der
roten Flieger, den Pawel German geschrieben hatte (ein Lied, das
damals in ganz Europa bekannt war und noch heute von Piloten
der israelischen Luftwaffe gesungen wird). Auch ausländische
Besucher, die dem Kommunismus feindselig gegenüberstanden,
und sogar Emigranten waren von dieser Begeisterung beeindruckt. Heute wirkt dieses revolutionäre Pathos geradezu lächerlich, und es braucht viel Einfühlungsvermögen, um auch nur zu
erahnen, dass diese Phrasen damals keineswegs hohl klangen.

Im Laufe der Zeit verflog der Enthusiasmus, die Alltagsroutine
trat an seine Stelle. Die Verteidigung der Heimat gegen die NS-
Invasion im Jahr 1941 diente als einigendes Band, danach folgte
der Wiederaufbau des Landes. Wenn Mängel auftraten, so konnten sie als Folge der Zerstörung erklärt werden. Aber ein Vierteljahrhundert nach dem Ende des Zweiten Weltkrieges überzeugte dieses Argument nicht mehr. Unter Chruschtschow wurden
diverse Initiativen angepackt, jedoch mit wenig Erfolg. Unter
Breschnew gab es so gut wie keine neuen Initiativen. War das die
Erfüllung des Menschheitstraumes?

Bis zu welchem Grad erkannten die Sowjetbürger ihre Misere?
Die meisten hatten keine Vergleichsmöglichkeit, weil Auslands-
reisen kaum möglich waren. Wer reisen durfte, überwiegend
Mitglieder der »Neuen Klasse«, war wenig erbaut, wenn er die

Verhältnisse in der UdSSR mit denen in anderen Ländern verglich. Aber die Privilegierten hatten ein starkes Interesse daran, den Status quo zu erhalten, und obwohl einige von ihnen murrten, kam es doch nie zu einer Revolte.

Im Jahr 1969 veröffentlichte der junge Dissident Andrej Amalrik, ein Student der mittelalterlichen Geschichte, ein kurzes Traktat mit dem Titel *Kann die Sowjetunion das Jahr 1984 erleben?*, das eine breite Leserschaft fand – außerhalb Russlands. Im Westen wurde es als brillantes literarisches Werk gefeiert, aber niemand nahm das Buch wirklich ernst. Amalrik stützte seine Thesen ausschließlich auf persönliche Beobachtungen und Überlegungen. Er irrte sich in einigen grundlegenden Annahmen, insbesondere bezüglich einer bevorstehenden militärischen Auseinandersetzung mit China. Aber erstaunlicherweise behielt er mit seiner Hauptthese recht: Das Regime war altersschwach und konnte nicht reformiert werden. Andere erstellten ähnliche Prognosen, etwa der französische Demograph Emmanuel Todd und der britische Essayist Bernard Lewin.

Meine eigenen Zweifel bezüglich der Zukunft der Sowjetunion wurden aus einer verblüffenden Quelle genährt: den russischen Schriftstellern der extremen Rechten. (Ich war zwischen 1965 und 1989 nicht mehr in die UdSSR gereist, hatte aber weiterhin russische Literatur gelesen.) Die grundlegenden Anschauungen dieser Leute standen in krassem Gegensatz zu meinen eigenen. Einige pflegten die Traditionen der vorrevolutionären Schwarzhundertschaften, sie waren Chauvinisten, glaubten an heimtückische Verschwörungen der Juden und Freimaurer gegen das Heilige Russland, hassten den Westen, den Liberalismus und die Demokratie. Diese Gruppen hatten in der sowjetischen Führung Gönner gefunden und erhielten nunmehr Gelegenheit, ihre Ansichten in diversen literarischen Zeitschriften zu verbreiten.

Aber nicht alle waren fanatische Wirrköpfe. Sie spürten im Innern die Misere ihres Landes, unter ihnen waren talentierte Schriftsteller, und was sie aus Kleinstädten und vom Lande berichteten (die meisten waren sogenannte Dorfschriftsteller), war in der Tat sehr beunruhigend: Die Kriminalität, der Alkoholismus, die ökologische Katastrophe und Korruption gingen weit über jenes Maß hinaus, das in der gesamten russischen Geschichte gang und gäbe gewesen war. In bestimmten Teilen der Sowjetunion stand die Arbeit an Zahltagen offenbar still, aber auch die lokale Anlieferung harter Spirituosen stoppte alle Räder. Vor allem waren jedoch ein völliger Zusammenbruch jeglicher Solidarität und ein Verfall der Sitten zu beobachten. Heute sind diese Schriftsteller wie Wassili Schukschin, Fjodor Abramow, Valentin Rasputin und Viktor Astafjew weitgehend vergessen (mit Ausnahme Rasputins, der noch lebt und zu den beliebtesten Schriftstellern der Putin-Ära zählt), aber damals spielten sie eine wichtige Rolle und beeinflussten mein Denken: Wenn diese Autoren ein so furchtbares Bild malten und ihnen gestattet wurde, ihre Romane zu veröffentlichen, dann musste die Lage wirklich miserabel sein, und es gab nur die große Frage, ob das Regime und die Gesellschaft reformiert werden konnten.

Mit dem nichtrussischen Nationalismus entstand ein weiteres Problem, das auch außerhalb der Sowjetunion nicht verborgen blieb. Laut der sowjetischen Hymne, die im Zweiten Weltkrieg die Internationale verdrängt hatte, hatte Großrussland eine unzerstörbare Union der Völker errichtet, welche die Sowjetunion bildeten – an der führenden Rolle der Russen unter diesen Völkern bestand freilich kein Zweifel. Diese Sichtweise wurde weitgehend auch von außenstehenden Beobachtern geteilt, die der Sowjetunion keineswegs freundlich gesinnt waren, etwa von Hans Kohn (der eines der ersten Bücher zu diesem Thema schrieb), Hannah Arendt, Walter Kolarz und den Sowjetologen der 1970er und 1980er Jahre. Es dominierte die Einschätzung, dass die Sowjets womöglich in anderer Hinsicht gescheitert wären, doch die nationale Frage hätten sie abschließend gelöst. Einer von ihnen tadelte gar seine Kollegen Sowjetologen dafür, dass sie in der multiethnischen Gesellschaft der UdSSR eine Bedrohung für den Staat erkannten. Die sowjetischen Parteiführer hingegen waren mit den Beziehungen zwischen den Ethnien weniger zufrieden. Bei einem Besuch in Zentralasien beklagte sich Breschnew, dass die dortigen Republiken keinen angemessenen Beitrag leisteten und dass die Subventionen, die Moskau an diese Regionen (wie auch an den Kaukasus) zahlen musste, eine allzu große Belastung würden. Damals erstarkte nicht nur der russische Nationalismus, sondern auch das nationale Bewusstsein in den anderen Republiken. Von solchen Emotionen bis zum Separatismus schien es jedoch noch ein weiter Weg zu sein.

Chruschtschow hatte zwanzig Jahre zuvor angekündigt, dass die Sowjetunion bis zum Jahr 1980 die Vereinigten Staaten einholen und dann überholen werde. Laut offiziellen Verlautbarungen hatten die sowjetischen Investitionen bereits 1970 mit amerikanischen Investitionen gleichgezogen, und die sowjetische Wirtschaft hatte Amerika Anfang der 1970er Jahre bereits in der Kohle- und Stahlproduktion, bei der Zahl der produzierten Traktoren und anderer wichtiger Rohstoffe und Maschinen überholt. Weshalb war die allgemeine Lage trotz dieser beeindruckenden Leistungen dann so schlecht? Ende der 1970er Jahre ließ die oberste Führung immer deutlicher durchblicken, dass die Wirtschaft nicht ordentlich funktioniere, dass die Lebensmittelversorgung unbefriedigend sei und dass jenes Gerede von einer wissenschaftlichen Revolution in der UdSSR purer Bluff gewesen sei. Es bestand kein Zweifel mehr, dass die Sowjetunion es nicht, wie einige westliche Experten es ausdrückten, mit einer reifen Volkswirtschaft aufnehmen konnte und dass die hohen Wachstumsraten der ersten Nachkriegsjahre nicht gehalten werden konnten. Sowjetische Wirtschaftsexperten waren sich bereits um 1960 darüber im Klaren gewesen, dass ein Niedergang in ihrem Land eingesetzt hatte.

Westliche Fachleute, die sich mit der Leistung der kommunistischen Wirtschaft befassten, überschätzten durchweg die Produktion, und das gilt nicht nur für angesehene Wirtschaftsexperten, sondern auch für die CIA. So verbreitete der US-Geheimdienst die Einschätzung, das Pro-Kopf-Einkommen der DDR sei ebenso hoch wie das Großbritanniens und deutlich höher als das Italiens. Andererseits unterschätzten die Experten die sowjetischen Militärausgaben, die nicht bei 10 bis 15 Prozent des Bruttoinlandsprodukts, sondern eher bei 25 bis 30 Prozent lagen.

Diese Fehler hatten durchaus eine politische Relevanz, weil eine realistischere Einschätzung gezeigt hätte, dass die Sowjetunion es bei einem Wettrüsten auf keinen Fall mit den Vereinigten Staaten aufnehmen konnte. Reagan setzte dieses Wettrüsten in Gang, was erheblich zum Sturz des Moskauer Regimes beitrug. Gleichwohl war der Zerfall des sowjetischen Imperiums aus wirtschaftlicher Sicht keineswegs unvermeidlich. Die Sowjetunion fiel hinter den Westen zurück, übrigens auch hinter Japan und China, aber die meisten Russen merkten davon vermutlich nicht viel. Die sowjetische Kommandowirtschaft war von Grund auf ineffizient, aber unter Andropow wurde immerhin ein leichter Anstieg des Volkseinkommens erreicht. Wenn sich die sowjetischen Parteiführer noch zehn oder fünfzehn Jahre gehalten hätten, dann hätten sie von dem weltweit enorm steigenden Bedarf an Erdöl und Gas profitiert. Das hätte Billionen Dollar in die Staatskasse gespült und den Fortbestand des Systems womöglich für weitere zwanzig Jahre gesichert. Doch in den 1980er Jahren brachen die Ölpreise ein. Am Ende des Jahrzehnts war der Preis für ein Barrel Erdöl unter 10 Dollar gefallen. Aber im Jahr 2008 bewegte er sich eine Zeitlang an der Rekordmarke von 140 Dollar, um dann im Zuge der weltweiten Finanzkrise wieder auf 70 Dollar zu fallen. 2006 betrugen die russischen Einnahmen aus dem Verkauf von Erdöl 1,5 Billionen Dollar, rund 60 Prozent der gesamten Staatseinnahmen.

Aus der Sowjetunion wurde keine industrielle (oder postindustrielle) Supermacht, sondern ein Riese unter den Rohstofflieferanten. Der Sturz des sowjetischen Imperiums (wie auch der Niedergang anderer Reiche) lässt sich jedoch nicht mit einem einzigen Faktor erklären. Es gab nicht eine einzige große Krise, etwa eine militärische Niederlage, sondern mehrere Krisen, die sich gegenseitig verstärkten und die Situation insgesamt verschlechterten. Ein wichtiger Faktor war der verhängnisvolle Krieg in Afghanistan. Wie war es möglich, dass ein kleines und rückständiges Land der militärischen Macht der Sowjetunion widerstehen konnte? Der Krieg war absolut unpopulär, rund 15 000 sowjetische Soldaten fielen im Laufe von neun Jahren.

Aber diesen Blutzoll sollte man relativieren. Russland hatte im Ersten und Zweiten Weltkrieg weit höhere Verluste erlitten, und das Land war nicht zusammengebrochen. Die Vereinigten Staaten verloren in Vietnam viel mehr Menschen, und in Tschetschenien fielen fast ebenso viele sowjetische Soldaten. Mit anderen Worten, der Krieg in Afghanistan war lediglich einer von vielen Faktoren des Zerfalls.

Die sowjetische Außenpolitik in Afrika und Asien war ins Stocken geraten. Die einstigen Verbündeten wie Nasser, Nkrumah und Sukarno waren von der politischen Bühne verschwunden, und die massive Militär- und Wirtschaftshilfe, die in der Sowjetunion ohnehin immer unbeliebt gewesen war, hatte sich im Rückblick als pure Geldverschwendung erwiesen. Der Unterhalt des Imperiums war mit erheblichen Kosten verbunden. Aber die Auslandshilfe belief sich auf nicht mehr als schätzungsweise zwei Prozent des sowjetischen Bruttoinlandsprodukts. Andererseits hatte das Reich auch Vorzüge: Die militärische Macht war imposant, und die UdSSR galt nicht mehr als rückständiges und schwaches Land, sondern als Supermacht.

Wenn man die Geschichte des Kalten Krieges aus heutiger Sicht betrachtet, stellt sich die Frage, ob die Sowjetunion überdehnt war. Valentin Falin, der ehemalige sowjetische Botschafter in Bonn und spätere Leiter der Internationalen Abteilung des Zentralkomitees, wurde einmal von einer deutschen Wochenzeitung gefragt, ob Reagan die Sowjetunion politisch zu Recht (aus westlicher Sicht) gezwungen habe, sich zu Tode zu rüsten. Falin erwiderte, damit habe nicht Reagan begonnen, sondern diese Politik sei seit 1945 die Leitlinie der USA gewesen. Daraufhin wollte der Reporter wissen, ob sich seiner Ansicht nach alle, die für Entspannung plädiert hatten, gründlich geirrt hätten. Falin entgegnete, dass die Entspannung niemals den Fall des Eisernen Vorhangs bewirkt hätte. Andere führende sowjetische Vertreter teilten diese Meinung. Es besteht kein Zweifel daran, dass es der sowjetischen Führung immer schwerer fiel, beim Wettrüsten Schritt zu halten.

Gleichwohl wirkte das sowjetische Regime trotz aller Probleme 1986 unendlich viel stärker als Russland anno 1916 oder das Osmanische Reich 1918; sämtliche Hebel der Macht befanden sich fest in den Händen des KGB, der Armee und der Partei. Diese Organe der politischen Kontrolle befolgten Befehle von oben. Dennoch steckte das Regime in einer Vertrauenskrise, die nicht präzise beschrieben werden konnte. In den 1980er Jahren konnte man Russland mit einem muskulösen und gut trainierten Athleten vergleichen, dem die nötigen geistigen Fähigkeiten fehlten. Hatte das womöglich mit dem Fehlen einer starken Führung zu tun? Breschnew blieb beinahe bis zur Senilität an der Macht (um es vorsichtig auszudrücken), seine beiden Nachfolger Juri Andropow und Konstantin Tschernenko waren bei ihrer Amtseinführung alt und gebrechlich. Ihre Auftritte in der Öffentlichkeit waren peinlich und alles andere als vertrauenerweckend. Andropow war womöglich der intelligenteste Vertreter der sowjetischen Nachkriegsführung. Offenbar war er sich darüber im Klaren, dass weitreichende Reformen dringend erforderlich waren, aber er zweifelte, ob diese durchgeführt werden könnten, ohne das Regime insgesamt zu gefährden.

Diese Vertrauenskrise, der Umschwung von einer relativ optimistischen zu einer pessimistischen Stimmung in Moskau, zeichnete sich bereits in den 1970er Jahren ab. Die Ursache war die wachsende Diskrepanz zwischen Versprechen und Leistung. Der Pessimismus betraf vor allem die sowjetische Mittelschicht und die mittlere Führungsebene, und die Stimmung erfasste nach und nach alle Bevölkerungsschichten. Pessimistische Stimmungen, so dauerhaft und intensiv sie auch sein mögen, lösen noch lange keine tiefgreifenden Veränderungen aus. Sie traten in vielen Ländern zu verschiedenen Zeiten auf und führten sehr häufig eher zu Apathie statt zu einer Revolution. Freilich waren auch die Ereignisse von 1991 in Russland keine Revolution im eigentlichen Sinne: Das Reich zerfiel ganz einfach. Damals herrschte in der Sowjetunion keineswegs eine antikommunistische Haltung vor (abgesehen von wenigen Dissidenten, die sorgfältig überwacht wurden), sondern schlicht Gleichgültigkeit gegenüber der offiziellen Ideologie.

Letztlich war der Zusammenbruch von 1991 also die Folge des Versuchs, ein Regime zu reformieren, das nicht reformiert werden konnte. Gorbatschow öffnete diese Büchse der Pandora nicht etwa aus törichter Neugier, sondern erfüllt von fahrlässigem Optimismus. Die meisten Beobachter in West und Ost zogen die Möglichkeit eines völligen Scheiterns nicht in Betracht. Aber sie hätten wissen müssen, dass das ganze System viel schwächer war, als sie annahmen, und dass der Fortbestand dieses gigantischen Unterfangens weder von historischer Unvermeidlichkeit noch von »objektiven Trends« abhing, sondern eben von Zufällen. Der Hauptirrtum der Sowjetologen war nicht das Versäumnis, den Einzug Michail Gorbatschows in den Kreml vorherzusagen, der natürlich nicht vorhersehbar war, sondern dass sie nicht erkannten, wie weit der Verfall bereits fortgeschritten war.

Was waren die Ursachen dieser Fehleinschätzung? Zum Teil waren die Irrtümer auf ideologisch bedingte Vorurteile zurückzuführen. Wer die sowjetische Stärke überschätzte, sympathisierte in der Regel mit dem System. Diese Kreise verabscheuten zwar bestimmte Aspekte des Systems, oder, was häufiger der Fall war, sie hielten den Westen, allen voran die Vereinigten Staaten, für dekadent und außerstande, in einem historischen Wettstreit mit dem »gereiften Sowjetsystem«, das angeblich einen »institutionellen Pluralismus« entwickelte, die Oberhand zu behalten. Die Zahl der Ideologen, welche die Lage in der Sowjetunion ihrer Scheuklappen wegen falsch einschätzten, war jedoch relativ klein. In den 1980er Jahren gab es nicht mehr viele »Fellowtraveller« und Bewunderer des sowjetischen Systems. Bei vielen war der Grund schlichtweg Ignoranz oder, milder ausgedrückt, mangelndes Wissen. Das gilt zum Beispiel mit Blick auf den Zustand der sowjetischen Wirtschaft. Wie sollten sich Außenstehende angesichts des Fehlens verlässlicher sowjetischer Zahlen (und der Existenz unzähliger gefälschter Angaben) ein realistisches Bild von der Lage verschaffen? Unter diesen Umständen mussten alle Urteile zwangsläufig auf bloßen Mutmaßungen beruhen.

Nachdem man viele Jahre das Volumen des sowjetischen Bruttoinlandsproduktes überschätzt und in etwa auf die Hälfte des amerikanischen veranschlagt hatte, gelangte die Zunft der Sowjetologen nach und nach zu der Einsicht, dass die sowjetische Wirtschaft seit 1978 stagnierte. Die früheren übertriebenen Zahlen wurden jedoch weiterhin verwendet. Im von der CIA veröffentlichten *World Fact Book* wurde noch 1981/82 angenommen, die Sowjetunion habe ein Bruttoinlandsprodukt von 2,6 Billionen Dollar oder ein Pro-Kopf-Einkommen von 9130 Dollar. Nur ein Jahr später standen in westlichen Nachschlagewerken Zahlen, die lediglich ein Zehntel des Vorjahres betrugen. Einen so drastischen Rückgang statistischer Angaben in so kurzer Zeit hatte es noch nie gegeben.

Welche politischen Implikationen diese Überbewertung der sowjetischen Wirtschaftsleistung hatte, liegt auf der Hand. Wie ein führender Sowjetologe noch 1988 behauptete, genossen die Sowjetbürger eine hohe soziale Absicherung. Es gab im Land ein egalitäres Gehaltssystem mit subventionierten Preisen für die Güter des täglichen Bedarfs. So gesehen bestand überhaupt kein Grund, größere politische Unzufriedenheit zu erwarten, denn eine Bevölkerung, die so beispiellose Privilegien genoss, wäre doch dumm gewesen, wenn sie gegen dieses System hoher persönlicher Absicherung revoltiert hätte. Ein anderer Experte meinte, die Prognosen über bevorstehende radikale Veränderungen in Russland seien zwar nicht völlig abwegig, aber doch das unwahrscheinlichste Szenario. Was über Generationen hinweg mit viel Blut, unter großen Opfern, mit Skrupellosigkeit, Tücke und voller Hingabe aufgebaut worden sei, werde nicht einfach verschwinden – eine Systemkrise sei ganz unwahrscheinlich. Derartige Fehleinschätzungen waren keineswegs das Monopol der Amerikaner, in Westeuropa wurden ähnliche Erwartungen gehegt.

Sowohl die Regierung in Bonn als auch viele deutsche Akademiker waren überzeugt, Erich Honecker sitze fest im Sattel. (Bei deutschen Ökonomen herrschte freilich größere Skepsis als bei politischen Beobachtern.) Die deutschen Fehleinschätzungen sind in vieler Hinsicht besonders schwer zu verstehen. Der Sowjetunion haftete damals noch etwas Mysteriöses an, und der Zugang war viel schwieriger. Aber zwischen den beiden deutschen Staaten herrschte ein reger Austausch, und es gab kaum Geheimnisse. Dennoch wurde die Stabilität des DDR-Regimes stark übertrieben. Zugleich grassierte die irrige Überzeugung, dass die Gesellschaftswissenschaft unbedingt neue Erkenntnisse bieten müsse, welche das Studium des Kommunismus und des sowjetischen Imperiums auf eine wissenschaftliche Grundlage stellten. Einige Sowjetologen entdeckten den berühmten Essay von Clifford Geertz über Hahnenkämpfe in Bali, andere grübelten darüber, inwiefern sich Albert Hirschmanns Gedanken zu »Exit« und »Voice«, also Abwanderung und Protest, auf die DDR übertragen ließen, wieder andere waren von Saussures Thesen zur Linguistik beeindruckt. Welchen Wert diese und andere Erkenntnisse für andere Disziplinen auch immer gehabt haben mochten, sie trugen weder dazu bei, dass Studien zu Breschnew und seinen Nachfolgern wissenschaftlichen Ansprüchen genügten, noch machten sie ihre Verfasser scharfsichtiger.

Zu falschen Urteilen gelangten nicht nur Sowjetologen, die der amerikanischen Politik kritisch gegenüberstanden, und Verfechter gesellschaftswissenschaftlicher Ansätze, sondern auch eher konservative Experten für Russland und den Kommunismus, wenn auch auf einem höheren Niveau. Martin Malia mit seiner scharfen Ablehnung des Sozialismus (»So etwas wie Sozialismus gibt es nicht, und Russland hat ihn errichtet«) war so ein Fall. Ich kommentierte damals (1993), dass sämtliche Feierlichkeiten nach dem Triumph des Marktes und des Kapitalismus in Russland voreilig scheinen, und dem habe ich 15 Jahre später nichts hinzuzufügen. Richard Pipes hatte zwar mit seiner Kritik an den Verirrungen der revisionistischen Sowjetologen völlig recht, doch seine negative Haltung gegenüber dem größten Teil der russischen Geschichte bleibt umstritten. Das gilt auch für seine Mutmaßungen über Bestrebungen der UdSSR, einen großen Krieg zu führen.

Der Rückblick auf Kommentare zur sowjetischen Politik aus einer Distanz von dreißig Jahren ist eine amüsante und zugleich beunruhigende Erfahrung. Hat sich die Lage seither grundlegend verändert? Heute dürfte man im Westen (oder auch in Russland) kaum noch einen Historiker finden, der die Verantwortung für den Kalten Krieg allein oder in erster Linie dem Westen zuschreiben würde; diese Form des Geschichtsrevisionismus ist verschwunden, vielleicht mit Ausnahme der Schulbücher, die unter Putin in Russland eingeführt wurden. Die Verfechter gleicher Verantwortung haben jedoch den Kampf keineswegs aufgegeben. (Melvyn Lefflers im Jahr 2007 veröffentlichte Studie zum Kalten Krieg fasst die Ansätze dieser Schule zusammen. Sie fand große Beachtung und wurde respektvoll rezensiert.) Stalin hätte, nach ihren Thesen, eine friedliche Koexistenz und sogar Kooperation mit dem Westen dem Konflikt deutlich vorgezogen, immer vorausgesetzt, er konnte seinen Willen durchsetzen. Das hätte der Westen akzeptieren müssen, die westlichen Staatsoberhäupter seien jedoch nicht willens oder nicht bereit gewesen, die ausgestreckte Hand – unter Stalin, Malenkow, Chruschtschow und sogar Breschnew – zu ergreifen. Beide Seiten trügen gleichermaßen Schuld an den vielen verpassten Gelegenheiten. Warum endete der Kalte Krieg Ende der 1980er Jahre? Weil zwei Staatsoberhäupter mit einer klaren Vision die Bühne betreten hatten: Gorbatschow und Reagan. Die naheliegende Deutung, dass der Zusammenbruch der UdSSR zugleich den Kalten Krieg beendete, wird entweder ignoriert oder abgelehnt. Diese Autoren ignorieren die Bedeutung der Ideologie und der mit ihr verbundenen inneren Zwänge des sowjetischen Regimes.

Die Putin-Version der sowjetischen Geschichte (von 2007/08) ist noch extremer: Er konzediert die Existenz einiger dunkler Flecken in der sowjetischen Geschichte, aber das gelte in ungleich höherem Ausmaß auch für andere Länder. Es bestehe überhaupt kein Grund, wegen solcher Ereignisse peinlich berührt zu sein. Der Kalte Krieg sei der Sowjetunion vom Westen aufgezwungen worden, und Stalins Regime sei die einzig mögliche Antwort gewesen. Die Sowjetunion sei keine Demokratie gewesen, heißt es nunmehr in der offiziellen Darstellung der Geschichte, aber sie habe Millionen Menschen auf der ganzen Welt als Vorbild für die beste und gerechteste Gesellschaft gedient. Folglich war der

Zusammenbruch der Sowjetunion im Jahr 1991 die größte Katastrophe des 20. Jahrhunderts.

Wie lässt sich die geistige Haltung erklären, die hinter solchen Behauptungen steht? Man könnte sie als naheliegende Reaktion sowjetischer Patrioten auffassen. Weit schwieriger ist es, die innere Motivation der westlichen Revisionisten nachzuvollziehen. Bis zu einem gewissen Grad könnte sie auf Unkenntnis zurückzuführen sein. Überdies sind die meisten Verfechter gleicher Verantwortung beider Seiten Experten für Amerika, die sich in der US-Diplomatie gut auskennen, aber über sowjetische Politik zu wenig wissen. Häufig scheint es jedoch an der tief verwurzelten Überzeugung zu liegen, dass bei internationalen Konflikten (fast) immer beiden Seiten ein Teil der Schuld zugewiesen werden muss. Überdies ist es die moralische Pflicht eines Wissenschaftlers, die eigene Seite besonders kritisch unter die Lupe zu nehmen. Wahre Objektivität kann angeblich nur auf diese Weise erreicht werden.

Man ist versucht, harte Worte der Kritik an derartigen geistigen Verirrungen zu äußern, auf die Patrioten aller Länder bis auf das eigene zu verweisen, aber das ist ein sinnloses Unterfangen. Personen mit dieser Geisteshaltung und diesen Überzeugungen sind nämlich rationalen Argumenten nicht zugänglich.

Vieles ist bewundernswert in der russischen Geschichte. Wie der Dichter Tjutschew es einmal ausdrückte: »Ach, so viel Schmutz und so viel Verheißung.« Die Russen waren selbst die schärfsten Kritiker ihres eigenen Landes, und es ist nicht verwunderlich, dass sie häufig mit Blick auf ihre Zukunft zwischen Optimismus und Pessimismus schwankten. Alexander Herzen äußerte die Befürchtung, wenn der Despotismus weitere hundert Jahre anhalten sollte, würden sämtliche Vorzüge des russischen Volkes verschwinden. Schließlich sei die Tatsache nicht zu übersehen, dass Jahrhunderte der Leibeigenschaft die Herzen und Seelen dieses Volkes zutiefst geprägt hatten!

Doch in den Tagen Gorbatschows wurden mit Glasnost und Perestroika große Hoffnungen geweckt: Der Geist der Freiheit war offensichtlich noch nicht tot in Russland. Aber waren diese Hoffnungen realistisch? Im Herzen wünschte man Russland Freiheit und Wohlstand, aber die historischen Erfahrungen erwiesen sich als Hemmschuh. Damals schrieb ich, in Russland habe keine Kulturrevolution stattgefunden, und selbst wenn es sie gegeben hätte, so ändere sich das Wesen der Menschen nicht binnen weniger Jahrzehnte. Zwischen Anspruch und Wirklichkeit bestand in Russland immer schon eine tiefe Kluft. In der Frühzeit der russischen Geschichte hatte die legendäre Bitte der Fürsten von Kiew an die Waräger im Norden gestanden:

> Unser Land ist groß und fruchtbar, aber es ist keine Ordnung in ihm. So kommt und herrscht über uns!

Tausend Jahre später waren Ausländer nicht mehr erwünscht, aber der Glaube an einen starken Herrscher hat sich gehalten. Ich fragte 1988: »War es realistisch, einen schnellen und vollständigen Übergang zu einem völlig andersartigen politischen, sozialen und wirtschaftlichen System anzunehmen? Oder stand der Sowjetunion eine weitere lange Phase autoritär-bürokratischer Herrschaft bevor, die auf einer Variante einer nationalistisch-sozialistischen Ideologie beruhte, während eine Minderheit von Intellektuellen tapfer (und wirkungslos) das Banner der Freiheit hochhalten würde?« Die historischen Ereignisse haben diese Frage eindeutig beantwortet. Freiheit, Demokratie, Menschenrechte wurden schon bald zu Schimpfwörtern. Der Weg zur Freiheit sollte sehr lang werden, und die Neigung, diesen Weg zu beschreiten, war nicht allzu groß.

Andererseits erlebten wir ein erstaunlich schnelles Comeback der Großmacht Russland. Deutschland hatte nach der Niederlage im Ersten Weltkrieg 15 Jahre gebraucht, um sich zu erholen und wieder als stärkste Macht auf dem Kontinent zu agieren. Russland sollte nicht mehr Zeit benötigen. Das Land fühlte sich nach dem Zerfall des Reiches gedemütigt. Es hatte nicht nur Zentralasien und die transkaukasischen Republiken verloren, sondern auch die Ukraine, die Wiege des russischen Staates, ein tiefer Bruch mit tausend Jahren russischer Geschichte und Kultur.

Gewiss existierte in den Jahren unmittelbar nach der Implosion in Russland ein gewisses Wohlwollen gegenüber dem Westen, doch dessen Bedeutung wurde weit überschätzt. Der Westen begrüßte die Ereignisse in Russland, und den Russen wurde eine maßvolle Unterstützung gewährt, um ihre wirtschaftlichen Schwierigkeiten zu überwinden. Die Hilfen waren jedoch nicht annähernd so hoch, wie man in Russland gehofft hatte. Und selbst wenn mehr Mittel zur Verfügung gestellt worden wären, hätte das die chaotischen Verhältnisse nicht verhindert, die Anfang der 1990er Jahre herrschten. Ein paar skrupellose, gerissene und gut positionierte Individuen scheffelten damals extremen Reichtum, und ehemalige KGB-Bedienstete übernahmen schrittweise die Macht im Staatsapparat. Dann stellte sich allmählich der Geldsegen der Rohstoffexporte ein, und ein autoritäres Regime wurde errichtet. Im Westen wollten viele über die Frage debattieren: Wer hat Russland verloren? Die Debatte war freilich unsinnig, weil Russland niemals dem Westen angehört hatte und deshalb auch nicht verloren werden konnte.

Die Entwicklungen unter Putin, jener Weg zu einer »souveränen Demokratie«, waren im Grunde nur natürlich und standen im Einklang mit russischen Traditionen und Bedürfnissen. Innerhalb Russlands hielt sich der Drang zu einem freieren, demokratischeren System in Grenzen. Stattdessen herrschte eine starke Sehnsucht nach der Wiederherstellung der Ordnung. Der Westen konnte finanzielle Hilfe und wirtschaftlichen Rat bieten, er konnte jedoch nicht den Aufbau einer patriotischen Regierung unterstützen, die einen möglichst großen Teil des verlorenen Imperiums wiedererrichten wollte. Sämtliche Meinungsumfragen zeigen, dass eine Mehrheit der Russen angesichts der teilweise chaotischen Verhältnisse im Land unter Gorbatschow und Jelzin dem Breschnew-Regime den Vorzug gab. Selbst Stalin hatte im Jahr 2007 eine Zustimmungsquote von 48 Prozent. Alle diese Entwicklungen dürften einen Experten der russischen Geschichte nicht sonderlich überrascht haben, und schon gar nicht, wenn er die russische Rechte kannte: Das ganze Spektrum der russischen Politik verschob sich um die Jahrtausendwende sehr stark nach rechts.

Ein tiefer Hass gegen Russlands Feinde grassierte, die angeblich seinen Sturz verursacht hatten. Zu diesen zählten undankbare ethnische Gruppierungen, die sich von der Sowjetunion getrennt hatten: Georgier, Balten und andere, und selbstverständlich auch die ehemaligen osteuropäischen Satelliten. Die russische Rechte propagierte eine alte/neue Doktrin des Eurasianismus, der schon in den 1920er Jahren in Emigrantenkreisen irrational gewirkt hatte. Der Versuch eines Neuaufgusses siebzig Jahre danach war geradezu abstrus. Wo war das Asien, das Russlands Bündnispartner werden sollte? Ganz bestimmt nicht China, Japan oder Indien. Auch die islamische Welt und die Türkei waren nicht Russlands natürliche Verbündete, aber es gab doch einige gemeinsame antiwestliche Interessen. Russland hat zugleich ein ernstes inneres Problem mit muslimischen Bevölkerungsteilen, das durch demographische Entwicklungen verschärft wird. Gegenwärtig leben etwa 15 bis 20 Millionen Muslime in Russland, doch ihre Geburtenrate ist hoch, während die russische Geburtenrate zu den weltweit niedrigsten zählt. Laut Prognosen wird in nicht allzu ferner Zukunft jeder dritte Wehrpflichtige der russischen Armee aus einer muslimischen Familie stammen.

Unter diesen Umständen ist Russlands Spielraum für außenpolitische Manöver begrenzt. Eine realistische russische Politik behindert der tief verwurzelte Glaube an die fanatische, unerschütterliche Feindschaft Amerikas, aber auch der Europäer (eine »Russophobie«), die angeblich Russland unablässig schaden wollten. Der Glaube an Verschwörungstheorien war in Russland stets weit verbreitet, schon unter den Zaren, unter Stalin, und daran änderte sich auch nach dem Zusammenbruch des sowjetischen Reiches nichts. Die Annahme, dass der Zerfall des sowjetischen Imperiums womöglich von Ereignissen innerhalb Russlands ausgelöst wurde (die sogar entscheidende Faktoren gewesen sein könnten), war offenbar für viele inakzeptabel.

Als das sowjetische Reich kollabierte, war Russland nicht

bereit für eine Demokratie. In dieser Hinsicht hätte man sich keinen Illusionen hingeben dürfen. Im Grunde stand von vornherein fest, dass ein autoritäres Regime entstehen würde. Das beinhaltete keineswegs eine Rückkehr zum Stalinismus oder eine militärische Expansion. Aber es hatte zur Folge, dass Russland und der Westen nur sehr begrenzte gemeinsame Interessen entwickeln konnten.

Es bedeutete außerdem, dass Russlands Nachbarn, die einst Teil des Reiches gewesen waren, zunehmend unter Druck gesetzt wurden. Auf eine physische Besetzung wurde zwar verzichtet, aber die ehemaligen Satelliten gerieten in eine mit Finnland während des Kalten Krieges vergleichbare Lage. Putin und seine Nachfolger stehen unter Zeitdruck, und sie haben keine Ideologie mehr, sei es nun der Kommunismus, der Panslawismus oder Eurasianismus, die sie als Waffe einsetzen könnten. Demographische Trends gefährden das Erreichen der größeren Ziele, und die Druckmittel Erdöl und Gas werden ihnen nicht ewig zur Verfügung stehen. Aber fürs Erste wollte Russland, wie der Krieg in Georgien demonstrierte, seine Feinde bestrafen und einen Teil der verlorenen Territorien zurückerobern (insbesondere jene von strategischer Bedeutung wie die Krim). Zugleich sollte seine Zone »privilegierter Interessen« (Medwedew) ausgedehnt werden. Diese Zone umfasst mit Sicherheit das Gebiet der ehemaligen Sowjetunion. Es ist offen, ob damit auch das »nahe Ausland« (die ehemaligen Volksdemokratien) und sogar ein uneiniges Europa gemeint sein könnten, wobei Letzteres stark auf russisches Öl und Gas angewiesen bleibt.

Spätestens im Jahr 1986, nach Gorbatschows Aufstieg an die Macht, setzte sich weltweit die Erkenntnis durch, dass die neue Führung in Moskau wichtige Veränderungen plante. Ob die Reformen Erfolg haben und von Dauer sein würden, war freilich ungewiss. In den gut zwanzig Jahren davor hatte ich nicht zu den aufmerksamen Beobachtern der sowjetischen Innenpolitik gehört, aber ich spürte genau wie andere die Anspannung, die in der Luft lag. Nach so vielen Jahren der Stagnation und des

Kalten Krieges gerieten die Verhältnisse in der UdSSR endlich in Bewegung. Fast jede Woche gingen überraschende und meist willkommene Meldungen ein, so gut wie jede Ausgabe sowjetischer Zeitungen und Zeitschriften enthielt Ankündigungen und Enthüllungen, die noch ein Jahr zuvor völlig undenkbar gewesen wären. Die entscheidenden Fragen waren jedoch: Wie weit würden die Reformen reichen, und wer würde in dem Machtkampf die Oberhand behalten? Einige Jahre lang rückte dieses Land wiederum in den Fokus meiner Interessen und Arbeit: Ich besuchte die Sowjetunion nach einer Pause von 25 Jahren zweimal und hatte Gelegenheit zu einem Gespräch mit dem damaligen Außenminister Schewardnadse. Ich recherchierte Informationen und sprach mit vielen sowjetischen Besuchern, die nunmehr im Westen auftauchten. In drei Büchern versuchte ich, die Ereignisse in der Sowjetunion in jenen schicksalhaften Jahren kontinuierlich zu kommentieren.

Eine Monographie befasste sich mit den rechten Gruppierungen, die aufkamen, sobald die Zügel gelockert worden waren, eine zweite mit den Enthüllungen über die Stalin-Ära, und das dritte Buch mit dem Titel *Der lange Weg zur Freiheit* legte den Schwerpunkt auf die politischen Veränderungen in der Sowjetunion unter Gorbatschow. Ich teilte die Begeisterung, die so viele Beobachter dieses Wandels angesteckt hatte, aber wie schon der Titel zeigt, machte ich mir keine Illusionen über die Grenzen der politischen Reformen. Die Zukunft der Demokratie und politischen Freiheit in Russland erschien mir keineswegs gesichert. Allenfalls wurde jetzt ein sehr langer Prozess begonnen, mit vielen Rückschlägen auf einem langen und steinigen Weg. Ich schrieb, dass eine Art Kulturrevolution nötig sei, um einen echten Wandel herbeizuführen, aber derartige Revolutionen hätten in der Geschichte der Menschheit nur selten stattgefunden, und es gebe keine Anzeichen, dass sich in der UdSSR in absehbarer Zeit ein fundamentaler Umbruch ereignen werde.

Ich ging davon aus, dass in den kommenden Jahren in der Tat gewisse Fortschritte erzielt würden und bis zu einem gewissen Grad werde gewiss auch Glasnost erhalten bleiben. Fest stehe jedoch, dass die Atmosphäre im Land nicht mehr so deprimierend sei wie in der Vergangenheit; das Land gehe, wie bei manchen religiösen Prozessionen, vier Schritte vor und drei zurück. Manche Sowjetologen glaubten damals, es gebe »objektive Gründe« wie die Urbanisierung und die Ausbreitung der Bildung, durch die zwangsläufig mehr Freiheit entstehen müsse. Ich hielt es hingegen für wahrscheinlicher, dass sich ein autoritärer Herrschaftsstil durchsetzen würde, der praktisch die ganze russische Geschichte dominiert hatte, im Gegensatz zu einem System, das sich auf eine freie und allgemeine Beteiligung des Volkes stützte.

Seither sind zwei Jahrzehnte vergangen, und der Optimismus der ersten Tage ist so gut wie verflogen. Das neue Russland ist jedoch viel stärker als die UdSSR in den Jahren nach dem Zerfall, und allem Anschein nach besteht nicht die Gefahr eines inneren Chaos und Bürgerkrieges. Wie Putin im Jahr 2008 voraussagte: Nach weiteren zwölf Jahren wird Russland nicht nur das kultivierteste, sondern auch das faszinierendste Land der Welt sein. Es werde führend in der Luftfahrt sein (Medwedew) und zum herausragenden Wissenschafts- und Technologiezentrum aufsteigen. Moskau blüht auf wie nie zuvor, aber ein großer Teil des Landes befindet sich in einem jämmerlichen Zustand: Der Ferne Osten und Hohe Norden, Sibirien und die russische Provinz werden entvölkert. In den letzten 13 Jahren sind sage und schreibe 24 000 russische Städte und Dörfer verschwunden. Laut einer Prognose der russischen Akademie der Wissenschaften von 2007 wird die Bevölkerung Russlands bis zum Jahr 2050 auf nur 83 Millionen fallen, deutlich weniger, als derzeit die Türkei, der Iran oder Ägypten haben. Obendrein werden ältere Menschen den größten Teil der Bevölkerung stellen. Schon nach den vorliegenden statistischen Angaben ist die Zahl der Russen im Rentenalter zweieinhalb Mal so hoch wie die Zahl der Kinder unter vierzehn.

Ein kleiner Teil der Bevölkerung lebt in Saus und Braus, aber nur wenig Wohlstand sickert nach unten durch, und die Schere zwischen Arm und Reich ist weiter geöffnet als in jedem anderen Land außerhalb der Dritten Welt. In einem Bericht für die US-Regierung im Jahr 1989, in dem ich einige Prognosen wagte (»Soviet Union 2000«, S. 39), schrieb ich: »Es stimmt tatsächlich, dass es in der Sowjetunion keine Milliardäre gibt …« Neunzehn Jahre später wohnen in Moskau mehr Milliardäre als in jeder anderen Stadt der Welt (um genau zu sein 74, im Vergleich dazu 71 in New York, 36 in London, 34 in Istanbul und 31 in Hongkong). Ein Viertel der russischen Wirtschaft befindet sich im Besitz von 36 Personen. Der neue Wohlstand basiert fast ausschließlich auf dem Export von Rohstoffen, insbesondere Öl und Gas. Viele russische Milliardäre haben in der Finanzkrise von 2008 hohe Verluste erlitten, aber ich glaube nicht, dass ihre Gesamtzahl abgenommen hat.

Aber es gibt keine Massensäuberungen mehr, nur hier und da einen Auftragsmord, und russische Bürger können ins Ausland reisen, sofern sie es sich leisten können. Abweichende Meinungen dürfen geäußert werden, solange sie nicht das Regime gefährden. Aber das Parlament ist machtlos, das gilt auch für die politischen Parteien, und weder die Justiz noch die Medien sind unabhängig. Das Zarenreich hatte in der Phase zwischen der Revolution von 1905 und dem Ausbruch des Ersten Weltkrieges eine freiere Verfassung. Die Bestrebungen, die internationale Position wiederum zu stärken und eine neue Einflusssphäre zu errichten, haben Russland in Konflikte mit fast allen Nachbarländern geführt, und die Haltung gegenüber dem Westen ist immer feindseliger geworden. Aus Meinungsumfragen geht hervor, dass die Mehrheit der Russen gewisse Vorbehalte gegenüber einem demokratischen Regierungssystem hat und dass mindestens die Hälfte von ihnen glaubt, Stalin habe insgesamt mehr Gutes getan als Schaden angerichtet. Allem Anschein nach ist das auch der Konsens im neuen Establishment des Staates.

Wie kann man dieses neue Regime interpretieren und einordnen? Mir kam ein Vorschlag in den Sinn, den Anfang der 1960er Jahre Adam Ulam einmal machte, ein Harvard-Professor für Politik und Experte für die Sowjetunion. In einem Essay über den Stand der sowjetischen Studien (erschienen in dem von mir herausgegebenen Sammelband *The State of Soviet Studies,* Cambridge, Mass., 1963) stellte er folgende rhetorische Frage: Wer wäre wohl eher in der Lage, die sowjetische Politik unter Stalin zu verstehen? Würde eine fiktive Person namens X, die die Werke angesehener, objektiver, nichtkommunistischer Gelehrter und Journalisten gelesen und nicht selbst ein Hühnchen zu rupfen hatte, am objektivsten urteilen? Oder vielleicht sein Freund Y, der einen Hang zu unwissenschaftlichen und melodramatischen Schilderungen hatte und den Tiraden der erklärten Gegner des Regimes Glauben schenkte? Würde er womöglich X in Rage versetzen, weil er hartnäckig behauptete, manche Aspekte der sowjetischen Politik seien eher zu verstehen, wenn man den Kampf zwischen Al Capone und Dan Torrio untersuchte, anstatt die Auseinandersetzung zwischen Lenin und Martow (dem Führer der Menschewiki) oder den theoretischen Disput um den »Sozialismus in einem Land« zu erörtern? Ulam fügte hinzu, dass der durchschnittliche Angloamerikaner, der über die Sowjetunion in dieser Periode schrieb, sich Kategorien wie »Polizeistaat«, »Terror« und »Totalitarismus« mit dem gleichen Abscheu näherte wie ein viktorianischer Romanautor der Anspielung auf einen Geschlechtsverkehr.

Vierundvierzig Jahre nach Ulams Aufsatz, am 29. Juli 2007, erschien ein Artikel von Gari Kasparow (der von Ulam vermutlich nie gehört hat) im *Wall Street Journal,* in dem er versuchte, westlichen Lesern das Wesen von Putins Russland zu erklären, das sie seiner Meinung nach kaum verstehen könnten. Der ehemalige Schachweltmeister und Führer der Opposition fürchtete in Russland wohl keine Repressalien und schrieb ungewöhnlich offen über das Thema. Nach seiner Ansicht diene es dem Verständnis Russlands nicht, Adam Smith oder Montesquieu zu lesen. Hingegen hätten Vergleiche mit Mussolinis korporativem Staat oder mit pseudodemokratischen Staaten Lateinamerikas immerhin einen begrenzten Nutzen. Der eigentliche Schlüssel zu einem tieferen Verständnis sei jedoch in den Werken Mario Puzos, in der Trilogie über den *Paten,* zu finden, der die strenge Hierarchie der Mafia beschreibt, die Einschüchterung, die »*Omertà*«, den Verhaltenskodex und vor allem den Auftrag, für weiterhin sprudelnde Einkünfte zu sorgen.

Solche unorthodoxen Analysen sind hilfreich, aber sie müssen ins richtige (auch historische) Licht gerückt werden. Was für den Stalinismus zutraf, galt nur zum Teil für das Regime unter Chruschtschow und Breschnew. Richtig ist auch, dass die Ursprünge der russischen Mafia in die Jelzin-Ära zurückreichen, als eine schwache Zentralregierung das Aufkommen einer neuen Klasse superreicher Oligarchen zuließ oder sogar förderte.

Die wesentlichen Merkmale des von Putin errichteten Regimes, das vermutlich lange über seine Amtszeit hinaus Bestand haben wird, müssen noch untersucht werden. Allem Anschein nach basiert es auf einer synkretistischen Klasse aus Superreichen und deren Gefolge sowie ehemaligen KGB-Angehörigen, wobei politische Macht, nicht wirtschaftliche den Ausschlag gibt. Sie unterscheidet sich jedoch grundlegend von der »Neuen Klasse«, die Milovan Djilas in den 1960er Jahren beschrieb. Heute distanzieren sich die Herrschenden dezidiert von marxistisch-leninistischen Traditionen und geben nicht einmal mehr Lippenbekenntnisse zu den internationalistischen Traditionen ab.

Was ist also die treibende Kraft dieser neuen Klasse? Die Mafia hatte es fast ausschließlich auf Profit abgesehen und operierte stets in der Illegalität. Die neue Klasse ist ebenso erpicht auf Machterhalt und materiellen Gewinn, doch sie muss in der Öffentlichkeit agieren. Dieses politische System braucht eine offizielle Ideologie, für die sich der Nationalismus, vermischt mit einer gehörigen Portion Populismus, am besten eignet. Die neue Klasse muss lernen, dass sie selbst und ihr System in Gefahr geraten, wenn sie ihren Reichtum hemmungslos zur Schau stellt. Nackter Zynismus wäre verderblich. Ich habe keine Zweifel daran, dass die führenden Gestalten dieses Systems sich für wahre Patrioten halten. Wie amerikanische Unternehmer mögen sie glauben, was gut für General Motors sei, das sei auch gut für das Land. Ein solches System kann sich durchaus einer gewissen Popularität erfreuen, solange die Einnahmen fließen und auch die unteren Schichten profitieren.

Der westliche Optimismus der ersten Jahre ist also einem Pessimismus gewichen, und die Überzeugung ist verbreitet, das neue Russland sei auf dem Weg zu einem System, das dem Faschismus durchaus ähnlich ist. Das ist vermutlich übertrieben, doch obwohl kein Grund zur Beunruhigung besteht, gibt es genug Anlass zu großer Trauer. Einige Zeit werden die Historiker wahrscheinlich darüber diskutieren, ob dieses Ergebnis nun die Schuld Gorbatschows und Jelzins und ihrer Berater war oder ob es in Anbetracht der russischen und sowjetischen Geschichte und des Fehlens demokratischer Traditionen geradezu als zwangsläufig gedeutet werden muss, denn Russen ziehen die Ordnung offenbar der Freiheit vor.

Freilich ist Pessimismus bezüglich der Zukunft Russlands kein neues Phänomen. Tschaadajews berühmter »Philosophischer Brief« aus dem Jahr 1829 ist ein gutes Beispiel. Er zählte zu den begabtesten russischen Denkern seiner Zeit. Sein Freund Puschkin schrieb über ihn:

> Ein Brutus er in Rom, Perikles in Athen,
> Bei uns doch – unterm Druck des Zaren
> Ist er nur Leutnant der Husaren.

In diesem viel zitierten Brief (Herzen nannte ihn ein Manifest und »einen Schuss, der in dunkler Nacht fiel«) schrieb Tschaadajew, die russische Geschichte sei eine Geschichte der Barbarei und des Aberglaubens, des schrecklichen Tatarenjochs und der moskowitischen Tyrannei. Russland habe kein Erbe der Antike, des Mittelalters, der Renaissance oder der Reformation, die Russen hätten weder historischen Verstand noch nützliche Ideen oder moralische Vorstellungen. Das Land sei nie zivilisiert gewesen, die gesamte Kultur sei importiert worden, Ideen wie Pflicht, Gerechtigkeit, Recht und Ordnung hätten sich nie entwickelt. Russland habe keinerlei kulturellen Beitrag geleistet, es gehöre nicht der europäischen Zivilisation an und habe es unterlassen, eine nennenswerte Rolle in der Weltgeschichte zu spielen. Die Leibeigenschaft sei das Hauptübel, sie lasse alle Russen wie Sklaven handeln. Russland hatte in Tschaadajews Augen keine Zukunft.

Der philosophische Brief wurde in Russland mit einiger Verzögerung veröffentlicht. Der Zar hielt den Verfasser für geisteskrank und stellte ihn in ärztlicher Obhut unter Hausarrest.

Nachdem Herzen diesen Brief gelesen hatte, sagte er, das sei von einem Menschen geschrieben worden, dessen Seele von Bitterkeit übergeflossen sei. Tschaadajew habe nicht länger schweigen können. »Wer von uns hatte nicht schon solche schwarzen Momente der Wut, wenn er über unser Land fluchte – ein Gefängnis für alle, wo jeder Polizeikommissar ein Kommandeur war und eine gekrönte Polizei der Herrscher ist, wo es nur Sklaven und Soldaten von unterschiedlichem Range gibt.«

Die Urteile zu Russlands Vergangenheit fielen sowohl unter Ausländern als auch unter Russen sehr hart aus. Beklagt wurden vor allem der elende Zustand der sanitären Verhältnisse, die Schlaffheit und Schlampigkeit eines großen Teils der Bevölkerung, die Missachtung der Menschenrechte und die Tyrannei der Bürokratie. Victor Hehn schrieb im 19. Jahrhundert, dass alle Russen geborene Lügner wären, und Tschechow sagte einmal, er kenne keinen einzigen ehrlichen Mann in seiner Heimatstadt Taganrog. (Ich will an dieser Stelle nicht unterschlagen, dass der russische Zweig meiner Familie in dieser Stadt lebte.)

Sind die Klagen weiter nichts als Russophobie? Dieselben Kritiker fügten jedoch häufig hinzu, dass das Land eine unbeschreibliche Faszination auf sie ausübe. Trotz allem liebten sie das Land und bewunderten und achteten seine Menschen. Hätte Tschaadajew auch am Ende des 19. Jahrhunderts, nach dem goldenen Zeitalter der russischen Literatur und zu Beginn des silbernen, ausgerufen, dass Russland keinen Beitrag zur Weltkultur geleistet habe? Russen sind zäh. Welches andere Volk hätte die Tataren, den Zarismus, Stalinismus und unzählige andere Nöte überlebt? Herzen schrieb, als er den französischen Marquis Adolphe de Custine, Autor eines Klassikers über Russland im frühen 19. Jahrhundert, rezensierte: »Unsere Lungen sind stärker.«

Dennoch fällt es schwer, nach siebzig Jahren Bolschewismus

und stalinistischer Herrschaft Optimismus zu verbreiten. Das sowjetische Experiment endete in einem ökonomischen Scherbenhaufen, und nur der Öl-Boom rettete fürs Erste das Land. Die russische Intelligenzija ist verschwunden. Die Entwicklung führte in eine kulturelle Wüste und hinterließ ein Volk, dessen moralisches Rückgrat gebrochen ist. Wenn so viele Russen von der Wiederkehr des Stalinismus träumen, dann wünschen sie sich womöglich wirklich die Diktatur eines starken Herrschers?

Der Marxismus-Leninismus ist tot, aber eine neue »russische Idee« ist entstanden, die weitgehend auf einer antiwestlichen Haltung und auf ein paar Verschwörungstheorien basiert. Beide haben eine lange Tradition in der russischen Geschichte, doch die Slawophilen, die Propagandisten der »russischen Idee«, waren gebildete Menschen und kannten die europäische Kultur genau. Sie glaubten, dass Russland einen ganz eigenen, unverwechselbaren Charakter habe und dem eigenen historischen Weg und seiner Bestimmung folgen werde. Die Leibeigenschaft hielten sie für das Grundübel des Landes.

Spätere Slawophile brachten seltsame Ideen wie den Eurasianismus, Panmongolismus und andere geopolitische Phantastereien hervor. Sie waren überzeugt, dass Russland eine imperiale Macht werden oder untergehen müsse. Der heutige neue Patriotismus, der vom Staat propagiert wird, ist in erster Linie ein fanatischer Antiamerikanismus und allgemein antiwestliche Hetze – denn dem Westen sei, so wird verkündet, die bloße Existenz Russlands ein Dorn im Auge. Gleb Pawlowski, einer der wichtigsten Imageberater Putins, schrieb im September 2007, es sei Russlands historische Mission, die Vereinigten Staaten einzudämmen, und die ganze Welt werde dem Land dafür dankbar sein. Das ist eine wahrhaft dümmliche Doktrin, und sie beruht auf einer Paranoia, welche die tatsächlichen Kräfte, die einheimischen ebenso wie die ausländischen, ignoriert, die den Fortbestand Russlands gefährden.

Ich habe mir vielleicht weniger Illusionen als andere über Russlands Zukunft gemacht, als das sowjetische System zusammenbrach. Aber Russland hätte nach allem Leid Besseres verdient. Womöglich hatte Herzen mit seiner Angst recht, dass dem russischen Volk irreparabler Schaden zugefügt werde, falls die Knechtschaft zu lange Bestand haben sollte. Der Mehrheit der Russen scheint die neue Ordnung zu gefallen, womöglich kommt sie ihren Hoffnungen und Erwartungen noch am nächsten.

Der Rohstoff-Boom mag auch etwas Gutes haben, denn was wäre Russland ohne ihn? Das Land würde immer mehr verarmen, womöglich auseinanderfallen, ein Bürgerkrieg könnte ausbrechen – und das mit einem gewaltigen Arsenal Atomwaffen. Wird Russland, wie Putin voraussagte, im Jahr 2020 das aufregendste Land der Welt sein? Oder wird es eine moderne Version des Russlands unter Iwan dem Schrecklichen mit seiner Leibwache, wie Wladimir Sorokin, ein derzeit führender Autor, in seinem Roman *Der Tag des Opritschniks* (2008) prognostizierte? Unter Iwan IV., dem Schrecklichen, begann die Eroberung gewaltiger Gebiete in Asien. Aber heute ist sogar ungewiss, ob Russland die Gebiete jenseits des Ural und große Teile Sibiriens auf Dauer kontrollieren wird, weil die Bevölkerung dort stetig schrumpft. Womöglich wird es die Ukraine zurückerobern und sich zur Arktis hin ausdehnen, mit ihren reichen, bislang unzugänglichen Bodenschätzen. Kein Mensch kann mit Sicherheit vorhersagen, wo die Grenzen Russlands liegen werden, geschweige denn, was für ein Land das sein wird.

Der Nahe Osten: Gedanken zu Israel, Zionismus und Antisemitismus

Ich habe Europa Ende 1938 verlassen und erhielt in den folgenden 15 Jahren meine politische Bildung im Nahen Osten. Die politischen Verhältnisse in der Region schienen damals relativ unkompliziert: Von den arabischen Ländern waren nur der Irak und Saudi-Arabien quasi unabhängig, Palästina war ein britisches Mandat unter dem Völkerbund, Frankreich regierte Nordafrika, Syrien und den Libanon, und Ägypten war eine von den Briten dominierte Monarchie. Das Königreich Jemen lag außerhalb unseres Horizontes; wir wussten nur, dass die Briten in Aden noch einen Stützpunkt unterhielten.

Aber schon vor dem Ausbruch des Zweiten Weltkriegs, in jener vermeintlich stabilen Phase, konnte man in Palästina eine Vielzahl ethnischer und religiöser Gruppierungen studieren. Ältere und klügere Männer warnten mich davor, mich allzu sehr in die Konflikte zwischen den unzähligen Religionsgemeinschaften und Ethnien zu vertiefen. Auch ein lebenslanges Studium würde vermutlich nicht ausreichen, um solide Kenntnisse über dieses Labyrinth zu erwerben. Zusätzlich zu Hebräisch und Arabisch hätte ich mir in mindestens einer weiteren Sprache (Türkisch oder Persisch) Grundkenntnisse aneignen müssen. Bereits in Deutschland hatte ich mir eine arabische Grammatik gekauft, aber nach kurzer Zeit merkte ich, dass Hocharabisch bei Gesprächen über alltägliche Themen nicht sehr hilfreich war.

Es gab ein paar gelehrte Bücher über den Islam und die Türkei sowie einige über Forscher in der arabischen Wüste, aber so gut wie nichts über arabische Politik. Die großen europäischen und amerikanischen Tageszeitungen hatten Korrespondenten in der Region, aber außer der italienischen *Oriente Moderno* befasste sich keine einzige Zeitschrift mit den aktuellen Ereignissen im Nahen Osten. Ich erfuhr, dass sich Maroniten und Drusen im 19. Jahrhundert bekämpft hatten, las aber nirgendwo, dass Familien, Clans und Stammeszugehörigkeit von großer Bedeutung waren. Über Palästina berichteten die Medien vor Ort, dass zwei Parteien in der Region dominierten, die eine angeführt von den Husseini, die andere von den Nashashibi, aber auch das erwies sich, milde ausgedrückt, als viel zu grobe Vereinfachung. Ganz wenige Romane mit Spielarten eines islamischen Fundamentalismus als Hintergrund waren erschienen, zum Beispiel A. E. W. Masons überaus beliebter (und mehrmals verfilmter) Roman *Die vier Federn,* in dem er den Mahdi-Aufstand im Sudan und die Schlacht von Omdurman 1898 schilderte, aber das lag für mich in weiter Ferne. Heulende Derwische gehörten wohl auch auf den orientalischen Schauplatz, aber sie waren nicht Teil meiner Welt.

In den folgenden Jahren lebte ich in arabischen Vierteln Jerusalems, unter Beduinen und arabischen Dorfbewohnern, als Journalist reiste ich nach Kairo und Beirut und lernte den Alltag der Menschen kennen. Ich verkehrte mit einfachen Menschen. Intellektuelle kannte ich damals nicht, und Mitglieder der führenden Familien traf ich, wenn überhaupt, nur auf Pressekonferenzen. Deshalb lag es nahe, dass ich mir eine andere Perspektive aneignete als die Araber der Oberschicht wie z.B. Edward Said, dessen Bücher ich später las. Er war in völlig anderen Verhältnissen aufgewachsen und besuchte Eliteschulen und Universitäten.

Im Zweiten Weltkrieg kam etwas Bewegung in die Nahostpolitik. Der Wunsch nach nationaler Unabhängigkeit wuchs stetig, und als Folge entstanden unabhängigere Länder. Der arabische Nationalismus wurde viel stärker, der radikale Islam tauchte als politischer Faktor auf, vereinzelt sogar der Kommunismus. Einige Probleme wurden gelöst (wer erinnert sich heute noch an den Streit um den Sandschak Alexandretta zwischen Syrien und der Türkei?), aber viele neue traten auf.

Welches Bild hatte meine Generation von der islamischen Welt und den Arabern? In meinem Fall (der typisch sein dürfte) wurde es von den *Märchen aus Tausendundeiner Nacht* und später den Romanen Karl Mays geprägt. Einige hatten auch Lawrence von Arabien gelesen. *Märchen aus Tausendundeiner Nacht* – in der jugendfreien Version, versteht sich – waren eine sehr reizvolle Lektüre. Der junge europäische Leser erfuhr natürlich nicht, dass dieses Buch viele Jahre lang in Teilen des muslimischen Orients verboten war, und das aus gutem Grund. Es wird zwar häufig Allah angerufen, und Frauen tragen einen Schleier, und es wird immer wieder gebetet, aber es ist auch die Rede von Trinkgelagen und Spielen, von Hurerei und anderen Ausschweifungen, die sich für einen frommen Muslim nicht ziemten. Die Teile über die Bagdader Unterwelt wurden sorgfältig zensiert. Als ich die Märchen in späteren Jahren las, stellte ich eine gewisse Ähnlichkeit mit der *Dreigroschenoper* mit ihren Schurken, Hochstaplern und Scharlatanen fest. Einige grausame Szenen gibt es, aber diese fehlen auch in den Märchen anderer Völker nicht. Kinder sind offenbar robuster, als viele Kinderpsychologen annehmen.

Die Welt von *Tausendundeiner Nacht* (wie die Märchen übrigens auch auf Arabisch heißen) macht den jungen Leser mit Menschen von großer Weisheit, Tapferkeit und vor allem Abenteuerlust bekannt. Was könnte einen Knaben stärker faszinieren? Es ist eine Welt der Magie, der Dämonen, der Vögel so groß wie Berge und ebensolcher Schlangen, eine Welt der Phantasie, in der Pferde fliegen können und Geister allgegenwärtig sind. Diese farbenprächtige Welt bevölkern weise und gerechte Herrscher wie Harun al-Raschid, der Gebieter der Gläubigen, furchtlose Abenteurer wie Sindbad der Seefahrer, einfache, aber schlaue Menschen wie Ali Baba und Aladin, die den Bösewichten immer wieder ein Schnippchen schlagen. In diesen Märchen wird die Tugend belohnt, und die Redlichen siegen stets über Lügner und Übeltäter. Mir erschien diese Welt unendlich viel interessanter und reizvoller als die finstere Welt der nordischen Sagen oder der Nibelungen mit ihren düsteren Prophezeiungen, ihren Gewalttaten und kosmischen Katastrophen, in denen zuletzt alle umkommen und alles vom Feuer verzehrt wird.

Was erfuhr man als Heranwachsender in Europa schon über Muslime oder Sarazenen oder Mauren, wie sie gelegentlich genannt wurden? Die Geschichte Saladins war bekannt, des edlen und heldenhaften muslimischen Feldherrn, der Jerusalem und den größten Teil des Heiligen Landes zurückeroberte und den fränkischen Kreuzfahrern absolut ebenbürtig war. Gewiss ließ er Hunderte von ihnen köpfen, statt sie gefangen zu nehmen, aber die Kreuzfahrer hatten schließlich noch mehr Blut vergossen. Der europäische Gottesfriede galt im Osten nicht, das Rote Kreuz gab es damals noch nicht. Aber welch noble Gesinnung legte Saladin gegenüber Richard Löwenherz an den Tag: Als Richard erkrankte, bot ihm der Sultan die Dienste seines eigenen Leibarztes an. Dante zählte Saladin zu den honorigsten Figuren seiner epischen Werke, obwohl er Jerusalem der Christenheit wieder entrissen hatte. Im Westen kursierten unzählige Geschichten von Rittertum und ritterlichem Verhalten, doch sie hatten im Werk Firdusis, des größten persischen Dichters, ein älteres Vorbild.

Im Rolandslied werden Verrat und Kriegsverbrechen überliefert, die mit den Genfer Konventionen nicht im Einklang gestanden hätten. Aber im Westen und im Osten galt der ritterliche Ehrenkodex, und zwar unabhängig von der Religion der Gegner. Als Roland das berühmte Duell mit dem muslimischen Ritter begann, das sich über mehrere Tage hinzog, wurde der Kampf stets bei Sonnenuntergang unterbrochen. Die beiden Helden ruhten dann und schliefen Seite an Seite. Die Sarazenen hatten womöglich noch höhere moralische Standards als westliche Ritter. Als der deutsche Kaiser Friedrich II. mit wenigen Gefährten am Jordan den Ort besuchen wollte, wo Johannes der Täufer gewirkt hatte, teilten die Templer Sultan Al-Kamil, dem muslimischen Herrscher, mit, das sei eine gute Gelegenheit, den Kaiser zu ergreifen und zu töten. Sultan Al-Kamil unterrichtete Friedrich II. unverzüglich über diesen Verrat. Heimtücke und Niedertracht waren schlicht unter seiner Würde.

Als in der Schule die Geschichte der Juden im Zeitalter von

Al-Andalus, der muslimischen Herrschaft in Spanien, behandelt wurde, war die Rede von *tor ha'zahav,* dem goldenen Zeitalter der Toleranz und des friedlichen Miteinander. Auf die Reconquista, die Rückeroberung des Landes durch die christlichen Heere, hingegen folgte die Inquisition, das Verbrennen von Ketzern und die Vertreibung aller Juden von der Iberischen Halbinsel. Zu den meistgelesenen Büchern jener Zeit in intellektuellen Kreisen zählte eine Biographie Friedrichs II. von Ernst Hartwig Kantorowicz. Dieser mittelalterliche Kaiser wurde auch *stupor mundi,* das Staunen der Welt, genannt. Friedrich war ein Gelehrter und Humanist, den viele edle Charakterzüge auszeichneten. Während seiner Herrschaft über Sizilien gliederte er sogar Sarazenen in seine Armee ein. Er lernte Arabisch, unterhielt freundschaftliche Beziehungen zu arabischen Herrschern und erwarb ihr Vertrauen. Sie akzeptierten ihn kampflos für einige Zeit als König von Jerusalem.

Das Buch war umstritten, manche Historiker bezeichneten es als frei erfunden, andere als das Ergebnis solider Forschung, aber der Autor trug erheblich zur Popularität des mittelalterlichen Islam in Europa bei. Ernst Hartwig Kantorowicz war Jude, kämpfte jedoch nach dem Ersten Weltkrieg in einem rechtsradikalen Freikorps und gehörte dem engeren Kreis des Dichters Stefan George an. Nach Hitlers Machtübernahme verlor er seine Professorenstelle, emigrierte in die Vereinigten Staaten und beendete seine akademische Karriere am Princeton Institute of Advanced Studies.

Weniger anspruchsvoll war der Bestseller *El Hakim* des Schweizer Autors John Knittel. Es ist die Geschichte eines Jungen aus einer armen Familie im zeitgenössischen Ägypten, der schon als Knabe Arzt werden will, weil er den vielen leidenden Menschen in seiner Heimat helfen möchte. Der in Indien geborene Knittel (er schrieb auf Englisch, der Verlag ließ die Romane übersetzen und gab Knittel als Schweizer Schriftsteller aus) hatte viele Jahre im Nahen Osten gelebt und präsentierte in einer Reihe von Büchern, von denen einige wie *El Hakim* verfilmt wurden, ein faszinierendes Bild vom Leben in der arabischen Welt und in

Nordafrika. Solche Reiseberichte und Romane waren damals allgemein beliebt.

Weitaus am stärksten prägte jedoch der populäre Schriftsteller Karl May (1842–1912) das Bild der Jugendlichen vom Islam und vom Nahen Osten. Seine Abenteuerromane erreichten Millionenauflagen. Sie beeinflussten Generationen von Deutschen und erzielten in Form von Spielfilmen noch lange nach dem Zweiten Weltkrieg große Wirkung. Bis heute werden in Deutschland alljährlich Karl-May-Festspiele veranstaltet, und der Kult um seine Helden ist keineswegs auf junge Leser begrenzt. Der Schriftsteller mit einer geradezu unerschöpflichen Phantasie begann seine Karriere als Kleinkrimineller und verbüßte mehrere Gefängnisstrafen. Mit seinen Abenteuergeschichten brachte er es jedoch zum gefeierten Autor. Seine berühmtesten Werke handeln von den Indianern in Amerika, von den guten Apachen und den bösen Komantschen, aber er schrieb auch zahlreiche Bände, die in den 1890er Jahren erschienen, über den Nahen Osten von Nordafrika, über Bagdad, Kurdistan und Istanbul bis ins »Land der Skipetaren« (Albanien). May wird noch heute zum Beispiel in Indonesien viel gelesen. In den 1970er Jahren wurden Versuche unternommen, seine Bücher in den Vereinigten Staaten zu vermarkten. Ich rezensierte drei seiner Indianerromane für die *New York Times,* aber das Projekt scheiterte. Die Konkurrenz von James Fenimore Cooper bis hin zu Zane Grey war einfach zu stark. (Ersterer war auch in Europa sehr beliebt, Letzterer hingegen blieb dort völlig unbekannt.)

In Mays Büchern über den Nahen Osten sind die beiden Haupthelden der Autor selbst, der unter dem Namen Kara ben Nemsi auf Abenteuer auszieht, und sein treuer Gefährte Hadschi Halef Omar ben Hadschi Abul Abbas ibn Hadschi Dawud al Gossarah. Zu seinen begeisterten Lesern zählte ein Adolf Hitler, aber auch Albert Schweitzer, Hermann Hesse und Albert Einstein. Letzterer sagte, Reisebücher hätten ihn immer gelangweilt, Karl May hingegen sei eine herrliche Ausnahme. May kannte weder Amerika noch den Orient aus eigener Anschauung, sondern hatte sich sein Wissen aus Reiseführern und Lexika angeeignet.

Seine Bücher enthalten eine Fülle von Informationen über das Alltagsleben der Türken und Araber, ihre Bräuche, Sitten und religiösen Überzeugungen. Karl May war ein großer Bewunderer der Araber und Kurden (denen er vor den Türken den Vorzug gab), sie waren die nahöstliche Version der amerikanischen Cowboys, wortkarge Helden, Männer von hohem Mut und Ehrgefühl, wobei natürlich die unvermeidlichen Schurken nicht fehlten. Der kleine, stets humorvolle Hadschi Halef (»eher mein Freund als mein Diener«) mit einem viel zu großen Turban war Kara ben Nemsi völlig ergeben und in Gefahr stets bereit, an seiner Seite zu kämpfen. Er wird als fanatischer Muslim geschildert, der immer wieder theologische Diskussionen mit seinem Reisegefährten führt, um ihn zum Islam zu bekehren. Schließlich sollte sein Freund der Freuden des Paradieses teilhaftig werden und nicht – wie die Ungläubigen – in der Hölle braten.

In jüngster Zeit unternahmen, wie könnte es anders sein, deutsche Anhänger der von Edward Said inspirierten antiorientalistischen Schule mehrere Versuche, die Orientromane Karl Mays zu dekonstruieren. Karl May sei, so argumentieren sie, wie fast alle westlichen Reisenden ein Imperialist gewesen, der tendenziell alles Nichtwestliche verächtlich gemacht habe. Sie betonten, dass in seinen Geschichten zahlreiche orientalische Schurken vorkommen, und es stimmt natürlich, dass sich dort Banditen, Sklavenhändler und andere zwielichtige Gestalten tummeln. Aber das war Teil der nahöstlichen Realität. Und wie sollte man die Leser fesseln, wenn nicht durch den unablässigen Zusammenprall der guten und bösen Kräfte, durch Hinterhalte, die Jagd auf Schurken, Gefangenschaft und wundersame Errettung. Mays Bild der islamischen Welt ist geprägt von den positiven, sympathischen Helden, den Hadschi Halefs, die man sich nicht nur in Notlagen zum Freund wünschte. So begeisterte ich mich schon früh für den Orient und seine stolzen, aufrechten und tapferen Bewohner. Ich bewunderte seine muslimischen Helden, die den Menschen aus dem Westen weit überlegen waren, und auch seine edlen Wilden, die Indianer, übertrafen ihre Unterdrücker an Tugend.

Leider bereitete mich diese Lektüre kaum auf die Begegnung mit der Realität vor. Ich entdeckte Kamele (in meinen Augen hässliche Tiere) und ihre Treiber, und Frauen, die sich am Dorfbrunnen trafen und auf dem Kopf Wasser in großen Tonkrügen nach Hause trugen. Diese Szenen hatten sich vermutlich seit biblischen Zeiten kaum verändert, abgesehen davon, dass die Frauen damals Sarah, Rebecca und Rachel hießen. Überaus real waren auch Scharen von Kindern, die unablässig »Bakschisch, Bakschisch« riefen, obwohl ich mir große Mühe gab, ihnen zu erklären, dass ich ein Bakschisch genauso dringend bräuchte wie sie. Ich hielt das für ebenso entwürdigend wie die allgegenwärtige Korruption, das Feilschen auf Märkten und ähnliche Sitten, auf die ich durch meine europäische Erziehung nicht vorbereitet war. Anfangs machte ich tendenziell den Imperialismus und die Kolonialherrschaft verantwortlich für die elende wirtschaftliche Lage eines großen Teils der Bevölkerung, den moralischen Verfall und andere negative Erscheinungen. In einem damaligen Standardwerk fand ich folgende Erklärung: »Manche Besucher mögen die Bitte um Bakschisch als unangenehm oder abstoßend empfinden, aber sie sollten sich vor Augen führen, dass das Wirtschaftssystem, für das dieses Bakschisch steht, ein wichtiger Teil ihrer kulturellen Erfahrung ist.« Die Einschränkung »manche Besucher ...« befremdete mich ein wenig, denn ich habe von keinem einzigen Menschen gehört, dem die Sitte des Bettelns gefallen hätte. Doch es stimmt, dass Bakschisch Teil einer Tradition ist oder war, die viele Jahrhunderte zurückreicht. Diese Religion war die längste Zeit seiner Geschichte weder kolonialisiert noch dem westlichen Imperialismus unterworfen gewesen. Sie war entweder wie die Türkei oder der Iran unabhängig oder ins Osmanische Reich integriert gewesen.

Doch die ständigen Klagen im Westen über die korrupten Regierungen im Orient befremdeten mich nicht minder. In Anbetracht der Tatsache, dass ohne Korruption (freilich in Maßen) in der Region wenig oder nichts lief, hielt ich solche Anklagen für unaufrichtig oder infam. Welche westliche Gesellschaft war denn völlig frei von Korruption? Und was war die Alternative?

Wenn ich in der Politik zwischen Fanatismus und Korruption wählen müsste, dann würde ich mich mit Sicherheit nicht für den Ersteren entscheiden. Ich bezweifle, dass Hitler persönlich korrupt war, was man von vielen Politikern der Dritten Republik in Frankreich nicht behaupten kann, aber er war ein Massenmörder; Osama bin Laden, Ahmadinedschad, die Muslimbrüder oder die Hamas sind vermutlich nicht so korrupt wie die Führer der Fatah oder der arabischen Regierungen, die im Westen gemeinhin als gemäßigt gelten, aber der Fanatismus der Erstgenannten bringt unweigerlich Gewalt, Grausamkeit und sehr oft den Massenmord hervor.

Anfang der 1950er Jahre wollte ich eine Zeitlang Experte für den Nahen und Mittleren Osten werden. Dass ich mich letztlich dagegen entschied, hatte mehrere Gründe.

Ich empfand es als ziemlich deprimierend, keine Lösungen für die unzähligen Konflikte zu sehen, die diese Region beherrschten. Ich interessierte mich weiterhin für die Entwicklungen im Nahen Osten und verfolgte die Diskussionen über den derzeitigen Zustand und die Zukunftsaussichten. Ich kannte viele Experten und freundete mich mit einigen auch an. Aus einer Art Pflichtgefühl heraus las ich die Lebensgeschichte Mohammeds, den Koran und Schilderungen der Schlachten von Chaibar, Badr und am Berg Ohod, oder ich beschäftigte mich mit dem Vertrag von Hudaibiya, weil mir Experten versicherten, die Araber seien ideologisch sehr in der Vergangenheit verwurzelt. Die Märchen, Sagen und Legenden seien für das Verständnis ihrer Denkweise unerlässlich. Aber mich faszinierten weder Religion noch mittelalterliche Dichtung, mein Interesse galt vor allem der neueren Geschichte und ganz besonders der russischen.

Auf intellektueller Ebene hielt ich den Nahen Osten für ebenso spannend wie eine Exkursion in die Wüste. Freilich stieß man dort auf prächtige Ruinen wie Petra (einen Fokus archäologischen Interesses), aber was hatte dieser Teil der Welt in jüngster Zeit zur Weltkultur beigetragen? Andere Regionen hatten Fortschritte gemacht, der Nahe Osten war zurückgeblieben, und das war wohl der Hauptgrund für die missliche Lage in der Gegenwart. Trug der westliche Imperialismus an allem die Schuld, weil er bewusst jeglichen Fortschritt verhindert hatte? Das war offensichtlich Unsinn. Aber wo lagen die wirklichen Ursachen? Die Erörterung zahlloser Argumente und das Lesen umfangreicher Literatur machten mich nicht klüger.

In den 1950er und 1960er Jahren hatte es eine Zeitlang den Anschein, ein arabischer Nationalismus, vermischt mit einer Portion Kommunismus, werde wichtige Veränderungen in Gang setzen, doch diese Hoffnungen erwiesen sich als illusorisch. In einem Buch über den Nationalismus und Kommunismus im Nahen Osten, das ich Anfang der 1950er Jahre schrieb, überschätzte ich mit Sicherheit die Bedeutung des Marxismus in der Region. Ich betonte durchaus, dass die Wurzeln dieser Ideologie in der islamischen Welt nicht allzu tief reichten, aber ich überschätzte ihre Bedeutung. Es war wohl keine Überraschung, dass viele Marxisten in das Lager des arabischen, nationalen Sozialismus (Nasserismus) überliefen, aber ich hätte nicht erwartet, dass viele sich den muslimischen Fundamentalisten anschließen würden. Auch in Europa gab es solche Extreme: Roger Garaudy, einst ein strammer Stalinist und Mitglied des Politbüros der französischen kommunistischen Partei, oder Ilich Ramírez Sánchez (der auch als »Carlos, der Schakal« bekannte Terrorist), dem die Sowjetunion nicht radikal genug war und der als Muslim heute in einem französischen Gefängnis sitzt. Aber sie waren Ausnahmen, während im Nahen Osten nahezu alle Intellektuellen einer ganzen Generation ihr Heil wieder in der Religion suchten. Religiös-politisch motivierten Fanatismus gab es in vielen Teilen der Welt, doch nirgendwo war er so verbreitet und so militant wie im Nahen Osten.

Welche Ursachen hatten das Zurückbleiben hinter dem Rest der Welt, die Gewalt, der blinde Hass nicht nur gegen den Westen, sondern auch untereinander (ganz zu schweigen von unterdrückten Minderheiten), der Mangel an Toleranz, die Angst vor Freiheit, der Mangel an Kreativität und die Missbilligung von demokratischen Institutionen? Worin bestand die Anziehungskraft einer stark ritualisierten Religion? Ich habe keine überzeugenden

Antworten gefunden; andere, die tiefer in die Mentalität dieser Region eingetaucht sind, werden mit Sicherheit früher oder später die Gründe nennen. Leider ist Selbstkritik in der arabischen Welt eine seltene Tugend, und westliche Experten zögern aus falschem Taktgefühl, offen über diese Themen zu sprechen. Aber vielleicht lassen sich derartige Entwicklungen auch gar nicht lückenlos nachvollziehen.

Die meisten gewaltsamen Konflikte finden heute zwischen und innerhalb von muslimischen Ländern statt, und ausgerechnet in dieser Wetterecke der Welt wurde der Staat Israel geschaffen. Jahrzehntelang schärften Gönner im Ausland den Israelis ein, dass sie ihre kulturellen und politischen Bindungen zum Westen ansatzweise aufgeben und sich an ihre Nachbarn anpassen sollten, wenn sie voll integriert und akzeptiert werden wollten. Dieser Rat kam auch von den Nahostexperten der 1940er und 1950er Jahre. Die meisten Briten und Franzosen waren 1948 gegen die Gründung eines israelischen Staates, weil sie die Araber für natürliche Verbündete der britischen und französischen Kolonialreiche hielten. Heute kritisieren viele linke Kommentatoren Israel ebenfalls, aber aus einem ganz anderen Grund: Sie stellen die Araber überwiegend als fortschrittlich und antiimperialistisch dar.

Die Vorstellung einer »Levantisierung« Israels erschien mir nicht sehr wünschenswert, doch bis zu einem gewissen Grad hat dieser Prozess stattgefunden, weil in den folgenden Jahrzehnten die meisten Einwanderer aus nichtwestlichen Ländern kamen. Die Zahl der Juden, die in den 1930er Jahren im Land lebten, lag bei einer halben Million, und sie hat sich seither verzehnfacht. Inzwischen ist das Land dichter bevölkert als europäische Staaten wie Norwegen oder Finnland. Israel nahm in den Jahren nach der Staatsgründung ein Vielfaches seiner Einwohnerschaft an Einwanderern auf – ein wohl einzigartiger Vorgang in der Geschichte der Menschheit. Hunderte neue Städte, Siedlungen und Vororte wurden errichtet. Als ich 1947 als Begleiter einer UN-Delegation zum ersten Mal in das heiße und staubige Beerscheba fuhr, hatte der Ort nur ein paar hundert Einwohner, und an Markttagen tummelten sich dort mehr Kamele und Schafe als Menschen.

Heute ist Beerscheba eine moderne Stadt mit rund 150 000 Einwohnern, vielen Geschäften und einer renommierten Universität, an der vor allem die Wüste erforscht wird, aber sie beherbergt auch eine mathematische Fakultät und ist eine Hochburg der postzionistischen Historiker. (Allerdings war Amman damals auch nicht viel größer, doch die Stadt hat heute 1,5 Millionen Einwohner und eine Universität.) Jahrelang war Israel auf wirtschaftliche Hilfe aus dem Ausland angewiesen, aber mit der Zeit wurde das Land lebensfähig. Der Lebensstandard ist heute vergleichbar mit dem europäischer Länder. Heute gibt es ein pulsierendes kulturelles Leben mit vielen Universitäten, Theatern und Orchestern, und die wissenschaftlichen Einrichtungen genügen durchaus internationalen Standards. Globale Statistiken zum Thema »Fortschritt« nennen Israel unter den ersten zehn oder zwanzig Ländern. Leider existiert auch die Schattenseite der Entwicklung: In jüngster Zeit hat es im politischen Leben des Landes eine Fülle von Korruptionsfällen und Skandalen gegeben, die vor fünfzig Jahren noch undenkbar gewesen wären. Das Niveau der politischen Führung hat deutlich abgenommen. Es gibt ohne Zweifel Menschen, die in der Lage wären, das Land zu führen, aber sie haben sich für Karrieren außerhalb der Politik entschieden. Alle Gesellschaften verändern sich im Lauf der Zeit, aber Israel hat sich aus demographischen und anderen Gründen besonders stark verändert.

Die Errungenschaften waren das Werk eines relativ kleinen Teils der Bevölkerung. Früher prägte das Land eine idealistische Gemeinschaft, noch dazu eine der egalitärsten weltweit. Wenn eine Familie drei Zimmer und ein Auto hatte, galt sie bereits als »bürgerlich« und gut betucht. Wenn ein Auto in der Straße auftauchte, in der ich lebte, riefen die Kinder: »Taxi, Taxi«, denn Privatautos waren damals eine Rarität. Heute kommt es selbst in Jerusalem, gewiss keiner reichen Stadt, zu riesigen Verkehrsstaus. In Israel bestehen heute extreme Ungleichgewichte bei der Verteilung der Einkommen und des Besitzes, es gehört neben den USA zu den unrühmlichen Spitzenreitern unter den entwickelten Ländern. Dieser Trend hat offensichtlich negative politische Konsequenzen. Die Polarisierung ist weit über das Maß hinaus fortgeschritten, das in anderen Ländern als normal gilt. Von den hehren Zielen aus den Tagen vor der Staatsgründung ist kaum etwas geblieben. Die Geschichte des heutigen Israel führt von Herzl, Weizman und Ben Gurion zu Netanyahu, Liebermann und Gaydamak. Herzl schrieb über die Zukunft des jüdischen Staates, die Generäle müssten in ihren Kasernen und die Rabbis in ihren Synagogen bleiben – aber es kam anders.

Puschkin hat einmal gesagt, er verabscheue vieles am Russland seiner Zeit, aber noch mehr verabscheue er es, wenn ein Engländer sein Land kritisiere. Mir erging es oft ähnlich, wenn ich mir zum Beispiel Kritik an Israel von Angloamerikanern wie Ex-Präsident Jimmy Carter anhören musste – ich könnte eine schier endlose Liste vorlegen. Was mich jedoch viel mehr beunruhigte, war das Nachspiel nach dem Sechstagekrieg, der die israelische Innen- und natürlich auch die Außenpolitik bis heute tiefgreifend prägt. Der Krieg von 1967 war im Rückblick ein entscheidender Wendepunkt, und er hatte fatale Konsequenzen. Im Gegensatz zu vielen Historikern der Gegenwart bin ich nicht der Meinung, dass der Krieg hätte verhindert werden können, nachdem Nasser die Meerenge von Tiran blockiert und die UN-Friedenstruppen aus der Sinai-Halbinsel ausgewiesen hatte.

Die offizielle Linie der Arabischen Liga und der meisten arabischen Staaten lautete damals, dass Israel vernichtet und die Juden ins Meer getrieben werden müssten. Es spricht nichts dafür, dass diese Krise auf friedlichem Weg hätte beigelegt werden können. Warum hätte sich Nasser zurückziehen und erklären sollen, seine Seeblockade sei ein bloßes Versehen gewesen? Von den Großmächten hatte er nichts zu befürchten: Die Russen standen voll hinter ihm, die Vereinigten Staaten hatten versucht, eine internationale Streitmacht aufzubieten, um die Blockade zu brechen, aber sie hatten keine Unterstützung erhalten. Außerdem waren die Amerikaner in Vietnam und in anderen Teilen der Welt vollauf beschäftigt. Nach Nassers Anfangserfolg gab es allen Grund zu der Annahme, dass bald weitere Offensiven folgen würden.

Nicht der unvermeidliche Krieg war das Problem, sondern seine Folgen. Nach einem längeren Aufenthalt in Israel veröffentlichte ich damals das Buch *The Road to War 1967* (deutsch: *Nahost vor dem Sturm*). In der englischen Ausgabe wählte ich als Abschluss des letzten Kapitels ein Zitat von Nietzsche: »Ein großer Sieg ist eine große Gefahr. Die menschliche Natur erträgt ihn schwerer als eine Niederlage.« Leider sollte sich das als allzu wahr erweisen.

Der große Sieg vom Juni 1967 löste in Israel eine Woge messianischer Hoffnungen aus. Es wurden Petitionen eingereicht, keinen Fußbreit des eroberten Territoriums wieder aufzugeben. Selbst ein linker Politiker wie Israel Galili verkündete, um das Überleben des Staates Israel zu sichern, müsse der Gaza-Streifen annektiert werden. In einem Artikel, der in den Wochen nach dem Ende des Krieges veröffentlicht wurde (*Commentary*, August 1967), schrieb ich:

Das Ausmaß des Sieges und die Begeisterung darüber ließen die meisten Menschen in Israel eine Zeitlang vergessen, vor welch gewaltigen Problemen der jüdische Staat steht. Es war von Anfang an klar, dass Israel massiv unter Druck gesetzt werden würde, die besetzten Territorien wieder aufzugeben ... Israel stand der Gefahr (einer Isolierung in den Vereinten Nationen) völlig gleichmütig gegenüber und glaubte, das Land könne auch ohne echten Friedensvertrag für immer an seinen Eroberungen festhalten. Aber waren die eroberten Gebiete es überhaupt wert, dass man sie behielt? Die Verwaltung und Polizeiarbeit in großen Gebieten, die von Arabern besiedelt waren, schufen zwangsläufig albtraumhafte Probleme. Man konnte mit an Sicherheit grenzender Wahrscheinlichkeit vorhersagen, dass es zu einer wachsenden Zahl an Sabotageakten kommen würde und dass die israelischen Behörden scharf darauf reagieren mussten. Und man konnte sich ohne weiteres ausmalen, wie die Welt auf derartige Vorfälle reagieren würde ... Israel standen nunmehr schwere Zeiten bevor. Es gibt einen massiven Propagandafeldzug wegen der neuen Nazis und ihrer barbarischen Gräueltaten, es war bereits die Rede von israelischen »Gauleitern« und »Vernichtungslagern« ...

Einige besonders schlaue Köpfe schlugen vor, PR-Agenturen zu beauftragen, als ob Öffentlichkeitsarbeit eine klare und realistische Politik ersetzen könnte. Und Israel hatte keine klare Politik bezüglich der Grenzen und Flüchtlinge. Israel hatte den Krieg offensichtlich weit effektiver geplant als den Frieden, ein Komitee zur Planung dieser Aufgabe wurde erst eine Woche nach dem Waffenstillstand ins Leben gerufen. Etliche Gelegenheiten waren bereits damals verpasst worden. Unmittelbar nach dem Waffenstillstand hätte Israel absolut klarstellen müssen, dass der Krieg nicht wegen territorialer Eroberungen geführt worden war und dass es sein einziges Bestreben sei, in Frieden mit der arabischen Welt zu leben ... Doch die Nation war kaum in der Stimmung für derartige Aktionen und Gesten; vielleicht war es auch zu viel verlangt, Großmut gegenüber einem Feind zu zeigen, der geschworen hatte, den Staat mitsamt den Einwohnern zu vernichten.

Ich schloss mit folgenden Worten:

Der Drang nach Rache an Israel wird unwiderstehlich werden. Die militärischen Lektionen der Niederlage schienen Ägypten und Syrien kalt zu lassen. Allgemein ging man in den arabischen Hauptstädten davon aus, dass die vereinte Macht der arabischen Armeen Israel mehr als ebenbürtig sei; sie hätten den Krieg gewonnen, wenn sie vor den Israelis den ersten Schlag geführt hätten. Das lässt ein weiteres militärisches Abenteuer mehr als wahrscheinlich erscheinen, und zwar nicht in zehn oder zwanzig Jahren, sondern viel früher.

(Bis zum Ausbruch des Jom-Kippur-Krieges dauerte es exakt sechs Jahre. Im Rückblick lässt sich allerdings sagen, dass es ohne diesen Krieg auch keinen Frieden mit Ägypten gegeben hätte.)

1967 herrschte eine euphorische Stimmung im Land. Die Nachricht »Der Tempelberg ist in unserer Hand« löste eine Art Massenhysterie aus. Seit Jahren agierte eine national-religiöse Partei in Israel, aber sie hatte zu den gemäßigten Kräften gezählt. Sie hatte 1947/48 die UN-Resolution akzeptiert, nach der Jerusalem außerhalb der Grenzen des jüdischen Staates bleiben musste, der gegründet werden sollte. Der Repräsentant dieser Partei in der

Regierung von 1967 forderte als Erster, Israel solle möglichst keine Aufsicht über die nichtjüdischen heiligen Stätten anstreben. Die Übernahme dieser Verantwortung werde nur ewigen Zwist hervorbringen. Doch seine Warnungen wurden in den Wind geschlagen. Eine noch ungeheurere Woge der Begeisterung erfasste das Land: Niemals durfte Jerusalem, die ewige Hauptstadt, geteilt werden. So entwickelte sich aus einem lokalen und begrenzten politischen Konflikt eine umfassende Auseinandersetzung mit dem Islam mit all ihren verhängnisvollen Konsequenzen. Gleichzeitig strömten Siedler in die besetzten Gebiete, was gleichfalls eine kaum zu tragende Bürde für den jüdischen Staat schuf und den Konflikt politisch, militärisch und wirtschaftlich erheblich verschärfte. Es ist eine Ironie der Geschichte, dass die meisten Siedlungen, insbesondere jene, die in der Zukunft die größten Probleme auslösen sollten, ausgerechnet während der Amtszeit des US-Präsidenten Jimmy Carter gegründet wurden. Später sollte er sich bitter über diese Gründungen beklagen, aber damals interessierte er sich allem Anschein nach nicht allzu sehr für diese Vorgänge.

Die israelische Staatsführung hatte angenommen, sie könne schon bald nach Kriegsende Verhandlungen mit den arabischen Ländern aufnehmen und ein großer Teil der besetzten Gebiete werde im Rahmen einer Friedensregelung wieder geräumt werden. Aber die arabischen Länder waren so weitsichtig, Verhandlungen prinzipiell abzulehnen, und die israelische Führung wollte unter diesen Umständen keinen Fußbreit Boden wieder aufgeben. Die Politiker erkannten nicht, welche Konsequenzen ihre Politik haben würde. Sie ignorierten, dass sie aufgrund der hohen Geburtenrate der Palästinenser bald vor Problemen stehen würden, die sie nicht mehr oder nur zu einem inakzeptabel hohen Preis bewältigen konnten.

Am Ende des Zweiten Weltkriegs besuchte ich zum ersten Mal Gaza und Khan Yunis. Die beiden Städte hatten damals zusammen 28 000 Einwohner, Khan Yunis davon circa 8000, und ich hatte wie in Beerscheba den Eindruck, dass es an diesen Orten mehr Kamele und Schafe als Menschen gab. Heute leben im

Gaza-Streifen 1,3 Millionen Menschen, innerhalb von nur einer Generation könnte sich die Bevölkerung verdoppeln, und es ist sehr unwahrscheinlich, dass dort ein lebensfähiges Staatswesen entsteht.

Wenn Israel 1967/68 den größten Teil der besetzten Gebiete geräumt hätte, dann wäre das aus einer Position der Stärke heraus erfolgt. Gut vierzig oder gar fünfzig Jahre später würde man es mit gutem Grund als Eingeständnis der Schwäche werten. Im Jahr 1967 schrieb ich abschließend in *Commentary*:

> Das Hauptziel der zionistischen Bewegung war es, dem jüdischen Volk in seinem eigenen Land wieder Würde und Sicherheit zu geben. Das Land war wiederhergestellt worden und ebenso die Würde, aber es gab noch lange keine Sicherheit. In dem Land, das errichtet worden war, um den Juden Sicherheit zu schenken, waren sie weniger sicher als in anderen Teilen der Welt, und sie mussten sich mit einem fortdauernden Belagerungszustand abfinden.

Ich kannte Yitzhak Rabin seit 1947, allerdings nicht sonderlich gut. Als er nach 1967 Botschafter in Washington wurde, trafen wir uns gelegentlich zu längeren Diskussionen (überwiegend Monologe seinerseits). In Israel begegnete ich ihm während seiner Zeit als Regierungschef eher selten. Als ich einmal von einem arabischen Staat auf dem Boden Palästinas sprach, zeichnete er die Karte auf (die ich so gut kannte wie er) und erklärte, das sei undenkbar. Ein paar Jahre später änderte er seine Meinung, und wenn Oslo scheiterte, so lag das nicht in erster Linie an ihm. Von Zeit zu Zeit äußerte ich die Ansicht, Jerusalem könne doch die Hauptstadt von zwei Staaten sein. Der Gedanke war jedoch, milde ausgedrückt, in Israel nicht sehr populär. Erst Ende 2007 hörte ich von einem israelischen Ministerpräsidenten und seinem Stellvertreter ähnliche Äußerungen. Doch die eigene Partei, von den Koalitionspartnern ganz zu schweigen, widersetzte sich dem Bestreben vehement. Der Lernprozess, der unerlässlich ist für das Überleben des Staates Israel, kam nur qualvoll langsam voran. Die Siedler und ihre Anhänger konnten alle denkbaren

Konzessionen blockieren, es war absehbar, welche politischen Konsequenzen das haben würde.

Im Jahr 2008 wagte ich anlässlich des 60. Jahrestags der Gründung des Staates Israel den Versuch, eine kurze, fiktive Geschichte Israels zu schreiben. Ich ging von der Frage aus: »Was wäre wenn?« Unter dem Titel *Disraelia. A Counterfactual History 1848–2008* erschien der Essay als Auftakt einer Serie von Harvard-Strategiepapieren zum Nahen Osten. Er stieß auf starke Resonanz und wurde in mehrere Sprachen übersetzt. Ich will die Thesen hier knapp zusammenfassen.*

Seit dem Ende des 18. Jahrhunderts galt die Türkei als der »kranke Mann am Bosporus«. Sie führte eine ganze Reihe von Kriegen, in denen sie ausnahmslos unterlag. In den Botschaften Europas wurde viel über den bevorstehenden Zerfall des Osmanischen Reiches und die darauf folgende Entwicklung diskutiert, weil der Anspruch der Russen auf weite Teile des Reiches weithin gefürchtet wurde. Aber das war nicht die einzige Gefahr: Mohammed Ali hatte sich als unabhängiger Herrscher in Ägypten behauptet und Palästina, Teile des Libanon und Syriens okkupiert. Von den europäischen Mächten wurden Versuche unternommen, das Osmanische Reich zu stützen, die zunächst Erfolg hatten – zumindest bis zum Ersten Weltkrieg. Die Türkei kämpfte auf der Seite der Verlierer und verlor nach dem Krieg im Friedensvertrag von Sèvres den größten Teil des Osmanischen Reiches.

Was wäre geschehen, wenn diese Versuche gescheitert wären, wenn das Osmanische Reich nach dem russisch-türkischen Krieg von 1773 (der mit dem Frieden von Kütschük Kainardscha endete) oder nach dem Krieg von 1827 und den verlorenen Schlachten von Adrianopel und der Seeschlacht von Navarino oder spätestens nach dem Krimkrieg, gefolgt vom Pariser Friedensvertrag, zerfallen wäre und ein paar Millionen europäische Juden nach

---

* Den vollständigen Artikel findet der Leser unter: http://blogs.law.harvard.edu/mesh/files/2008/04/disraelia_laqueur.pdf

Palästina gezogen wären? Diese Überlegung erschien keineswegs allen weltfremd, sogar Benjamin Disraeli hatte mit ähnlichen Gedanken gespielt. Oder wenn aus einer ähnlichen Überlegung heraus Mohammed Ali dazu hätte bewegt werden können, die außerhalb Ägyptens eroberten Gebiete einer Gesellschaft zur Entwicklung dieser Regionen zu übergeben? Gewiss wären etliche Schwierigkeiten aufgetreten, aber wären sie unüberwindlich gewesen? Dahinter hätte vorerst nicht der Gedanke gestanden, einen jüdischen Staat zu gründen, obwohl er nach dem Aufkommen nationaler Bewegungen in der Region unvermeidlich gewesen wäre.

Die Gesellschaft (nennen wir sie Charter Development Agency, kurz: CDA) hätte unter der Schirmherrschaft Konstantinopels und der europäischen Mächte sowie Ägyptens gestanden. Das ihr zugeteilte Territorium hätte Palästina, Jordanien und Teile Mesopotamiens umfasst. Aber wohin mit der einheimischen Bevölkerung? Wären ethnische Säuberungen vermeidbar gewesen?

Um 1840 hatte Palästina nach den zuverlässigsten Quellen rund 400 000 Einwohner, aber mindestens ein Viertel, vermutlich mehr, waren keine Araber, sondern Juden, Beduinen, Griechen, Armenier und andere Ausländer. Mesopotamien war mit ein bis 1,2 Millionen Einwohnern sehr dünn besiedelt. Ein Drittel waren Kurden, Assyrer, Turkmenen und andere Minderheiten. Die Einwohnerzahl stieg erst in der zweiten Hälfte des 19. Jahrhunderts, nachdem die osmanischen Herrscher eine neue Wasserversorgung geschaffen und Reformen zur Verbesserung der Hygiene eingeführt hatten. Damals lebten also nur sehr wenige Menschen zwischen dem Mittelmeer und dem Euphrat. Viele hätten ohne weiteres bleiben und an dem neuen Projekt mitwirken können, nationale Emotionen waren noch wenig verbreitet, religiöse Konflikte existierten zwar, hätten aber eingedämmt werden können. Immerhin sind rund 50 Prozent der Menschen im heutigen Iran keine Perser, und die wenigsten Länder im Nahen und Mittleren Osten sind ethnisch homogen. Wer den Wohnsitz wechseln wollte, hätte eine Entschädigung erhalten.

Damals lebten in Europa etwa fünf Millionen Juden. Wären

tatsächlich zwei Millionen Juden bereit gewesen, ihre Wahlheimat zu verlassen? Das ist sehr unwahrscheinlich, aber nicht restlos ausgeschlossen. Europa war damals das Zentrum der westlichen Zivilisation. Trotz aller religiösen Bindungen an Palästina und aller Sehnsüchte nach dem Gelobten Land sahen die meisten Juden ihre Zukunft in der europäischen Diaspora. Die Mauern der Ghettos waren in den meisten Ländern teilweise oder ganz gefallen, und obwohl die Juden noch nicht volle Gleichberechtigung erlangt hatten, schien dies nur noch eine Frage weniger Jahrzehnte zu sein. In vielen europäischen Ländern gab es antijüdische Stimmungen, aber der moderne, rassistisch geprägte Antisemitismus war noch unbekannt. Die ersten größeren Pogrome fanden erst 1881/82 in Osteuropa statt.

Hier möchte ich mir eine zwar kühne, aber reizvolle historische Spekulation erlauben, wie die Geschichte hätte verlaufen können: Nehmen wir an, damals wäre ein charismatischer Führer aufgetreten (wie Herzl am Ende des 19. Jahrhunderts) und hätte seinen Glaubensbrüdern erklärt, dass es für sie in Europa keine Zukunft gebe. Im Nahen Osten jedoch böten sich ihnen verlockende Chancen, und es wäre ein tragischer Fehler, diese nicht zu nutzen.

Nehmen wir ferner an, dass Disraeli die entscheidende Wahl von 1837 zum Unterhaus im Bezirk Maidstone verloren hätte (zwei Jahre zuvor hatte er in Taunton, Somerset, verloren). Als seine Kollegen von den Tories sich über ihn lustig machten und ihn als Juden verspotteten, kehrte er der britischen Politik für einige Jahre den Rücken. Bereits 1830 war er nach Jerusalem gereist, und die Stadt hatte ihn nachhaltig beeindruckt. (»Der Anblick Jerusalems ist der Anblick der Weltgeschichte, es ist mehr, es ist die Geschichte des Himmels und der Erde.«) Disraelis Gedanken zu dieser schicksalhaften Begegnung mit der Vergangenheit seines Volkes reiften zu seiner großen Idee heran, die er mit Leidenschaft verfocht. (»Der Mensch ist dann wahrhaft groß«, notierte er einmal in sein Tagebuch, »wenn er aus Leidenschaft handelt.«)

Im Jahr 1850 hätte Disraeli federführend an der Einberufung einer kleinen Konferenz in Paris beteiligt sein können, die sich im Nachhinein als historischer Wendepunkt erweisen sollte. Moses Montefiore hätte ihn mit den Rothschilds bekannt gemacht, die nach anfänglichem Zögern beschlossen hätten, seine Ziele zu unterstützen. An dem Pariser Treffen hätten Lionel und James Meyer de Rothschild teilgenommen, sowie Achille Fould, Moses Hess, der Sozialist der ersten Stunde, und Rabbi Hirsch Zvi Kalischer. Auch Friedrich Julius Stahl hätte der Konferenz beigewohnt, ein junger deutscher Jude, der zum Christentum konvertiert war und später Chefideologe des deutschen Konservatismus werden sollte.

Was wäre geschehen, wenn Disraelis spirituelle Krise einen völlig anderen Verlauf genommen hätte und er sich mit der jüdischen Sache identifiziert hätte? Wäre er womöglich der Hauptprotagonist eines zweiten Exodus des jüdischen Volkes geworden? Dann sind folgende Entwicklungen durchaus vorstellbar:

Ein Manifest des europäischen Judentums wurde ausgearbeitet und später in sämtlichen Synagogen des Kontinents verlesen. Es wurde mit großem Enthusiasmus begrüßt, und gut die Hälfte der europäischen Juden registrierte sich für einen Transfer in den Nahen Osten. Natürlich regte sich auch Widerstand gegen den Plan. Karl Marx schrieb einen sarkastischen Artikel für die *New York Tribune* mit dem Titel: »A Jew crusade?« Marx behauptete, die Juden würden diesem verrückten Plan niemals folgen, weil in jenem gottverlassenen Teil der Welt, der weder Wasser noch Bodenschätze habe, vielleicht abgesehen von einer wertlosen und übel riechenden Substanz namens Erdöl, kein Mensch seinen Lebensunterhalt verdienen könne.

Im Zuge der Revolutionen von 1848/49 kam es in Ost- und Mitteleuropa zu kleineren Pogromen, was ebenfalls dazu beitrug, Disraelis Projekt zu fördern. Mehrere europäische Königshäuser unterstützten den Plan, die katholische und die protestantische Kirche hießen ihn gut, nachdem man ihnen versichert hatte, dass ihr traditionelles Interesse an Jerusalem und den anderen heiligen Stätten nicht beeinträchtigt werde. Zahlreiche Anleihen wurden zur Finanzierung des Plans aufgelegt. Die französische Regierung gab ihren Segen, nachdem man ihr zugesagt hatte, dass jedes Kind in der Region Französisch lernen werde. Im Laufe von fünf Jahren zog der größte Teil der registrierten Juden in das der CDA zugewiesene Gebiet. Zwangsläufig gab es in den ersten Jahrzehnten Rückschläge, und nicht alle Träume wurden verwirklicht.

Die Feststellung mag genügen, dass der moderne, binationale Staat, der daraus hervorgegangen wäre, zu Beginn des 21. Jahrhunderts rund 50 Millionen Einwohner gehabt hätte. In Anbetracht der hohen Geburtenrate (6 bis 8 Prozent) war ein so starkes Wachstum nicht weiter verwunderlich. Das Land wäre der fünftgrößte Erdölproduzent der Welt, hätte eine entwickelte Industrie und wäre führend auf dem Gebiet der Nukleartechnik und anderer moderner Technologien. Mit einem jährlichen Wirtschaftswachstum von sieben bis zehn Prozent wäre es wirtschaftlich gesund und wettbewerbsfähig mit Europa und Asien. Das Land würde über starke Streitkräfte verfügen und mit seinen Nachbarn in Frieden leben – zumindest soweit man im unruhigen Nahen Osten jemals friedliche Beziehungen erwarten konnte. Es wäre keineswegs ein Musterstaat, würde aber, gemessen am derzeitigen Standard, als überdurchschnittlich gelten.

Welchen Rang würde dieses Land heute in der Welt einnehmen? Es versteht sich von selbst, dass es geachtetes Mitglied der Vereinten Nationen wäre, eine Mitgliedschaft im Sicherheitsrat in Betracht gezogen würde und dass es den Vorsitz der Kommission für Menschenrechte innehätte. Gewiss würden einige extremistische islamische Sekten gegen diesen Staat hetzen, aber kein vernünftiger arabischer Politiker würde es wagen, derartige Hetzparolen zu wiederholen. Schließlich würden die arabischen Staaten auch nicht wagen, Indien oder China oder Russland anzugreifen, weil dort angeblich muslimische Minderheiten verfolgt würden. (Der Präsident der CDA und sein Hauptrepräsentant in den Vereinten Nationen wären Muslime.) Islamische Theologen und Prediger von Ägypten bis Indonesien würden den Staat der

CDA als herausragendes Beispiel einer friedlichen Koexistenz der muslimischen Welt mit den »Völkern des Buches« rühmen. Eine kleine Hadsch nach Al-Kuds (Jerusalem) könnte organisiert werden, die Jahr für Jahr Hunderttausende von Pilgern zum Gebet in den Felsendom, Haram al-Sharif, führen würde.

Die Außenpolitik des Staates wäre neutral (jedoch nicht neutralistisch). Im Auftrag der Vereinigten Staaten und der NATO würden sich Lobbyisten in Jerusalem intensiv um engere Beziehungen zu den USA auf politischer Ebene bemühen, während die NATO nachdrücklich militärische Stützpunkte forderte. Russische Lobbyisten würden ebenso hartnäckig den Politikern der CDA die Vorzüge einer Kooperation mit ihrem Land anpreisen.

Die amerikanische Vereinigung zur Förderung der Nahoststudien würde fast einstimmig eine Resolution verabschieden, die eine dringende Ausweitung der CDA-Studien, des kulturellen Austauschs und ganz allgemein eine konstruktivere Haltung gegenüber diesem Land fordern würde. Zbigniew Brzezinski, der herausragende amerikanische Politologe, könnte ein Buch mit dem Titel *J'accuse – The Bitter Fruits of Prejudice* veröffentlichen, eine vernichtende Kritik der Vernachlässigung der CDA durch das Weiße Haus. Mit Blick auf dieses schmähliche Versäumnis könnte er der Leistung der US-Administration allenfalls die Note »mangelhaft« geben. Politikwissenschaftler aus Harvard und Chicago der »neorealistischen Schule« würden amerikanische Juden ermuntern, ihre Lobby stärker zu unterstützen, denn das sei im Interesse beider Länder.

Wie stünde es mit der Haltung europäischer Intellektueller der Linken und Rechten, ehemaliger US-Präsidenten, Bischöfe und Moralapostel? Die meisten wären begeistert und würden die Errungenschaften der ganzen Menschheit als leuchtendes Beispiel präsentieren. Westliche wie östliche Regierungen hätten ein starkes Interesse daran, die Beziehungen zu diesem Staat zu intensivieren. In regelmäßigen Abständen würden internationale Kommissionen zum Erfahrungsaustausch in das Land geschickt, und der Druck würde wachsen, den Sitz der Vereinten Nationen nach Jerusalem oder in eine andere größere Stadt in der Föderation CDA zu verlegen. Die CDA würde als aussichtsreicher Kandidat für die Ausrichtung der Olympischen Spiele zu Beginn des 21. Jahrhunderts gehandelt werden.

Gewiss würde Kritik laut werden, der Staat sei seinem Ursprung nach kolonialistisch, weil er von Siedlern aus Europa gegründet worden sei. Aber die positiven Stimmen würden überwiegen. Zur Verteidigung der CDA könnte man vorbringen, sie sei lange vor den meisten anderen Mitgliedstaaten der Vereinten Nationen gegründet worden. Ein paar hunderttausend Menschen seien vor langer Zeit gezwungen worden, ihre Heimat zu verlassen. Ein derartiger Exodus sei damals weltweit an der Tagesordnung gewesen. Welcher vernünftige Mensch wollte das Rückkehrrecht der Millionen Flüchtlinge aus Indien (das in der Präambel der indischen Verfassung explizit ausgeschlossen ist) und Pakistan fordern, oder der Millionen Deutschen, die nach dem Zweiten Weltkrieg aus Osteuropa vertrieben worden waren? Ebenso gut könne man auch die Annullierung sämtlicher Migrationen seit dem Mittelalter fordern!

In einer Phase ihrer Geschichte könnte die CDA gezwungen gewesen sein, eine Mauer zu errichten, um sich gegen die Einfälle krimineller Horden zu schützen. Die Erfahrungen mit dieser »Friedensmauer« würden in der Folge von Experten für Konfliktlösung intensiv untersucht, um zu klären, ob sich die Maßnahme bewährt habe und auch an anderen Orten nachgeahmt werden könne. Kurzum, das Existenzrecht dieses Staates stünde außer Frage.

Doch die Geschichte nahm einen völlig anderen Verlauf. Tatsächlich brach das Osmanische Reich viel später zusammen, und die Hälfte der europäischen Juden emigrierte im 19. Jahrhundert nicht in den Nahen Osten. Die große Welle des Antisemitismus in Europa setzte erst fünfzig Jahre später ein. Die Chance zur Siedelung im Nahen Osten bot sich Juden erst im Jahr 1917, doch anfangs kamen nur wenige Einwanderer. Das änderte sich erst, als Hitler in Deutschland an die Macht kam. Palästina war kein verlockendes Ziel für die jüdischen Gemeinden, weil der Mandatsträger (Großbritannien) die Einwanderung streng begrenzte, und die palästinensischen Araber waren den jüdischen Neubürgern extrem feindlich gesinnt. Am Ende entstand ein kleines Land mit sechs Millionen Einwohnern, davon vier Fünftel Juden, das nicht über nennenswerte Ressourcen wie Erdöl oder andere wichtige Rohstoffe verfügte. Die Israelis mussten die Isolation, den Boykott, die ideologische Feindseligkeit und allgemeine Missbilligung ertragen. Ihnen wurden Verbrechen vorgeworfen, die andere Staaten vor ihnen in ganz anderen Dimensionen begangen hatten. Warum wurde von allen 190 Mitgliedstaaten der Vereinten Nationen ausgerechnet ihr Land unablässig von der UN angeklagt? Warum durfte gar das Existenzrecht ihrer Nation von vielen Staaten bestritten werden? Warum galt Israel als die größte Gefahr für den Weltfrieden?

War das Antisemitismus, wie viele glaubten? Die Feindseligkeit gegenüber den Juden, sei sie nun religiös, rassisch oder wie auch immer begründet, wurde von ihren Nachbarn noch geschürt, weil sie die Anwesenheit der Eindringlinge nicht hinnehmen wollten. Doch der Antisemitismus reicht als einzige Erklärung nicht aus. Der Hauptgrund war schlicht, dass der entstandene Staat klein und ziemlich schwach war. Der Nahe Osten war in Anbetracht von Gewalt und Aggression aus den unterschiedlichsten Gründen eine Region, in der ein friedliches Miteinander völlig unwahrscheinlich war. Unter den gegebenen Umständen musste das kleine Staatswesen zwangsläufig als Eindringling angesehen werden, während kein halbwegs vernünftiger Mensch es gewagt hätte, eine vergleichbare Haltung gegenüber einem zehnmal so großen und mächtigen Staat zu vertreten.

Die meisten Muslime setzten Israel mit dem Staat der Kreuzfahrer gleich. Sie hofften, er werde unter militärischem und politischem Druck alsbald zusammenbrechen. Viele im Westen sahen den Staat Israel als Störenfried: Wenn es ihn nicht gäbe, dann wäre die Welt weder von Islamismus noch von Terrorismus bedroht. Die Araber würden gegenüber dem Westen eine positive Haltung einnehmen, Sunniten würden nicht die Schiiten bekämpfen, niemand würde auf der Einführung der Scharia beharren, Osama bin Laden wäre noch im Handel und im Baugeschäft tätig, muslimische Einwanderer in Europa wären integrationswillig und der Ölpreis wäre niemals in schwindelnde Höhen gestiegen.

Auf der Welt gibt es nun einmal kein verbindliches Maß für Gerechtigkeit. Ein kleines Land wird nicht wie eine Großmacht behandelt und kann sich eine diesem Status angemessene Politik nicht leisten. Leider haben viele Israelis diese Grundregeln der internationalen Beziehungen lange nicht akzeptieren wollen.

Ehud Barak sagte einmal, wenn er als palästinensischer Araber zur Welt gekommen wäre, würde er zu den Militanten gehören. Für diese Äußerung wurde er heftig angegriffen, obwohl er nur einen naheliegenden Gedanken ausgesprochen hatte. Die Israelis sind aus der Sicht der Palästinenser Landräuber. Abscheu und Hass der Vertriebenen sind unter diesen Umständen ganz natürlich. Freilich hatte kein Genozid stattgefunden, wie mitunter behauptet wurde. Heute leben im einstigen britischen Mandatsgebiet Palästina vier- bis fünfmal so viele Araber wie im Jahr 1948. Israel ist ein jüdischer Staat mit einer beachtlichen arabischen Minderheit, und ein arabischer Staat in Palästina, wie ursprünglich geplant, ist bis heute nicht entstanden.

Solche Ereignisse gab es in der Geschichte immer wieder, vor allem im 20. Jahrhundert: Griechen wurden nach dem Ersten Weltkrieg aus der Türkei vertrieben, Polen aus Ostpolen, Deutsche aus Osteuropa. Zehntausende »Ausländer« wurden unter Nasser aus Ägypten vertrieben, Muslime flüchteten nach der Teilung aus Indien, und Hindus verließen Pakistan. Mehr als drei Millionen Afghanen verloren ihre Heimat, und das galt auch für Hunderttausende Birmanen, Burundier und Somalis.

Die Liste ließe sich beliebig verlängern, und alle diese Konflikte sind nicht ohne Leiden gelöst worden. Von den zehn Millionen Deutschen, die aus Osteuropa vertrieben wurden, wollen die wenigsten in die Länder zurückkehren, wo ihre Vorfahren jahrhundertelang gelebt hatten, es sei denn als Touristen. Ihnen ist seit langem klar, dass ihre Ansprüche auf verlorenen Besitz schwerlich internationale Unterstützung finden würden. Im Gegenteil, sie würden als Unruhestifter und Kriegshetzer diffamiert werden, nicht etwa, weil ihre Ansprüche illegitim wären, sondern weil die Mächte, die sie herausfordern, stark sind und mit Gewalt reagieren könnten.

Israel steht vor anderen Herausforderungen. Das Land ist keine Großmacht, die palästinensischen Araber hingegen haben die Unterstützung der anderen arabischen Nationen und der ganzen muslimischen Welt. Präzise ausgedrückt: Andere Vertriebene wissen, dass sie das Rad der Geschichte nicht zurückdrehen können. Im Gegensatz zu ihnen hat die arabische Bevölkerung im Nahen Osten die Hoffnung auf Rückkehr jedoch nicht aufgegeben. Ich will weder Ansprüche noch das Recht und das Unrecht, das beide Seiten unzählige Male begangen haben, gegeneinander aufwiegen, sondern lediglich das Offensichtliche konstatieren: Man braucht sich über die Haltung der palästinensischen Araber gegenüber Israel und gegenüber den Juden nicht zu wundern. Hinzu kommt die traditionell negative Einstellung des Islam gegenüber Juden und anderen Ungläubigen.

Mit Blick auf die islamische Solidarität sollte man beispielsweise annehmen, dass junge Pakistani in Großbritannien ihre Wut auf Indien ausdrücken würden. Immerhin können sie unzählige Vorwürfe vorbringen. Das gilt auch gegenüber Russland, das mit ihren Glaubensbrüdern im Kaukasus nicht gerade zimperlich umgesprungen ist, oder gegenüber China, das hart gegen die Uiguren, eine muslimische Minderheit, vorgegangen ist. Doch trotz all dieser Repressalien haben Muslime sorgfältig darauf geachtet, diese mächtigen Länder nicht zu provozieren, und die Gründe liegen auf der Hand. Ein Hindu oder Chinese, der durch die muslimischen Viertel Londons oder durch die Pariser Banlieue oder durch gewisse Viertel Berlins flaniert, begibt sich nicht in Gefahr, aber ein orthodoxer Jude oder eine Person, die den Davidstern trägt, muss auf Feindseligkeiten gefasst sein.

Aber wie ist die internationale Isolation Israels zu erklären? Weshalb wurde das Land von den UN häufiger verurteilt als alle anderen Nationen? Die anhaltende Besetzung arabisch besiedelter Territorien seit 1967 ist eine Katastrophe; die israelischen Regierungen haben allesamt eine kurzsichtige Politik gegenüber den arabischen Nachbarn und der arabischen Minderheit im Land verfolgt. Aber kann man wirklich behaupten, dass die Lage sich durch eine andere Politik grundlegend verändert hätte?

Friedensforscher haben errechnet, dass seit dem Zweiten Weltkrieg mindestens 25 Millionen Menschen bei inneren Konflikten getötet worden sind, davon circa 8000 im arabisch-israelischen Konflikt. In der tragischen Liste der Opfer entspricht das dem 46. Platz. Dennoch ist Israel häufiger als alle anderen Staaten zusammengenommen von den Vereinten Nationen und anderen internationalen Organisationen verurteilt worden. In den letzten Jahren war es das einzige Land, das von den Vereinten Nationen wegen Verstößen gegen die Menschenrechte verurteilt wurde. Wenn das die internationale Realität widerspiegeln würde und nur in diesem winzigen Staat Verletzungen der Menschenrechte vorkämen, dann müssten auf der Erde geradezu paradiesische Zustände herrschen.

In Wirklichkeit sind Millionen Menschen in den letzten Jahrzehnten als Folge von Bürgerkriegen, Repressionen, rassischer und sozialer Verfolgung oder Stammeskonflikten von Afrika bis Kambodscha ums Leben gekommen. Über zwei Milliarden Menschen leben in repressiven Diktaturen, aber auch in freien oder bedingt freien Ländern gibt es Verfolgung. Nationale und religiöse Minderheiten werden allenthalben systematisch verfolgt, misshandelt, verbrannt, erschossen, vergast und ihres Besitzes beraubt. Außerhalb Europas und Nordamerikas wird man kaum Staaten finden, in denen es keine Exzesse der Gewalt gab, und sogar in Europa kam es auf dem Balkan zu massiven Menschenrechtsverstößen.

Aber niemand protestiert für die Rechte der 100 Millionen Dalets (Unberührbaren) in Indien oder der Burakumin (der Ausgestoßenen Japans). Das Leiden der Uiguren in China, der Kopten in Ägypten oder der Bahai im Iran (um nur wenige verfolgte Gruppierungen zu nennen) hat keine große Empörung auf den Straßen Europas oder Amerikas ausgelöst, geschweige denn anderswo.

Warum werden nur angesichts des Leidens bestimmter Völker Emotionen geschürt? Offensichtlich hängt das weder von quantitativen Kriterien ab – von der Zahl der Opfer – noch vom Ausmaß der begangenen Verbrechen, sondern von anderen Faktoren. Besondere Bedeutung haben die Organisationen der Lobbyisten, die Menschen für dieses besondere Anliegen mobilisieren wollen. Wenn die Freunde der Unterdrückten und Entrechteten gegen jedwede Ungerechtigkeit auf der Welt kämpfen würden, dann wäre ihre Sache moralisch unangreifbar. Weshalb werden jedoch antirassistische Proteste zur Verteidigung der Menschenrechte selektiv geäußert? Weder antirassistische noch antiimperialistische Emotionen, so aufrichtig sie sein mögen, können das befriedigend erklären.

Viele Juden betrachten diese einzigartige, weit verbreitete Verurteilung Israels als neue Form des Antisemitismus. Andere argumentieren, dass man dies eigentlich nicht mit dem alten, rassistischen Antisemitismus assoziieren dürfe, weil die traditionellen Stereotypen fehlten und überdies mitunter auch Juden erbitterte Kritiker des Staates Israel und des Zionismus wären. Das trifft zu, aber Antisemitismus gab es schon, bevor der Rassismus auf den Plan trat. Sind antijüdische Ressentiments bei den Linken und in vielen Medien in West- und Osteuropa ausschließlich von den Ereignissen in Israel ausgelöst worden? Oder sind sie nach dem Zweiten Weltkrieg in veränderter Gestalt aufgefrischt worden? »Wucher« prägt allem Anschein nach die Wall Street, und die »Protokolle der Weisen von Zion« sind wieder im Umlauf. Nach der Neufassung dieser Verschwörungstheorie streben die Neokonservativen und die Verfechter der Globalisierung gemeinsam nach der Weltherrschaft.

Angenommen, die Politik Israels wäre der entscheidende Faktor hinter dem Aufkommen des »neuen Antisemitismus«. Wie ist dann zu erklären, dass die israelische Politik, so verkorkst sie auch sein mag, so starke Leidenschaften bei Persönlichkeiten wie Mikis

Theodorakis oder Carlos (dem »Schakal«) auslöst? Schließlich haben diese Menschen keinerlei persönlichen Bezug zum israelisch-palästinensischen Konflikt, und sie haben weder physisch noch materiell oder emotional unter Israels Politik gelitten. Ist es die Sympathie mit den Entrechteten und das Gefühl, man müsse gegen Ungerechtigkeit ankämpfen? Aber warum konzentriert sich die Empörung dann auf einen ganz bestimmten Schurken und klammert alle anderen aus? Darauf gibt es keine eindeutige Antwort. Doch dieser Einseitigkeit muss ein besonderer Blickwinkel oder eine spezifische Haltung zugrunde liegen. Ich frage mich, wie man diese Haltung nennen soll, wenn nicht postrassistischen Antisemitismus.

Der Zionismus hatte von Anfang an unzählige Gegner. Herzl hatte zweifellos mehr scharfe Kritiker als überzeugte Gefolgsleute und Unterstützer. Sie kamen aus der Linken ebenso wie aus der Rechten. Orthodoxe Rabbiner warfen ihm vor, seine Bewegung sei blasphemisch; sozialistische Politiker argumentierten, die jüdische Frage könne nur durch die Weltrevolution gelöst werden, der Gedanke eines jüdischen Nationalstaats sei anachronistisch. Auch die große Mehrheit der Liberalen lehnte Herzls Ideen ab: Nach und nach würden die Juden Europas und anderer Teile der Welt in die Gesellschaften integriert werden, in denen sie lebten; der Antisemitismus sei ein Rückfall ins Mittelalter, er werde in der Moderne verschwinden, und der Zionismus berücksichtige das Streben der Menschheit nach Freiheit und Humanität nicht angemessen. Die Zionisten waren unter den Juden Europas und Amerikas eine kleine Minderheit, bis Hitler in Deutschland die Macht an sich riss.

In den folgenden vier oder fünf Jahrzehnten verstummte jede Kritik am Zionismus in den jüdischen Gemeinden. Europäische Juden mussten flüchten, um ihr Leben zu retten, und es gab kaum Länder, die bereit waren, sie aufzunehmen. Die Weltrevolution hatte leider nicht stattgefunden, die Nationalstaaten waren nicht verschwunden, sondern zahlreicher und mächtiger geworden, und der Siegeszug der Humanität blieb aus. In der Stunde der

Gefahr fanden selbst ultraorthodoxe Rabbiner, überzeugte Kommunisten und liberale Fortschrittsgläubige in Palästina eine Zuflucht. Nicht jeder Jude wurde zu einem glühenden Zionisten, aber viele, die der Bewegung zuvor gleichgültig oder ablehnend gegenübergestanden hatten, sympathisierten nunmehr mit ihr oder waren zumindest bereit, die wachsende jüdische Gemeinde in Palästina als bedauerliche Notwendigkeit zu akzeptieren. Verbreitet war nicht unbedingt die britische Haltung »my country right or wrong«, aber die große Mehrheit der europäischen Juden war umgekommen. Ein erheblicher Teil der Überlebenden (am Ende mehrere Millionen) hatte sich in Israel gesammelt. Wenn dieser jüdischen Bevölkerung die Auslöschung drohte, dann konnte sie auf Sympathie und Unterstützung bei den meisten Juden außerhalb des Landes zählen.

Allmählich ließen jedoch die Sympathien in manchen Kreisen nach, insbesondere nach dem Sechstagekrieg und dem eskalierenden Konflikt mit den Arabern. Für manche Juden wurde der Staat Israel zu einer Belastung, seine Politik schien verwerflich, die fortwährende Verurteilung durch internationale Gremien hatte eine psychologische Wirkung: Warum konnte dieses Land nicht wie andere in Frieden mit seinen Nachbarn leben, warum die ständigen Konflikte, Krisen und Kriege? Und dass es nicht in Frieden leben konnte, war doch offensichtlich die Schuld des neuen Staates. Der Zionismus hatte den Juden nicht nur eine normale Existenz, sondern ein Leben in Frieden und Sicherheit versprochen, und das konnte Israel immer weniger garantieren, je länger der Konflikt schwelte.

Waren der Zionismus und das Ziel eines jüdischen Staates womöglich Irrwege? Alsbald setzte eine neue Welle der Kritik und Angriffe ein, seitens der extremen Linken, aber auch aus Kreisen, die der jüdischen nationalen Bewegung immer schon skeptisch gegenübergestanden hatten. Dazu zählten Vertreter der Ultraorthodoxen, Verfechter einer universalen humanistischen Mission der Juden und nicht zuletzt Personen, die keine emotionalen Bindungen zum jüdischen Staat entwickelt hatten und denen seine Existenz gleichgültig war.

Bis zu einem gewissen Grad war das eine Generationsfrage: Wer den Holocaust in Europa überlebt hatte, distanzierte sich nur selten von der jüdischen Gemeinde in Palästina, die zu klein und machtlos gewesen war, um die europäischen Juden zu retten. Aber sie hatte Hunderttausenden zu einer Zeit Zuflucht gewährt, als alle anderen Staaten ihre Grenzen geschlossen hatten. Doch die Erinnerung daran verblasste, und jüdische Intellektuelle und viele Vertreter der jüngeren Generation vor allem in den USA und Großbritannien verspürten keine Verpflichtung mehr, Solidarität mit einem Staat zu bekunden, dessen Politik sie vehement ablehnten. Mit neuerlich grassierendem Antisemitismus (innerhalb bestimmter Grenzen) wuchs auch die Kritik von Juden an Israel und wurde schärfer. Israels Politiker hatten allzu lange und intensiv über den Holocaust gesprochen, als ob die Menschheit keine anderen Tragödien erlebt hätte. Die Schonzeit für Juden nach dem Krieg ging zu Ende.

Viele Israelis und viele Sympathisanten außerhalb Israels betrachteten dies nicht als eine Manifestation des Antizionismus, sondern als Ausdruck eines jüdischen Selbsthasses. Kritiker, denen dieser Selbsthass unterstellt wurde, wiesen dies empört als Versuch zurück, jede jüdische Kritik an der israelischen Politik zum Schweigen zu bringen, als wäre Israel unantastbar. Dieses überaus heikle Thema wird die politischen Diskussionen unter Juden vermutlich noch lange Zeit belasten.

Es trifft allerdings zu, dass viele der schärfsten Kritiker Israels Juden sind; das gilt vor allem für Intellektuelle in Großbritannien und den Vereinigten Staaten. Sie waren sehr viel eher bereit, ihre jüdischen Landsleute anzugreifen. Vergleichbare Bereitschaft zur Kritik der eigenen Sache oder des eigenen Volkes ist unter Arabern oder Armeniern, die in der Diaspora leben, weit weniger verbreitet. Wie ist das zu erklären?

Vor Hitler war die nationale Idee unter den Juden in Europa kaum verbreitet. Selbst in Polen mit der im Verhältnis zur Einwohnerzahl größten jüdischen Minderheit war der sozialistische Bund viel stärker als die Zionisten, und die Linke sah die Zukunft der Juden nicht in Palästina, sondern in den Ländern, in denen sie lebten. Der Nationalsozialismus und der Holocaust hatten diesen Trend umgekehrt, aber allem Anschein nach nur vorübergehend. Nach dem Zweiten Weltkrieg war Antisemitismus im Westen verpönt, den Juden in Europa und Amerika ging es überwiegend gut, die Lage in Israel hingegen blieb trotz aller Errungenschaften auf wirtschaftlichem Gebiet und anderen Feldern prekär. Nach dem Zusammenbruch der Sowjetunion verließen zwar viele Juden Russland, aber Hunderttausende blieben auch, und viele zogen andere Länder dem Krisenherd im Nahen Osten vor. Im Jahr 2000 zogen mehr Juden nach Deutschland als nach Israel.

Diese Distanzierung vom jüdischen Staat war bis zu einem gewissen Grad eine natürliche Entwicklung, und sie kann erklären, weshalb Israel heute auf viele Juden eine vergleichsweise geringe Anziehungskraft ausübt. Sämtliche Einwanderergruppen in die Vereinigten Staaten – Iren, Polen und Italiener, Japaner und Armenier – wurden allmählich in die amerikanische Gesellschaft integriert. Es bestanden noch emotionale Bindungen zur alten Heimat und gelegentlich politische Sympathien, aber sie schwanden allmählich. Jüdische Intellektuelle hingegen blieben auf Dauer extrem kritisch gegenüber Israel.

Grund zur Kritik gab es genug. Der Belagerungszustand wurde aufrechterhalten, die Anschläge mehrten sich, und selbst wohlgesinnten Menschen fiel es oft schwer, die Politik der israelischen Regierungen zu verteidigen. Aber auch Juden im Ausland sollten doch erkennen, dass Israel nicht allein für die beklagenswerten Verhältnisse verantwortlich war. Schließlich hatten erst die Weigerung der meisten Araber, das Existenzrecht des jüdischen Staates anzuerkennen, und die Anschläge viele Israelis zu Haltungen getrieben, die in mancher Hinsicht geradezu Spiegelbilder des arabischen Nationalismus und muslimischen Fundamentalismus waren: Sie forderten nun, keinen Fußbreit Territorium preiszugeben. Zugeständnisse würden ihre Gegner mitnichten veranlassen, einen Friedensvertrag zu schließen, sondern allenfalls als Schwäche ausgelegt werden. Die Radikalsten wollten sogar alle Araber aus Israel vertreiben. Aber auch diese Extreme erklären nicht, weshalb jüdische Intellektuelle für die Hamas und die Hisbollah eher Verständnis bekunden als für den Likud, von den extremeren Parteien ganz zu schweigen.

Die Juden hatten stets an der vordersten Front für Freiheit und Gerechtigkeit gekämpft, in der Mehrzahl waren sie überzeugte Internationalisten gewesen. Sie hatten oft als Erste lautstark protestiert, wenn Menschenrechte irgendwo mit Füßen getreten wurden. Hatten sie erwartet, dass ein jüdischer Staat nicht primär seine vitalen Interessen verteidigen und nach der Räson der Macht handeln würde? War Enttäuschung die eigentliche Ursache für ihre feindselige Haltung gegenüber Israel? Für Einzelne mag das zutreffen, mit Sicherheit jedoch nicht für die Mehrheit.

Man sollte sich in Erinnerung rufen, dass viele Juden der europäischen Linken spezifisch jüdischen Problemen wenig Beachtung schenkten. Rosa Luxemburg hat diese Tendenz einmal treffend ausgedrückt: »Was willst du mit den speziellen Judenschmerzen? Mir sind die armen Opfer der Gummiplantagen in Putumayo, die Neger in Afrika, mit deren Körpern die Europäer Fangball spielen, ebenso nahe.« Die Jüdin Simone Weil hatte in jüngeren Jahren der radikalen Linken angehört. Nach einer religiösen Erleuchtung wandte sie sich dem Katholizismus zu und besuchte regelmäßig die Messe. Viele hielten Simone Weil für eine Heilige des 20. Jahrhunderts. Sie identifizierte sich mit dem Schicksal aller Unterdrückten und Ausgebeuteten so stark, dass sie aus Solidarität mit ihnen ihre eigene Gesundheit vernachlässigte. 1943 starb sie mit nur vierunddreißig Jahren an Unternährung und Tuberkulose. Doch es gab Menschen, für die sie kein Wort des Mitgefühls fand, obwohl gerade sie damals mehr litten als alle anderen. Wie soll man so eine Haltung bezeichnen, wenn nicht als Selbsthass? Diese Jüdin distanzierte sich radikal vom Judentum. Sie war eine »nichtjüdische« Jüdin, die »schlecht getauft« worden war (wie Freud es ausgedrückt hatte), aber sie hat sich aller Wahrscheinlichkeit nach nicht katholisch taufen lassen. Vermutlich hat sie nach der Konversion ihr inneres Gleichgewicht niemals wiedergefunden.

Es gab wohl ebenso viele extrem distanzierte Juden unter Rechten wie unter Linken, aber in Angriffen der Linken gegen Israel schwang und schwingt stets eine schrille Gehässigkeit mit, die liberale und konservative Juden selten an den Tag legen. Raymond Aron interessierte sich etwa überhaupt nicht für jüdische Angelegenheiten, aber als de Gaulle 1967 mit seiner berühmten *»petite phrase«* die Juden beschimpfte, protestierte Raymond Aron energisch – und er war nicht der Einzige, Romain Gary und andere schlossen sich ihm an.

Marx hatte den Judaismus für etwas Verwerfliches gehalten und wollte sich stets von seinen Vorfahren distanzieren – allerdings ohne großen Erfolg, denn für seine Gegner, von Bakunin bis hin zu Bruno Bauer, blieb er immer ein Jude. Seinen Rivalen Lassalle nannte er einen »jüdischen Neger«, obwohl Marx selbst einen recht dunklen Teint hatte. Lassalle schrieb, er hasse die Juden. Es ließen sich noch unzählige Beispiele für vergleichbare Geisteshaltungen anführen, lange bevor der Zionismus auf die Bühne der Geschichte trat.

Fairerweise muss man jedoch sagen, dass solche Haltungen keineswegs auf die Linke beschränkt waren. Unter wohlhabenden und gebildeten Juden im Europa des 19. Jahrhunderts waren sie weit verbreitet. Wenn sie das Ghetto verlassen hatten, gingen sie meist auch auf Distanz zum rabbinischen Judentum und bewahrten sich allenfalls eine gewisse Pietät gegenüber ihren Ahnen. Diese war auf Dauer jedoch keine Basis für jüdische Solidarität. Auf der einen Seite standen die verknöcherten Traditionen des religiösen Judaismus und das trostlose Vermächtnis des Ghettos, auf der anderen Seite lockte die europäische Kultur mit ihren unbegrenzten Möglichkeiten, der Freiheit für alle und der Akzeptanz durch die moderne Gesellschaft. Nationalismus und der Nationalstaat galten als überholt. Warum, so fragten sie sich, verharrten manche Juden in diesem anachronistischen Denken?

Charles Maurras schrieb zur Zeit der Dreyfus-Affäre an einen Freund, es gebe keinen einzigen Juden, der keine Solidarität für seine Nation empfinde. Das gelte sogar für die antisemitischen

Juden, welche ohnehin die allergefährlichsten wären. Er hätte sich nicht schlimmer irren können. Die jüdische Solidarität war damals nicht sehr ausgeprägt und noch dazu im Schwinden begriffen.

Im 19. Jahrhundert kam es häufig zu Apostasie, nach vielen Schätzungen verließen Hunderttausende europäischer Juden ihre Religionsgemeinschaft. Über die Hälfte meiner eigenen Angehörigen konvertierte, und etliche Mischehen wurden geschlossen. Aber der Begriff Apostasie war womöglich übertrieben. Die meisten drifteten weg von einer Religion, die für sie keine Bedeutung mehr hatte, und von einer Gemeinde, der sie sich nicht länger zugehörig fühlten. Fritz Mauthner, ein österreichischer jüdischer Essayist, schrieb vor dem Ersten Weltkrieg, er habe in seinem Leben keinen einzigen Juden getroffen, der aus religiöser Überzeugung zum Christentum konvertiert sei. Es gab solche Personen, von Edith Stein bis hin zu Boris Pasternak, aber sie waren Ausnahmen.

Das deutsche Judentum verlor im Lauf des 19. Jahrhunderts den größten Teil seiner Elite, nur konvertierte sie in aller Stille. Ihre Vertreter wollten keine ideologischen Erklärungen abgeben, weshalb sie ihr Judentum eher als Last und weniger als zu bewahrenden Vorzug betrachteten. Mit der Zeit griffen antisemitische Stimmungen um sich; für manche war das ein weiterer Grund, sich von ihrer Gemeinde zu lösen, andere hingegen hielten es für würdelos und feige, aus einer belagerten Festung zu fliehen.

Für viele war gerade dieser Druck von außen der wesentliche Faktor, der die Gemeinde zusammenhielt; sie wurde durch ihn zu einer Schicksalsgemeinschaft. Aber als dieser äußere Druck nach dem Zweiten Weltkrieg nachließ, schwand die Basis dieser Solidarität. Bestand hatte sie nur bei den Gläubigen und jenen, die ein Recht der Juden auf einen eigenen Staat forderten, solange der Nationalstaat die internationale Norm war. Kritische Distanz zu jüdischem Leben vor allem in Osteuropa zeigten bereits frühe Zionisten, zum Beispiel Schriftsteller wie Micha Berdychewski und Josef Haim Brenner. Herzl schrieb in seinen Tagebüchern, dass er zwanzig hässliche Juden in Berlin getroffen habe. Manche

Zionisten befürworteten die Aufhebung der Diaspora, weil nach ihrer Ansicht die Lebensumstände in jüdischen Ghettos negative Charakterzüge hervorbrachten. Die historischen Ursachen waren bekannt, aber Jahrhunderte der Ausgrenzung hatten die Courage und die Würde der Menschen gewiss nicht gefördert. Viele Juden waren zu einem unproduktiven, elenden Dasein degradiert worden und hatten niemals selbst über ihr Schicksal bestimmen können. Der Zionismus sah seine historische Aufgabe nicht allein darin, den Juden eine Heimat zu geben, sondern eine neue Art des Juden und der Jüdin zu schaffen. Jiddisch, der osteuropäische Dialekt, wurde von westeuropäischen, assimilierten Juden und zugleich von Zionisten abgelehnt. Die Sprache des neuen Landes musste Hebräisch sein.

Assimilierte Juden in West- und Mitteleuropa empfanden vielfach ein Gefühl der Minderwertigkeit. Walther Rathenaus Bemerkung, jeder Jude wolle wie sie (die Deutschen) aussehen, spiegelt diesen starken Willen zur Integration. Solche Gefühle waren bei den Damen jüdischer Abstammung, die um 1800 in Berlin literarische Salons führten, zweifellos weit verbreitet, und viele Juden änderten im Laufe des 19. Jahrhunderts ihre Namen, um ihre Herkunft zu kaschieren. Ich bezweifle allerdings, dass vergleichbare Minderwertigkeitsgefühle in meiner Generation sonderlich verbreitet waren. Wir mussten uns endlose Tiraden zur Überlegenheit der arischen Rasse anhören; dennoch verspürte ich nie den Drang, auszusehen wie Adolf Hitler, Joseph Goebbels oder gar Julius Streicher.

Die Existenz jüdischen Selbsthasses und jüdischen Antisemitismus ist unbestritten. Besonders extreme Beispiele waren Otto Weininger, der im Alter von 21 Jahren in Beethovens Wohnung Selbstmord beging, der französische Schriftsteller Maurice Sachs (ein Spitzel der Gestapo) oder Arthur Trebitsch, dessen fanatischer Antisemitismus Hitler beeindruckte. Philosophen und Psychologen haben gezeigt, dass Selbsthass nicht auf die Juden beschränkt ist. Blaise Pascals Diktum »*Le moi est haissable*« (Das Ich ist hassenswert) oder die Vita Rimbauds sind nur zwei Beispiele. Nach dem Zweiten Weltkrieg und dem Holocaust trat extremer jüdischer Selbsthass jedoch seltener auf. Unter Stalin war es ratsam, die jüdische Identität möglichst zu verheimlichen; es gab in der UdSSR offiziell zwar keinen Antisemitismus, nur einen Antizionismus (und Antikosmopolitismus), aber alle wussten genau, was sich hinter diesen Floskeln verbarg. Doch im übrigen Europa und in Amerika war der Antisemitismus im Schwinden begriffen, bis vor kurzem standen Juden im Westen nicht mehr so unter Druck wie in früheren Epochen. Extremer jüdischer Selbsthass war nur noch vereinzelt zu beobachten, und er war vermutlich nicht häufiger als bei anderen Völkern.

Aber wie ist dann die weite Verbreitung eines scharfen Anti-Israelismus und die Intensität dieser Emotionen bei manchen jüdischen Intellektuellen zu erklären? Warum legen Menschen, die sich sonst weder für jüdische Angelegenheiten interessieren noch sich aktiv engagieren, gegenüber Israel eine derartige Abneigung und Militanz an den Tag? Einige Gründe wurden bereits genannt. Juden waren tendenziell immer Internationalisten und Kosmopoliten gewesen, patriotische Gefühle erschienen ihnen eher befremdlich. Nationalstaaten waren in ihren Augen obsolet. Oft entsprang ihre Haltung gegenüber dem Judentum keineswegs einem Selbsthass, aber wie sollte man sie genauer definieren? Nicht Gleichgültigkeit prägte ihr Verhalten, sondern der starke Wunsch, einen Standpunkt zum Verhalten der jüdischen Gemeinde zu beziehen, von der sie sich freilich bereits distanziert hatten. War es das Gefühl einer moralischen Pflicht, sich zu Wort zu melden, oder ein neurotisches Selbstbewusstsein oder eine Kombination mehrerer Motive?

Jude zu sein, oder genauer: von Juden abzustammen war nicht mehr mit einer Stigmatisierung verbunden. Einige Persönlichkeiten versuchten gleichwohl, ihre jüdische Herkunft zu verbergen, und die Verrenkungen eines Bruno Kreisky, des langjährigen jüdischen Kanzlers von Österreich, drückten vermutlich eher Antisemitismus als Antizionismus aus. Aber für die meisten war ihre jüdische Herkunft nicht das Hauptproblem. Im Gegenteil, es wurde fast schon zu einem Vorzug, einige jüdische Vorfahren zu haben, und ganz gewiss war es nicht hinderlich, wie die Karrieren Nicolas Sarkozys und mehrerer britischer Außenminister zeigen.

Selbstverständlich war eine uneingeschränkte oder teilweise jüdische Identität nur ein Zufall der Geburt. Sie hatte nichts mit dem mentalen und emotionalen Rüstzeug oder mit den Meinungen dieser Menschen zu einem beliebigen Thema zu tun. Um dies zu betonen, mussten sie sich jedoch besonders nachdrücklich von Israel und allem, für das es stand, distanzieren. Das wäre vermutlich selbst dann unumgänglich, wenn Israel ein leuchtendes Vorbild für Gerechtigkeit und Freiheit in einer sonst unvollkommenen Welt wäre – was es freilich nie gewesen ist.

Ein bekannter französischer Anwalt beklagte sich in einem 2008 veröffentlichten Buch bitter, dass er wegen seines Namens Levi ständig mit Missverständnissen konfrontiert sei. Aus dem Zufall seiner Geburt und seiner Zugehörigkeit zur jüdischen Gemeinde werde notorisch abgeleitet, dass er den Staat Israel unterstützen müsse, obwohl er für ihn nicht die geringste Sympathie empfinde!

Ein gutes Beispiel für ein ähnliches Dilemma ist ein jüdischer Professor in London. Der in Kairo geborene Wissenschaftler wuchs in Italien und Frankreich auf und lehrt heute Zeitgeschichte. Er zählte zu den Sponsoren der »Independent Jewish Voices«, einer Gruppe jüdischer Intellektueller »mit einem starken Engagement für soziale Gerechtigkeit und Bürgerrechte«. Sie distanzierte sich klar von der israelischen Politik und von den Aktivitäten jüdischer Lobbys in Großbritannien. Der Professor sagte, er wolle seine jüdische Identität weder aufgeben noch verbergen, zumindest nicht, solange noch irgendwo ein einziger Antisemit lauere.

Aber worin bestand seine jüdische Identität? Er sprach von »einer Zwickmühle«. Er war der Religion nach kein Jude und glaubte nicht, dass es unter ethnischen oder gar rassischen Gesichtspunkten so etwas wie ein »jüdisches Volk« gebe. Außerdem unterstütze er den Staat Israel nicht. Zugleich wolle er niemandem das Monopol zubilligen, jüdische Identität zu definieren. Aber letztlich bliebe ihm keine andere Wahl: Falls der letzte

Antisemit das Zeitliche segnen sollte, müsste dieser Professor nach seiner Selbstdefinition aufhören, Jude zu sein. Vorläufig bestimmten diese Intellektuellen ihre jüdische Identität, wenn von Israel oder Juden gesprochen wurde, jedoch mit der Formel: »Sie sprechen nicht in unserem Namen.«

Über die Identität der »nichtjüdischen« Juden, der Weltbürger und der Angehörigen der menschlichen Rasse, die sich selbst nicht zu definieren vermögen, wird auch in Zukunft debattiert werden. Freilich existiert kein moralisches Gebot, das Menschen gegenüber der Gruppe, der sie entstammen, zu Solidarität oder gar zu bedingungsloser Loyalität verpflichten könnte. Diesbezüglich muss ideologische Wahlfreiheit bestehen. Es wäre angemessener und gewiss würdevoller, wenn sich diese »nichtjüdischen« Juden von der Gemeinde ihrer Ahnen besonnen und ohne großes Aufheben distanzieren und schlicht ihrer jeweiligen Berufung folgen würden. Aber die Gegenwart ist immer noch geprägt von der Idee des Nationalstaats. Zwangsläufig haben es »nichtjüdische« Juden schwer, sich als Weltbürger zu etablieren und anerkannt zu werden, selbst wenn sie sich als solche fühlen. Sie wollen ihrer Herkunft entfliehen, aber ihre Mitmenschen zeigen dafür wenig Verständnis.

Gedanken zur Geschichtsschreibung

Gemeinsam mit meinem verstorbenen Freund George Mosse gründete ich im Jahr 1966 das *Journal of Contemporary History*. Seiner Familie hatte einst ein führendes deutsches Zeitungsimperium gehört. Er war ein sehr wohlhabender Mann, insbesondere in seinem späteren Leben nach der Rückerstattung seines Besitzes, aber ich habe keinen Menschen gekannt, dem materielle Dinge so wenig bedeuteten. Er besaß zwei Anzüge, und es kam vor, dass er mich anrief, er könne nicht ausgehen, weil man beide dringend flicken müsse. Mosse hatte in Cambridge studiert, wo seine Doktorväter ihm geraten hatten, nicht Historiker zu werden und sein Glück anstatt in England in den Vereinigten Staaten zu versuchen. Sein eigentliches Spezialgebiet war die frühe Neuzeit mit dem Schwerpunkt auf der Kirchengeschichte. Später verschob sich sein Hauptinteresse auf das Europa des 19. und 20. Jahrhunderts und insbesondere auf den Aufstieg des Faschismus. George Mosse zählte zu den besten Lehrern seiner Generation und setzte sich sehr engagiert für seine Studenten ein. Er ging auf viele Konferenzen und kannte jeden in seinem Fachgebiet – im Gegensatz zu mir. Er war in Italien und Frankreich ebenso bekannt wie in den Vereinigten Staaten, kurzum: Sein Beitrag zu der Zeitschrift war absolut lebenswichtig, obwohl er sich in Madison, Wisconsin, niederließ und die Zeitschrift in London erschien. Wir konnten uns damals nicht oft persönlich treffen, aber unsere gemeinsame Arbeit in mehr als dreißig Jahren hätte kaum harmonischer sein können.

Unter »Zeitgeschichte« verstand man in den Ländern jeweils etwas völlig anderes, und zum Teil gilt das noch heute. In Frankreich bezeichnete der Begriff lange Zeit alles, was seit Napoleon passiert war, in Amerika und Russland galt hingegen das Jahr 1917 als Wendepunkt der Geschichte. In den meisten europäischen Ländern begann diese Epoche mit dem Jahr 1918 oder 1945, in den Entwicklungsländern hingegen galt die Entkolonialisierung als Zeitmarke. Geoffrey Barraclough, ein renommierter britischer Mediävist, schrieb eine etwas verwirrende Einführung in die Zeitgeschichte: Er konnte sich nicht entscheiden, ob sie nun 1890 oder 1960 begonnen hatte. Lange Zeit regte sich beträchtlicher Widerstand gegen Publikationen zur Zeitgeschichte, weil sie als Forschungsgegenstand angesehen wurde, der sich für die historische Forschung noch nicht eignete. Die Ereignisse lagen nicht lange genug zurück, was es erschwerte, wenn nicht gar unmöglich machte, mit der erforderlichen Distanz über das Thema zu schreiben. Das war nicht immer so: Viele führende Historiker des 19. Jahrhunderts hatten keine Hemmungen gehabt, sich in ihren Schriften mit Problemen der eigenen Zeit auseinanderzusetzen. Vor allem jedoch waren die Quellen zur Zeitgeschichte meist noch nicht zugänglich, und ohne Quellen ist Geschichtsschreibung nicht möglich.

Dabei haben viele griechische Historiker über Ereignisse zu ihren Lebzeiten geschrieben, zum Beispiel Thukydides über den Peloponnesischen Krieg (seine Darstellung endet im 22. Jahr des Krieges, der weitere fünf Jahre lang andauerte) oder Xenophon, der ein Standardwerk über einen Feldzug schrieb (*Anabasis*), an dem er selbst teilgenommen hatte. Dasselbe gilt für die römischen Historiker, und jene Autoren, die zu einem späteren Zeitpunkt über bestimmte Ereignisse geschrieben haben, waren nicht unbedingt zuverlässiger. Cassius Dio behauptete, Nero habe Rom in Brand gesteckt, was viele Historiker heute bezweifeln.

Der Widerstand gegen Zeitgeschichte entwickelte sich, wie ich im Vorwort zur ersten Ausgabe des *Journal of Contemporary History* anmerkte, unter den Akademikern des ausgehenden 19. Jahrhunderts zu einer veritablen Glaubensfrage. Die *Historische Zeitschrift*, die führende deutsche Fachzeitschrift, kündigte bei ihrer Gründung an, dass sie Beiträge zu aktuellen Diskussionen und zu ungeklärten Problemen der aktuellen Politik ausschließen werde; die französische *Revue Historique* erklärte, sie werde aktuelle Kontroversen meiden. Gleichzeitig warben die Herausgeber der *Historischen Zeitschrift* jedoch damit, dass sie keine antiquarische Zeitschrift publizieren wollten. Daraus folgte, dass die Redaktion ihre Absicht, umstrittene Themen von aktuellem Interesse zu meiden, nicht immer realisieren konnte. Und wenn sie die Kontroverse scheute, so galt das nicht für andere Publikationen. Wie George Macaulay Trevelyan schon früh bemerkt hatte: Wenn es noch zu früh ist, sich ein abschließendes Urteil über die Französische Revolution zu bilden, so gilt das umso mehr für jüngere Ereignisse. Die Diskussion über die Französische Revolution ist auch über hundert Jahre nach Trevelyans Bemerkung noch nicht abgeschlossen.

Wie Sir Llewelyn Woodward in unserer ersten Ausgabe schrieb, veröffentlichte die 1886 gegründete *English Historical Review* erstmals nach dem Ersten Weltkrieg einen Artikel über die britische Geschichte seit 1852 oder die europäische Geschichte seit 1871. Woodward wies auf einen weiteren wichtigen Aspekt hin: Der Autor eines Werkes zur Zeitgeschichte hatte einen Vorteil gegenüber Historikern, die frühere Perioden erforschten. Er konnte sich an die Eindrücke erinnern, welche die Ereignisse, mit denen er sich befasste, bei ihm selbst hinterlassen hatten. Woodward erinnert sich an die Tage in London unmittelbar vor und nach dem Ausbruch des Krieges im August 1914. Er stellte fest, dass seine Erinnerungen von etlichen Darstellungen abwichen, die ein halbes Jahrhundert später von Menschen geschrieben wurden, die keine Zeitzeugen gewesen waren.

Die Unzugänglichkeit von Quellen in den ersten beiden Jahrzehnten nach dem Zweiten Weltkrieg war in der Tat ein gravierender Mangel, der auch nicht durch die vielen autobiographischen Schriften ausgeglichen werden konnte. Lange Zeit waren die Dokumente zu den Nürnberger Prozessen die wichtigste, in manchen Fällen sogar die einzige Quelle zur jüngsten europäischen Geschichte. Doch das änderte sich in den 1960er Jahren, und die Zeitgeschichte wurde allmählich hoffähig.

Wir hatten keine Schwierigkeiten, führende Historiker als Autoren für wichtige und gut geschriebene Beiträge zu gewinnen. In den ersten Ausgaben der Zeitschrift publizierten Klaus Epstein, Christopher Andrews, Wolfgang Mommsen, Adrian Lyttleton, James Joll, Eugen Weber, Donald Watt, Leo Valiani, Hugh Thomas, Norman Stone, Hugh Seton-Watson, Arnold Toynbee, J. H. Hexter, René Remond, Gordon Craig, Anthony Burgess, Maurice Nadeau, Theodore Zeldin, Ralf Dahrendorf, Fritz Ringer, Correlli Barnett, David Knowles – um nur einige Namen zu nennen. Es würde heute schwerfallen, Historiker ähnlichen Formats zu finden.

Woran das liegt, ist mir nicht ganz klar. In jeder Disziplin gibt es fette und magere Jahre. Wer könnte schon die Tatsache erklären, dass es weit mehr große Persönlichkeiten in der deutschen (und französischen, britischen und russischen) Literatur in den Jahren vor und nach dem Ersten Weltkrieg gab als danach? Heute würden große Historiker wohl eher Monographien als Zeitschriftenartikel schreiben. Aber es trifft auch zu, dass in den ersten Jahrzehnten nach dem Zweiten Weltkrieg ein größeres Interesse für Geschichte vorhanden war. Solche Schwankungen sind vor allem bei regionalen Studien relativ häufig: Nach dem Ende des Kalten Krieges kühlte sich das Interesse für russische Politik rasch ab, einige Jahre lang erschienen etliche Studien zum Nahen Osten, aber heute ist China in aller Munde.

In den 1960er Jahren war das Gefühl verbreitet, dass wir die großen Fragen der jüngsten Vergangenheit noch nicht ganz verstanden hätten: die treibenden Kräfte des Faschismus und Kommunismus, die Ursachen und Folgen des Zweiten Weltkrieges. Heute interessieren sich nur noch wenige Historiker für den Marxismus und seine politischen Manifestationen, und auch der Faschismus ist bereits aus allen erdenklichen Blickwinkeln erörtert worden. Die Entwicklungen der Nachkriegsjahre üben, so wichtig sie sein mögen, nicht dieselbe Faszination aus, aber die Bewegung zur europäischen Einigung, die Entkolonialisierung und der Kalte Krieg werden zweifellos Gegenstand neuer Interpretationen und diverser Formen des Revisionismus werden.

Wenn neue Impulse von der Psychogeschichte bis hin zum *Linguistic Turn* (der Linguistischen Wende), dem Poststrukturalismus und Postkolonialismus ausgegangen sind, so haben sie sich stärker auf dem Feld der Spielfilme, der komparativen Literaturwissenschaft oder vielleicht der Anthropologie als in der Geschichtsschreibung ausgewirkt.

Das ist bemerkenswert und wäre vermutlich ein lohnender Gegenstand einer künftigen Studie: Weder der historische Materialismus noch die Psychohistorie haben wirklich große Werke hervorgebracht, und dies gilt auch für die jüngeren Modeerscheinungen. Gewiss gehen bestimmte Impulse und viele Polemiken auf sie zurück; was immer an ihren Erkenntnissen wertvoll war, ist in das Wissen nicht nur der Historiker, sondern der gebildeten Menschen allgemein eingeflossen. Aber es besteht ein himmelweiter Unterschied zwischen einem Buch, das beispielsweise mit der Pariser Kommune oder den Ausgebeuteten und Unterdrückten dieser Erde allgemein sympathisiert, und einer Studie im Geist des historischen Materialismus, gleich, ob diese orthodox oder eher modern angehaucht ist. Die einzigen wahrhaft marxistisch-leninistischen Geschichtswerke legten Michail Pokrowski und seine Schüler in der Sowjetunion der 1920er Jahre vor, und selbst diese wurden abschätzig als zu primitiv bezeichnet. An ihre Stelle traten Werke, die keineswegs von einem ausgereifteren Marxismus durchdrungen waren, sondern von einem traditionellen russischen Nationalismus, der Dmitri Donskoi, Iwan den Schrecklichen, Peter den Großen und Feldherren wie Alexander Suworow und Michail Kutusow als Helden verehrte. Die Psychohistorie ist über einige biographische Essays nie hinausgekommen, und dabei wird es wohl bleiben. Alle jene, die ihr Werk großartig als Marxismus und Psychohistorie (oder kritische Theorie beim Versuch, die beiden miteinander zu kombinieren) propagierten, schrieben weiterhin nicht Sozialgeschichte, sondern Biographien über Adolf Hitler und die Geschichte des Holocaust – hervorragende Arbeiten, die in absehbarer Zukunft kaum übertroffen werden dürften, aber von ihrer ursprünglichen Inspiration war so gut wie nichts mehr geblieben.

Was die sogenannten »Subaltern Studies« und andere Ableger des Postmodernismus angeht, so wirkten sie sich eher auf die Philosophie und das Kino als auf die Geschichtsschreibung aus. Mit dem berühmten *Linguistic Turn* hielten neue Begriffe Einzug in die Sprache und wurden sehr beliebt: narrativ und metanarrativ, Diskurs und Repräsentation, Differenz und Hyporealität sowie das dekonstruktivistische *archi-writing* und viele mehr. Aber kaum ein Geschichtswerk ist von ihrem Einfluss geprägt, nicht zuletzt weil es unter den Postmodernisten keine Historiker gab (vielleicht mit Ausnahme Foucaults) und ihre Kommentare zur Zeitgeschichte und zu politischen Themen vom Holocaust bis hin zu Khomeinis Revolution im Iran von seltsam bis hin zu schlichtweg absurd zu nennen waren.

Womöglich sind Historiker von Natur aus konservativ, allen neumodischen und rasch vergehenden Trends und Modeerscheinungen abgeneigt, womöglich hat ihre Beschäftigung mit Geschichte sie zu Skeptikern gemacht. Vielleicht waren sie allzu pragmatisch, vielleicht hielten sie die Pudding-Rezepte, die ihnen die Sprecher und Sprecherinnen der postkolonialen Studien anpriesen, für ganz nützlich, waren aber dennoch überzeugt, es sei die wahre Qualität des Puddings, dass er gut schmeckt. Und welche großartigen Erkenntnisse haben uns die Gurus subalterner Studien denn schon gebracht? Wenn der postmoderne Ansatz betonte, dass es die völlig objektive Geschichte überhaupt nicht gibt, so waren auf diesen Gedanken schon etliche Forscher vor ihnen gekommen. Das hieß jedoch noch lange nicht, dass ein Historiker, der etwas auf sich hielt, guten Gewissens seinen Vorlieben und Vorurteilen freien Lauf lassen durfte und dass die Trennlinie zwischen Sinn und Unsinn aufgehoben worden wäre.

In den letzten Jahrzehnten haben wir ein Übermaß an Revisionismus erlebt: Man sagte uns, der größte Teil der bisherigen Geschichtsschreibung sei voreingenommen, imperialistisch, rassistisch, sexistisch. Diese Kritik kam im Allgemeinen von Personen, deren Bildungsniveau und Geschichtswissen eher dürftig war. Womöglich lag es daran, dass so viele Kernthemen so ausführlich erörtert wurden, dass letztlich kaum ein Aspekt nicht beleuchtet wurde. Dadurch blieb wenig Neues zu entdecken, und die Geschichte wurde redigiert, statt neu geschrieben zu werden. Das war freilich seit undenklichen Zeiten der Fall, und bis zu einem gewissen Grad mag es nützlich sein, von Zeit zu Zeit die überlieferte Weisheit kritisch zu hinterfragen. Einige Historiker haben dazu geraten, anstelle der radikalen Revision der Historiographie einen »ausgewogeneren« Ansatz zu entwickeln. Zweifellos sind zwischenmenschliche Beziehungen selten ganz eindeutig, und in den meisten Fällen sind sie sogar sehr komplex. Aber auch die Nuancierung hat ihre Grenzen, und wenn diese überschritten werden, existieren keine Gewissheiten mehr.

Der Kalte Krieg ist ein Beispiel dafür, der Zweite Weltkrieg ebenfalls. Bei manchen Gegenständen besteht die Gefahr, sich allzu sehr von nachträglichen Erkenntnissen beeinflussen zu lassen, bei anderen hingegen besteht die Neigung, allzu sehr auf Vorausplanung zu vertrauen und zu wenig dem Zufall zu überlassen, nicht zuletzt weil das Denken in Verschwörungstheorien fester Bestandteil der neuen Ideologie ist.

So wird beispielsweise neuerdings häufig argumentiert, Hitler habe den Krieg im Grunde schon verloren gehabt, bevor er ihn begonnen hatte, weil es ein aussichtsloses Unterfangen sei, die ganze Welt herauszufordern, und weil die Ressourcen der Alliierten denen Deutschlands haushoch überlegen gewesen seien. Gewiss hat er hoch gepokert, aber Hitler war ein Spieler, und es war nicht ausgeschlossen, dass seine Rechnung hätte aufgehen können. Seine Hauptschwäche war, dass er nicht wusste, wann er aufhören musste. Wenn Halifax Anfang Sommer 1940 Chamberlain als britischen Regierungschef abgelöst hätte – und diese Möglichkeit bestand durchaus –, dann hätte Großbritannien wohl nach einer Einigung mit den Nazis gesucht, und Hitler wäre auf Jahre hinaus unumstrittener Herr über Europa gewesen. Das hätte ihm reichlich Zeit verschafft, die Ressourcen des Kontinents auszubeuten und eine weit effizientere und besser ausgerüstete Kriegsmaschinerie aufzubauen. Ian Kershaw hat unlängst ein Buch über zehn schicksalhafte Entscheidungen geschrieben, die in den Jahren 1940/41 die Welt veränderten. Über Kleinigkeiten mag man sich streiten, aber es besteht kein Zweifel, dass es sich hier in der Tat um schicksalhafte Entscheidungen handelte und dass nichts vorherbestimmt war.

Einige Historiker haben die Ansicht vertreten, Hitler habe im Juni 1941 die Sowjetunion angreifen müssen, um einer sowjetischen Offensive zuvorzukommen, aber die vorgelegten Indizien sind nicht überzeugend. Hitlers Entscheidung, im Dezember 1941 den Vereinigten Staaten den Krieg zu erklären, ist noch rätselhafter; unlängst wurde die These aufgestellt, wenn er das nicht getan hätte, dann wäre Amerika innerhalb von fünf oder zehn Jahren zur führenden Weltmacht aufgestiegen. Aber auch hier liefern die Quellen keine Beweise. Amerika tauchte selten in den Gedanken Hitlers und seiner Gefolgsleute auf (kein einziger NS-Führer war jemals in den USA gewesen), und wenn sie einen Fehler machten, so gewiss nicht den, die Vereinigten Staaten allzu ernst zu nehmen – wie die deutsche Oberste Heeresleitung im Ersten Weltkrieg.

Die Vereinigten Staaten zogen erst nach dem Überfall der Japaner auf Pearl Harbor in den Krieg, ohne Hitlers Kriegserklärung hätten sie sich in den Krieg in Europa womöglich gar nicht eingemischt. Die isolationistischen Tendenzen waren damals stark ausgeprägt, und aus strategischen Gründen hätte sich Widerstand gegen einen Krieg an zwei Fronten geregt. Wenn Hitler in den Krieg zog, so war der Grund nicht, dass er in absehbarer Zukunft einen Angriff aus dem Westen oder Osten fürchtete, sondern dass Deutschland nach seiner Überzeugung mehr Lebensraum und Ressourcen brauchte. Obendrein meinte er, dass dies nur unter seiner Führung möglich sei, und als er älter wurde, spürte er, dass die Zeit drängte.

Es gab noch eine Reihe weiterer, höchst bedeutsamer Wendepunkte im Krieg: Wer weiß, wie die Lage 1945 ausgesehen hätte, wenn Heisenberg nicht beschlossen hätte, dass der Bau einer Atombombe zu kompliziert sei, und Hitler nicht zu dem Schluss gelangt wäre, dass er diese Waffe nicht benötige, um den Krieg zu gewinnen. Immerhin waren die Deutschen in der Raketentechnik damals ihren Gegnern weit überlegen.

Der Zufall spielt in der Geschichte eine oft unterschätzte Rolle, und bei dem Bestreben, aufgrund von nachträglichen Erkenntnissen ein Urteil zu fällen, ist Vorsicht angebracht.

Zum Teil kam der revisionistische Impuls aus der Zunft der Historiker selbst, aber Dokumentarfilme fürs Fernsehen mit ihrer immanenten Tendenz zu Übertreibungen spielten hier ebenfalls eine Rolle. Nehmen wir ein Beispiel: Nachdem man sich jahrelang auf die deutschen Gräueltaten im Weltkrieg konzentriert hatte, entstand allem Anschein nach der Eindruck, dass etwas Neues hermüsse. Und siehe da, mit einem Mal stellte man fest, dass die Besetzung Deutschlands durch die Alliierten ebenfalls grausam gewesen war. Andere wiederum entdeckten religiösen Fundamentalismus, aber um nicht einseitig zu erscheinen, betonten sie den Fundamentalismus in allen Religionen gleichermaßen, obwohl manche Glaubensgemeinschaften viel stärkere fundamentalistische Tendenzen haben als andere.

Mitte der 1960er Jahre hatte ich bereits einige Erfahrungen mit der Herausgabe einer Zeitschrift, da ich zehn Jahre zuvor als Chefredakteur *Survey* gegründet hatte, eine ebenfalls in London erscheinende Zeitschrift. Obendrein standen mir ausgezeichnete Helfer zur Seite. Aber es gab etliche Probleme: Im Laufe der Jahre beobachteten wir einen spürbaren Niedergang im Schreibstil; gut zu schreiben wurde fast schon suspekt. Besonders deutlich war das in Artikeln zu spüren, die aus den Vereinigten Staaten kamen. Es dominierte die unselige Neigung, jede Aussage, so offensichtlich und unstrittig sie sein mochte, mit Fußnoten zu belegen. Den Autoren musste man erklären, dass Lesbarkeit ein überaus wichtiger Aspekt ist und dass ein Unterschied zwischen einer Dissertation, in der der Autor alles, was er jemals gelesen hat, aufzählen muss, und einem Artikel für diese Art von Fachzeitschrift besteht.

Ein weiterer bemerkenswerter Wandel, der mir in all den Jahren auffiel, betraf Buchrezensionen ganz allgemein. Beim Schreiben von Sachbuchrezensionen ergibt sich ein heikles Problem: Im Idealfall sollte ein Experte für das betreffende Thema die Rezension übernehmen. Allerdings ist die Wahrscheinlichkeit relativ hoch, dass dieser Fachkollege den Autor auch persönlich kennt, ihn in der Vergangenheit getroffen hat und entweder mit ihm befreundet ist oder bereits so manchen Strauß mit ihm ausgefochten hat. Arthur Schlesingers Vater, ein Geschichtsprofessor, schrieb in seiner vor vielen Jahren erschienenen Autobiographie, dass er mit vierzig jeden gekannt habe, der sich auf dem Gebiet einen Namen gemacht hatte; deshalb habe er beschlossen, keine Bücher mehr zu rezensieren. Der Tenor der Rezensionen wurde im Lauf der Jahre negativer; weit häufiger wurde Kritik geübt als Lob verteilt. Sah ein Rezensent großzügig über Mängel hinweg, so wurde ihm das prompt als Schwäche ausgelegt – es hieß, er komme seiner Pflicht als Kritiker nicht nach. Dies kann im Zusammenhang mit den diversen Schulen in der akademischen Welt stehen, in der »kritisch« häufig als Synonym für »negativ« verwendet wurde. Bis zu einem gewissen Grad steckten hinter Rezensionen wohl immer auch politische Motive, aber dieser Trend hat sich in unserer Zeit mit Sicherheit verstärkt.

Nach meiner Erfahrung waren Diplomaten und Generäle die zuverlässigsten und verständnisvollsten Rezensenten. Sie hielten sich bei ihrer Analyse vornehm zurück (der Gedanke, dass sie sich irren könnten, wurde ihnen mit Sicherheit durch ihren Beruf nahegelegt), und man konnte davon ausgehen, dass sie das fragliche Buch ganz gelesen hatten und sich nicht nur auf einige Themen beschränkten, für die sie sich interessierten. Die nächste Kategorie waren die akademischen Größen auf dem Feld, die es sich leisten konnten, großzügig über manche Mängel hinwegzusehen. Die Assistenten hingegen waren die gefährlichste Spezies, weil viele beweisen wollten, dass sie mehr wussten als der Autor des fraglichen Buches.

Meine Interessen galten weniger der Geschichte der Diplomatie als der politischen und noch mehr der Geistes- und Kulturgeschichte. Ich befasste mich lieber mit Themen, die mir nicht allzu fern lagen, weil ich den Eindruck hatte, dass die Antworten auf meine Fragen sehr häufig nicht in den Archiven zu finden waren. Mindestens ebenso wichtig war es, ein gewisses Einfühlungsvermögen für die Grundstimmung einer Zeit und für die Lebensumstände der Menschen zu entwickeln. Das ist zwar schwer zu beschreiben und zu definieren, aber es ist für das Verständnis einer Zeit von entscheidender Bedeutung. Allzu häufig begegnete ich akademischen Studien, die bewundernswert gründlich recherchiert waren, in jeder Hinsicht penibel, doch leider fehlte ihnen ein tieferes Verständnis für eine Epoche, das nur das unmittelbare Erleben oder eine gewaltige Anstrengung der Einfühlung vermitteln kann.

Ich habe eine Geschichte der deutschen Jugendbewegung geschrieben, die um 1900 entstand und mit dem Jahr 1933 endete – mein persönlicher Anteil daran war minimal, aber ich kannte viele Vertreter dieser Bewegung, die mir über Aspekte Auskunft geben konnten, die niemand auf Papier festgehalten hatte. Ich war zwölf, als die Weimarer Republik von den Nationalsozialisten zerschlagen wurde, aber ich wuchs mit Leuten auf, die diese Ereignisse hautnah erlebt hatten und meine Schritte lenken konnten. Dasselbe galt auch für meinen Blick auf die *Geschichte des Zionismus*.

Freilich kann für den größten Teil der Geschichte von Unmittelbarkeit keine Rede sein, desto größer ist folglich die Notwendigkeit, sich um Einfühlungsvermögen und Verständnis für das Leben in fernen Zeiten zu bemühen. Beim Lesen von Edward Gibbons Autobiographie stolperte ich über seinen berühmten Ausspruch, dass seine Zeit als Hauptmann der Grenadiere von Hampshire (1759–1762) für den Historiker des Römischen Reiches keineswegs nutzlos gewesen sei. Im ersten Moment ergab das eigentlich keinen Sinn, weil die zeitliche Distanz so groß wirkte, dass diese Erfahrungen kaum von Bedeutung sein konnten. Aber nach gründlicher Überlegung erkannte ich, dass Gibbons militärische Erfahrung als Kommandeur einer Kompanie, so klein diese im Vergleich mit den römischen Legionen auch gewesen sein mochte, durchaus bedeutsam sein konnte. Ich habe in meinem späteren Leben nie bedauert, dass ich etliche Jahre außerhalb der akademischen Welt verbracht habe. Für die Karriere eines Naturwissenschaftlers hätte sich dies als gravierendes Manko erweisen können, aber das galt nicht für meine Interessengebiete.

Meine eigene Lebenserfahrung, so begrenzt sie war, die Tatsache, dass ich in NS-Deutschland aufgewachsen war und später einen großen Teil meiner Zeit der Erforschung der Sowjetunion gewidmet hatte, scheinen das zu bestätigen. Ich begriff, dass Menschen, die das Leben in einem totalitären Regime nicht kannten und unter »normalen« Bedingungen aufgewachsen waren, eine Lebenssituation kaum nachvollziehen konnten, die sich von ihren eigenen Erfahrungen so grundlegend unterschied. Ich meine damit nicht etwa extreme Gräueltaten, die damals von den wenigsten Bürgern wahrgenommen wurden; mir geht es um die allgemeine, alles durchdringende Stimmung, die in einer unfreien Gesellschaft vorherrscht. Außerdem stellte ich später fest, dass die meisten sowjetischen Bürger überzeugt waren, Ausländer könnten niemals begreifen, was ihr Leben unter Stalin geprägt hatte, geschweige denn davor oder danach.

Das war vielleicht ein wenig übertrieben, aber doch nicht ganz verkehrt.

Es fiel (und fällt) den Bürgern der Vereinigten Staaten oder Großbritanniens, die das Glück hatten, niemals unter einer Diktatur oder fremder Besatzung leben zu müssen, nach wie vor schwer, sich diese Lebensumstände vorzustellen. Außerdem haben sie Probleme, Ideologien zu verstehen, die in vieler Hinsicht genau das Gegenteil ihrer eigenen sind. Wie sollten sie sich in den damaligen Fanatismus hineinversetzen, nachdem sie in einer Gesellschaft aufgewachsen waren, die auf Toleranz und Freiheit basierte? (Dasselbe gilt für die Generationen von Europäern, die nach dem Zweiten Weltkrieg geboren wurden. Auch für sie ist das Zeitalter der Diktaturen ähnlich weit entfernt und rätselhaft.) Dieses Unverständnis war wohl einfach menschlich, aber es hatte wichtige politische Konsequenzen. Es erschwerte, um nur zwei Beispiele zu nennen, im Kalten Krieg das Eingehen auf die andere Seite und noch stärker den Umgang mit fanatischen nationalistischen und extremistischen religiösen Bewegungen.

War es denn nicht natürlich, dass diese Menschen glaubten, es gebe keine unlösbaren Konflikte, ja, dass der Dialog – bei einem Minimum an gutem Willen – dazu beitragen werde, einen

Ausweg aus jeder Krise zu finden? Mir ist nicht recht wohl dabei, wenn demokratische Politiker erklären, dass die ganze zivilisierte Welt eine bestimmte Überzeugung teile und zum Beispiel für die Abschaffung der Todesstrafe eintrete. Offenbar sind sie sich nicht im Klaren darüber, dass die »ganze zivilisierte Welt« derzeit nur einen kleinen Teil der gesamten Menschheit ausmacht und dass von den zehn Ländern mit der höchsten Bevölkerungszahl nur eines die Todesstrafe abgeschafft hat. Eine französische Psychoanalytikerin bemerkte einmal, dass es Menschen des Mittelalters vermutlich leichter als uns fallen würde, die Motive der heutigen Selbstmordattentäter zu verstehen. Womöglich hat sie recht.

Doch die »Lehren der Geschichte« können in manchen Fällen ganz einfach gezogen werden. Eine Schule der Psychoanalyse hat auf die »parataktische Verzerrung« hingewiesen. Vereinfacht gesagt heißt das, dass eine Katze, nachdem sie sich einmal an einem heißen Ofen verbrannt hat, stets einen großen Bogen um alle Öfen machen wird, selbst wenn diese kalt sind. Manche Menschen tendieren dazu, in jedem kleinen Diktator einen neuen Hitler oder Stalin zu sehen. Ich erinnere mich, dass jüdische Flüchtlinge aus Deutschland in New York (darunter sehr renommierte Gelehrte der politischen Philosophie und Gesellschaftswissenschaften) Anfang der 1950er Jahre allen Ernstes glaubten, mit Senator McCarthy ziehe der Triumph des Faschismus in den Vereinigten Staaten herauf.

Die Erinnerung an »München« wird für meinen Geschmack ein wenig zu häufig heraufbeschworen, doch es ist unbestreitbar, dass das Münchner Abkommen vom September 1938 eine Katastrophe war. Ich stimme grundsätzlich mit Kiplings Poem *Danegeld* überein, in dem er über reiche, aber nachgiebige Nationen schreibt, die sich von Erpressern freikaufen wollen:

For the end of the game is oppression and shame
and the nation that plays it is lost.
(Denn am Ende des Spiels stehen Unterdrückung und Schmach,
und die Nation, die es spielt, ist verloren.)

Andererseits stimmt es auch, dass die Wikinger nach wenigen Generationen wieder verschwanden, während die Nachfahren derjenigen, die Danegeld zahlten, noch heute leben. Kurz, es gibt keine Regeln ohne Ausnahmen.

Heute wird der Begriff »Islamofaschismus« reichlich wahllos verwendet, den ich nicht etwa deshalb für unangemessen halte, weil er (wie manche annehmen) womöglich Muslime kränken könnte; die Begriffe Faschismus oder Nationalsozialismus waren in Asien oder Afrika, geschweige denn in der arabischen Welt, nie Schimpfworte. Aber nicht jede unmenschliche Diktatur ist notwendigerweise faschistisch: Pol Pot war, trotz seines mörderischen Regimes, kein Faschist, ebenso wenig wie Idi Amin und andere.

Faschismus und Religion sind nicht zwangsläufig unvereinbare Gegensätze; die rumänische Eiserne Garde in den 1930er Jahren war faschistisch und zugleich religiös, das Gleiche gilt für Ante Pavelić's Ustascha-Regime in Kroatien in den 1940er Jahren, und die Wurzeln des belgischen Faschismus (REX) sind in der Jugendbewegung der katholischen Kirche zu finden. In den Vereinigten Staaten kommen der katholische Priester und Rundfunk-Prediger Charles Edward Coughlin und Reverend Gerald L. K. Smith, beide antisemitische Politiker der 1920er/30er Jahre, dem Gedankengut des Nationalsozialismus und Faschismus ziemlich nahe. Aber letztlich war Faschismus ein europäisches Phänomen. Es bestehen etliche Parallelen zwischen radikalem Islamismus und Faschismus: der Populismus, die antiwestliche Haltung, der Antiliberalismus und Antisemitismus, der aggressive expansionistische Charakter, das Vertrauen auf Gewalt und nicht zuletzt die Deutung des Islam sowohl als Religion wie auch als totalitäre, politisch-soziale Ordnung, die Antworten auf alle Probleme bereithält.

Aber es gibt Unterschiede zwischen Faschismus und Islamismus, die man auf keinen Fall vernachlässigen darf. Diktaturen außerhalb Europas entwickeln sich zwangsläufig gemäß den historischen Traditionen und politischen Rahmenbedingungen in anderen Bahnen. Radikaler Islamismus könnte als eine postfaschistische Bewegung interpretiert werden, aber dieses Etikett würde die Rolle der europäischen Vorläufer überbewerten und die Bedeutung der spezifischen islamischen Elemente unterschätzen. Hitler führte keinen Heiligen Krieg und wollte nicht die Scharia einführen.

Kurzum, die Lehren der Geschichte können missverstanden und falsch angewandt werden. Aber heute geht vor allem in Demokratien eine weit größere Gefahr davon aus, dass es an historischem Wissen und am Verständnis für die Dynamiken von Gesellschaften und Regierungen mangelt, die andersartig sind. Und nichts ist mühsamer, als die demokratischen Gesellschaften vor den Gefahren zu warnen, die ihnen drohen. Die öffentliche Meinung möchte nur mit einer klaren und unmittelbar bevorstehenden Gefahr konfrontiert werden; die Mahner sind unweigerlich einsame Rufer in der Wüste. Und selbst weitsichtige Politiker können es sich nicht leisten, der öffentlichen Meinung allzu weit vorauszueilen. Mit anderen Worten, in demokratischen Gesellschaften werden Warnungen in der Regel spät beachtet, und häufig leider zu spät.

»Wie bewerten Sie als Historiker eine aktuelle politische Entwicklung oder welche Folgen erwarten Sie?« Wie oft werden Historiker mit solchen Fragen konfrontiert, als berge historisches Wissen den magischen Schlüssel für die Vorhersage der Zukunft. Und obendrein sind Historiker in ihrer Bewertung der Vergangenheit keineswegs einig. Weshalb sollte man also prophetische Aussagen von ihnen erwarten? Historiker gehen tendenziell davon aus, dass jede Situation einzigartig ist, Politologen hingegen glauben an gemeinsame Muster; sie hoffen, Gesetze oder zumindest gewisse Muster zu entdecken, die Verallgemeinerungen erlauben. Politikwissenschaft ist ein leicht anmaßender Begriff, weil auch diese Disziplin keine Voraussagen treffen kann. Akademische Politologen haben wohl geringeren Einfluss auf die Politik als ihre Rivalen in der Regierung, in Thinktanks und Medien, die dasselbe Handwerk betreiben. Cato der Ältere, selbst ein Augur, sagte einmal, ihm sei unbegreiflich, wie zwei Auguren (Beamte im alten Rom, die nach dem Vogelflug die Zukunft voraussagten) es schafften, bei ihren Prophezeiungen nicht in Gelächter auszubrechen, weil sie doch über den betrügerischen Charakter ihrer Tätigkeit genau Bescheid wüssten.

Die klügeren »Analysten« werden sich hüten, Prognosen zu machen. Aber die Ergebnisse dieser Forscher sind insgesamt wahrlich enttäuschend, und es wird viel Scharlatanerie getrieben. Das liegt womöglich weniger an der Politisierung und Radikalisierung des Gegenstands, denn es hat immer schon linke und rechte Denker, Revolutionäre und Reaktionäre gegeben. Viel wichtiger könnte der Umstand sein, dass die Untersuchung dieser Themen in der Vergangenheit auf eine viel kleinere Elite beschränkt war. Es gab viel weniger Professoren und Studenten. Vor gut hundert Jahren wäre es Dozenten, die offensichtlichen Unsinn verzapften, schwergefallen, ungestraft davonzukommen, von einer Anhängerschar oder gar der Gründung einer eigenen Schule ganz zu schweigen. Es stimmt ferner, dass es inzwischen immer schwieriger geworden ist, wahrhaft neue Erkenntnisse zu präsentieren, weil bereits so viele Themen behandelt wurden. Das mag die wachsenden Bemühungen erklären, neue Ideen hervorzubringen, auch wenn sie an den Haaren herbeigezogen und närrisch sein mögen.

Philosophen, Historiker und Politiker schreiben seit undenklichen Zeiten über Politik, und einige Standardwerke werden noch heute sorgfältig studiert. Aber der Gedanke, Politik als Wissenschaft zu betreiben, ist relativ neu. Eine Vereinigung amerikanischer Politologen wurde unmittelbar vor dem Ersten Weltkrieg ins Leben gerufen, in Großbritannien und Deutschland wurde Politologie erst nach dem Zweiten Weltkrieg eine akademische Disziplin. Gewiss wurde die London School of Economic and Political Science, kurz LSE, bereits im Jahr 1895 gegründet, aber noch viele Jahre nach der Gründung hatten die Hochschulabschlüsse, die sie vergab, mehr mit Wirtschaft als mit Politik zu tun. Die New Yorker Columbia University hatte bereits im Jahr 1857 einen Professor der Politikwissenschaft berufen

(Francis Lieber), aber sein Spezialgebiet war eigentlich das Internationale Recht, im Jahr 1880 wurde an der Columbia University eine Fakultät für Politikwissenschaft gegründet. In Paris wurde Politikwissenschaft sogar schon 1872 offiziell eingeführt, aber das Studienfach wurde erst im Jahr 1945 im heutigen Sinne definiert.

Max Weber hatte in einer berühmten Vorlesung aus dem Jahr 1917 gar gefordert, Politik und Wissenschaft voneinander zu trennen: »Politik gehört nicht in den Hörsaal. Sie gehört dahin nicht von Seiten der Studenten … Aber Politik gehört allerdings auch nicht dahin von Seiten des Dozenten.« Diese These ist angefochten worden, insbesondere nach dem Aufkommen des Behaviorismus in den Vereinigten Staaten und Großbritannien Anfang der 1950er Jahre. Doch der Status der Politologie bleibt ungeachtet aller Versuche, ihr eine methodologische und philosophische Grundlage zu verleihen, diffus und umstritten. Die betreffenden Fakultäten in Harvard, Cornell oder Georgetown, um nur einige amerikanische Hochschulen zu nennen, werden »*department of government*« genannt, nicht etwa »*political science*«.

Bevor ich andere kritisiere, sollte ich jedoch ein wenig Selbstkritik üben. Wenn ich auf mein Denken und Schreiben zu aktuellen Themen zurückblicke, dann möchte ich meinen, dass ich mit meinen Thesen häufiger richtig lag als falsch, aber ich bin mir durchaus einiger grundlegender Irrtümer und Fehleinschätzungen bewusst, die mir unterliefen. An dieser Stelle möchte ich auf zwei näher eingehen. Als ich vor vielen Jahren von einer Organisation namens *Inter Nationes* für ein Buch, das ich geschrieben hatte, einen Preis bekam, da wies der Sprecher der Laudatio, der führende deutsche Verleger Wolf Jobst Siedler, auf einen Punkt hin, der mir noch lange Zeit Stoff zum Nachdenken gab: Leider würden Laqueurs Bücher in der Regel zu früh kommen …

Siedler hatte recht, und nicht nur der Zeitpunkt war häufig falsch. Ich irrte mich mehrmals bei der Analyse eines politischen Trends, weil ich die verzögernden Faktoren ignorierte oder unterschätzte. Mit anderen Worten, es genügt nicht, korrekt das Kommen einer Krise und ihre Ursachen zu erkennen, in der Realität gibt es fast immer andere Trends, welche die volle Entfaltung der Krise verzögern. Ein Land mag instabil sein, und alles mag auf eine Zuspitzung der Lage hindeuten. Aber sehr häufig dauert dieser Prozess länger als angenommen, denn es gibt immer starke etablierte Interessengruppen, die den Status quo erhalten wollen. Überdies darf man die Bedeutung der menschlichen Trägheit in Gesellschaften und die Rolle des Zufalls nicht unterschätzen. Gewaltsame, dramatische Veränderungen können vor der eigenen Haustür stattfinden, doch es kann Jahre oder Jahrzehnte dauern, bis die Zeit reif für sie ist. Manche Gesellschaften sind eher als andere bereit, sich mit jämmerlichen Verhältnissen abzufinden, doch die Stimmung kann urplötzlich aus keinem ersichtlichen Grund umschlagen. Die wirtschaftliche Lage mag elend sein, aber dann könnte eine vorübergehende Erholung eintreten. Die internationale Lage kann sich ändern, und das könnte sich auf die Politik im Land auswirken.

Um nur ein Beispiel zu nennen: Russlands Versuch, den Status einer Supermacht wiederzuerlangen und zumindest Teile des ehemaligen Imperiums zurückzuerobern, mag zum Scheitern verurteilt scheinen, denn das Land ist im Grunde ein Koloss auf tönernen Füßen, der vom Export von Erdöl und Erdgas abhängig ist. Die demographische Basis Russlands schrumpft rapide, und der nichtrussische Bevölkerungsanteil wächst schnell. Aber der Ausgang dieses Prozesses hängt von verschiedenen Entwicklungen ab, die nicht vorhergesagt werden können. Zum Beispiel könnte das von dem Widerstand abhängen, auf den Moskau bei seinem Versuch stoßen wird, die einstige Führungsposition in der Welt zurückzuerobern. Wenn der Kreml trotz der fortschreitenden Entvölkerung der nördlichen und östlichen Gebiete lange genug an dieser Politik festhält, dann könnte die globale Erwärmung den Dauerfrostboden teilweise auftauen, und dies könnte den russischen Herrschern neue Bodenschätze verschaffen, die ihre Position erheblich stärken würden.

Wenn ich mir meine Schriften im Lauf der Jahre anschaue, stelle ich fest, dass ich mit meinen langfristigen Voraussagen häufiger ins Schwarze traf als mit kurzfristigen. Vielleicht lässt sich das gar nicht vermeiden, weil kurzfristig so gut wie alles passieren kann, während die Möglichkeiten auf lange Sicht in der Regel stärker eingeschränkt sind. Aber es trifft mit Sicherheit zu, dass ich dem manchmal nicht genügend Aufmerksamkeit geschenkt habe – daher auch die Annahme, dass korrekt analysierte politische Prozesse innerhalb weniger Jahre ablaufen würden, während sie in Wirklichkeit viel länger dauerten.

Ein häufiger Fehler der Gegenwart ist eine Folge des Amerikaoder Eurozentrismus und der Überzeugung, dass andere Teile der Welt im Wesentlichen der unseren glichen, dass die Menschen ähnliche Motive hätten und auf ähnliche Weise reagierten. Im Gegensatz zu vielen anderen Schülern der internationalen Politik im Westen hatte ich meine Laufbahn mit der Untersuchung von Regionen begonnen, die damals die »Dritte Welt« genannt wurden. Aus diesem Grund war ich vermutlich nicht ganz so anfällig für diese irrigen Annahmen und gefeit gegen ein gewisses Wunschdenken. Dennoch muss ich feststellen, dass ich lange Zeit die politische Bedeutung von Nationalismus und Religion unterschätzt habe, weil der Nationalismus in Europa und in Amerika nach dem Zweiten Weltkrieg eine geringere Rolle spielte als jemals zuvor. Weil ich selbst keine sonderlich starken nationalen und religiösen Gefühle hatte, neigte ich dazu, deren Bedeutung in anderen Teilen der Welt nicht angemessen zu bewerten. Dieser Fehler unterläuft häufig linken westlichen Intellektuellen, und auch ich war keineswegs davor gefeit. Freilich hätten Faschismus und die ihm zugrunde liegenden Leidenschaften wie extremer Nationalismus noch frisch im Gedächtnis sein müssen, aber nach dem Zweiten Weltkrieg schienen diese Extreme für alle Zeiten der Vergangenheit anzugehören.

Was macht eine halbwegs zuverlässige Einschätzung aus, insbesondere mit Blick auf die Außenpolitik? In vielerlei Hinsicht ist es erforderlich, schlicht und einfach das Naheliegende zu konstatieren. Vor allem die Beschäftigung mit der Geschichte und Kultur des betreffenden Landes ist eine wichtige Voraussetzung. Auswärtige Angelegenheiten haben mit Ausländern zu tun, und jeder ist naturgemäß mit den Verhältnissen in seiner Heimat besser vertraut. Von entscheidender Bedeutung ist die Sprache: Viele Chinesen haben zumindest Grundkenntnisse in Englisch, doch wenige Amerikaner sprechen Chinesisch. Das Gleiche gilt für Arabisch, Persisch, Urdu und andere orientalische Sprachen. Vor etlichen Jahren gab ich den Plan auf, ein Experte für den Nahen und Mittleren Osten zu werden, weil ich den Eindruck hatte, meine Arabischkenntnisse seien unzureichend. Heute muss ich feststellen, dass ein großer Teil der Literatur über den Nahen Osten von Autoren geschrieben wird, die weniger Skrupel haben als ich. Viele falsche Urteile sind heute auf einen Mangel an sprachlichen (oder allgemeinen kulturellen) Kompetenzen zurückzuführen. Mehr denn je besteht die Notwendigkeit, sich insbesondere um Verständnis für das Leben der Menschen in anderen Teilen der Welt zu bemühen, und das gilt nicht nur für ihre Sprachen, sondern auch für ihre Psychologie, Anschauungen, Sitten und Lebensstile.

Zugleich muss man sich vor dem Glauben hüten, dass Ereignisse in der Vergangenheit sich früher oder später zwangsläufig wiederholen würden. (»Geschichte wiederholt sich immer.«) Als auf der internationalen Bühne zum ersten Mal von Kommunismus die Rede war, wurde häufig angenommen, dass er etwas mit Nihilismus (was auch immer der Begriff bedeuten sollte) zu tun hätte, und beim Faschismus glaubten viele, es handle sich um eine neue Variante der bekannten Militärdiktatur. Für die Deuter wäre es viel einfacher, wenn die Geschichte sich wiederholen würde, aber leider tut sie das in der Regel eben nicht.

Irrtümer sind also unvermeidlich. George Kennan etwa, ein ausgewiesener Kenner der sowjetischen Politik, fällte in späteren Jahren zahlreiche Fehlurteile, nachdem er bereits aus der Regierung ausgeschieden war, keinen Zugang mehr zu Insiderinformationen hatte und sich an den Rand gedrängt fühlte. Eine häufige Fehlerquelle ist auch die Ansicht, die Wahrscheinlichkeit von Fehlern beim Handeln politischer Entscheidungsträger werde desto geringer, je weniger sie überhaupt unternähmen. Das war wohl eine Grundüberzeugung von Walter Lippmann in seinen reiferen Jahren. Vielleicht mag so übertriebene Vorsicht mitunter angebracht sein, aber auch Untätigkeit kann sich als verhängnisvoll herausstellen.

Eine bislang unzureichend untersuchte Frage ist, wie man sich einen Namen macht und ihn anschließend bewahrt. Führende Gurus auf dem Feld der internationalen Politik haben sich ihren Nimbus der Weisheit, wenn nicht gar der Unfehlbarkeit trotz einer langen Liste gravierender Irrtümer über einen längeren Zeitraum hinweg bewahren können. Das gilt mit Blick auf Experten für regionale Studien und noch mehr für Generalisten, denn die Wahrscheinlichkeit, sich in einem weiten Feld zu irren, ist naturgemäß höher. Die Ursache dieses Phänomens war vermutlich, dass diese Gurus einen allgemein anerkannten Konsens vertraten; ihre Fehler spiegelten jene vieler anderer wider, weshalb sie lange Zeit immun gegen Anfechtungen blieben. Womöglich meinten jene, die dazu beigetragen hatten, den Nimbus der Gurus aufzubauen, sie hätten einen Grund, jene auch dann noch nicht fallen zu lassen, nachdem deren Irrtümer bereits offensichtlich waren. Ein unverdient guter Ruf kann in dieser Disziplin jedenfalls länger als in vielen anderen kultiviert werden, und das gilt nicht nur für die exakten Naturwissenschaften.

Soll man heute einer jungen Frau oder einem jungen Mann raten, in die Politik zu gehen oder sich mit der politischen Analyse oder dem Kommentar zu befassen? Das bezweifle ich, und das gilt vor allem für die Außenpolitik. Die Hoffnung stirbt natürlich nie, und vielleicht geschehen noch Zeichen und Wunder, aber unsere Zukunftsperspektiven sind alles andere als gut. Vielleicht werden wir, wie manche Futuristen uns einreden wollen, ein Zeitalter enormer technologischer Durchbrüche erleben, und es wird großen Teilen der Menschheit, nicht nur in China und Indien, materiell besser gehen. Aber das ist noch lange keine Garantie für Glück und Konfliktlösung; das 21. Jahrhundert könnte durchaus ein Zeitalter des Fanatismus, der ökologischen Katastrophen, der gescheiterten Staaten und der Verbreitung von Massenvernichtungswaffen werden.

Gewiss hält sich Fanatismus nicht ewig, zumindest nicht mit unveränderter Intensität; und es sollte dem menschlichen Erfindungsreichtum gelingen, die ökologischen Gefahren, die uns drohen, zumindest erheblich zu mindern. Der eine oder andere gescheiterte Staat mag einen Ausweg aus der Misere finden. Aber es ist zum gegenwärtigen Zeitpunkt überaus schwierig, politische Ansätze zu finden, um die Folgen einer Verbreitung von Massenvernichtungswaffen zu verhindern. Es fällt schwer, sich angesichts dieser Perspektive die Erhaltung demokratischer Institutionen und den Schutz persönlicher Freiheiten zu erhoffen.

Derzeit existiert keine Supermacht, die imstande und willens wäre, die Aufgabe einer Weltpolizei zu übernehmen, um ein Mindestmaß an internationaler Ordnung und Sicherheit in einer Welt zu garantieren, die zu einem politischen Dschungel mutieren könnte. Der Trend in Europa und verstärkt auch in den Vereinigten Staaten geht in Richtung Rückzug. Die Lösung internationaler Konflikte sollte möglichst den Vereinten Nationen überlassen werden, und sämtliche Initiativen müssten multilateral sein, im Anschluss an Konsultationen und auf der Grundlage von Kompromissen mit den Verbündeten. In den 1970er Jahren lauteten die Schlagworte des neoisolationistischen Trends in den USA »maßvolle Zurückhaltung«, »partielles Disengagement« und vor allem »klar abgegrenzter Interventionismus«; heute verwendet man dafür andere Begriffe.

Womöglich könnte die Bereitschaft, sich den Realitäten zu stellen und international zusammenzuarbeiten, nach einer großen Katastrophe wie dem Einsatz von Atomwaffen durch Terroristen größer sein. Doch das ist keineswegs sicher, der Lernprozess wird jedoch unweigerlich schmerzhaft sein. Ich muss gestehen, dass ich mit Blick auf meine eigenen Erfahrungen diesbezüglich zu wachsendem Pessimismus neige: Massiver Widerstand dagegen, aus Fehlern zu lernen, ist leider die Regel, die Macht ideologischer Verblendungen ist groß, und die Kraft rationaler Argumente bleibt begrenzt. Erst aus erlittenen Rückschlägen, Niederlagen und Katastrophen ziehen die Menschen ihre Lehren. Allzu früh recht zu haben führt zu nichts, und die Rolle des Warners ist eine undankbare Aufgabe, wenn die Warnungen nicht zum richtigen Zeitpunkt erfolgen und nicht die richtigen Adressaten erreichen.

Welche Lösungsansätze wurden vorgeschlagen, um den drohenden Gefahren zu begegnen? Die Palette reicht von naheliegenden, aber einfältigen Vorschlägen bis hin zu geradezu lächerlichen Träumereien: Ein neuerlicher Imperialismus sollte vermieden, die Vereinten Nationen hingegen sollten gestärkt werden; an die Stelle von globaler Überdehnung sollte Beschränkung treten; Demut, nicht Größenwahn, Klugheit, nicht Aggression sollten das Handeln leiten; die Verantwortlichkeit sollte gefördert werden; die Würde jedes Menschen sollte geachtet und jeder mit dem gleichen Respekt behandelt werden. Nach dem großen Erdbeben von Lissabon am 1. November 1755 tauchten in der portugiesischen Hauptstadt Straßenhändler auf, die Pillen gegen Erdbeben verkauften. In Gaetano Donizettis Oper *Elisir d'Amore* kommt ein Dr. Dulcamara (der »*dottore enciclopedico*«) vor, der in einer berühmten Arie seinen wohlfeilen Liebestrank anpreist, der obendrein alle Krankheiten kuriert ... Die heutigen Dulcamaras bieten ihre Pillen kostenlos feil (oder zumindest fast).

Wie sind wir in diese Sackgasse geraten? Wie kamen wir vom Optimismus eines Victor Hugo zu den düsteren Zukunftsperspektiven des frühen 21. Jahrhunderts? Viele US-Bürger sehen die Ursachen in den Fehlern der jüngsten Vergangenheit, etwa in der imperialen Überdehnung ihres Landes, aber damit machen sie es sich wohl zu einfach, und es gilt mit Sicherheit nicht für Europa. Selbst wenn Politiker mit größerer Weisheit und Zurückhaltung gehandelt hätten, wären wohl nur wenige aktuell drohende Gefahren abgewendet worden. Großmächte sind stets unbeliebt gewesen und haben bei den Nachbarn Angst oder zumindest ernste Bedenken geweckt; und aus dieser misslichen Lage ist der Verzicht der USA auf den Großmachtstatus der einzige Ausweg. Die Vereinten Nationen wären allerdings unverändert machtlos, und die Lösungen für diese Probleme lägen weiterhin in unbestimmter Ferne.

Auf der Suche nach tragischen Fehlern und Schuldigen sollte man bis zum Anfang des 20. Jahrhunderts zurückgehen. Der Erste Weltkrieg hätte vermieden werden können. Er war leichtfertig und widersinnig. Die Interessengegensätze der Großmächte hätte man auch ohne Krieg austarieren können. Zu Europas Unglück waren zwei der Hauptakteure überaus dumm: der eine (Wilhelm II.) dumm und arrogant, der andere (Nikolaus II.) dumm und schwach. Ohne den Ersten Weltkrieg hätte es aller Wahrscheinlichkeit nach weder Hitler noch Stalin gegeben, die russischen und deutschen Autokratien hätten sich aufgelöst oder wären gestürzt worden, selbst wenn es noch einige Jahre oder Jahrzehnte gedauert hätte. Durch den Ersten Weltkrieg waren die Krisen der Zwischenkriegszeit nahezu unvermeidlich geworden, auch wenn eine klügere Wirtschaftspolitik die Auswirkungen der Weltwirtschaftskrise von 1928 bis 1932 wohl gelindert hätte. Sobald die totalitären Bewegungen an die Macht gelangt waren, wurde angesichts des deutschen und italienischen Expansionismus ein militärischer Konflikt unvermeidlich. Dieser führte direkt in den Kalten Krieg, der aufgrund von Stalins (und seiner Nachfolger) Glauben an das vorherbestimmte Ziel der Geschichte ebenfalls nicht vermieden werden konnte: den weltweiten Sieg des Kommunismus nach sowjetischem Vorbild. Auf ähnliche Weise erscheint die Entkolonialisierung nach dem Zweiten Weltkrieg als zwangsläufig; es ist unvorstellbar, dass die europäischen Mächte angesichts der politischen und wirtschaftlichen Entwicklungen und ihrer eigenen Schwächung imstande gewesen wären, ihre Kolonialreiche zu erhalten.

Folglich war die Welt des Jahres 2000 erheblich komplexer und bestand aus viel mehr Staaten (und Nationalismen) als die Welt des optimistischen Jahres 1900. Die Tatsache, dass so viele nationale Bewegungen sich durchgesetzt hatten, machte die Welt keineswegs zu einem sichereren und friedlicheren Ort. Im Gegenteil, während die Konflikte des späten 19. Jahrhunderts vergleichsweise einfach gelöst werden konnten, eskalierten viele Gegensätze des 21. Jahrhunderts und gerieten außer Kontrolle. Es gibt kein »Konzert der Mächte«, und die Staaten, die nach 1945 imstande gewesen waren, die jetzige internationale Ordnung anderen aufzuzwingen, legen wenig Begeisterung an den Tag, diese undankbaren Aufgaben in der Zukunft zu übernehmen, sofern nicht ihre eigenen vitalen Interessen betroffen sind. Derzeit überwiegt in allen größeren Staaten eine isolationistische Haltung, mit Ausnahme Russlands, das bestrebt ist, seine einstige Macht und seinen Einfluss teilweise oder ganz wiederherzustellen. Doch es ist unwahrscheinlich, dass es mit diesem Bestreben mehr als bescheidenen Erfolg haben wird.

Europa hat auf der internationalen Bühne ständig an Einfluss verloren, und unter diesen Umständen ist es nur natürlich, sich abermals für eine »*splendid isolation*« zu entscheiden, also für den Versuch, sich aus der Weltpolitik möglichst herauszuhalten. Den USA mag nach den Rückschlägen in Afghanistan und im Irak sowie aufgrund der herrschenden Schwäche des politischen Willens, der Verwirrung und des Defätismus der politischen Elite eine längere Phase der Neuformierung oder eines wachsenden Isolationismus bevorstehen. China und Indien sind weder bereit noch willens, für längere Zeit Verantwortung über ihre unmittelbare Nachbarschaft hinaus zu übernehmen. Der Zugang zu Rohstoffen in Afrika und anderswo, die sie für ihr Wirtschaftswachstum brauchen, wird ihr Hauptanliegen in der Weltpolitik bleiben.

Zwei Lehren aus jüngster Zeit werden sich vermutlich rasch einprägen: dass eine Intervention als Mittel der Außenpolitik in der Regel falsch ist und dass gescheiterten Staaten von außen nicht geholfen werden kann, abgesehen vielleicht von Wirtschaftshilfe und guten Ratschlägen. Gewisse Annahmen sind in manchen Fällen korrekt; es ist in der Tat überaus schwierig, ethnische Gruppen daran zu hindern, sich gegenseitig umzubringen, wenn sie das unbedingt wollen; aber häufig stimmen diese Annahmen auch nicht. Es ist fraglich, ob die Verbreitung von Massenvernichtungswaffen hätte verhindert werden können, aber man hätte sie mit Sicherheit bremsen und erschweren können. Obendrein hätte man jenen, die mit dem Gedanken spielen, sie einzusetzen, deutlich machen können, welche inakzeptablen Risiken damit verbunden sind.

Es wurde verkündet, dass »eine der wenigen Vorhersagen, die man mit einiger Gewissheit über den Krieg gegen den Terror machen kann, lautet, dass er enden wird – alle Kriege enden früher oder später«. Das klingt beruhigend, basiert aber auf der irrigen Annahme, dass der Krieg gegen den Terror mit früheren Kriegen vergleichbar sei. Doch dieser Krieg ist kein Prozess, sondern ein Zustand und zugleich die zeitgenössische Manifestation politischer Konflikte in einem Zeitalter, in dem traditionelle Kriege zu kostspielig und moderne Kriege zu riskant und zu zerstörerisch geworden sind. Terrorismus kann nicht ausgemerzt werden, solange nicht auf wundersame Weise zwischenmenschliche Konflikte abgeschafft werden. Mit viel Glück könnte es gelingen, den Terrorismus auf eine kontrollierbare Größenordnung einzudämmen; gescheiterte Staaten können zwar nicht ohne weiteres wieder in die Normalität zurückgeführt werden, aber die Konflikte könnten isoliert werden, so dass lokale Brandherde nach einiger Zeit womöglich von selbst ausbrennen.

Aber um das zu erreichen, wären bestimmte Vorbedingungen erforderlich, die gegenwärtig nicht gegeben sind. Wir müssen uns der Erkenntnis stellen, dass eine Intervention innerhalb klar umrissener Grenzen in der Regel nur dann Erfolg haben wird, wenn sie mit einer massiven, überwältigenden Streitmacht durchgeführt wird. Derartige Unternehmen halbherzig zu führen ist gefährlich und häufig zum Scheitern verurteilt. Konkret heißt das, mit harten Bandagen zu kämpfen und sich nicht an die Regeln zu halten, die von den Terroristen und Guerillakriegern der asymmetrischen Kriegführung geprägt wurden. Auf dem Schlachtfeld müssen genau wie auf dem Spielfeld für beide Seiten gleiche Bedingungen geschaffen werden. Alle möchten gleichzeitig Sicherheit und inneren Frieden, aber das ist wohl leider ein Nullsummenspiel. Einige Politiker, die diese drohenden Gefahren erkannt haben, möchten zur Erreichung dieser Ziele die traditionellen Freiheiten in den USA einschränken, aber das ist politisch unklug.

Solche Vorgehensweisen werden in demokratischen Gesellschaften zwangsläufig auf massiven Widerstand stoßen, in Ländern wie

Russland oder China hingegen auf weit geringeren. Und es wird unweigerlich die Frage gestellt werden: Ist diese Beschränkung der Freiheiten wirklich erforderlich? Sind so viele Videokameras auf Straßen und öffentlichen Plätzen wie in Großbritannien tatsächlich notwendig? Ist es die Aufgabe einer Demokratie, Ländern demokratische Regierungsformen aufzuzwingen, die weder dafür bereit sind noch sie überhaupt wollen? Die Antwort in der gegenwärtigen Weltlage liegt auf der Hand: Jede Maßnahme, die ohne starken Rückhalt in der Öffentlichkeit, ohne die Entschlossenheit, sie bis zur letzten Konsequenz durchzuhalten, und die ohne die nötige Stärke in Angriff genommen wird, muss scheitern und sollte deshalb nicht einmal in Betracht gezogen werden. Strenge Sicherheitsmaßnahmen werden erst nach dem Eintreten einer oder mehrerer Katastrophen breite Unterstützung finden. Und wer weiß, womöglich finden diese durch wundersame Fügungen ja niemals statt.

In mancher Hinsicht ähneln die aktuellen strategischen Debatten den Diskussionen zwischen Falken und Tauben im Kalten Krieg. Die Tauben argumentierten, es sei das Gebot der Stunde, sich auf einen – moralisch gesehen – höheren Standpunkt zu stellen und die Beziehungen zu den Alliierten zu verbessern, überdies habe die westliche (insbesondere die amerikanische) Diplomatie wichtige Chancen, die internationalen Spannungen zu verringern, verpasst: Während des Kalten Krieges seien etwa Stalins und Berijas scheinheilige Angebote zur Wiedervereinigung Deutschlands (1952/53) solche verpasste Gelegenheiten gewesen. Heute wird auf ähnlich zweifelhafte Angebote des Iran aus dem Jahr 2003 verwiesen, durch die mit den Vereinigten Staaten ein Kompromiss angestrebt werden sollte.

Die Gefahren, die der Welt in den kommenden Jahren und Jahrzehnten drohen, mögen überzeichnet worden sein, und vielleicht brechen nicht alle verheißenen Katastrophen über uns herein. Dann sollten wir genau wie Candide in Voltaires berühmtem Roman so frei sein, unseren Garten zu kultivieren. Es besteht jedoch kein Zweifel daran, dass die Menschheit, selbst wenn das Schlimmste verhindert werden kann, im Schatten dieser Bedrohungen und im Angesicht der Gefahr einer unvorstellbaren Vernichtung leben wird. Im gegenwärtigen psychologischen Klima sind die Aussichten sehr schlecht, dass Schritte unternommen werden, um diese Gefahren zu verringern. In naher Zukunft erscheint die Strategie einer Festung Amerika beziehungsweise Festung Europa viel wahrscheinlicher; leider ist das Konzept der Festung jedoch völlig obsolet und bietet in der heutigen Welt kaum Sicherheit.

Den Außenpolitikern stehen schwierige Jahre bevor. Es gibt kaum herausragende Staatsmänner im Westen oder auch anderswo. Als sich der junge Johan Oxenstierna als schwedischer Gesandter zu den Friedensverhandlungen begab, die den Dreißigjährigen Krieg beendeten, fürchtete er, dass er es mit den älteren, erfahreneren Staatsmännern nicht aufnehmen könne. Daraufhin beruhigte ihn sein Vater Axel Oxenstierna, der schwedische Reichskanzler des 17. Jahrhunderts: »Mein Sohn, du ahnst nicht, mit wie wenig Weisheit die Welt regiert wird.« Das gilt in unvermindertem Maße für die jüngste Vergangenheit und die Gegenwart.

Aber es wäre zu einfach, alle oder auch nur die meisten Probleme auf die begrenzten geistigen Fähigkeiten von Politikern zurückzuführen. Man darf nicht vergessen, dass der Handlungsspielraum von Politikern häufig aus den verschiedensten Gründen stark eingeschränkt ist. Hier könnte man viel Unheil der jüngsten Zeit aufzählen, das aller Wahrscheinlichkeit nach selbst von den größten staatsmännischen Genies nicht hätte verhindert werden können. In demokratischen Regierungsformen müssen die außenpolitischen Strategen und Entscheidungsträger Rücksicht auf die Meinung der Öffentlichkeit nehmen und können ihr nie allzu weit vorauseilen; womöglich sind sie sich sogar der drohenden Gefahren bewusst, können aber gleichwohl nicht so frei handeln, wie sie es gerne täten. In nichtdemokratischen Regimen können hingegen andere Hindernisse wirksam werden.

Oxenstiernas berühmtes Diktum gilt nicht nur für die Akteure der Außenpolitik, sondern auch für deren Deuter. Wie verbreitet sind doch Wunschdenken, wie groß ist die herrschende Naivität und wie klein die Bereitschaft, aus den Fehlern der Vergangenheit zu lernen. Wie viel Verwirrung und Intoleranz herrschen an den Universitäten (in den Vereinigten Staaten mehr noch als in Europa). Wie groß ist die Sensationsgier in den Medien; offenbar haben sie alle von der Boulevardpresse gelernt, dass nur große Katastrophen die Auflagenzahl merklich steigern.

Gewiss war die Weltlage in gewisser Weise immer beunruhigend, aber es fällt einem immer schwerer, zu glauben, dass man überhaupt von Fortschritt sprechen kann. Vorhersagen sind noch nie einfach gewesen. Es war nicht allzu schwer, einen Krieg in Europa zu prophezeien, nachdem Hitler an die Macht gelangt war (auch wenn damals viele anderer Meinung waren). Manche glauben noch heute, der Kalte Krieg hätte vermieden werden können, wenn westliche Politiker weniger dogmatisch und weitsichtiger gewesen wären.

Viel schwieriger war es, das Heraufziehen des Ersten Weltkrieges vorherzusehen, so wie heute gegenüber dem iranischen Atomprogramm größte Ungewissheit besteht: Werden iranische Atomwaffen nur als politisches Druckmittel verwendet, oder werden sie in einem Krieg zum Einsatz kommen? Und nicht minder schwierig ist bekanntlich die Vorhersage eines inneren Aufstands. Im Jahr 1914 war allgemein bekannt, dass die russische Autokratie schwach war; es wurde vielfach als Wunder angesehen, dass sie drei Kriegsjahre und zahlreiche militärische Niederlagen überstand. Gleichwohl war die Revolution der Bolschewiki keineswegs unvermeidlich.

Will man noch weiter zurückgehen, so gilt das auch für den Ausbruch der Französischen Revolution. Zu den bestinformierten Beobachtern Frankreichs zählte damals Arthur Young, ein führender englischer Landwirtschaftsexperte, der Frankreich in den Jahren 1787, 1788 und 1789 besuchte und von jeder Reise ausführlich über seine Eindrücke berichtete. Aber ungeachtet seines großen Wissens über Frankreich und der unzähligen Begegnungen mit Menschen aus allen Gesellschaftsschichten ahnte er die Revolution ebenso wenig voraus wie andere Zeitgenossen. Gewiss, die Regierung war bankrott – deshalb beschloss sie ja letztlich, die Ständeversammlung einzuberufen, aber selbst zu diesem Zeitpunkt konnte wohl niemand die Auftritte eines Robespierre und St. Just vorhersagen.

Einige Probleme, vor denen politische Analytiker und Journalisten stehen, dürfen nicht übersehen werden: die prekäre Lage der Printmedien und die schwindende Zahl der Auslandskorrespondenten. Aber es gibt weitere, tiefergehende Probleme: Die Trennlinie zwischen Leitartikel, Kommentar und Nachrichten – zwischen Information und Unterhaltung – verwischt immer mehr. Nachrichtenblätter sind zu Meinungsblättern geworden, persönliche Ansichten und Ideologien prägen zunehmend die Berichterstattung und den politischen Kommentar, und das häufig auf geradezu schrille Weise. In den letzten Jahrzehnten ist auf den kritischen Ansatz großer Wert gelegt worden, was selbstverständlich auch legitim ist, solange »kritisch« nicht (wie so oft) in den Vereinigten Staaten und Großbritannien und in geringerem Maße im kontinentalen Europa mit »negativ« gleichgesetzt wird. Eine Mehrzahl der Kommentatoren der aktuellen Politik steht in Opposition zur amtierenden Regierung. Sie sind der einflussreiche, aber nicht gewählte vierte Stand.

Viele Kommentatoren halten sich heute selbst für liberal, aber die Bedeutung der Begriffe »rechts« und »links« hat sich seit dem 19. Jahrhundert grundlegend gewandelt. Die Schicksale der Linken sind in der jüngsten Vergangenheit, gelinde gesagt, recht bewegt gewesen, und das nicht nur als Folge des Zusammenbruchs des sowjetischen Reiches. Das geht so weit, dass schon das Wort Sozialismus für viele amerikanische Liberale ein inakzeptabler, ja abschätziger Terminus geworden ist.

Die Tragödie der Linken: Traditionell war die Linke die Partei der Freiheit, des Fortschritts, des Kampfes gegen Armut, Obskurantismus und Repression. Welche Visionen, welche Idole hat sie in der Gegenwart? Heute vertreten Linke häufig Ansichten, die man dereinst als unmoralisch, reaktionär und obskur geschmäht hätte. Radikaler Schick, gedankenlose Befürwortung von Gewalt, moralischer Relativismus, unsinnige Theorien, die freilich ernst genommen werden, populistische Losungen, die Rechtfertigung religiös und nationalistisch motivierter Repressionen – was ist von der Linken noch geblieben? Im Westen gibt es Ansätze zur Selbstkritik, in anderen Ländern weit weniger. Womöglich kommt es zu einem zweiten Frühling der Linken, aber das kann noch einige Zeit dauern. In den Vereinigten Staaten, in Großbritannien und in Frankreich haben in den letzten Jahrzehnten viele über den desolaten Zustand der Linken geschrieben. Als Außenstehender kann ich dem wenig hinzufügen.

Vielleicht ist die Lage der Linken ja die Folge ihres Erfolgs. Historisch gesehen sind im Laufe der vergangenen Generationen bemerkenswert viele Ziele der Linken in der westlichen Welt verwirklicht worden. Es gab zwar keine Revolution, aber die ärgste Armut ist verschwunden, und Bildungschancen und medizinische Versorgung wurden erheblich verbessert. Hat die linke Bewegung womöglich aus diesem Grund ihre Stoßkraft verloren? Hat die Partei der Freiheit und Gerechtigkeit vielleicht deshalb ihren ursprünglichen Charakter so sehr verändert und Abstand genommen von ihren traditionellen Werten und Zielen? Ich bin keineswegs der Meinung, dass die Linke keine historische Rolle mehr spielen wird; im Gegenteil, es gibt so viele ungelöste Probleme, denen sie sich stellen müsste: die wachsende Ungleichheit bei der Einkommensverteilung seit 1970 auf allen Kontinenten (nicht nur in den Vereinigten Staaten und in Europa, noch stärker in Russland, China, Indien und Brasilien). Sie überschreitet jenes akzeptable Maß bereits weit, ab dem demokratische Einrichtungen gefährdet sind.

Meine Wohnung in London liegt nur zwei Minuten von dem Friedhof entfernt, auf dem Karl Marx beigesetzt wurde. Heute kommen viel weniger Besucher zu seinem Grab als vor dreißig Jahren. Die Verfechter der postkolonialen Forschungen und *Gender Studies* (Geschlechterforschung) haben andere Gurus und Pilgerstätten. Ich bin in einer Generation aufgewachsen, die zutiefst vom Marxismus und später von der Kritik am Marxismus geprägt wurde. Ich glaube nicht, dass eine Ideologie des 19. Jahrhunderts für die Menschen des 21. Jahrhunderts wichtige Lehren bereithält. Aber manchmal bewegt mich der Gedanke, dass wir mit der Verunglimpfung der marxistischen Ideen zu weit gegangen sind. In mancher Hinsicht mögen sie falsch gewesen sein, aber sie waren im Vergleich zu vielen modischen ideologischen Botschaften der Gegenwart keineswegs unsinnig. Welch ein Gigant war Marx verglichen mit vielen heutigen Denkern, die meinen, sie stünden in der radikalen Tradition. Historisch hat sich der Marxismus weder als Ideologie noch in der ökonomischen Praxis bewährt, und er wird wohl keinen zweiten Frühling erleben. Aber der blinde Glaube an den freien Markt, die panische Angst vor Regulierung, staatlicher Planung und jeder Form von Aufsicht, weil sie angeblich »sozialistisch« wären, haben ebenfalls viel Schaden angerichtet, was uns gerade in jüngster Zeit wieder vor Augen geführt wird.

Sollen wir den britischen Marxisten beipflichten, die schrieben, dass zu den wenigen Dingen, die zwischen uns und einem Absturz in finstere Zeiten stehen, die Wertvorstellungen zählen, die wir von der Aufklärung übernommen haben? Sie halten diese Werte für die Fundamente des Bestrebens, Gesellschaften zu errichten, in denen alle Menschen in Frieden und Wohlstand leben können. Oder sollen wir den Vertretern des westlichen liberalen Relativismus zustimmen, die jene Verfechter dieser Werte als »Fundamentalisten der Aufklärung« verspotten? Ist denn alles gleich und eins: der kategorische Imperativ und Kannibalismus, Toleranz und Hitler, Stalin, das Steinigen von Frauen und ähnliche Manifestationen der Barbarei? Man kann die Ansicht vertreten, dass jede öffentliche Diskussion über eine Religion oder eine weltliche Anschauung, sobald jene mehr als eine Milliarde Anhänger hat, unterbleiben sollte, um den Frieden im Land zu bewahren. Doch die Überzeugung, dass westliche Wertvorstellungen der ganzen Welt nicht durch die Kraft des Beispiels nahegebracht, sondern gewaltsam oktroyiert werden sollen, hat in der heutigen Welt keinen Platz mehr. Andere Nationen, andere Zivilisationen ziehen andere Werte, andere Menschenrechte (wenn überhaupt) und Lebensstile vor. Doch der Verzicht auf westliche Werte käme einem Rückschritt um Jahrhunderte gleich. Politiker und Persönlichkeiten des öffentlichen Lebens müssen in den kommenden Jahren womöglich verkünden, dass alle Überzeugungen und Wertvorstellungen die gleiche Berechtigung hätten, dass alle eine tiefe Spiritualität enthielten und dass wir alle voneinander lernen müssten. Aber wir sollten uns nicht selbst einreden, dass dies wirklich so ist.

Unlängst ist eine Geschichte Frankreichs der Jahre von 1895 bis 1908 mit dem Titel *Das Zeitalter des Enthusiasmus* erschienen. Heute schreiten wir vom Zeitalter des Enthusiasmus in das *Zeitalter des Humbugs* hinein, und manche glauben sogar an dieses bigotte Gesäusel. Für rechtschaffene Politiker und ihre Boswells* wird das kein vergnügliches Zeitalter werden.

Das führt mich zum Ausgangspunkt dieses Buches zurück, an dem die Wunschträume von einem optimistischeren, sympathischeren und vergnüglicheren Zeitalter noch realisierbar erschienen. Je länger ich darüber nachdenke, desto reizvoller erscheinen mir die beiden letzten Jahrzehnte des 19. Jahrhunderts und die Jahre bis zum Ausbruch des Ersten Weltkriegs. Jules Michelet (und nicht nur dieser berühmte Historiker) nannte Paris den »wahren Mittelpunkt der Erde«, aber man muss sich in Erinnerung rufen, dass die Stadt erst nach 1848 diese Bedeutung erlangte. Der Mythos »Paris« entstand nach 1830, wie die Historiker berichten. Bis zu dieser Zeit wurde die Stadt von vielen Bewohnern und Neuankömmlingen als schmutzig, ungesund und ziemlich hässlich beschrieben. Baron Haussmann haben wir es zu verdanken, dass dieses alte Paris weitgehend verschwand. Nicht alle begrüßten diese gewaltige Umgestaltung. Émile Zola schrieb:

---

* James Boswell (1740–1795) war ein schottischer Anwalt, Tagebuchschreiber und Schriftsteller, bekannt durch seine Biographie des Dichters Samuel Johnson (*The Life of Samuel Johnson*, 1791), dessen Freund und Begleiter er war. Der Name Boswell ist in die englische Sprache als Begriff für einen ständigen Begleiter und Beobachter eingegangen. (Anm. d. Übers.)

»Dieses Paris von M. Haussmann ist eine immense Heuchelei, kolossales Jesuitentum.« Er hielt die Stadt für tief korrupt, aber das lag vermutlich eher an seinem Hass auf das zweite Empire als an den ästhetischen Konzepten Haussmanns. In den späteren Werken, die Zola nach 1880 über die *Halles,* den großen Lebensmittelmarkt, und die neuen riesigen Kaufhäuser *(Au bonheur des dames)* schrieb, fällt seine Kritik am neuen Paris weit milder aus.

Es stimmt jedoch, dass noch in der ersten Hälfte des 19. Jahrhunderts die meisten Bewohner der Hauptstadt nicht in Paris geboren waren, und die kulturelle Kluft zwischen Paris und dem Rest des Landes war längst nicht so groß wie später. Und erst gegen Ende des 19. Jahrhunderts entwickelte sich Paris zur Welthauptstadt der Unterhaltung und natürlich der Künste.

Historiker haben diesen Zeitraum die Bankettjahre genannt. Die bildenden Künste, allen voran der Impressionismus, beherrschten die französische Kulturszene in den letzten Jahrzehnten des 19. Jahrhunderts, nach der Jahrhundertwende gewann die Musik an Bedeutung. Komponisten wie Debussy, Massenet, Faure, Ravel, Saint-Saëns (nicht zu vergessen Strawinski und die Ballets Russes) zählen nicht gerade zu meinen Lieblingen, aber berufenere Fachleute als ich haben eine sehr hohe Meinung von ihnen. Auf jeden Fall dominierten sie das kulturelle Leben der berühmten »*Ville lumière*«.

Im Jahr 1900 lud der französische Präsident Émile Loubet 22 000 Bürgermeister aus ganz Frankreich zu einem Bankett in die Tuilerien ein. (Tatsächlich wurden noch mehr eingeladen, aber 22 000 kamen.) Viele hundert Tiere mussten geschlachtet werden, um diese Würdenträger bei ihrem Mahl in einem fünfhundert Meter langen Zelt (und das war nur eines von vielen) zu speisen; Wein und Champagner flossen in Strömen. Es war ein Zeitalter der Gigantomanie, aber auch des Unternehmergeistes und erfolgreicher Improvisation. Der Eiffelturm wurde in Rekordzeit gebaut, die Untergrundbahnen in London und Berlin sowie die neuen gigantischen Kaufhäuser: Wertheim und Tietz (Hertie) in Berlin, Selfridges in London, Lafayette, Printemps und Samaritaine in Paris. Die große Weltausstellung von 1900 lockte 83 000 Aussteller und 50 Millionen Besucher an.

Es war ein Zeitalter technischer Neuerungen, eines Wettlaufs zwischen den Brüdern Wright und französischen Pionieren wie Alberto Santos Dumont, Henri Farman und Louis Blériot, der als Erster den Ärmelkanal überflog. Lord Northcliffe überreichte ihm für diese Heldentat einen Preis in Höhe von 10 000 Pfund. Obwohl das Wetter rau war, benötigte Blériot lediglich 37 Minuten, um den Kanal zu überqueren. Den Zerstörer, den die französische Regierung ausgesandt hatte, um ihm im Notfall beizustehen, ließ er weit hinter sich. Dieses eine Mal erkannten viele führende Politiker, allen voran Lloyd George, sofort die politische, militärische und insbesondere wirtschaftliche Bedeutung der neuen Erfindung. England war keine abgeschiedene Insel mehr. Aber Frankreich war auch bei der Entwicklung von Automobilen an der vordersten Front tätig; bis 1904 war es sogar den Vereinigten Staaten technisch überlegen, und bei Ausbruch des Ersten Weltkrieges gab es in Frankreich mehr Automobile als in jedem anderen Land in Europa.

Die Deutschen und die Briten hinkten ein wenig hinterher, aber nicht allzu lange. Graf Zeppelin arbeitete an einem gewaltigen lenkbaren Luftschiff, das zwar beeindruckend aussah, aber für den Luftverkehr der Zukunft nicht sehr vielversprechend war. Die Deutschen träumten von einem Besuch auf dem Mond, Paul Linckes Musical *Frau Luna* wurde zum Publikumsmagneten. Die Geschichte basierte auf einer Operette von Offenbach und handelt von Fritz Steppke, einem jungen Berliner Tüftler, der dem Mond einen Besuch abstattet. Nach der Rückkehr auf die Erde erkennt er, dass die Schlösser auf dem Mond im Grunde nicht gemütlicher sind als seine kleine Wohnung in Berlin.

Aber die Belle Epoque war nicht nur die Zeit der Flaneure auf den großen Boulevards, des Jockey Clubs und technischer Errungenschaften. Sie war auch das Zeitalter der Wiederentdeckung der Natur. Der Pariser Adel kaufte sich Häuser außerhalb der Stadt, häufig am Meer von Deauville bis nach Trouville und darüber hinaus; in Großbritannien blühten Seebäder wie Brighton wieder auf. Arbeiterfamilien machten Ausflüge nach Clacton und Blackpool. Die Deutschen gingen aufs Land, am liebsten in die Wälder, die man seit den Tagen der Romantik ein wenig vernachlässigt hatte. Bei den französischen Impressionisten nehmen Strand- und Meeresszenen und Bilder von der Seine bei Paris einen prominenten Rang ein. Häufig sind Boote und Badegäste zu sehen, und hier und da wird der Maler selbst bei seiner Tätigkeit auf einem Boot abgebildet. (Manets Bild von Monets schwimmendem Atelier.)

All diese Lustbarkeiten waren mitnichten nur Privilegien der Reichen. Mit dem Ausbau des Eisenbahnnetzes strömten an den Wochenenden Hunderttausende aufs Land, in der Regel von dem Pariser Bahnhof Saint-Lazare aus, ebenfalls ein beliebtes Motiv der Impressionisten. In Deutschland begaben sich die sogenannten Wandervögel auf ihre Touren fernab der Großstädte; Jugendliche wurden von »Wanderführern« geleitet, die nur wenige Jahre älter waren als sie selbst. Es war das Zeitalter der Lebensreform, der wunderlichsten Propheten, die gesunde Ernährung predigten, Alkohol und Nikotin ächteten sowie etliche andere verderbliche Laster, die in den Großstädten grassierten.

Die weniger Abenteuerlustigen oder Eltern mit kleinen Kindern gingen in Gartenrestaurants, die in den Berliner Vorstädten eröffnet wurden und mit August Macke und Max Liebermann ihre Maler fanden. Sie lagen unter schattenspendenden Bäumen, oft am Ufer der Spree. Den Familien wurde es sogar gestattet, eigenen Kaffee mitzubringen und zuzubereiten, wenn sie belegte Brötchen oder Kuchen im Restaurant kauften. Die Auswahl und Qualität des Kaffees ebenso wie der Kuchen waren in Wien superb, das im Jahr 1900 sage und schreibe 600 Konditoreien hatte und damit mehr als heute. Die Kaffeehäuser waren zu Treffpunkten der Künstler und Intellektuellen oder anderer Bürger geworden. Die Wiener Literatur ist völlig undenkbar ohne diese Kaffeehäuser. Und jeder, ob arm, ob reich, ging in den Prater, den großen Vergnügungspark, in dem laut einem populären Schlager wieder die Bäume blühen. Anschließend begab man sich nach Sievering, wo der Flieder in voller Blüte stand, oder nach Grinzing, um den Heurigen zu genießen. Nach dem zweiten oder dritten Glas Wein sangen sie »Wien, Wien, nur du allein« und gaben damit zu verstehen, dass dies die Stadt ihrer Träume war, der einzige Ort, an dem man wahres Glück finden konnte. Der Komponist dieser inoffiziellen Hymne auf Wien hieß mit Nachnamen Sieczynski, ein Indiz, dass die Akkulturation am Ende womöglich doch funktionieren konnte.

Bei all dem konnten es Berlin und Wien, ganz zu schweigen von Moskau und St. Petersburg (das manche das Labor der Moderne nannten) nicht mit Paris aufnehmen. Berlin hatte zwar Savoir-faire, Gewandtheit, aber wenig Savoir-vivre, Lebensart; sogar Kaiser Wilhelm II. musste das zugeben. Was gab es in Berlin schon zu sehen außer einigen Museen? »Paris ist nun mal – was Berlin hoffentlich nie wird – das große Hurenhaus der Welt«, schrieb er einmal abfällig, »daher die Anziehung auch außer der [Welt-]Ausstellung. In Berlin ist nichts, was den Fremden festhält, als die paar Museen, Schlösser und Soldaten; in sechs Tagen hat er alles mit dem roten Buch in der Hand gesehen.«*

Gewiss war Berlin die Stadt des »Tempo, Tempo«, der Eile und Hektik, aber Balzac hatte wenige Jahre zuvor dieselben Tendenzen auch an Paris bemängelt. Die Berliner High Society bildete wohl am stärksten eine abgeschottete Schicht, der deutsche Landadel dachte nicht im Traum daran, mit dem Geldadel gesellschaftlich zu verkehren; mitunter mussten zwar Sprösslinge dieses Adels aus peinlichen Gründen solche Neureichen heiraten. Aber nur wenn es sich nicht vermeiden ließ, zeigten sich Adlige mit Bürgerlichen in der Öffentlichkeit.

Bis auf wenige Ausnahmen interessierte sich der deutsche Adel kaum für Kultur, ein deutscher Proust wäre außerstande gewesen, viele Seiten mit der Konversation in ihren Salons zu

---

* John Röhl, *Kaiser Wilhelm* II., Bd. 2, S. 514.

füllen, in denen mehr über Pferde und Hunde als über Ideen oder Kunst geredet wurde. Als Theodor Fontane, der größte Schriftsteller seiner Zeit, seinen 75. Geburtstag feierte, erwies ihm kein einziges Mitglied des preußischen Adels die Reverenz. Dabei hatte er so liebevoll und mit einer gewissen Hochachtung über diesen Stand geschrieben. In einem Gedicht, das er aus diesem Anlass schrieb, kam er zu dem Schluss, dass die Einzigen, die ihn wirklich schätzten, dem ältesten Adel der Welt angehörten: die Juden.

Die Zahl der Ausländer, die nach Berlin kamen, stieg unablässig, jedoch vor allem, weil die deutsche Hauptstadt politisch wichtig und zugleich ein Industriezentrum war. Die Stadtmitte Berlins wurde für die Reichen als Wohnsitz immer unattraktiver, sie zogen nun in die neuen, teuren Vororte wie den Grunewald. Berlin und Wien hatten erstklassige Theater, das musikalische Angebot konnte es mit jeder Stadt der Welt aufnehmen, und die Universitäten zählten zu den besten in Europa. Doch bei all dem fehlte etwas, sei es die Eleganz oder das Nachtleben oder der Bois de Boulogne und der Jardin de Luxembourg oder der Louvre oder einfach die Lebensfreude. Es war schwer zu beschreiben, aber deutlich zu spüren. In Wien war kein Mensch beliebter als der Walzerkönig Johann Strauss (Sohn). Als er im Jahr 1899 starb, schrieb Eduard Hanslick, die glücklichen Jahre Wiens seien nunmehr zu Ende. (Hanslick war ein überaus gefürchteter Musikkritiker, der grimmige Widersacher Richard Wagners und Anton Bruckners.) Er könnte recht gehabt haben.

Einige Russen waren überzeugt, Moskau sei der wunderbarste Ort auf Erden, beispielsweise die drei Schwestern in Tschechows gleichnamigem Stück; die Bewohner von St. Petersburg hingegen teilten diesen Enthusiasmus nicht. Auch die russische Avantgarde von 1905 zog es weder nach Moskau (in ihren Augen nur ein Dorf mit einer Million Einwohnern) noch in die russischen Wälder zur Jagd, sondern zu weit entfernten Orten: Konstantin Balmont nach Mexiko, Neuseeland und Samoa, Iwan Bunin nach Indien, Alexander Kondratjew nach Palästina, Andrej Bely nach Ägypten, Nikolai Gumiljow (Anna Achmatowas Mann) nach Äthiopien –

und fast alle kamen irgendwann in Paris an. Einige waren weltmüde; Alexander Blok nannte seine Generation (wie auch die ein wenig Älteren) die Kinder der schrecklichen Jahre Russlands, deren Losung lautete: »*tryn trawa*« (alles schnuppe). Manche waren der Meinung, der Geruch nach Verbranntem und Blut liege in der Luft. Andrej Belys Roman *Petersburg* ist die Geschichte einer Katastrophe kosmischen Ausmaßes, der Zerstörung der russischen Hauptstadt. Andere achteten jedoch nicht auf diese bösen Vorzeichen, sie hielten ihre Generation für unternehmungslustige Abenteurer oder »Konquistadoren«, wie Gumiljow sie nannte. Obendrein war die Volkskultur in Russland, wie in anderen Ländern, stets viel optimistischer als die Avantgarde.

Zwischen Petersburg und Moskau herrschte eine erbitterte Rivalität. Petersburg war damals größer, Sitz der Regierung und Fenster nach Europa. Die Zeitschrift *Mir Iskusstwa* (Welt der Kunst) erschien hier, die wohl einflussreichste russische Zeitschrift in den ersten Jahren des 20. Jahrhunderts. Moskau war die für Russland eher charakteristische Stadt (die Petersburger Symbolisten – laut Anna Achmatowa die letzte große Bewegung in der russischen Literatur – hielten sie jedoch für eher dekadent). Moskau hatte das Bolschoi-Theater, viele führende Schriftsteller und Komponisten lebten dort, nicht zu vergessen reiche Kaufleute wie Morosow, der bereits eine eindrucksvolle Sammlung französischer Impressionisten angelegt hatte, als ihnen noch kaum jemand Beachtung schenkte. Beim Ballett, jener russischsten aller Künste (spätestens seit Tschaikowski), schwang das Pendel hin und her. Ein paar Jahre triumphierte Petersburg, doch dann erstrahlte der Stern Moskaus heller, als Sergej Djagilew und andere nach Paris auswanderten. Diese Phase ist unter dem Namen »Silbernes Zeitalter« in die Geschichte der russischen Literatur eingegangen. Ich habe nie ganz begriffen, weshalb Andrej Bely so begeistert von der »*ognewaja stichija*«, der Naturgewalt des Feuers, schwärmte, die sein Russland, den »*messija grjaduschtschego dnja*« (Messias des anbrechenden Tages) in Kürze verzehren sollte. Das Gleiche gilt für Alexander Bloks Phantastereien von sich und seinen Freunden, die Skythen und Mongolen sein sollten, was sie freilich nicht waren. Vielleicht musste man in der damaligen Zeit leben, um dieses Pathos nachfühlen zu können. Aber was für eine dichterische Kraft, was für ein Überfluss an Talent waren damals am Werk! Russland hat seither nichts Vergleichbares mehr hervorgebracht, und soweit mir bekannt ist, gilt das auch für andere Länder.

Ich kenne kaum etwas Bewegenderes als Bloks Poem, das er kurz vor seinem Tod im Jahr 1921 schrieb und das dem Puschkinhaus im Gebäude der russischen Akademie der Wissenschaften in Petrograd gewidmet ist – damals eine Oase des Friedens in einer Welt des Krieges und der Gewalt: »*Tainuju swobodu peli my wosled tebe … Dai nam ruku w nepogodu, pomogi w nemoi borbe*«. (Geheime Freiheit besangen wir auf deinen Spuren … Reich uns die Hand im Sturme, hilf im stummen Kampf.)

London hatte kein mit den 1869 gegründeten Folies Bergères vergleichbares Etablissement; das Theater Windmill im Westend mit den reglosen nackten Damen wurde erst 1932 eröffnet. Aber die Stadt hatte damals rund 135 Theater, weit mehr als heute. In Großbritannien war das die große Zeit der Varietés wie das ehemalige Alhambra Theatre mit seinen Feuerschluckern, Jongleuren, Bauchrednern und vor allem mit Interpreten wie Mary Lloyd oder Max Miller, die Evergreens wie »Lily of Laguna«, »Burlington Bertie from Bow«, »Goodbye Dolly Gray« und »Oh, Mr Porter« zum Besten gaben. Besonders beliebt waren Schlager über Badeorte: »*Everyone delights to spend their summer's holiday down beside the side of the silvery sea.*« Und der Refrain wurde von Tausenden von Blasorchestern geschmettert: »*Oh, I do like to be beside the seaside, I do like to be beside the sea.*«

Man denke nur an Blackpool mit seinen Reiteseln, Fish and Chips und schmutzigen Postkarten – welche Lebensfreude. Aber wenn die Briten sich wirklich amüsieren wollten und es sich leisten konnten, fuhren sie nach Paris. (»*As I walk along the Bois Boolong with an independent air …*«, wie es in einem Schlager der Zeit hieß.) Das waren die Anfänge des Automobils und der bewegten Bilder, die später Kino genannt werden sollten. Es war das Zeitalter des beginnenden modernen Sports: Die ersten

Olympischen Spiele der Neuzeit fanden im Jahr 1896 in Athen statt. Die Anfänge waren bescheiden, aber an den fünften Spielen in Stockholm im Jahr 1912 nahmen mehr als 2500 Athleten aus 28 Ländern teil, darunter allerdings nur 57 Frauen.

Es war das Zeitalter der Elektrizität. Paul Linckes Operette *Lysistrata*, die im Jahr 1902 uraufgeführt wurde, enthielt das »Glühwürmchen-Idyll«, das bis heute wesentlicher Bestandteil von Lichtshows ist. In mancher Hinsicht stand die Elektrizität für die Hymne des neuen Zeitalters: Sie führte uns aus der Dunkelheit ins Licht und aus dem Elend zum Glück. Saint-Saëns komponierte ebenfalls eine Hymne, die den Beginn des Zeitalters der Elektrizität feierte, aber sie ist heute in Vergessenheit geraten. Unterdessen sangen die Wandervögel ihre munteren Lieder und verkündeten frohgemut:

> »Wann wir schreiten Seit' an Seit'
> Und die alten Lieder singen
> Und die Wälder wieder klingen,
> Fühlen wir, es muss gelingen:
> Mit uns zieht die neue Zeit.«

Das Lied wurde von der Linken ebenso vereinnahmt wie von der Rechten; und der Name des theoretischen Organs der deutschen Sozialdemokratie lautete ebenfalls *Die Neue Zeit*. Der Verfasser Hermann Claudius war der Urenkel von Matthias Claudius, einem der feinsinnigsten und beliebtesten deutschen Dichter des 18. Jahrhunderts. Hermann Claudius, der das hohe Alter von 102 Jahren erreichte, war ursprünglich Mitglied der Jugendbewegung und Sozialdemokrat; unter seinen letzten Gedichten findet sich aber auch ein Lobgedicht auf Adolf Hitler. Im Grunde war er jedoch ein unpolitischer Mensch; Willy Brandt zählte zu den Menschen, die ihm zum 95. Geburtstag gratulierten.

Aber warum entscheide ich mich nicht für das Paris der 1920er und 1930er Jahre, als Josephine Baker von ihren beiden großen Lieben »*mon pays et Paris*« sang, als die Sängerin Mistinguett Paris mit einer Blondine – »*qui plaît a tout le monde*« – verglich, als Lys Gauty verkündete, dass die Sonne in jeder Pariser *faubourg* (Vorstadt; heute würde man sagen: *banlieue*) einen Traum der Liebe erblühen lässt, als Charles Trenet, der Hauptdarsteller in *Romance de Paris,* verkündete, dass er nach Baudelaire gerne gemächlich auf den großen Boulevards flanieren würde, auch wenn er nur ein Arbeiter im Renault-Werk wäre (wir schrieben das Jahr 1941, und Paris war eine besetzte Stadt)? Warum schenke ich nicht älteren und weltläufigeren Menschen, als ich es bin, Glauben, die mir voller Nostalgie von dem letzten Mal erzählen, *als sie Paris sahen und das Lachen ihres Herzens in jedem Straßencafé vernahmen*?

René Clairs *Unter den Dächern von Paris* aus dem Jahr 1930 habe ich mir wohl ein halbes Dutzend Mal angesehen und war ganz in den Bann gezogen, aber viele Jahre später fiel mir in diesem Film vor allem die Armut auf, in der die Menschen lebten. Als ich mir zum ersten Mal *La Kermesse héroique* (1934; deutsch: *Die klugen Frauen)* anschaute, fand ich ihn urkomisch: die Geschichte, wie die Frauen einer flämischen Stadt im 16. Jahrhundert eine große Katastrophe und viel Leid verhindert haben, indem sie die spanischen Besatzer nach allen Regeln der Kunst verwöhnten. Zwanzig Jahre danach konnte ich dieser Rationalisierung der Kollaboration nichts mehr abgewinnen. Mir war unbehaglich, als ich Jean Gabin in *Der Tag bricht an, Die große Illusion* und *Hafen im Nebel* oder anderen ausgezeichneten Filmen jener Zeit sah, und ich war überhaupt nicht überrascht, als die Kritiker später stark den Negativismus, Pessimismus, ja Fatalismus hervorhoben, der diese Filme durchzieht. Marcel Carné, der Regisseur dieser Filme, sagte zu seiner Verteidigung, sie seien nur ein Spiegel des Zeitgeists. Eugen Weber sprach von den »leeren Jahren«. Aus heutiger Sicht dürfte kaum jemand bestreiten, dass sich Paris nie ganz von den Folgen des Ersten Weltkrieges erholte. Der Tod so vieler junger Menschen blieb ein Trauma. Paris erholte sich weder politisch noch ökonomisch und vor allem nicht psychisch. Die große Weltwirtschaftskrise *(»Brother can you spare a dime«,* wie man damals in Amerika sang) traf Frankreich nicht so hart wie die Vereinigten Staaten, Großbritannien oder Deutschland, aber sie hielt länger an. In jener Zeit wurde in ganz Paris kaum ein neues Haus gebaut, die Stadt verwahrloste. Die *faubourgs* hingegen wuchsen. Politisch wurden sie zuerst kommunistisch, später halb faschistisch (man denke an Jacques Doriot, den beliebten Bürgermeister von St. Denis), und noch später wurden sie afrikanisch und muslimisch.

Sentimentale Lieder über die Heimatstadt waren überall beliebt, sogar in Moskau, als die Sowjetunion am Vorabend des Krieges den Patriotismus neu belebte, und in London nicht minder (*»Maybe it is because I am a Londoner that I love London so, that I think of her wherever I go«*).

Aber in Paris herrschte ein tiefer Pessimismus (eher denn Melancholie), der in diesem Ausmaß anderswo fehlte. Die Arbeitslosen unter den Londoner Brücken träumten vor sich hin, aber sie waren robuster und nicht völlig verzweifelt. Mit einem Wort, das Paris jener Jahre war wohl ein schöner Ort für einen Besuch, aber nicht fürs Leben.

Ein Sozialpsychologe beklagte unlängst, dass in den letzten Jahrzehnten in akademischen Zeitschriften ungefähr hundertmal so viele Artikel über Pessimismus wie über Optimismus erschienen seien. Ich weiß nicht, ob man diesen Zahlen trauen kann; eine Google-Suche liefert andere Ergebnisse. Aber zweifellos zeigt das politische Barometer derzeit nicht gerade schönes Wetter an, und die Prophezeiungen zu den drohenden Umweltkatastrophen, so übertrieben sie auch sein mögen, sind auch kein Anlass zu naivem Optimismus. Im Jahr 1900 war in keinem einzigen Leitartikel etwa zu lesen: »Der Menschheit droht heute größere Gefahr als in irgendeiner früheren Epoche ihrer Geschichte.« Und kein Wissenschaftler hätte öffentlich verkündet, die Chancen stünden allenfalls 50 : 50, dass unsere gegenwärtige Zivilisation auf Erden das Ende des Jahrhunderts erleben wird, wie es Sir Martin Rees unlängst formulierte, der renommierte theoretische Physiker und Hofastronom des United Kingdom. Womöglich war Sir Martin allzu pessimistisch, und die Chancen stehen ein wenig besser, sagen wir 60 : 40, aber das ist noch beängstigend genug.

Richard Rorty, einer der einflussreichsten amerikanischen Philosophen seiner Generation, sagte im letzten Interview vor seinem Tod im Jahr 2007, er zweifle daran, dass die demokratischen Einrichtungen Amerikas einen Anschlag mit einer Atombombe von der Größe eines Koffers überstehen würden. Er konnte sich nicht entscheiden, ob daran das Bestreben der Republikaner, eine totale Herrschaft zu errichten, oder die Ambition der Terroristen, eine Wiederholung des 11. September zu inszenieren, schuld wäre. Ich hatte schon Jahre vor 9/11 diese Gefahr für den Bestand einer Demokratie in meinen Schriften erwähnt, und neben mir einige andere, die sich darüber im Klaren waren, dass vom klassischen Terrorismus eine viel geringere Gefahr ausgeht, als häufig angenommen wird. Die künftigen Bedrohungen haben wir jedoch weit mehr zu fürchten. Es bleibt immerhin beruhigend, dass diese Tatsache inzwischen auch zu Intellektuellen durchgedrungen ist.

Rorty sah Grund zur Hoffnung, weil seine Ideen und die von Jürgen Habermas, dem Führer der zweiten Generation der Frankfurter Schule, unter den Studenten in Teheran auf Interesse gestoßen sind. Vielleicht würden diese Studenten eines Tages eine demokratisch-säkulare Alternative zur gegenwärtigen iranischen Ideologie entwickeln. Vielleicht würden die Auswirkungen der globalen Klimaerwärmung und die Gefahren, die der Menschheit als Folge der Klimaveränderung drohen, sogar Terroristen veranlassen, ein Moratorium der Gewalt auszurufen.

Vielleicht – aber wann? Zweifellos gehen nicht alle Gefahren, die der Menschheit drohen, von Teheran oder Islamabad aus. Mir fielen durchaus zahlreiche weitere Ort ein. Es ist tröstlich, in einer naturwissenschaftlichen Zeitschrift (*Discovery*) zu lesen, die meisten gegenwärtigen Gefahren würden hochgespielt. Schmutzige Atombomben wären eigentlich gar nicht so gefährlich, und innerhalb von dreißig Jahren könnten wir Abwehrmaßnahmen gegen biologische Waffen entwickeln. Viele, vermutlich die meisten geplanten Anschläge könnten schon im Frühstadium vereitelt werden. Doch schon ein oder zwei erfolgreiche Terrorakte würden großes Unheil anrichten. Obendrein sollten wir nicht vergessen, dass auch die Terroristen der Vergangenheit anfängliche technische Schwierigkeiten überwunden haben – man sollte in Jahrzehnten statt in Jahren vorausdenken.

Womöglich ist es falsch, die Aufmerksamkeit ausschließlich auf den klassischen Terrorismus zu konzentrieren. Um noch einmal den Hofastronomen Sir Martin Rees zu zitieren: »Wir treten in eine Ära ein, in der eine einzige Person, durch eine heimliche Tat, Millionen von Menschen umbringen oder eine Stadt für Jahre unbewohnbar machen kann. Tatsächlich könnte eine Katastrophe auch von jemandem ausgelöst werden, der lediglich inkompetent ist.« Oder von einem Verrückten oder Fanatiker, hätte er hinzufügen sollen. Kurzum, es wäre unklug, allzu sehr auf die technischen Schwierigkeiten zu bauen, die Schurken oder Verrückte überwinden müssten. Vor allem aber sollte man sich nicht darauf verlassen, dass alle menschlichen Wesen stets rational handeln. Unlängst wurde der Friedensnobelpreis an jene verliehen, die vor den befürchteten ökologischen Katastrophen warnten. Ich fürchte, die Warner vor künftigen Terroranschlägen werden nicht viele Lorbeeren ernten.

Meine Generation wurde zu einer intensiven Beschäftigung mit der Politik geradezu gedrängt. Es schien keine Alternative zu geben. Vermutlich gab es auch keine, aber wenn man mir heute eine zweite Chance gewähren würde und andere Bedingungen herrschten, dann könnte ich mir durchaus andere Themen vorstellen, die mir größere Befriedigung verheißen hätten. Es gibt attraktivere und weniger tragische historische Rollen als die der Kassandra. Sie hatte zwar die Gabe, in die Zukunft zu schauen, aber Apollo hatte sie mit dem Fluch belegt, dass niemand ihren Warnungen Glauben schenkte.

Thinktanks und politische Aufklärung, oder: Warum Prognosen so schwierig sind

Über dreißig Jahre arbeitete ich mit einem Washingtoner Thinktank zusammen, und diese Erfahrung hat mit Sicherheit meinen Horizont erweitert. Ich lernte viele führende Akteure kennen und hatte den Eindruck (und gelegentlich wohl auch die Illusion), die Weltpolitik von einer privilegierten Warte aus beobachten zu dürfen. Aber wenn ich zurückdenke, muss ich gestehen, dass ich auf viele grundlegende Fragen, mit denen die Experten für internationale Politik damals konfrontiert wurden, keine Antwort fand, und das galt auch für die Leute, mit denen ich zusammenarbeitete.

Wie war zum Beispiel die beunruhigend hohe Quote von Fehlentscheidungen bei Außenministern, Geheimdienstchefs, nationalen Sicherheitsberatern und ähnlich hochgestellten Personen zu erklären? Nicht weniger beunruhigend war die hohe Zahl der Fehlurteile (von Prognosen ganz zu schweigen) von Experten der Weltpolitik in Regierungskreisen und an den Universitäten.

Der Begriff Thinktank (Denkfabrik) wurde im englischen Sprachraum im Zweiten Weltkrieg geprägt. Das Royal Institute of International Affairs, oder kurz Chatham House, entstand lange vor den meisten amerikanischen Einrichtungen und diente anfangs den USA als Modell. Chatham House wurde im Jahr 1920 nach der Pariser Friedenskonferenz gegründet mit dem Auftrag, »internationale Beziehungen und aktuelle Themen zu analysieren und das Wissen zu fördern«. Sowohl der Ort (St. Jame's Square, London SW1) als auch die Ausrichtung hätten kaum stärker auf das »Establishment« hinweisen können: Das Gebäude war Anfang des 19. Jahrhunderts der Wohnsitz des britischen Premierministers William Pitt gewesen. Zu den ersten Leitern des Instituts gehörten Robert Cecil, Lionel Curtis und der junge Arnold Toynbee. Das Institut galt als unabhängig, was es zweifellos auch war, wenn man die Finanzierung durch die Regierung und die Stadt London außer Acht lässt.

Für einen jungen Experten der internationalen Politik war Chatham House der ideale Ort – ich forschte dort in den 1950er Jahren und schrieb Beiträge für Publikationen des Instituts. Wir verfügten über eine ausgezeichnete Bibliothek und hatten sehr hilfsbereite Mitarbeiter. Im Lauf der Jahre veränderte sich Chatham House jedoch, und die knappen Mittel schränkten die Tätigkeit ein.

Als der New York Council of Foreign Relations im Jahr 1922 gegründet wurde, ließen sich die Gründer von Chatham House inspirieren. Sie waren der Auffassung, dass der amerikanische Isolationismus, so populär er in weiten Kreisen auch war, nicht die Politik der Zukunft sein könne. Die Vereinigten Staaten von Amerika würden, ob sie es wollten oder nicht, in die internationale Politik hineingezogen werden; deshalb brauche das Land unbedingt eine Einrichtung für sachkundige Diskussionen und Forschungen. Der Council war womöglich dem Establishment noch näher als Chatham House, aber mit Vertretern aus beiden Parteien besetzt. Auf den Council folgte im Jahr 1927 die Brookings Institution, die sich schwerpunktmäßig mit wirtschaftlichen Fragen, zum Beispiel mit der Gestaltung des New Deal, befasste.

Die Carnegie Endowment for International Peace wurde im Jahr 1910 nach der Spende von zehn Millionen Dollar durch einen berühmten und skrupellosen Kapitalisten aus Schottland ins Leben gerufen. Andrew Carnegie war der Meinung, es müsse viel mehr getan werden, um den Frieden zwischen den Nationen durch das internationale Recht zu schützen. Doch der Einfluss der Stiftung blieb begrenzt. Als nach dem Ersten Weltkrieg der Völkerbund gegründet wurde, beschloss der US-Kongress, der Organisation nicht beizutreten. Die Carnegie-Stiftung hatte keinerlei Einfluss auf diese Entscheidung.

Die RAND Corporation (Abkürzung für *Research and Development*) wurde von General Hap Arnold initiiert. Der Ober-

befehlshaber der US Air Force war der Meinung, die Luftstreit-
kräfte bräuchten einen eigenen Thinktank. RAND wurde 1945
in Kooperation mit dem Luftfahrtkonzern Douglas gegründet
und betrieb vor allem wissenschaftliche und technologische Forschung zur Landesverteidigung.

Das konservative AEI (American Enterprise Institute) hatte
seinen Schwerpunkt auf dem freien Unternehmertum. Es wurde
im Zweiten Weltkrieg gegründet, erlangte aber erst in den 1960er
Jahren eine gewisse Bedeutung. 1962 wurde dann das CSIS (Center for Strategic and International Studies) gegründet. Es war zuerst in die Georgetown University integriert, wurde aber später
eine unabhängige Einrichtung.

Fünf Jahre nach der Gründung besuchte ich das CSIS zum
ersten Mal. Es war ein himmelweiter Unterschied zu den eleganten Räumlichkeiten des Chatham House. Das CSIS hatte ein
paar Zimmer über einem Lebensmittelgeschäft in der 18th Street
in Washington angemietet, wo ein halbes Dutzend Angestellte
arbeiteten. Die Gründerväter waren Admiral Arleigh Burke, ein
Seeheld des Zweiten Weltkriegs, und David Abshire, der als Offizier im Koreakrieg gedient hatte.

Dank des Einsatzes und des Talents von David Abshire wuchs
das CSIS rasch auf etwa 150 Rechercheure an. Das Institut galt
als konservativ, war aber in Wirklichkeit unabhängig von der Republikanischen Partei. Finanziell waren die Heritage Foundation
und das AEI besser ausgestattet als CSIS, weil diese Einrichtungen ihre ideologische Orientierung stärker in den Vordergrund
rückten. Konservative Spender gaben ihnen den Vorzug, weil sie
die Tätigkeit des CSIS für unangemessen neutral hielten.

Die 1970er und frühen 1980er Jahre waren die beste Zeit in der
Geschichte der Washingtoner Thinktanks, doch ihre politische
Bedeutung wurde von Außenstehenden, die mit dem Entschei-
dungsprozess nicht vertraut waren, häufig überbewertet. Einige
Lobbygruppen, die in der K Street residierten, wurden hingegen
nicht selten unterschätzt. CSIS hatte inzwischen seine Büroräu-
me ebenfalls in die K Street verlegt und zwei Blocks vom alten
Standort ein neues Gebäude errichtet.

Welche Existenzberechtigung hatten oder haben Denkfabriken? Sie dienen vor allem der Vermittlung von Wissen zu weltpolitischen Fragen und Problemen, mit denen das eigene Land konfrontiert ist. Außerdem fanden im CSIS Empfänge für ausländische Würdenträger und Experten für Außenpolitik statt. Ob Thinktanks neue und wichtige Ideen zur Gestaltung der Außenpolitik hervorbrachten, bleibt freilich zweifelhaft, und zwar aus verschiedenen Gründen. Im Lauf der Zeit richteten das US-Außenministerium und die CIA ebenfalls Forschungsabteilungen ein, und deren Mitarbeiter brauchten für Treffen mit Kollegen aus der akademischen Welt keinen Thinktank. Vielleicht sollten an diesen Instituten Analytiker ausgebildet werden mit dem Ziel, aktuelle Themen zu erörtern und drängende Fragen auf den Punkt zu bringen wie die Akteure der Politik selbst. Nur wenige Wissenschaftler waren dazu in der Lage, denn das hatten sie an den Universitäten nicht gelernt.

Entscheidungsträger legen überall großen Wert darauf, Experten und prominente Persönlichkeiten zu treffen und mit ihnen über aktuelle Probleme zu diskutieren. Das dient der Rückversicherung, denn nach einer Fehlentscheidung können sie darauf hinweisen, dass sie die strittigen Fragen mit den klügsten Köpfen des Landes erörtert hätten. Washington war und ist in dieser Hinsicht eine sehr offene Stadt, ganz im Gegensatz zu vielen europäischen Hauptstädten, in denen es nicht üblich ist, sich mit Menschen außerhalb der Regierung zu beraten. In den USA besteht zuweilen sogar die Gefahr von allzu umfassender Beratung. Politiker könnten dann aus Erschöpfung geneigt sein, die Meinung des letzten Beraters zu übernehmen, um den lästigen Prozess zu beenden.

Außerdem konnten Thinktanks keineswegs die besten Experten der Weltpolitik anwerben. Sie hatten keine feste Anstellung zu bieten wie die Universitäten, die Honorare waren eher bescheiden, und einen Namen machten sich Wissenschaftler eher als Autoren von Artikeln und Büchern. Rekrutiert wurden deshalb vor allem junge Leute am Anfang ihrer Laufbahn oder Gelehrte und Politiker, die ihre früheren Ämter niedergelegt hatten. Doch die Arbeit in einem Washingtoner Thinktank konnte durchaus ein Sprungbrett für Menschen sein, die eine Karriere in der Regierung anstrebten.

Die Publikationen der Thinktanks fanden ebenfalls wenig Resonanz. Einige wie RAND, AEI und die Heritage Foundation hatten gar kein eigenes Organ, und selbst so angesehene Zeitschriften wie *Foreign Affairs* mit rund 140 000 Abonnenten hatten nur geringen Einfluss auf die politischen Debatten. Die Auflagenzahlen waren häufig irreführend, weil darin kostenlose Exemplare enthalten waren, die an die Mitglieder der jeweiligen Organisationen verschickt wurden. Gelegentlich veröffentlichten sie auch provozierende Artikel, aber diese konnten auch von außenstehenden Autoren verfasst sein, was häufig der Fall war. Die Zeitschrift *Foreign Policy,* die mit der Carnegie Endowment kooperierte, hatte Bewunderer wie den umstrittenen Financier George Soros. Die Zeitschrift war von Bediensteten des State Department gegründet worden, die wegen des Vietnam-Kriegs aus der Regierung ausgeschieden waren. Einige der bemerkenswertesten Artikel in den 1990er Jahren erschienen in Zeitschriften mit eher kleinen Auflagen wie *National Interest*, aber es erwies sich, wie so oft in der Geschichte von Zeitschriften, als schwierig, dieses hohe Niveau über mehrere Jahre zu halten.

Viele Washingtoner Thinktanks für Außenpolitik hätten im 21. Jahrhundert ohne die Anschläge vom 11. September 2001 wohl kaum überlebt (abgesehen von Brookings und Carnegie mit soliden Stiftungen als Grundlage der Finanzierung), oder sie wären auf ein sehr bescheidenes Niveau reduziert worden. Nach dem Ende des Kalten Krieges hatte in den Vereinigten Staaten das Interesse an Außenpolitik dramatisch abgenommen. Doch der Terroranschlag demonstrierte, dass sie sich auch in Zukunft vielen Problemen auf der ganzen Welt stellen mussten. Nach dem 11. September wurden erhebliche Mittel zur Erforschung des Terrorismus zur Verfügung gestellt. Freilich konnten die Thinktanks zum Thema Terrorismus nicht mit den Regierungsbehörden konkurrieren, weil sie klassifizierte Informationen von den Geheimdiensten benötigt hätten, und die wenigen Islamexperten lehrten an Universitäten. Aber sie profitierten auch von dem allgemeinen Konsens darüber, dass mehr Wissen benötigt wurde.

Die vom Terrorismus ausgehende Gefahr war in den Vereinigten Staaten lange unterschätzt, wenn nicht gar ignoriert worden. Es war verblüffend zu beobachten, wie binnen kürzester Zeit unzählige Experten in den Denkfabriken und Behörden auftauchten. Man mochte sich über diese frischgebackenen Experten mokieren, aber in gewisser Hinsicht war ihr Engagement durchaus respektabel: Männer und Frauen, die bislang nicht einmal den Unterschied zwischen *dschihad* (heiliger Krieg) und *sakat* (Almosen) hätten erklären können, diskutierten nun mit großem Eifer über die Feinheiten der islamischen Lehre. Es war beeindruckend, wie schnell die Vereinigten Staaten bei Bedarf Fachleute für bislang vernachlässigte Themen hervorbrachten. Das war schon im Zweiten Weltkrieg so gewesen, als dringend Japanisch sprechende Menschen gebraucht wurden, oder im Kalten Krieg, als Wissen über Russland und den Kommunismus gefragt war. Und das war in den 1990er Jahren der Fall, als auf dem Balkan ein Bürgerkrieg ausbrach. Männer und Frauen, die noch nie von Sarajevo, geschweige denn Priština oder Banja Luka gehört hatten, eigneten sich schnell beachtliches Wissen über die serbische und albanische Politik an.

Zweifellos ist Halbwissen mitunter gefährlich, und die frischgebackenen Fachleute übersahen gerne, dass ihre relativ seichten Kenntnisse nicht das Urteil jener Experten ersetzen konnten, die sich zeit ihres Lebens mit diesen Themen beschäftigt hatten. Freilich garantiert auch ein lebenslanges Studium kein gutes Urteilsvermögen, weil stets die Gefahr der Voreingenommenheit und des Distanzverlusts gegenüber einem geliebten Thema droht.

Enoch Powell, ein konservativer britischer Politiker, sagte einmal, dass alle politischen Karrieren letztlich scheitern. Das ist eine unzulässige Verallgemeinerung. Politiker scheitern vor allem, wenn sie zu lange an der Macht bleiben. Nach dem Ersten Weltkrieg scheiterten zahlreiche US-Außenminister und andere führende Regierungsvertreter, und das gilt auch für die Präsidenten, allerdings in geringerem Maße, was in gewisser Hinsicht erstaunlich ist, weil die Differenzen zu innenpolitischen Themen in der Regel größer sind.

Die Außenpolitik war nicht immer ein so tückisches Terrain wie heute. Ein flüchtiger Blick auf die Ereignisse im 20. Jahrhundert (vom 19. Jahrhundert ganz zu schweigen) zeigt, dass auch Außenminister kleiner Länder wie Griechenlands Eleftherios Venizelos oder Rumäniens Nicolae Titulescu hohes internationales Ansehen genossen. Heute sind selbst die Namen der Außenminister großer Länder oft unbekannt oder in Vergessenheit geraten. Aristide Briand und Gustav Stresemann wurden als Streiter für den Weltfrieden gefeiert, Maxim Litwinow und Anthony Eden waren dereinst weltbekannte Persönlichkeiten.

In den Vereinigten Staaten dienten Frank Kellogg, Charles Evans Hughes und Henry Stimson als Außenminister und schieden aus dem Amt, ohne dass ihr Ansehen gelitten hätte. Stimson wurde später einer der erfolgreichsten Kriegsminister; im Ersten Weltkrieg hatte er dieses Amt schon einmal innegehabt. Alle drei waren Juristen und hatten nicht allzu viel Erfahrung in der Außenpolitik: Hughes war Generalgouverneur der Philippinen gewesen und wurde nach seiner Amtszeit als Außenminister Präsident des Obersten Gerichtshofs. Kellogg war Botschafter in Großbritannien gewesen. Für seine Bemühungen um eine internationale Ächtung des Krieges wurde ihm der Friedensnobelpreis verliehen.

Man könnte einwenden, das hohe Ansehen dieser und anderer führender Regierungsvertreter sei nicht gerechtfertigt gewesen. Kelloggs friedenspolitische Initiativen erwiesen sich binnen weniger Jahre als illusorisch. Bei dem Namen Cordell Hull, elf Jahre lang US-Außenminister, denkt man heute in erster Linie an die Vorarbeit, die er bei der Gründung der Organisation der Vereinten Nationen geleistet hat; doch diese Organisation konnte die in sie gesetzten Erwartungen nicht erfüllen. Stimson schloss die kryptographische Abteilung des Außenministeriums und behinderte dadurch die lebenswichtige Arbeit der Geheimdienste der USA. Seine Rechtfertigung (»Gentlemen lesen nicht die Briefe anderer Gentlemen«) beruhte auf der Annahme, dass die Akteure auf dem internationalen Parkett allesamt Gentlemen wären. Aber um es nochmals zu betonen: Stimson und Hull schieden in Ehren aus dem Amt. Man erwartete von ihnen, die Interessen der USA im Ausland zu schützen, die damals noch recht begrenzt waren. Damals blieb die Kritik an außenpolitischen Entscheidungsträgern meist maßvoll, weil die Medien sich noch nicht als halboffizielle Opposition etabliert hatten.

Heute schneiden Außenpolitiker erheblich schlechter ab. Seit 1945 waren rund zwanzig US-Außenminister im Amt und ungefähr die gleiche Zahl Nationaler Sicherheitsberater und CIA-Direktoren. Ihre Bildungswege sind hochinteressant: Unter den Außenministern dominieren die gelernten Juristen (wie William P. Rogers, Warren Christopher und Cyrus Vance – ihr Kennzeichen war große Zurückhaltung) und Universitätsprofessoren, es waren nur zwei Militärs darunter (George Marshall und Colin Powell), und nur zwei hatten einen großen Teil ihrer Berufslaufbahn bereits im Außenministerium verbracht (Dean Acheson und Dean Rusk). Einige waren sehr starke Persönlichkeiten (Acheson, John Foster Dulles, Henry Kissinger); andere eher farblos, sie wurden sofort nach Ausscheiden aus dem Amt vergessen.

Bei den CIA-Direktoren dominierten zwei andere Personengruppen: Militärs und Beamte, die einen großen Teil ihrer Laufbahn in der CIA verbracht hatten (Robert Gates, Richard Helms, William Colby, George Tenet, Porter Goss). Von ihnen scheiterten besonders viele, und Präsident John F. Kennedy wagte bei einem Besuch in Langley, Virginia, den Versuch einer Erklärung: Ihre Erfolge wurden geheim gehalten, ihre Fehlentscheidungen hingegen in alle Welt hinausposaunt. Außerdem wurden stets (und überall) zu hohe Erwartungen an die Nachrichtendienste gestellt. Solide und umfassende Kenntnisse der Ressourcen und Intentionen eines Rivalen oder Feindes waren die Ausnahme, nicht die Regel. Keinem vernünftigen Menschen würde es in den Sinn kommen, dem Landwirtschaftsminister die Schuld an einer Missernte zu geben, aber vom »Versagen der Geheimdienste« wird leichtfertig geredet.

Wodurch waren diese Personen auf ihren Job vorbereitet? Auch hier spielen die Erwartungen eine wichtige Rolle. Nur sehr wenige verfügten über ein umfassendes Wissen über die Weltpolitik. Die internationalen Beziehungen waren in der Nachkriegszeit so komplex geworden, dass ein hoher Regierungsvertreter unmöglich über allen Bereiche Bescheid wissen konnte. Vor dem Zweiten Weltkrieg waren die amerikanischen Interessen außerhalb der USA begrenzt gewesen, und deshalb schienen die wichtigen Faktoren der Weltpolitik überschaubar. Nach 1945 änderte sich die Situation grundlegend. Der US-Außenminister oder der CIA-Chef mussten sich mit kompetenten Beratern umgeben und dafür sorgen, dass ihre (inzwischen verzehnfachten) Behörden reibungslos funktionierten. Mehr konnte man im Grunde nicht von ihnen erwarten.

Erfolg und Scheitern hingen im Rückblick viel stärker vom Zufall ab als vom Wissen oder Charakter des Außenministers. George Shultz und James Baker überstanden die Strapazen ihres Amtes relativ unbeschadet, weil sie schlicht Glück hatten: In ihre Amtszeit fiel der Zusammenbruch des sowjetischen Imperiums. Henry Kissinger, der wohl klügste Kopf der Nachkriegszeit, hatte weniger Glück, weil er die Vereinigten Staaten aus einem verlorenen Krieg herausführen musste – eine Leistung, für die man vielleicht den Nobelpreis bekommen, aber kaum politische Lorbeeren ernten konnte. Dass auch ein wacher Verstand und das eingehende Studium der Weltpolitik den Erfolg nicht garantieren, wurde von Zbigniew Brzezinski bewiesen. Er war Professor an hervorragenden Universitäten, ein Mann mit rascher Auffassungsgabe und Experte der Weltpolitik, der voller neuer Ideen steckte, aber die Ergebnisse seiner Amtsführung waren bescheiden. Er diente unter einem schwachen Präsidenten, was ihm mehr Einfluss und Handlungsspielraum hätte verschaffen können. Aber er hatte das Pech, dass bei den Demokraten damals sehr viele Zauderer waren, während er eher ein Mann der Tat war.

Manche Präsidenten, zum Beispiel Richard Nixon, mischten sich stärker in die Außenpolitik ein. Roosevelt entschied häufig über Cordell Hull hinweg, Kennedy verhielt sich gegenüber

Dean Rusk ähnlich. Europäische Regierungschefs und Staatsoberhäupter, seien es Margaret Thatcher oder Tony Blair, Helmut Kohl oder Gerhard Schröder, François Mitterrand oder Jacques Chirac, lauschten ihren außenpolitischen Beratern, behielten sich aber die wichtigsten Entscheidungen selbst vor. Es klingt paradox, aber Außenminister stehen zugleich im Rampenlicht und im Schatten.

Am Vorabend der französischen Präsidentschaftswahl von 2007 hätte unter 1000 Amerikanern wohl kaum einer den Namen des amtierenden französischen Außenministers nennen können. Sarkozy ernannte Bernard Kouchner, eine bekannte und beliebte Persönlichkeit in Frankreich, doch dessen berufliche Laufbahn hatte nicht in der Politik begonnen. Ähnliches gilt für die meisten Länder, und die Gründe liegen auf der Hand: Überall werden wichtige Entscheidungen vermehrt von den Staatspräsidenten und Regierungschefs getroffen. Die modernen Kommunikationsmittel haben die Arbeit der Botschafter ein wenig entwertet; ihre Aufgabe liegt heute eher im Bereich der Öffentlichkeitsarbeit statt in der hohen Politik oder Diplomatie. Die Macht wurde immer stärker in den Händen des höchsten Regierungsvertreters konzentriert. Es gab Ausnahmen, vor allem wenn der Außenminister oder Botschafter über einen längeren Zeitraum im Amt blieb: Hans-Dietrich Genscher in Deutschland oder der saudische Botschafter in Washington können als Beispiel dienen, aber das sind Einzelfälle. Zugleich war ein nachlassendes Kaliber der Außenminister und Botschafter zu beobachten, aber es ist ungewiss, ob die Dominanz der Staatschefs der Hauptgrund ist.

In der Diplomatie im Europa des 19. und frühen 20. Jahrhunderts gab es noch *graue Eminenzen*, Beamte mit großem Einfluss, die hinter den Kulissen die Fäden zogen und in der Öffentlichkeit kaum wahrgenommen wurden, doch sie sind heute fast völlig verschwunden. Aber Präsidenten und Regierungschefs entsenden, vor allem in Krisensituationen, häufig Sonderbotschafter in andere Hauptstädte, meist sehr zum Ärger der Diplomaten vor Ort, die sich übergangen fühlen. Bis heute ist der Zugang zum Zentrum der Macht unverändert von größter Bedeutung, aber diese schlichte Tatsache haben schon vor Jahrhunderten Machiavelli und Castiglione betont.

Ich war zweimal (sehr früh und dann Anfang der 1990er Jahre) Angehöriger von Kommissionen, in denen ich einige Monate Zugang zu geheimen Informationen hatte. Es ging damals nicht um Fragen weltpolitischer Bedeutung, aber das Thema der geheimdienstlichen Aufklärung als Instrument der politischen Entscheidungsfindung hat mich stets fasziniert. Um 1982 gab mir die amerikanische Stiftung Twentieth Century Fund den Auftrag, über dieses Thema ein Buch zu schreiben (*World of Secrets,* New York 1985). Aus heutiger Sicht bezweifle ich, dass meine Erkenntnisse einen wesentlichen Beitrag zur Erforschung des Gegenstands darstellten, aber für mich war diese Arbeit überaus lehrreich. Im Zuge meiner Recherchen befragte ich alle noch lebenden Direktoren der CIA, einige ihrer Stellvertreter und die Leiter anderer amerikanischer sowie einiger europäischer Nachrichtendienste. Sie waren höflich, aber allesamt nicht sonderlich erpicht darauf, mir ihre geheimsten Gedanken anzuvertrauen. Meist traf ich mich mit ihnen zum Mittagessen in einem Washingtoner Club, und dabei machte ich doch anregende Entdeckungen. Einige hielten zum Beispiel stets die Hand vor den Mund, wenn sie an einem öffentlichen Ort redeten, damit ihnen niemand ihre Worte von den Lippen ablesen konnte. Ich traf mich sogar mehrmals mit dem legendären Jim Angleton, dem langjährigen Chef der CIS-Spionageabwehr. Aber obwohl er mich (wie ich glaube) mochte, wollte er mir nicht verraten, wer den Text der berühmten »Geheimrede« Chruschtschows auf dem XX. Parteitag 1956, in der er Stalin scharf kritisierte, aus Moskau herausgeschmuggelt hatte – ein Meisterstück der US-Spionage. Als Autor war ich diesbezüglich sehr neugierig, aber Angleton schwieg beharrlich, obwohl die Angelegenheit in den Tagen Gorbatschows nur noch von akademischem Interesse war. Ich musste das Rätsel ein oder zwei Jahre später selbst lösen.

Bald wurde mir klar, dass dieses Buchprojekt ein geradezu tollkühnes Unterfangen war. Wenn dieser Bericht solide und innovativ sein sollte, konnte er eigentlich nur von ehemaligen hochrangigen Geheimdienstbeamten mit langer Erfahrung geschrieben werden, und nicht von einem Außenstehenden. Doch das war unwahrscheinlich, weil diese Beamten sich im Lauf ihres Dienstes angewöhnt hatten, alle wichtigen Informationen für sich zu behalten, selbst wenn sie keine aktuelle Bedeutung mehr hatten.

Ein zentrales Thema war bereits damals das »Versagen der Geheimdienste«. Sie hatten zum Beispiel nicht vor dem Ausbruch des Koreakrieges gewarnt und waren in der Schweinebucht kläglich gescheitert. Roberta Wohlstetter hat eine ausgezeichnete Studie über das Versagen der Geheimdienste vor dem Angriff auf Pearl Harbor geschrieben, die zu einem Standardwerk wurde*. Sie legte sehr detailliert die unzähligen Anzeichen für einen Angriff dar, aber auch die zahlreichen und verwirrenden Störfaktoren. Abschließend stellte sie fest, es könne keine absolute Sicherheit geben, wie sehr die Nachrichtenbeschaffung auch verbessert werde – jene Sicherheit, die Entscheidungsträger beharrlich fordern.

Die Ursachen für Fehler der Geheimdienste wurden ausführlich diskutiert und untersucht, doch weiteres Versagen wurde dadurch nicht verhindert: Die Israelis wurden am Jom-Kippur-Feiertag vom Angriff Ägyptens und Syriens überrascht, der Zerfall des sowjetischen Imperiums kam überraschend, und die Anschläge des 11. September hätte niemand für möglich gehalten. Die Geschichte der Irrtümer und strategischen Täuschungsmanöver ist so alt wie die Menschheit: Das Alte Testament erwähnt mindestens hundert Fälle von Spionage, und es ist sehr oft von Überraschung und List die Rede. Ein klassisches Beispiel steht im Buch der Richter. Gideon hatte nur 300 Mann. Er gab jedem Kämpfer eine Posaune und einen Krug in die Hand, und dann machten sie einen Höllenlärm. Die Midianiter und Amalekiter glaubten, sie würden von einem weit überlegenen Heer angegriffen, und flohen. Das Trojanische Pferd ist ein weiteres Beispiel für eine geglückte Kriegslist.

---

* *Pearl Harbor: Warning and Decision*, Stanford, Cal., 1962.

Nicht alle politischen und militärischen Kulturen in der Geschichte schätzten die Spionage. Die Römer hatten beispielsweise eigene Spione und Informanten (*speculatores* und *frumentarii*), schenkten aber, stolz und arrogant wie sie waren, den beschafften Informationen wenig Beachtung, weil sie überzeugt waren, dass sie ihre Gegner ohnehin besiegen könnten. Mitunter mussten sie einen hohen Preis für diesen Dünkel zahlen. Ein germanischer Fürst, Arminius der Cherusker, der in Rom lebte, war römischer Bürger geworden und diente Quintilius Varus, dem römischen Statthalter in Germanien, als Berater. Er zettelte einen Aufstand an und brachte den Römern im Teutoburger Wald eine vernichtende Niederlagen bei (laut Sueton rief Augustus: »Varus, Varus, gib mir meine Legionen wieder!«). Im 20. Jahrhundert schenkte Hitler geheimdienstlichen Nachrichten keine große Beachtung, was mit dazu führte, dass er die sowjetische Kampfbereitschaft und militärische Stärke unterschätzte. Im Ersten Weltkrieg hatte Deutschland die Stärke der Vereinigten Staaten unterschätzt, wie Walter Nicolai, der Leiter des deutschen Nachrichtendienstes, später einräumte. (Nicolai war nur Oberst, was andeutet, wie gering die Spionage in der deutschen militärischen Hierarchie damals geachtet wurde.)

Nach meinem Eindruck wurde die Bedeutung der Spionage häufig überschätzt, oder, genauer, die an sie geknüpften Erwartungen waren zu hoch, und das wurde der rote Faden meines Buches. Freilich erklärte schon Sun Tsu, der chinesische Autor der *Kunst des Krieges* aus dem 6. Jahrhundert v. Chr., dass derjenige, der seinen Gegner kennt, hundert Schlachten gewinnen könne. Friedrich der Große schrieb, wenn man die Absichten des Gegners im Voraus wisse, könne man ihn auch mit einer schwächeren Armee schlagen. Napoleon sagte einmal, ein Spion am rechten Ort sei gut und gern mehrere Divisionen wert, aber bei seinen Feldzügen schenkte er seinen Informanten wenig Beachtung, vielleicht weil er genau wusste, dass seine Gegner ihre Absichten rasch ändern konnten. Informationen sind wichtig, vorausgesetzt, es werden die richtigen Schlüsse gezogen, sonst bewirken sie nichts: Die polnische Aufklärung 1939 und das französische *deuxième bureau* 1940 waren fachlich anderen Nachrichtendiensten ebenbürtig und mit Sicherheit der deutschen Abwehr überlegen. Doch ihre Streitkräfte wurden im Blitzkrieg von den Deutschen in Rekordzeit besiegt. Das Versagen der Nachrichtendienste hat oft auch einen paradoxen Effekt: Pearl Harbor war eine vernichtende Niederlage, genau wie der 11. September, aber man muss sie in einem größeren Zusammenhang betrachten: Wäre es ohne diese Katastrophen möglich gewesen, die Vereinigten Staaten zum Handeln zu bewegen?

Die Geschichte der Nachrichtendienste ist geprägt von unzähligen Komitees und Berichten mit dem Ziel, die Nachrichtenbeschaffung zu reformieren und zu verbessern. Mitunter hatten diese Bemühungen Erfolg, aber sehr häufig waren sie kontraproduktiv, weil Nachrichtendienste Kontinuität brauchen und ständige Veränderungen sich negativ auf ihre Ergebnisse auswirken. Außerdem dauert es immer Jahre, eine Reform durchzuführen, und bis sie endlich abgeschlossen ist, hat sich die Gesamtlage bereits wieder verändert. Zudem ist es fraglich, ob elementare Mängel (die US-Nachrichtendienste haben zu wenig geeignete Personen für den Einsatz im Ausland und sind zu sehr abhängig von technischen Mitteln der Datenbeschaffung) durch Resolutionen von Komitees behoben werden können. Als die Terroranschläge sich häuften und immer gefährlicher wurden, wurde die *Human Intelligence* (HUMINT), die Informationsgewinnung durch Spione und Spitzel, noch wichtiger.

Richard Cobb, der Historiker der französischen revolutionären Bewegungen im 18. und 19. Jahrhundert, hat die Rolle der neuen Menschenmasse beschrieben, die in den großen Städten entstanden war. Er konstatierte: »Es gibt keine größere Gefahr für die etablierte Ordnung als den namenlosen Menschen, der allein in einer Dachkammer haust, keine Post bekommt, weder Freunde noch Arbeitsstelle hat und der keinen festen Tagesablauf und keinen Grund kennt, sich an einem bestimmten Ort statt an einem anderen aufzuhalten. Die Ereignisse vom Juli 1789 waren genau das, worauf solche Menschen seit Jahren gewartet hatten.«

Diese Beschreibung erinnert an die derzeitigen Lebensumstände vieler Menschen in Städten Nordafrikas und des Nahen und Mittleren Ostens. Man stelle sich vor, mit welchen Gefahren sich die Sicherheitsdienste konfrontiert sehen könnten, falls eines Tages kleine Terrorgruppen über Massenvernichtungswaffen verfügen sollten. Terrorgruppen wie Al-Qaida haben viele Mitglieder und noch mehr Mitläufer in diesen Menschenmassen; Letztere sind der Dschungel, aus dem heraus die Terroristen operieren. Außerdem ist es westlichen Sicherheitsdiensten nicht gelungen, die Terrorzellen wirksam zu infiltrieren, was Prävention nahezu unmöglich macht.

Nach Enthüllungen über Gräueltaten, reale oder unterstellte, welche die CIA in Vietnam und anderswo begangen hatte, wurden einige Komitees (1975 das wichtige Church-Komitee) gebildet, um die Überwachung der Geheimdienstoperationen zu intensivieren, aber die Kontrollen wirkten geradezu lähmend auf die Beamten. Viele neigten ohnehin zur Übervorsicht, hielten sich tendenziell bedeckt und achteten vor allem darauf, ihre Karriere nicht zu gefährden. Wenn ein Komitee Agenten untersagt hätte, Kontakte zu Sympathisanten von Terrorgruppen zu unterhalten, hätten die amerikanischen Geheimdienste keine Informationen über Aktivitäten und Pläne von Terroristen beschaffen können. Dieser Widerspruch bestand schon zur Zeit des Church-Komitees, und eine direkte Linie führte zum 11. September.

Die Leiter der Geheimdienste hatten in der Tat nur selten Erfolg. Von den CIA-Direktoren wurden Allen Dulles, William Raeborn, John McCone, Richard Helms, Jim Woolsey und Porter Goss zum Rücktritt gezwungen; William Colby, Stansfield Turner, William Casey und George Tenet standen unter schwerem Beschuss, als sie »freiwillig« zurücktraten. George Bush senior wurde nicht wiederernannt, John Negroponte bat nach kurzer Zeit um seine Entlassung, und die wenigen, denen dieses Schicksal erspart blieb, waren nur kurze Zeit im Amt. Großer Ehrgeiz und wohl auch Patriotismus waren unerlässlich, um dieses Amt zu übernehmen, dessen Pflichten häufig als »Mission impossible« bezeichnet wurden. Erschwert wurde die Aufgabe noch durch das Bild, das die Medien von den Operationen und den Mitarbeitern der Geheimdienste (auch im Fernsehen und in Spielfilmen) zeichneten: Sie wurden meist als anmaßende, böse, schlampige und niederträchtige Menschen dargestellt.

Eine wichtige Voraussetzung für erfolgreiche Geheimdienstarbeit ist der persönliche Zugang zu Entscheidungsträgern. Die besten Informationen sind wertlos, wenn sie nicht den Präsidenten und seine höchsten Berater erreichen, doch gerade das war nur selten der Fall. Die meisten Präsidenten hatten wenig Vertrauen zu den Geheimdiensten oder schlichtweg kein Interesse. Doch es gab Ausnahmen: John Foster Dulles war der Bruder des damaligen CIA-Chefs, und William Casey unterhielt eine Zeitlang eine recht enge Beziehung zu Präsident Reagan (er war der einzige CIA-Chef mit einem Sitz im Kabinett). Später bekam zwar auch John Deutch einen Kabinettssitz, aber das stärkte seine Position nicht sonderlich. In vielen Fällen hatte der CIA-Chef sogar nur sporadisch Zugang zum Präsidenten: Clinton traf sich angeblich in zwei Jahren kein einziges Mal mit dem Geheimdienstchef.

Warum ist die Arbeit der Geheimdienste in demokratischen Gesellschaften so schwierig geworden, und warum sind die Ergebnisse häufig so dürftig? Bei der Suche nach Antworten stößt man auf einen inhärenten Widerspruch: Für die meisten Aufgaben der Geheimdienste sind keine besonderen Begabungen erforderlich; solide Fachkenntnisse und ein gesunder Menschenverstand reichen in der Regel aus. Aber ein gewisses Maß an Kühnheit, physischer Mut und die Bereitschaft, ausgetretene Pfade zu verlassen, sind unerlässlich. Doch diese Eigenschaften stehen aller Erfahrung nach in klarem Widerspruch zum Verhalten von Beamten und Bürokraten.

Heute ist die Nachrichtenbeschaffung trotz dieser Einsicht Aufgabe großer Bürokratien, und für diesen inneren Widerspruch gibt es keine einfache Lösung. Darüber hinaus gehört zu effektiver Aufklärung zwangsläufig die Geheimhaltung, aber die Arbeit der Behörden sollte in einer Demokratie nicht geheim, sondern allgemein zugänglich und transparent sein und zugleich streng überwacht werden. Wie können diese entgegengesetzten

Forderungen mit der Erfüllung der Aufgaben der Geheimdienste in Einklang gebracht werden? Eine Ideallösung wird es wohl nicht geben.

Geheimdienste haben häufig auch »aktive Maßnahmen« ergriffen, wie das KGB seine Operationen euphemistisch nannte, freilich mit ebenso wenig Erfolg, was der Zusammenbruch der Sowjetunion hinlänglich beweist. Die meisten verdeckten Operationen der westlichen und US-Geheimdienste (soweit sie öffentlich gemacht wurden) endeten in einem Fiasko. Ein Beispiel: Brzezinski und seine Nachfolger belieferten die Rebellen in Afghanistan mit Waffen für den Kampf gegen die sowjetischen Invasoren, was mittelfristig den Aufstieg der Taliban und Al-Qaidas zur Folge hatte. Fast ausnahmslos standen diese »aktiven Maßnahmen« im Widerspruch zum geltenden Recht in demokratischen Gesellschaften in Friedenszeiten. Vielleicht waren sie wirkungsvoll, aber mit den Gesetzen und Vorschriften zur Überwachung der Geheimdienste waren sie nicht vereinbar. Früher oder später kamen viele ans Licht und lösten Skandale aus.

Auch die Rekrutierung von intelligentem Nachwuchs ist ein Problem, wenn ein junger Anwalt viel mehr verdient als die höchsten Geheimdienstbeamten! Junge Männer und Frauen mögen sich aus Lust am Abenteuer bei Geheimdiensten bewerben, aber die meisten Posten sind langweilige Bürotätigkeiten. Viele amerikanische Universitäten gewähren den Werbern der CIA keinen Zutritt, und den Studenten wird von linken Professoren eingebläut, die Vereinigten Staaten seien imperialistisch und aggressiv. Dem eigenen Land zu dienen wird nicht als Pflicht, sondern als Karrierehindernis betrachtet. Freilich dominiert diese Haltung nicht die ganze Gesellschaft, und bislang haben die Geheimdienste in Amerika und Europa genug Bewerber für alle Dienststellen gefunden. Zweifelhaft ist jedoch, ob sie den besten und klügsten Nachwuchs bekommen konnten.

An Universitäten kann man einen Teil des Wissens erwerben, das man auf bestimmten Gebieten der Geheimdienstarbeit benötigt, zum Beispiel Kenntnisse in den Naturwissenschaften oder die Beherrschung von Fremdsprachen. Ein Studium der

Politikwissenschaft oder der internationalen Beziehungen ist wohl kaum eine gute Vorbereitung auf Geheimdienstaufgaben. Freilich könnte dieser Mangel durch gute Ausbildungskurse der Behörden behoben werden. Doch meinem Eindruck nach waren die Motivation und die Kompetenz der ersten und zweiten Generation der CIA höher als in späteren Jahren.

Worin lagen nun die Hauptgründe für schlechte Aufklärung und ein Versagen der Geheimdienste? Konrad Adenauer bemerkte einmal sinngemäß, es gebe unzählige Möglichkeiten, etwas falsch zu machen, aber nur eine, es richtig zu machen. Das gilt auch für die Geheimdienstarbeit. Nachrichtenbeschaffung ist keine Wissenschaft, sondern ein Handwerk. Es gibt viele wissenschaftliche Aspekte der Nachrichtenbeschaffung, aber letztlich beruht sie auf Erfahrung, gutem Urteilsvermögen und Fingerspitzengefühl. Wichtig sind auch ein sicherer Instinkt und ein intuitives Verständnis von Zusammenhängen.

Wissenschaftliche Prognosen sind in der Geheimdienstarbeit unmöglich, trotz aller Bestrebungen, solche Methoden anzuwenden. In den 1960er und 1970er Jahren suchten Theoretiker der Geheimdienstarbeit intensiv nach einem stabilen und kohärenten theoretischen Gerüst, nach operativen Indikatoren, die akkurat, standardisiert, vergleichbar und messbar sein sollten, um zum Beispiel einen Staatsstreich oder eine Revolution vorherzusagen. Diese innovativen Theoretiker machten Anleihen bei der Sozialpsychologie (Entscheidungsfindung), dem Management (Systemanalyse), der Mathematik (Spieltheorie), der Kommunikationstheorie und sogar der Biologie (allgemeine Systeme) und Anthropologie sowie bei angrenzenden Wissensgebieten. Während die einen großen Wert auf Simulation legten, konzentrierten sich die Psychologen auf die Bedeutung von Wahrnehmungen und falschen Wahrnehmungen. Neulinge in diesem Metier mussten sich mit der Bayes'schen Statistik vertraut machen. (Der Geistliche und Mathematiker Thomas Bayes [1702–1761] verfasste zwei Werke, in denen er die Wahrscheinlichkeit eines bestimmten Ereignisses oder einer Entwicklung unter Einbeziehung neuer Informationen berechnete. Die von ihm entwickelte Formel wurde zweihundert Jahre lang ignoriert, aber in den 1950er Jahren wiederentdeckt.)

Simple Grundgedanken standen hinter diesen Versuchen, die Aufklärung zur Wissenschaft zu erheben und Prognosen zu ermöglichen: Alle akzeptierten, dass die Beherrschung von Sprachen, ein umfassendes Wissen über fremde Kulturen und insbesondere das Verständnis der Denkweise »eines Ausländers« unerlässliche Voraussetzung für Geheimdienstarbeit waren. Die meisten Geheimdienstmitarbeiter hatten jedoch weder diese Kenntnisse noch diesen geistigen Horizont, und es war wenig wahrscheinlich, dass sie dieses Niveau erreichen könnten. Doch vielleicht konnten die Gesellschaftswissenschaften durch ihre Ergebnisse diese Defizite ausgleichen? Sie hatten zwar keine Naturgesetze, sondern nur Wahrscheinlichkeiten zu bieten und konnten keine Einzelereignisse vorhersagen. Aber waren Prognosen aufgrund von erhöhten Wahrscheinlichkeiten nicht schon ein Fortschritt gegenüber jenen »präwissenschaftlichen Verallgemeinerungen« der Vergangenheit, die auf den Erfahrungen und Meinungen von Menschen beruhten?

Grundlegende Probleme wurden jedoch ignoriert. Auch heute bestreitet niemand, dass Statistiken und insbesondere die Wahrscheinlichkeitstheorie nützliche Hilfsmittel für die Verarbeitung numerischer Informationen sind. Aber wie soll man Ängste und Ambitionen, Religion und Nationalismus oder (wie der Politologe Hans Morgenthau schon früh bemerkte) den Machtkampf quantifizieren? Die Spieltheorie beruht auf der Annahme, dass Entscheidungen auf rationalen Strategien basieren und dass die Spielregeln bekannt sind. Das »Modell eines rational denkenden Menschen« war jedoch nur bedingt auf Stalin übertragbar, geschweige denn auf Hitler. Spieltheoretiker haben behauptet, der Ausbruch des Krieges im Jahr 1939 sei eine untypische Ausnahme. Bei meinen Nachforschungen in den 1980er Jahren stellte ich jedoch sehr schnell fest, dass diese »untypischen Ausnahmen« eher als Regeln bewertet werden müssen, und das lange vor dem Aufkommen des islamistischen Terrorismus.

Die Analyse der Leistungen und Misserfolge der militärischen

Aufklärung im 20. Jahrhundert zeigt, dass häufig die numerische Stärke des Gegners richtig eingeschätzt wurde. Der britische Nachrichtendienst ging Ende 1938 (zwei Jahre bevor es ihm gelang, die deutsche »Enigma«-Funkverschlüsselung zu knacken) davon aus, dass die Deutschen Ende 1939 über 3700 Flugzeuge verfügen würden. Bei Kriegsausbruch im September 1939 hatten die Deutschen tatsächlich 3647 Flugzeuge.

Mitunter glichen Schätzfehler einander aus: In der Spätphase des Kalten Krieges setzten amerikanische Analytiker das sowjetische Bruttosozialprodukt zu hoch an und unterschätzten dafür den Anteil der Militärausgaben erheblich. Manchmal hatten falsche oder übertriebene Informationen langfristig sogar einen heilsamen Effekt: Gegen Ende des Kalten Krieges gaben die Vereinigten Staaten vermutlich unnötig viel für Rüstung aus, weil sie die militärische Bedrohung durch die Sowjetunion überschätzten. Dieses Wettrüsten hat jedoch letztlich entscheidend zum Zusammenbruch der Sowjetunion und zum Ende des Kalten Krieges beigetragen.

Wie ist die Fehleinschätzung der US-Behörden bezüglich der Massenvernichtungswaffen des Irak (der nationale Geheimdienstbericht vom Oktober 2002) zu bewerten? Nach den derzeit vorliegenden Dokumenten wollte das Weiße Haus die Öffentlichkeit dazu nicht bewusst in die Irre führen, wie manche Kritiker der Bush-Administration behaupten. Saddam Hussein hingegen wollte mit dem Ziel der Abschreckung den Eindruck erwecken, dass nicht sämtliche Waffen zerstört worden wären, über die er einst verfügt hatte. Hier haben die Nachrichtendienste in der Tat versagt. Washington hätte das militärische Potential des Irak einigermaßen zuverlässig einschätzen können, wenn unzählige Wissenschaftler aus dem Irak übergelaufen wären, deren Aussagen man wiederum mit anderen Mitteln hätte überprüfen können. Allerdings gab es nur wenige Überläufer, und einige lieferten obendrein falsche oder irreführende Informationen. Unter diesen Umständen war die Wahrscheinlichkeit hoch, dass die US-Regierung sich im Nebel der Vorkriegsphase an das bewährte Prinzip »Man kann nie wissen, was man alles nicht weiß« halten würde.

Zu den häufigsten Gründen für ein Versagen der Geheimdienste (von erfolgreicher Täuschung abgesehen) zählen die spiegelbildliche Übertragung der Verhältnisse im eigenen Land auf den Gegner und die Zerstückelung der Informationsmenge, die dazu führt, dass die linke Hand nicht weiß, was die rechte tut. Begünstigt wird dieses Verhalten durch Ressortpatriotismus und Vorurteile. Haltungen wie das »Hat es hier noch nie gegeben«-Syndrom (oder auf technischer Ebene »hat hier niemand erfunden«) behindern den analytischen Blick.

Nachrichtendienste sind nun einmal schwerfällige und hierarchische Organisationen, in denen immer die Gefahr besteht, dass Warnsignale in bürokratischen Kanälen unbemerkt bleiben oder ausgefiltert werden. »Spiegelbildliches Denken« ist vor allem in demokratischen Gesellschaften hinderlich. Amerikaner haben Mühe zu verstehen, wie eine Diktatur funktioniert, und das gilt auch für die Bedeutung radikaler Ideologien. Auf rationaler Ebene mögen sie die Probleme erfassen, aber das allein reicht zum Verständnis nicht aus. Als Bürger einer freien Gesellschaft können sie sich in ein Leben unter fremder Herrschaft nicht hineinfühlen. Deshalb fällt es vielen Amerikanern schwer, elementare Gegebenheiten des Lebens in nichtdemokratischen Gesellschaften zu begreifen, und das Verhalten der Politiker eines solchen Regimes wird ihnen meist rätselhaft erscheinen.

Ein Bericht über die Zypernkrise im Jahr 1974 drückt dieses Unverständnis kurz und bündig aus: »Es bestand die womöglich unbewusste Überzeugung und Hoffnung, dass am Ende die Vernunft siegen werde und dass im Grunde vernünftige Menschen keine offensichtlich irrationalen Schritte unternehmen würden.« Selbst heute droht unablässig die Gefahr, dass sich die Analytiker in ihrem Streben nach Gewissheit dazu verleiten lassen, angezeigte Zweifel und Unklarheiten und zugleich die Bedeutung fehlerhafter und unvollständiger Informationen zu unterschätzen. Sie könnten irrationale und nicht messbare Faktoren missachten und dem Widersacher zu viel rationale Berechnung und Planung unterstellen und auf diese Weise einer im Grunde chaotischen Situation eine künstliche Ordnung beimessen.

Vor hundert oder auch nur fünfzig Jahren stellten Einwanderer aus Übersee einen höheren Anteil der amerikanischen Bevölkerung. Diese Menschen kannten ihre Herkunftsländer erheblich besser als ihre Nachkommen. Vermutlich war die Arbeit eines Spions im 18. und 19. Jahrhundert viel einfacher als heute. Die Zahl der Länder, die ausgeforscht werden mussten, war erheblich kleiner, die herrschenden Klassen waren kosmopolitisch und sprachen häufig dieselbe Sprache. Heute leiden die Vereinigten Staaten trotz aller Reisen von US-Bürgern ins Ausland unter der Borniertheit ihrer Größe und Macht. Nach dem 11. September und dem Irakkrieg erschienen unzählige Bücher und Artikel von ehemaligen Geheimdienstbeamten und Autoren, die Verbindungen zu den Geheimdiensten hatten. Sie hatten viel an der Arbeit der Geheimdienste auszusetzen (ihre eigene freilich ausgenommen), und die Kritik an mangelhafter Koordination war zum Teil auch berechtigt. Insgesamt war es jedoch eher peinlich, die Auftritte von Gurus und klugen Ratgebern zu sehen, die vor dem 11. September für ihre Einschätzungen kein Gehör gefunden hatten. Die tieferen Ursachen für die unzureichende Auswertung der Informationen wurden selten erwähnt: Allzu wenige Menschen beherrschten die relevanten Sprachen, und sie waren mit der Kultur, Religion, Mentalität und Lebensweise der Gesellschaften, mit denen sie sich befassen mussten, in keiner Weise vertraut. Erschwerend kam hinzu, dass sie in ihren politischen Anschauungen reichlich voreingenommen waren.

Das Gleiche gilt mit Blick auf die Thinktanks und Medien: Viele Positionspapiere und Bücher über Themen wie Islamismus und Dschihad wurden von Autoren verfasst, die weder über den erforderlichen sprachlichen Hintergrund noch über das nötige Wissen für eine seriöse Auseinandersetzung mit diesen Themen verfügten. Im Kalten Krieg kannte ich nur wenige Experten (zum Beispiel Richard Löwenthal), deren Urteil über die sowjetische Politik man trauen konnte, obwohl sie kein Russisch sprachen. Sie waren in jungen Jahren Kommunisten gewesen und konnten auf persönliche Erfahrungen zurückgreifen. Unter den China-Experten waren nur ganz wenige mit perfekten Sprachkenntnissen, aber das war wohl angesichts der außerordentlich schwierigen Sprache unvermeidlich.

Zur Vermeidung von Fehlurteilen existieren keine Patentrezepte, ja nicht einmal Lehren der Geschichte. Die Schriften von Marx und Lenin tragen nicht das Geringste zum Verständnis der Massaker Pol Pots in Kambodscha bei. Nationale Interessen sind natürlich von entscheidender Bedeutung für die Politik, aber sie erklären keineswegs die Säuberungen Stalins oder Maos Kulturrevolution. Dass Konflikte auf falschen Wahrnehmungen beruhen, mag in manchen Fällen zutreffen, aber sie waren gewiss keine Gründe für Mussolinis Angriff auf Äthiopien. Die Gegner im Spanischen Bürgerkrieg deuteten die Absichten der jeweils anderen Seite durchaus richtig, und Hitlers Angriffskrieg war keineswegs eine Folge kognitiven Versagens. Den Analytikern der Geheimdienste wurde geraten, sich in die Theorie der kognitiven Dissonanz zu vertiefen und Thomas Kuhns *Die Struktur wissenschaftlicher Revolutionen* zu lesen. Das wird zweifellos ihren kulturellen Horizont erweitern, aber es wird ihnen nicht helfen, den radikalen Islamismus oder den arabisch-israelischen Konflikt zu verstehen. Wenn zwei Nationen Anspruch auf dasselbe Territorium erheben, ist das kein kognitives Problem, sondern ein echter Konflikt.

In Geheimdiensten sind viele geneigt, Voreingenommenheit als die wichtigste einzelne Fehlerquelle zu betrachten. Aber wie der Historiker George Macaulay Trevelyan einmal bemerkte, ist Voreingenommenheit nicht unbedingt gut oder schlecht und überdies unvermeidlich. Der heilige Augustinus sagte einmal, dass man nichts erfahren könne, es sei denn durch Sympathie – doch auch Antipathie kann die Sinne schärfen. Edmund Burkes *Betrachtungen über die Französische Revolution* sind ein gutes Beispiel. Burke war ein zutiefst voreingenommener politischer Beobachter, der sein Werk bereits vollendet hatte (1790), als Frankreich noch eine Monarchie war. Danton oder Robespierre hatten die Bühne der Revolution noch nicht betreten. Wohlmeinende Männer und Frauen in ganz Europa bejubelten die Freiheit, die Frankreich erlangt hatte, und priesen enthusiastisch das neue Zeitalter. Ein »unvoreingenommener« Beobachter hätte durchaus die Ansicht vertreten können, dass der Absolutismus überwunden worden sei und Frankreich nach englischem Vorbild eine konstitutionelle Monarchie werde. Ausbrüche von Gewalt werde es nicht mehr geben, und die Phase der Unruhen sei beendet.

Burke hingegen erkannte intuitiv, dass die Revolution in Gewalt und Terror versinken, zu Despotismus führen und in einer Militärdiktatur enden würde. Durch induktive, logische Schlüsse auf einer tieferen Ebene der politischen Analyse kam er zu dem Ergebnis, dass die gesellschaftliche und politische Ordnung Frankreichs zerstört war, dass die Beschränkungen des Despotismus aufgehoben waren und dass ein fataler Verlauf der Revolution nicht mehr aufzuhalten war.

Edmund Burkes Werk beweist (und man könnte zeitgenössische Beobachter der Russischen und Chinesischen Revolution als weitere Beispiele nennen), dass eine gewisse Voreingenommenheit unvermeidlich ist und dass sie das Urteil sogar schärfen kann. Daraus folgt jedoch keineswegs, dass man Beweismaterial unterschlagen dürfte, weil das Ideal der Unparteilichkeit ohnehin unerreichbar ist oder die subjektiven Urteile von Menschen als gleichwertig aufgefasst werden. Trevelyan, der Verteidiger der Befangenheit, betonte scharf, dass Urteile keinesfalls den Fakten widersprechen dürfen.

Insgesamt haben die Nachrichtendienste vermutlich seltener bei »harten Fakten« wie dem militärischen Potential eines Gegners versagt als bei der Einschätzung seiner Intentionen. Auf den ersten Blick mag das verwundern, weil es doch einfacher sein müsste, heimlich Waffen zu produzieren, als naheliegende politische Intentionen zu verbergen, natürlich vorausgesetzt, ein Regime hat nicht erst kürzlich die politische Bühne betreten und kann noch nicht angemessen eingeschätzt werden. Aber »kulturelle Befangenheit«, die Unfähigkeit, die mentale Verfassung von Politikern zu begreifen, die in einer völlig anderen Tradition verwurzelt sind, spielt hier eine wichtige Rolle. Nach dem Ersten Weltkrieg wollten die Siegermächte vor allem in Frieden leben und sich ausschließlich innenpolitischen Themen widmen. Die Außenpolitik wurde als lästige Störung empfunden. Die Überzeugung war weit verbreitet, dass alle aufgeklärten Gesellschaften ein Interesse an der Bewahrung des Status quo hätten.

Die Liste von Faktoren, die zu falschen Informationen oder falschen Schlüssen führen können, ist endlos. »Lehren der Geschichte« können überaus hilfreich sein, aber auch in die Irre führen. Der Analytiker muss beurteilen, ob diese Lehren anwendbar sind oder nicht. Das reine Zusammentragen und Interpretieren von Informationen, aber auch die beste Aufklärung ist wertlos, wenn die politischen Entscheidungsträger sie nicht zur Kenntnis nehmen. Stalin ist das Paradebeispiel hierfür. Ihm standen alle Informationen zum bevorstehenden deutschen Angriff zur Verfügung, aber er hielt den enormen deutschen Truppenaufmarsch für ein gigantisches Täuschungsmanöver. In seinem Wahn drohte er, alle erschießen zu lassen, die unliebsame Informationen lieferten. Mehrere Monate nach der deutschen Invasion ließ er Pawel Fitin hinrichten, den Chef der Auslandsaufklärung des Geheimdienstes (damals NKWD), weil dieser zu den lautesten Mahnern gezählt hatte. Stalin hatte die Warnungen ignoriert und ließ die Zeugen seines furchtbaren Versagens beseitigen.

Oft halten sich Entscheidungsträger allerdings auch für bessere Interpreten der Informationen als die Geheimdienstprofis. Sie fordern »rohe Informationen« an und möchten selbst als Analytiker glänzen.

Ein großer Teil wichtiger Informationen kann über frei zugängliche Quellen beschafft werden, und das gilt im Computer-Zeitalter mehr denn je. Gleichwohl haben Geheimdienste von diesen Quellen wenig Gebrauch gemacht. Erst vor kurzem wurde (unter Negroponte) in der CIA eine Abteilung eingerichtet, die solche Quellen auswertet: das DNI Open Source Center. Diese Behörde hat den 1941 gegründeten FBIS (Foreign Broadcast Information Service) zum Vorbild, der deutsche und italienische Rundfunksendungen aufzeichnete und übersetzte. Später konzentrierte sich der FBIS auf sowjetische Sender und Zeitungen; chinesische

Publikationen wurden von einer anderen Organisation in Hongkong überwacht. FBIS war eine wichtige Behörde, aber sie wurde vermutlich mehr von Akademikern als von Geheimdienstbeamten genutzt. Obendrein wurde das Rohmaterial im Gegensatz zu anderen Geheimdienstinformationen nicht systematisch analysiert. Die Behörde setzte nach dem Kalten Krieg ihre Tätigkeit fort, doch die Rahmenbedingungen hatten sich grundlegend geändert. Al-Qaida und ähnliche Gruppierungen verfügten weder über Rundfunk- noch Fernsehsender, stellten jedoch massenhaft Blogs ins Internet. Darüber hinaus kamen viele illegale oder halblegale Publikationen in Umlauf.

Robert Baer, ein CIA-Agent, der über zwanzig Jahre im Nahen Osten, in Indien und Zentralasien tätig war, schildert in seinen Memoiren *(See no Evil;* deutsch: *Der Niedergang der CIA)*, wie er einmal durch die Edgware Road in London bummelte. Er entdeckte in einem arabischen Buchladen an der Straße Bücher und Pamphlete, die in den meisten Ländern des Nahen und Mittleren Ostens verboten waren, in England aber frei verkauft wurden. Ihm wurde klar, dass seine Kollegen in der Londoner Station das nicht wussten und dass sie mit den Schriften ohnehin nichts hätten anfangen können. Ein großer Teil davon war jedoch auch auf Englisch publiziert, weil die meisten Muslime in Großbritannien nicht Arabisch lesen.

Jahre zuvor hatte ich eine ähnliche Entdeckung gemacht: in der Edgware Road, in Notting Hill sowie in anderen kleinen Buchhandlungen in ganz Europa und vor vielen Moscheen. Andere wussten besser als ich, wo sie solches Material beschaffen konnten. (Ich verweise auf die Bücher von Gilles Kepel, Johannes Jansen, einem holländischen Professor, und Eberhard Serauky, einem weniger bekannten Experten aus der DDR, der einige Jahre an einer ägyptischen Universität gelehrt hatte.) Ich fand dort zum Beispiel die Memoiren Aiman as-Sawahiris (des Stellvertreters von Osama bin Laden) oder Scheich Abdallah Yusuf Azzams, des Ahnherrn des modernen Dschihad, der unter bis heute ungeklärten Umständen in Pakistan umgekommen ist. Ex-Präsident Clinton hatte 2007 zu Recht in einem Interview erklärt,

Anfang der 1990er Jahre habe niemand erkannt, welche Gefahr vom militanten Islamismus ausgehe.

Aber man hätte es durchaus wissen können, wenn die Beamten der Geheimdienste die obskuren Bücher und Pamphlete, legale ebenso wie illegale, gelesen hätten, die allenthalben erhältlich waren. In diesen Schriften wurden freilich nicht Ort und Zeit der nächsten großen Anschläge genannt, aber es gab zum Beispiel eine hochinteressante Geschichte der »afghanischen Araber«, wie die ausländischen Freiwilligen genannt wurden, die in den 1980er Jahren in Pakistan und Afghanistan und später auf dem Balkan, in Algerien und anderen Teilen der Welt kämpften. Sehr viele Informationen über die Ziele und Methoden der Islamisten waren verfügbar.

Die Bücher von Sayyid Qutb und Mawdudi, dem pakistanischen Islamisten, waren im Untergrund erhältlich und wurden jahrzehntelang mit Auflagen von mehreren hunderttausend publiziert. Sogar einige westliche Studien zum radikalen Islamismus waren erschienen, aber seine Bedeutung war den meisten Autoren aus unerfindlichen Gründen verborgen geblieben. Erst nach dem 11. September wurde dieser modernen Form des Dschihad angemessene Aufmerksamkeit zuteil. Wie ist dieses erstaunliche Versäumnis zu erklären? Die Nachrichtendienste konnten mit Recht darauf hinweisen, dass sie nicht als Einzige die Weltpolitik verfolgten. Untersuchungen zum Islamismus hatten für sie in der Tat eine niedrige Priorität gehabt, doch in den Medien und an den Universitäten hatte das Phänomen noch weniger Beachtung gefunden.

Ein paar eifrige Korrespondenten hatten Osama bin Laden lange vor dem 11. September aufgesucht und interviewt. Doch in diesem Zeitraum sind Leitartikel und analytische Reportagen seltene Ausnahmen. Die Zahl der Auslandskorrespondenten ist auf der ganzen Welt geschrumpft, abgesehen von Fernsehteams, die bei Katastrophen unverzüglich am Schauplatz auftauchen. Aber es gab doch einige Korrespondenten im Nahen Osten, in Pakistan und Afghanistan, und wenn ihre Chefredakteure ihre Berichte nicht unterdrückten, dann haben sie wohl eine der großen politischen Bewegungen der 1990er Jahre verschlafen. Heute verbringen Korrespondenten relativ wenig Zeit in dem Land, in dem sie akkreditiert sind, ihre Kenntnisse der lokalen Sprache, Kultur und der politischen Verhältnisse sind eher dürftig. Aber sie haben freie Mitarbeiter vor Ort, und sie hätten zumindest ahnen müssen, was sich unter der Oberfläche abspielte. Man muss also nicht nur den Nachrichtendiensten, sondern auch Journalisten und Medien Versagen vorwerfen. Viele Bücher sind über die Unzulänglichkeit der Geheimdienste geschrieben worden, aber über das Versäumnis der Medien, die Öffentlichkeit vor den drohenden Gefahren zu warnen, wurde nahezu nichts publiziert.

Was taten die Wissenschaftler, die immerhin solide Grundkenntnisse der Sprache, Traditionen, Bräuche und Mentalitäten hatten? Viele hatten Monate und manche sogar Jahre in muslimischen Ländern verbracht. Mit wenigen bemerkenswerten Ausnahmen (Bernard Lewis in *Foreign Affairs,* nachdem Osama bin Laden seinen Dschihad ausgerufen hatte) blieb die Erkenntnis aus, dass in muslimischen Ländern etwas Neuartiges und Außergewöhnliches entstand. (Die französischen Wissenschaftler Gilles Kepel und Olivier Roy steuerten wertvolle Studien bei. Aber ihre Annahme, die neue Bewegung habe bereits ihren Höhepunkt erreicht, erwies sich als falsch.)

Diese Ignoranz und diese Fehlurteile wären leicht zu erklären, wenn es sich nur um die Verschwörung weniger Militanter gehandelt hätte. Solche Komplotte können von Außenstehenden durchaus übersehen werden. Aber unter dem Banner des Islamismus sammelten sich Tausende und Abertausende von Kämpfern und Sympathisanten in vielen Ländern, und sie bekannten sich ganz offen zu ihrem Konzept des modernen Dschihad.

Zur Verteidigung dieser Fachleute ließe sich vorbringen, dass in der Geschichte auch Koryphäen immer wieder Fehlurteile fällten. Vertreter der ersten Generation der Russland- und Sowjetunion-Experten wie Bernard Pares in Großbritannien und Samuel Harper in den Vereinigten Staaten waren anfangs dezidierte Gegner der russischen Revolutionen gewesen. Man kann ihnen vorwerfen, dass sie sich zu blinden Anhängern des Stalinismus wandelten. Sidney und Beatrice Webb kamen in den 1930er Jahren zu der Überzeugung, die sowjetische Zivilisation zähle zu den Wundern der Menschheit. Das mag mit Blick auf ihre Unkenntnis der russischen Geschichte, ihre fehlenden Sprachkenntnisse und ihre Leichtgläubigkeit verzeihlich erscheinen. Aber Pares und E. H. Carr waren ausgewiesene Experten für Russland und die Sowjetunion; für sie kann niemand mildernde Umstände vorbringen. Das gilt auch für John Fairbanks, den wohl angesehensten China-Experten seiner Generation: Er kannte die Sprache, da er als Sohn eines Missionars in China geboren worden war, und kannte das Land sehr gut. Er war weder Kommunist noch Sympathisant der Kommunisten, doch das hielt ihn nicht davon ab, die späte Mao-Ära und die katastrophale Kulturrevolution als Segen für China zu preisen.

Michel Foucault verstieg sich zu der Behauptung, die Islamische Revolution unter Khomeini sei das Beste und Fortschrittlichste, was sich jemals östlich von Paris ereignet habe. Jean Baudrillard verkündete 1991, der Golfkrieg habe überhaupt nicht stattgefunden. Die Anschläge vom 11. September nannte er das »absolute Event«, was immer das heißen sollte. Das Ansehen dieser Denker litt keineswegs durch solche Einlassungen.

Der Nationalsozialismus und Hitler waren eher selten Gegenstände krasser Fehleinschätzungen. Nur wenige amerikanische Journalisten, die in den 1930er Jahren in Berlin akkreditiert waren, machten sich Illusionen über das NS-Regime. Dennoch erkannten nur wenige, worauf Hitlers Politik letztlich hinauslaufen würde. Zu diesen Hellsichtigen zählte Sir Horace Rumbold, der britische Botschafter in Berlin, der 1933 in seiner letzten Note nach London voraussagte, Hitlers Politik werde zwangsläufig zu einem Krieg führen und die nationalsozialistische Bewegung und ihre Führer seien von einer gehörigen Portion Irrsinn gezeichnet. Rumbold war weder »Antifaschist« noch Linker oder Liberaler, sondern ein konservativer Brite mit allen Wertvorstellungen und Vorurteilen seiner Klasse, doch sein intuitives Verständnis von Politik erwies sich als zutreffend. Er hatte auf der ganzen Welt gedient (auch 1914 in Berlin, aber das hatte ihn kaum auf die Situation 1933 vorbereitet). Solchen bemerkenswerten Fällen klaren Denkens und richtiger Vorhersagen sollten mehr Untersuchungen gewidmet werden.

Das gilt natürlich auch für gravierende Irrtümer. Welche Gründe sind zum Beispiel denkbar für die Fehlurteile von Intellektuellen? Rechte Intellektuelle unterstützten in Frankreich in den 1930er und 1940er Jahren den Nationalsozialismus, aber Naivität dürfte kaum der Grund gewesen sein, denn sie wussten genau, worauf sie sich einließen. Aber wenn G. B. Shaw und andere von Mussolini und später von Stalin schwärmten, dann ist das allenfalls mit purer Ignoranz zu erklären.

Warum ignorierten die Nahostexperten die Zeichen der Zeit? Die womöglich unbewusste Angst, dass allzu kritische Berichte zur Behinderung der journalistischen Arbeit in der Region führen könnten, mag eine Rolle gespielt haben. Dieses Syndrom war auch im Kalten Krieg im Verhalten von Journalisten und Wissenschaftlern gegenüber nichtdemokratischen Regimen zu beobachten: Visa konnten verweigert werden, und womöglich verstummten bislang kooperationswillige Informanten.

Die Blindheit gegenüber dem Aufstieg des militanten Islamismus war mit Sicherheit auch auf politische Voreingenommenheit zurückzuführen. Nur sehr wenige Experten sympathisierten mit dieser fundamentalistischen Bewegung, geschweige denn mit ihren extremen Repräsentanten wie Osama bin Laden. Aber viele berichteten über diese radikalen Kreise vermutlich nicht, weil sie dadurch im Westen das Misstrauen gegenüber Arabern und Muslimen geschürt und der arabischen Sache geschadet hätten, die sie massiv unterstützten. Viele glaubten wohl auch, die Berichte über islamischen Terrorismus seien entweder fingiert oder von westlichen Terrorismusexperten krass übertrieben worden, weil diese ein islamisches Schreckgespenst aufbauen wollten. Durch solche Überlegungen geriet die Auseinandersetzung mit dem militanten Islamismus (vom Terrorismus ganz zu schweigen) in Verruf. Er galt als hochgespieltes Phänomen, das in der muslimischen Welt angeblich belanglos war.

Guerilla und Terrorismus, oder:
Die Gegenwart im Entstehen

Meine erste persönliche Erfahrung mit Terrorismus machte ich kurz nach dem Zweiten Weltkrieg in Jerusalem. Ich kam gerade von einem Zahnarztbesuch. Die Praxis lag im ersten Stock, im Erdgeschoss befand sich die Filiale einer Bank, und ich betrat sie, weil ich Geld brauchte. In Gedanken versunken (oder halb betäubt von Zahnschmerzen) merkte ich zunächst nicht, dass hier gerade ein Bankraub im Gange war. Ein Räuber befahl mir mit vorgehaltenem Revolver, mich auf den Boden zu legen, was ich unverzüglich tat. Die Aktion wurde von Mitgliedern der Terrorgruppe Irgun durchgeführt und war ein Fehlschlag. Die Bank hatte kaum Bargeld in der Kasse, und einer der Räuber wurde, obwohl er eine Halbmaske trug, als Sohn eines jüdischen Polizeibeamten erkannt und wenig später verhaftet.

Das Abenteuer beeindruckte mich nicht sonderlich, aber es bereitete mich auf die Konfrontation mit Terrorakten vor, die damals in der ganzen Region an der Tagesordnung waren. Als junger Reporter musste ich nicht nur über die Heldentaten der Irgun und der Stern-Bande berichten, sondern auch über Terroranschläge in Ägypten: Mehrere führende Politiker waren von Terroristen ermordet worden, darunter die Ministerpräsidenten Ahmed Maher (1945) und Mahmud Nokraschi (1948) sowie als Racheakt Hassan al-Banna, der Führer der Muslimbruderschaft (Januar 1949). Im Juli 1946 war ich nur ein paar hundert Meter vom Hotel King David in Jerusalem entfernt, als es von der Irgun in die Luft gesprengt wurde. Palästinensisch-arabische Extremisten brachten einen Großteil der Führer ihrer Gemeinde wie Fachri Nashashibi im Zuge interner Fehden um. Auch mangelnder Antizionismus galt als todeswürdiges Verbrechen. Fausi

Husseini wurde 1946 ermordet, weil er es gewagt hatte, Kontakt mit jüdischen Persönlichkeiten aufzunehmen, die für einen binationalen Staat plädierten. Dschamal Husseini, ein Führer der arabischen Gemeinde in Palästina, kommentierte den Mord mit den Worten: Unser Blutsverwandter ist gestrauchelt und musste bestraft werden.

Sami Taha, der Arbeiterführer aus Haifa, war ebenfalls ein prominenter Politiker, der auf Befehl von Hadsch Amin al-Husseini, dem Mufti von Jerusalem, von palästinensischen Terroristen im September 1947 ermordet wurde, weil er zu unabhängig war. Mein damaliges Haus in Jerusalem lag nur ein paar Minuten Fußweg von dem Ort entfernt, wo Graf Folke Bernadotte, der UN-Sondervermittler, von der Stern-Bande im August 1948 in einen Hinterhalt gelockt und ermordet wurde. 1951 besuchte König Abdullah von Jordanien die Altstadt von Jerusalem und wurde nach dem Gebet vor der Al-Aqsa-Moschee von einem arabischen Terroristen erschossen.

In den folgenden zwei Jahrzehnten flauten die Terroranschläge im Nahen Osten ab, doch der Terror hatte große Faszination ausgeübt, und die Sensationsgier der Medien war unersättlich. Mir erschienen die Terrorakte jedoch nicht sonderlich aufregend und aus politischer Sicht weit überbewertet. Die Terroristen hatten allenfalls bescheidenen Anteil daran, dass die Briten letztlich aus dem ganzen Nahen und Mittleren Osten abzogen, obwohl sie dieses Verdienst für sich beanspruchten. Großbritannien war als Folge des Zweiten Weltkriegs geschwächt und musste Indien und seine anderen Besitzungen in Südasien aufgeben. Der Nahe Osten hatte bisher als eine Art Landbrücke fungiert, doch nun wurden die strategischen Stützpunkte dort nicht mehr gebraucht.

In der Geschichte der Menschheit wurden unzählige Guerillakriege geführt. Der Guerillakrieg dürfte älter als die reguläre Kriegführung sein, weil Aufstellung und Versorgung regulärer Armeen eine gewaltige Organisation erfordern, die in der Steinzeit nicht möglich gewesen wäre. Überraschungsangriffe von kleinen Horden dürften hingegen zum Alltag des frühen Menschen gehört haben. Meine Recherchen zu Partisanenkriegen führten mich nach Madrid und Helsinki, aber auch nach Wien und Dublin. Sie bestätigten, was ich bereits angenommen hatte: Die Prinzipien der Guerillakriegführung waren keineswegs von Mao oder Che Guevara erfunden worden, sondern waren bereits seit Jahrhunderten bekannt und in der Praxis erprobt.

Der Zweite Weltkrieg und das Jahrzehnt danach waren Höhepunkte der Guerillakriegführung gewesen. Nie zuvor oder danach war diese Form des bewaffneten Kampfes weiter verbreitet und erfolgreicher gewesen. Gewiss bestand stets die Tendenz, den militärischen Wert der Guerillatruppen zu übertreiben, vielleicht weil ihnen ein Hauch von Romantik und Heroismus anhaftet, der völlig fehlt, wenn große Armeen aufeinanderprallen. Napoleon wurde gewiss nicht von den Partisanen in Spanien geschlagen, ebenso wenig wie Hitler von Tito oder den russischen Partisanen besiegt wurde. Doch Maos Sieg in China oder der Sieg der Vietcong und nordafrikanischer Rebellen waren zweifellos Ereignisse von enormer Bedeutung.

Als ich mich 1970 für politisch motivierte Gewalt zu interessieren begann, war die Woge der Guerillakriege bereits abgeflaut, die Phase der Entkolonialisierung war nahezu abgeschlossen, und es gab auch keine kommunistisch (oder maoistisch) inspirierten Kämpfe, abgesehen von sporadischen Scharmützeln im Bundesstaat Kerala in Südindien. Daran sollte sich in den folgenden Jahrzehnten auch nichts ändern. Zu Beginn meiner Studien nahm ich an, zwischen Guerillas und Terroristen bestünden kaum Unterschiede, außer dass Erstere auf dem Land, Letztere hingegen in großen Städten agierten. (Der Begriff »Stadtguerilla« erschien mir ein Widerspruch in sich, und ich habe seither keinen Grund entdeckt, meine Ansicht zu ändern.)

Ich stellte bei meinen Recherchen fest, dass viele Schriften über konkrete Guerillabewegungen erschienen waren, aber nur wenige nach umfassender Erkenntnis des Phänomens strebende Studien, und den Aussagen von Zeitzeugen wurde wenig Beachtung geschenkt. Freilich wollten Mao und andere Doktrinen für den Guerillakrieg entwickeln, aber sie wurden vielfach unkritisch übernommen, und zwar von Freund und Feind gleichermaßen. Doch schon Mao hatte erkannt, dass seine Botschaft nicht für alle Länder gelte, denn was in China möglich sei, bleibe in Belgien undurchführbar. (Im Westen wurde der Bekämpfung von Aufständen damals mehr Aufmerksamkeit geschenkt als dem Guerillakrieg und Terrorismus.) Die Bemühungen westlicher Autoren, das Phänomen Guerilla und sein Auftreten zu bestimmten Zeiten und an bestimmten Orten zu erklären, erschienen mir wenig erhellend. Am Anfang stand stets die Frage: Warum rebellieren Menschen? Aber das bloße Stellen dieser Frage implizierte unzählige Annahmen sowohl zur Natur des Menschen als auch zur Perfektionierbarkeit der Gesellschaft. Waren Konformismus und Gehorsam denn gültige Normen des menschlichen Verhaltens, und Aggression war eine Verirrung? War politische und gesellschaftliche Harmonie die Normalität, und Konflikt und Gewalt waren die betrüblichen Ausnahmen?

Ein Überblick über die Guerillakriege der Moderne ergab unzählige Inspirationen, Ziele, Koalitionen und Organisationsformen: Einige Guerrillakriege waren kommunistisch inspiriert, andere ihrem Wesen nach nationalistisch; manche wurden von jungen Männern angeführt, andere wieder von alten; manche Führer hatten militärische Erfahrung, andere nicht; manche Banden waren groß, andere klein; in manchen Bewegungen hatte ein Führer überwältigende Bedeutung, in anderen die kollektive Führung; einige hielten sich nur kurz, andere hingegen sehr lange; manche Guerillatruppen wurden in reguläre Armeen umgewandelt, andere degenerierten zu Räuberbanden. Manche errangen am Ende einen Sieg, andere gingen unter.

Wie sollte man das alles unter einen Hut bringen? Die beliebteste Theorie ging von dem »Grievance-Frustration«-Konzept (Unzufriedenheit und Frustration) aus, das in unterschiedlichen Spielarten von Liberalen und Marxisten gleichermaßen akzeptiert wurde. Angeblich setzen Männer und Frauen nur aus schwerwiegenden Gründen ihr Leben und ihr Eigentum durch eine Rebellion aufs Spiel. Der Auslöser kann ein tyrannisches politisches

Regime sein, eine schwere wirtschaftliche Krise, die Besetzung des eigenen Landes durch eine fremde Macht oder eine tiefe soziale Kluft zwischen Arm und Reich. Diese Annahmen erscheinen durchaus plausibel, und Menschen, die nicht in Bedrängnis sind, werden wohl friedlich nach ihrem Glück streben. Aber der Ursprung und das Wesen des Unmuts und der Empörung sind damit nicht erklärt. Mitunter haben vergleichsweise geringfügige Beschwerden von Menschen große Konflikte ausgelöst, während in manchen Ländern geradezu unerträgliche Verhältnisse ohne Murren hingenommen wurden. Könnte also die *Wahrnehmung* der Missstände den Ausschlag geben gegenüber den *objektiven* Missständen? Und worauf ist die unterschiedliche Wahrnehmung zurückzuführen?

Manche Autoren meinten, wenn die Regierungen die Erwartungen der Bevölkerung erfüllten, dann könnten sie ihre Legitimität erhalten und es gebe keinen gewaltsamen Widerstand. Sogar die kritischen Intellektuellen würden das Loblied der Regierung singen. Doch die Annahme, dass die Tugend belohnt wird, gilt leider im politischen Leben ebenso wenig wie im privaten. Ein gut geführter Staat kann auch durch Einwirkung von außen in Not geraten und seine Bürger unverschuldet in Bedrängnis bringen. Es kann reale, aber unlösbare Missstände geben, wie die separatistischen Forderungen von Minderheiten. Diese können durchaus legitim sein, sich aber nicht mit den Forderungen anderer Bevölkerungsteile in Einklang bringen lassen. Eine Verbesserung der sozioökonomischen Lage der Bevölkerung hat nicht notwendig ein höheres Ansehen der Regierung zur Folge. Außerdem bringen Reformen und gute Wirtschaftspolitik in der Regel erst nach Jahren oder gar Jahrzehnten greifbare Erfolge.

Effektive und redliche Regierungen, so wird gelegentlich argumentiert, hätten nichts zu befürchten, korrupte und ineffektive hingegen seien zum Scheitern verurteilt. Aber Korruption und Ineffizienz sind keineswegs Synonyme, und es ist zweifelhaft, ob solche Annahmen Aufstände und Guerillakriege hinreichend erklären können. Die Ressourcen einer Regierung sind in der Regel begrenzt. Folglich muss sie Prioritäten setzen und bestimmte

Bevölkerungsteile diskriminieren. Überdies besteht keinerlei Grund zu der Annahme, ein Staat könne vollkommener sein als die Individuen, aus denen er zusammengesetzt ist. Einige Autoren argumentierten, die traditionellsten und die modernsten Gesellschaften seien besonders immun gegen Rebellionen, während vor allem jene im Umbruch von der Tradition zur Moderne unter Instabilität litten.

Bezüglich der reichen Länder wird damit nur das Offensichtliche konstatiert. Die ländliche Bevölkerung in diesen Staaten ist in der Regel klein, und Möchtegern-Guerillas würden im amerikanischen Maisgürtel oder von britischen, französischen oder deutschen Bauern gewiss nicht mit offenen Armen empfangen.

Westliche Kommentatoren des Guerillakriegs und Terrorismus ignorierten geflissentlich, dass diese Formen der Rebellion häufig gerade in den Ländern fehlten, in denen die Menschen am brutalsten unterdrückt und am schlimmsten ausgebeutet wurden. Das widersprach etablierten Theorien, und es zeigte obendrein, dass die Tugend keineswegs immer belohnt wurde. Aber weder Guerilla noch Terroristen kämpften gegen das NS-Regime, den Faschismus in Italien und den Staatsterror in der Sowjetunion oder in China. Nicht einmal in Francos Spanien, einer eher zurückhaltenden Diktatur, kam es zu Rebellionen. Erst nach Francos Tod und der Errichtung einer Demokratie konnte die baskische ETA ihre Operationen ausweiten. Es gab weder in den letzten Jahrzehnten in Syrien noch im Irak unter Saddam Hussein, noch im Iran Terroranschläge, nachdem sich die jeweiligen Regime etabliert hatten.

Die Gründe liegen auf der Hand, aber viele wollen sie nicht zur Kenntnis nehmen. Mao sagte sinngemäß: Der Guerillakämpfer ist der Fisch, der Wasser braucht. Mit Wasser ist jenes Maß an Bewegungsfreiheit gemeint, das nur dann gegeben ist, wenn die Regierung liberal und ineffizient ist. Wenn staatliche Kontrolle und Repression effektiv funktionieren, kann sich eine Guerillabewegung weder entfalten noch etwas bewirken.

Das heißt selbstverständlich nicht, dass es in einer Diktatur keine Missstände geben würde, im Gegenteil. Aber es gibt keine

Räume für öffentliche Proteste, die Rebellen werden verhaftet und ins Gefängnis gesteckt oder erschossen. Die Verhaftungen werden von den Medien unterschlagen, und spürbare politische Konsequenzen bleiben aus. Die Aufbegehrenden opfern sich vergebens. Wenn Intellektuelle sich vom Regime distanzieren, dann werden sie das aus Angst um ihre Existenz stets geheim halten.

Viele westliche Autoren betonen auf verbohrte Weise die Bedeutung der öffentlichen Meinung, weil es in vielen Ländern keine Pressefreiheit gibt. Widerstand in einer effektiven Diktatur ist ein schwieriges, oft geradezu hoffnungsloses Unterfangen, solange der oder die Führer ihre Repressionsmethoden skrupellos einsetzen. Das Argument, Repression sei ein zweischneidiges Schwert, weil Macht dort am schwächsten sei, wo sie Gewalt einsetzen müsse, trifft vielleicht auf einige vormoderne Diktaturen zu. Es galt zweifellos für liberale Regime, deren Repressionsmittel stark eingeschränkt waren. Aber es ändert nichts an der elementaren und erschreckenden Lektion: Schwache Repression kann gefährlich sein, massive Repression hingegen funktioniert in der Regel.

Die Völkerrechtler hatten mit dem Phänomen Guerilla besonders große Probleme. Seit dem Zweiten Weltkrieg wurden unzählige Anstrengungen unternommen, eine neue rechtliche Basis für die Beziehungen zwischen den Kombattanten zu schaffen. Es wurde darüber debattiert, ob man Guerillakämpfer (und eines Tages auch Terroristen) dem Kriegsrecht unterstellen könne. Der Status des Partisanen war durch die Brüsseler Erklärung von 1874 und die Haager Konvention von 1899 definiert worden. Guerillataktiken (feindliche Operationen von kleinen Einheiten im Rücken des Feindes) galten in einem regulären Krieg als legitim, ein Guerillakrieg hingegen wurde als völkerrechtswidrig verurteilt. Personen, die einen Guerillakrieg führen, waren also nicht dem Kriegsrecht unterstellt. Ihnen werden die Rechte von Angehörigen regulärer Streitkräfte abgesprochen, und sie genießen nicht den Status von Kriegsgefangenen.

Doch diese Grundsätze des Völkerrechts waren für die meisten Mitgliedstaaten der Vereinten Nationen nicht akzeptabel. Vor allem Entwicklungsländer standen der irregulären Kriegführung eher nachsichtig gegenüber – vorausgesetzt, sie wurden selbst nicht gerade von Guerillabanden drangsaliert. Mit den Genfer Konventionen von 1949 und zahlreichen späteren Abkommen sollte der Status der Partisanen in internen Konflikten geklärt werden, aber die Völkerrechtler und Politiker konnten sich nicht einmal auf eine Definition des Kriegszustands einigen. Offen blieb folglich auch die Frage, ob sich Rebellen an Konventionen gebunden fühlen würden, die sie nicht unterzeichnet hatten.

Für Terroristen wäre es geradezu absurd und selbstmörderisch, die Regeln des Völkerrechts zu akzeptieren, weil sie dann Uniformen oder zumindest deutlich sichtbare Abzeichen tragen müssten. Man stelle sich einen Terroristen vor, der durch seine Kleidung signalisiert, dass er einen Anschlag verüben will! Guerillakämpfer würden zugleich das Überraschungsmoment und die Anonymität verlieren, die für den Erfolg ihrer Operationen lebenswichtig sind, wenn sie die Rechte von Kriegsgefangenen achteten. Sie werden kaum jemals Gefangene machen, während reguläre Truppen Gegner, die sich ergeben haben, versorgen müssen. Asymmetrie prägt die Kriegführung der Freischärler und Terroristen. Sie missachten die Bestimmungen des Völkerrechts, an die sich die Soldaten der Armee eines legitimen Staates halten müssen.

Die geographischen Gegebenheiten sind überaus wichtig für Guerillakämpfer. Sie brauchen schwer zugängliche Regionen wie Gebirge oder Urwälder, in denen ihre Gegner ihre militärische Stärke nicht entfalten können. Solche Rückzugsgebiete sind vor allem in der Aufbauphase und Konsolidierung der Organisation zwingend erforderlich. Doch sie haben auch Nachteile, denn in unwegsamen Regionen sind Lebensmittel und anderer Nachschub schwer zu beschaffen. Wenn die Gebiete jedoch allzu abgelegen sind, kann die Guerilla nur isolierte Vorposten des Gegners angreifen. Ideale Rückzugsgebiete sollten deshalb möglichst nahe an Städten und Siedlungen liegen.

Guerillakriege finden sehr häufig in Ländern statt, in denen diese Form der Gewalt Tradition hat. Topographische Faktoren, aber auch kulturelle Traditionen und sozioökonomische Entwicklungen zählen zu den Ursachen. In entwickelten Gesellschaften dürften weder Arbeiter noch Bauern, geschweige denn die Vertreter des Mittelstands sich als Kämpfer ins Gebirge oder in den Urwald zurückziehen. Guerillakriege wurden sehr selten von Bauern geführt, obwohl gerade sie häufig den ärmsten Teil der Bevölkerung stellen. In den vergangenen zwei Jahrhunderten waren Guerillakriege die bevorzugte Strategie separatistischer Gruppen und nationaler Minderheiten, doch bis auf wenige Ausnahmen hatten sie keinen Erfolg.

Nach dem Zweiten Weltkrieg verwendeten nationale Befreiungsbewegungen der »Dritten Welt« für ihre Propaganda bevorzugt die marxistisch-leninistische Terminologie. Antiimperialismus und die Abschaffung des Kapitalismus wurden zwar als Ziele genannt, doch die Ideologie war meist eine krude Mischung aus Agrarpopulismus und radikalem Nationalismus. Die Guerillabewegungen des 19. und frühen 20. Jahrhunderts wurden häufig von Stammeschefs oder religiösen Würdenträgern geführt. In jüngerer Zeit kommt die Elite der Guerilla in Lateinamerika und Asien jedoch aus der Mittelschicht, vor allem die administrative Ebene, die unteren Mandarine.

Patriotismus und mitunter religiöser Fanatismus waren wichtige Motive der Guerillakämpfer, aber auch persönliche Gründe veranlassten Menschen, zur Waffe zu greifen: Demütigungen, materielle Not, die Hoffnung auf Veränderung der Gesellschaft, Langeweile, Abenteuerlust und die romantische Verklärung des Kriegers. Diese Motive sind keineswegs alle altruistisch. Der Guerillakrieg bietet auch Gelegenheit, Aggressionen auszuleben oder mit persönlichen Feinden abzurechnen, und Waffen vermitteln ein Gefühl der Macht. Gewalt wurde glorifiziert und ihre Anwendung als unvermeidlicher Prozess spiritueller Reinigung betrachtet (Frantz Fanon). Die hehren Ziele des Kampfes legitimieren auch persönliche Ambitionen und Grausamkeiten, die ohne diese Generalabsolution als unmenschlich gelten würden. Wie Le Mière de Corvey, ein Theoretiker des Guerillakrieges, vor fast zweihundert Jahren schrieb, kann ohne Hass und Fanatismus kein Guerillakrieg geführt werden. Der moderne Guerillakrieg, Terrorismus und Faschismus haben also gewisse Gemeinsamkeiten. Sie implantieren ein Muster von diktatorischen Praktiken und Brutalität, das sich am Ende perpetuiert. Wer diese Schule durchlaufen hat, wird nach einem Sieg nicht zu einem Apostel des Humanismus.

Doch Organisation und Propaganda waren gleichfalls wesentliche Aspekte des Guerillakrieges, und diesbezüglich bestehen wichtige Unterschiede zwischen Freischärlern und Terroristen, die ich in meiner Studie zur politisch motivierten Gewalt nicht berücksichtigt habe. Sie wurden auch in der Literatur ignoriert, die mir damals vorlag.

Die Führer von Guerillakriegen stellten zunächst kleine Gruppen zusammen, bildeten sie aus und gingen allmählich zur Mobilisierung größerer Einheiten über. Diese sollten Teile des Landes befreien und dort eine Gegenregierung bilden. In den von ihnen kontrollierten Regionen sollte die Bevölkerung indoktriniert werden, eigene Schulen, Gerichte und soziale Institutionen sollten eingerichtet werden. Das Herrschaftsgebiet sollte ausgedehnt werden, bis die Guerillas mit Brigaden oder gar Armeen zuletzt die großen Städte des Landes erobern könnten.

Terroristen operierten hingegen vor allem in den Städten, und ihre Einheiten blieben zwangsläufig klein. Politische Aktivitäten und Propaganda waren unmöglich. Große Einheiten könnten von überlegenen Regierungstruppen oder der Luftwaffe lokalisiert und vernichtet werden. Selten gelang es Terroristen auch in Städten, befreite (oder zumindest verbotene) Zonen zu schaffen, also Territorien zu besetzen, aber das war die Ausnahme.

Dieser Unterschied zwischen dem Guerillakrieg nach maoistischem oder kubanischem Vorbild und den Aktivitäten der Terroristen in den 1970er und 1980er Jahren war absolut entscheidend. Deutsche und italienische Terroristen nannten ihre Zellen »Armeen« oder »Brigaden«, aber das war reine Augenwischerei. Doch der Terror wurde als Strategie eingesetzt, um Regierungen zu demoralisieren und ein Klima der Unsicherheit zu schaffen. Die eigene Stärke wurde demonstriert, und potentielle Kollaborateure wurden eingeschüchtert. In Zypern wurden mehr Griechen von der Terrororganisation EOKA getötet als britische Soldaten. Palästinensische Aufständische haben von 1936 bis 1939 mehr Araber ermordet als Juden, und im Irak starben mehr Araber durch Anschläge der eigenen Landsleute als Amerikaner.

Fast alle Guerillabewegungen haben Terroranschläge verübt, und sie erzielten in Vietnam und Algerien beachtliche Erfolge. In Lateinamerika oder Griechenland erwies sich der Terror jedoch als kontraproduktiv, weil ihn weite Teile der städtischen Bevölkerung ablehnten.

Warum setzten sich manche Guerillabewegungen durch und andere scheiterten? Erfolg und Scheitern hingen nicht nur von der eigenen Courage, Klugheit und Entschlossenheit ab, sondern ebenso sehr von den Eigenschaften des Gegners. Fidel Castro siegte, weil ihm ein schwacher und unfähiger Fulgencio Batista gegenüberstand. Die griechischen Partisanen nach dem Zweiten Weltkrieg und die Hukbalahap auf den Philippinen hingegen hatten das Pech, dass sie gegen entschlossene Widersacher wie Alexandros Papagos und Ramon Magsaysay kämpfen mussten. Im Rahmen von historischen Prozessen wie der Entkolonialisierung war jedoch auch der Sieg einer ineffizienten Guerillabewegung wahrscheinlich.

Aber die Ära der Entkolonialisierung ist Geschichte. Heute will die Guerilla meist einheimische Amtsinhaber stürzen. Dabei spielt der Zufall stets eine wichtige Rolle, was auch für die Existenz eines effektiven Führers (oder Widersachers) gilt. Guerillabewegungen hatten selbst unter ungünstigen Rahmenbedingungen Erfolg, aber sie wurden mitunter auch vernichtend geschlagen, obwohl viel für ihren Sieg gesprochen hatte. Ohne Castro hätten die Rebellen Kuba wohl niemals erobert. Hätten die chinesischen Kommunisten einem stärkeren und weitsichtigeren Führer als Tschiang Kai-schek gegenübergestanden, dann hätte die Kuomintang womöglich den Krieg gewonnen. Mao war sich darüber durchaus im Klaren.

Als ich in den 1970er Jahren meine Studie über den Guerilla-krieg schrieb, waren die Kolonialreiche bereits zerfallen. Heute haben Guerillabewegungen erheblich ungünstigere Voraussetzungen. Wie könnten einheimische Herrscher durch Rebellionen gestürzt werden? Könnte das Beispiel Kuba unter heutigen Bedingungen wiederholt werden? Könnte eine Guerillabewegung eine amtierende Regierung in Friedenszeiten so stark schwächen, dass ihr Zusammenbruch in den Bereich des Möglichen rückt? In den 1970er Jahren kam ich zu der Schlussfolgerung, dass in absehbarer Zukunft eher Terrorgruppen entstehen würden als Guerillabewegungen, sofern sich das Regime nicht in einem Zustand fortgeschrittenen Verfalls befand und der politische Wille der Herrschenden nicht paralysiert war. Meine Einschätzung wurde von den folgenden Ereignissen weitgehend bestätigt. Verglichen mit der Zeit unmittelbar nach dem Zweiten Weltkrieg gab es in den letzten Jahrzehnten nur wenige Guerillakriege.

Aber damals konnte man nicht alle künftigen Entwicklungen vorhersehen. Das gilt für die Entstehung des militanten Islamismus, der unter bestimmten geographischen Bedingungen (Afghanistan) auf Guerillataktiken zurückgreifen konnte. Ebenso wenig absehbar waren das Scheitern von Staaten, vor allem in Afrika (Somalia), und der Einsatz von Guerillakämpfern gegen Nachbarstaaten anstelle des Einsatzes von regulären Truppen. Groß angelegte, konventionelle Kriegführung ist so kostspielig und aus politischer Sicht so riskant geworden, dass die Aggression durch Stellvertreter mehr Erfolg bei geringeren Kosten verspricht. Dieser instrumentalisierten Guerilla werden Rückzugsgebiete innerhalb der eigenen Staatsgrenzen gewährt, was sich freilich nicht lange geheim halten lässt und zu einem offenen Krieg mit dem Nachbarland führen könnte.

Ich ging vor knapp vierzig Jahren jedoch nicht davon aus, dass der Guerillakrieg völlig verschwinden würde. Bestimmte Länder wie Afghanistan bieten weiterhin ideale Voraussetzungen: die religiösen und nationalistischen Motive, der Fanatismus, die topographischen Gegebenheiten und die Unterstützung aus dem Nachbarland Pakistan. In Afrika sind manche Staaten so massiv gescheitert, dass ein Machtvakuum entstanden ist. Immer wieder aufflackernde Kämpfe zwischen rivalisierenden Gruppen sind die zwangsläufige Folge. Diese bewaffneten Banden plündern und massakrieren ethnische Feinde, an der Macht im Staat sind sie nicht interessiert. Sie perpetuieren Rechtlosigkeit und Chaos, aber sie führen keinen Feldzug mit einem bestimmten politischen Ziel.

Der Guerillakrieg ist also nicht verschwunden, sondern die Ausnahme geworden, was man vom Terrorismus mit Sicherheit nicht behaupten kann.

Die Prinzipien und Ziele der Guerillataktik sind mittlerweile gut dokumentiert und gehören weitgehend der Geschichte an, die Diskussionen über den Terrorismus hingegen werden bis heute extrem emotional geführt. Ich kenne kein anderes Forschungsgebiet, das vergleichbar von Emotionen und Konfusion geprägt wäre. Selten bin ich einer so hartnäckigen Weigerung begegnet, Tatsachen zu akzeptieren, die vollkommen offensichtlich sind.

Zum Teil haben die unterschiedlichen Haltungen zum Wesen des Terrors ideologische Ursachen. In den 1970er Jahren war der Terrorismus überwiegend links inspiriert, wenn man den Parolen Glauben schenken will. Wie zu erwarten, entwickelten linke Kommentatoren theoretische Erklärungen, die den Terror in Ansätzen rechtfertigten. Angeblich trat Terror (analog zum Guerillakrieg) immer dann auf, wenn gesellschaftliche oder nationale Unterdrückung stattfand, so dass die Terroristen echte, legitime Gründe für ihre Auflehnung hatten. Sollten die Missstände beseitigt werden, dann würde auch der Terrorismus verschwinden. Die Akte der Gewalt wurden als revolutionäres Phänomen interpretiert. Die Anschläge wurden angeblich von armen und verzweifelten Menschen verübt, die ein gewisses Maß an Verständnis verdient hatten.

Der linksrevolutionäre Charakter des Terrorismus wird heute allenfalls noch von politischen Utopisten betont, die mit den Islamisten eine Volksfront bilden wollen. Sie halten den Islamismus für einen mächtigen Verbündeten im Kampf gegen den Imperialismus, obwohl sie die fundamentalistischen Lehren als simpel und töricht ablehnen. Doch der Glaube an die verhängnisvolle Korrelation von Armut und Gewalt lebt fort. Nach Anschlägen wird regelmäßig finanzielle Hilfe gefordert, um Armut, Arbeitslosigkeit, Rückständigkeit und Ungleichheit zu bekämpfen, denn sie gelten als »die wahren Ursachen des Terrorismus«.

Doch moderne Forschungen haben gezeigt, dass Armut den Terrorismus nicht auslöst und Wohlstand ihn nicht beseitigt. Die meisten Terroristen entstammen nicht den armen Schichten. Auf dem indischen Subkontinent kam es in den reichsten Regionen (Pandschab) und in den egalitärsten (Kaschmir) zu Terroranschlägen, die ärmsten Regionen wie Nord-Bihar hingegen blieben vom Terror weitgehend verschont. In Ägypten, Saudi-Arabien und Nordafrika waren nicht die ärmsten Regionen die Brutstätten des Terrorismus, sondern die Versammlungsorte radikaler Islamisten.

Diese Erkenntnisse hatten gleichwohl geringen Einfluss auf die öffentliche Meinung und auf Politiker, und die Gründe für ihre Ignoranz liegen auf der Hand: Nach herrschender Meinung sind Armut und Rückständigkeit schlecht und sollten überwunden werden. Deshalb wird an der Korrelation von Armut und Terror festgehalten.

Eine Linderung der Armut in den Entwicklungsländern mag geboten sein, aber es ist unrealistisch, sich davon in absehbarer Zukunft die Eindämmung des Terrorismus zu erhoffen. Das würde bedeuten, die Ursachen der Rückständigkeit und Armut in diesen Volkswirtschaften und zugleich die Motive der Terroristen zu ignorieren. Doch Armut und Jugendarbeitslosigkeit schaffen unbestreitbar ein gesellschaftliches Klima, in dem Islamismus sowie populistische und religiöse Sekten gedeihen. Schätzungen zufolge könnte die Zahl der jugendlichen Arbeitslosen in der arabischen Welt und in Nordafrika in weniger als 20 Jahren die 50-Millionen-Marke erreichen – ein geradezu unerschöpfliches Reservoir für terroristischen Nachwuchs.

Der demographische Druck auf Europa wird steigen. Umfragen haben ergeben, dass die Mehrheit dieser jungen Menschen emigrieren will. Auf politischer Ebene werden diese unzufriedenen Massen gegen ihre Herrscher aufbegehren: Islamisten in Iran, Gemäßigte in Ländern wie Ägypten, Jordanien oder Marokko. Aber wie soll man den gescheiterten Volkswirtschaften im Nahen und Mittleren Osten und in Afrika helfen? Welche Ursachen haben Rückständigkeit und Stagnation in diesem Teil der Welt? Ländern, die in den letzten Jahren erhebliche wirtschaftliche Fortschritte erzielten (China, Indien, Südkorea, Taiwan, Malaysia und die Türkei), gelang dies ohne massive ausländische Hilfe.

All dies deutet auf tiefes Unbehagen und drohende Gefahren, nicht jedoch auf eine direkte Verbindung zwischen der wirtschaftlichen Lage und dem internationalen Terrorismus. Tatsächlich besteht eine negative Korrelation: Terroristen werden nicht zögern, eine weitere Verschlechterung der wirtschaftlichen Lage herbeizuführen, indem sie beispielsweise dem Tourismus in Nordafrika, Ägypten und Bali massiv schaden. Der Terror hat sich nicht wegen der Armut bis auf die Malediven im Indischen Ozean ausgeweitet (mit seiner Tourismusindustrie hat das Land das höchste Pro-Kopf-Einkommen in Südostasien), sondern weil man islamische Hassprediger gewähren ließ.

Gelegentlich wird die Ansicht vertreten, wenn man die religiösnationalen Forderungen der Terrorbewegungen erfülle, werde der Terror aufhören. Wenn es dabei um ein bestimmtes Gebiet oder um mehr Autonomie ginge, könnte womöglich durch Verhandlungen ein Kompromiss gefunden werden. Aber Al-Qaida wurde nicht anlässlich von Gebietskonflikten oder von Repressalien gegen Muslime gegründet, und solche Motive führten auch nicht zu den Anschlägen vom 11. September 2001. Entscheidend war vielmehr ein religiöses Gebot: die Verpflichtung zum Dschihad.

Terroristen haben immer wieder die Befreiung von tyrannischen Regimen angestrebt. Aber historisch betrachtet hat die Zahl dieser Gruppen in den letzten Jahrzehnten drastisch abgenommen. Im 20. Jahrhundert kam es keineswegs unter besonders repressiven Regimen zu Terroranschlägen, sondern im Gegenteil in relativ freien oder anarchischen Gesellschaften. Außerdem ist Terror keineswegs die ausschließliche Domäne der revolutionären Linken, sondern er wird auch von extrem rechten, faschistischen, halbfaschistischen oder chauvinistisch-rassistischen Bewegungen als Mittel der Politik genutzt. An die Stelle des überwiegend linksextremistischen Terrors der 1970er Jahre traten schon bald Aktivitäten, die nicht mehr das Geringste mit den traditionellen Ideen der Linken zu tun hatten. Dadurch gerieten linke Theoretiker der Befreiung in eine peinliche Lage, denn sie konnten die Forderungen der Neofaschisten nicht legitimieren und für die Abschaffung des Terrors durch Appeasement plädieren.

Im ersten Jahrzehnt des 21. Jahrhunderts entstand eine neue Lehre, die eine Einheitsfront zwischen der revolutionären Linken und dem islamistischen Terrorismus anstrebte (unter mehrfachen Verweisen auf Antonio Gramsci, um diese Vernunftehe zu rechtfertigen). Sowohl orthodoxe Islamisten als auch orthodoxe Marxisten können sich jedoch mit dieser neuen Lehre nicht recht anfreunden.

Die Interpretation des Terrorismus als fortschrittliche Ideologie war ein schwerer Fehler. Linke Autoren nahmen die revolutionären Parolen und Phrasen viel zu ernst, mit denen Sozialismus und Populismus gleichgesetzt wurden. Die Kommentatoren erkannten nicht, dass man diese Phrasen auf Europa und Amerika nicht kritiklos anwenden durfte, geschweige denn auf die Dritte Welt. In Wirklichkeit war Terrorismus nur eine Form der Kriegführung, eine Variante der politischen Gewalt, die von Menschen mit völlig unterschiedlichen politischen Anschauungen ausgeübt werden konnte. Vergleichbare Irrtümer begingen später Politiker und Analytiker, die keineswegs links eingestellt, sondern zu der Überzeugung gelangt waren, Terrorismus sei eine Art politischer Doktrin oder eine Weltanschauung. Die Ursachen dieser Irrtümer sind leicht zu verstehen. Die dominierende Manifestation des Terrorismus in den 1970er Jahren war angeblich linksrevolutionär, dreißig Jahre danach war sie jedoch islamistisch-nationalistisch ausgerichtet. Die Versuchung war groß, anhand eines vorübergehenden Phänomens allgemeine Schlussfolgerungen zu ziehen, was zwangsläufig zu Fehlurteilen führte.

Doch das war nicht der einzige Fehlschluss. Terrorismus wurde als neuartiges und beispielloses Phänomen interpretiert. In vielen Medien wurden Terroristen als Fanatiker geschildert, die angeblich unerträgliche gesellschaftliche Bedingungen in die Verzweiflung getrieben hatten. Ihre Motive galten gemeinhin als tief ideologisch. Diese Deutungen waren angesichts der Realitäten völlig unhaltbar. Die Lebensbedingungen in Westdeutschland oder in Italien waren in den 1970er Jahren keineswegs schlechter als in den Jahren davor, im Gegenteil: Es herrschte mehr Freiheit in Deutschland und Italien als jemals zuvor. Dasselbe galt mit Blick auf Lateinamerika. Die ersten Terroranschläge wurden in Uruguay verübt, dem wohl freiesten Land in Lateinamerika.

Weshalb entstanden Terrorgruppen in diesem Zeitraum? Tatsächlich war die Zahl der Terroristen klein. Und genau wie sich in der Welt der Physik das Verhalten der kleinsten Teilchen nicht vorhersagen lässt, so kann man auch nicht das Verhalten von hundert oder auch tausend Terroristen in einer Bevölkerung von vielen Millionen vorhersagen.

In Anbetracht der Tatsache, dass es auf der ganzen Welt reale und gravierende Missstände (oder zumindest deren Wahrnehmung) gab, ist die kleine Zahl von Terroristen sehr verwunderlich. Diese Übel wurden doch mit Sicherheit von viel mehr Menschen wahrgenommen. Hatten Terroristen ein besonders ausgeprägtes Unrechtsbewusstsein, oder spielten andere psychische Faktoren eine Rolle? Terroristen galten damals als »Menschen wie du und ich«. Warum gab es dann nicht Millionen Terroristen? Die Tendenz grassierte, die Bedeutung des Terrorismus zu übertreiben, was zu Überreaktionen von Seiten der Behörden führte. In Wahrheit war der Terrorismus damals politisch nicht sonderlich bedeutend, aber in den Medien wurde die irrationale Angst geschürt, dass ein paar Terroranschläge den Zusammenbruch der deutschen oder italienischen Gesellschaftsordnung herbeiführen könnten. Diese Befürchtungen waren völlig abwegig, zumal niemand auch nur im Traum an Massenvernichtungswaffen in den Händen von Terroristen dachte.

Diese Ängste beruhten offensichtlich auf Unwissenheit: Die

letzte Terrorwelle in Europa oder Amerika lag lange Zeit zurück, und die Anschläge lösten regelrechte Schockwellen aus. Um 1900 hätten die Zeitungsleser weit weniger schockiert reagiert als 1975. Linke Analytiker lehnten eine systematische Erforschung des Terrorismus grundsätzlich ab mit dem abstrusen Argument, es seien von Regierungen mehr Menschen im Frieden und noch mehr im Krieg getötet und viel mehr Verbrechen begangen worden als von diesen winzigen Gruppen. Doch dieser Versuch, die Unterschiede zwischen den verschiedenen Formen der Gewalt zu verwischen, die Diktaturen und mitunter auch Demokratien verübt hatten, stiftete lediglich Verwirrung und Unheil. Womöglich war der Zweck der Übung die Verharmlosung des Terrorismus. Welche Erkenntnis wurde dadurch gewonnen, dass die Judenvernichtung der Nazis auf eine Stufe mit den Aktivitäten der russischen Terroristen im 19. Jahrhundert oder der Iren im 20. Jahrhundert gestellt wurde? Alle Regierungsformen beruhen auf einem gewissen Maß an Zwang, und Anarchisten haben Zwang immer kategorisch abgelehnt.

Absurde Behauptungen wurden aufgestellt: Angeblich hatte es noch nie eine Gesellschaft mit absoluter Freiheit gegeben, und Staatsterror galt als wesentlicher Bestandteil totalitärer Regime. Folglich bestehe kein Unterschied zwischen diesen Formen staatlicher Gewalt und dem Terrorismus. Das ist schlichter Unfug, der freilich immer noch Befürworter findet. Der Gedanke, dass Robespierre und Osama bin Laden Gesinnungsbrüder seien und dass eine Form der Gewalt ebenso schlecht sei wie die andere, wird bis heute verfochten, sei es aus Ignoranz oder aus ideologischer Verblendung.

Zahlreiche falsche Deutungen kursieren zum Wesen des modernen Terrorismus. Manche Theorien sind eher naiv und harmlos. Im 19. Jahrhundert vertrat Cesare Lombroso, der Begründer der modernen Kriminologie, die Ansicht, Vitaminmangel gehöre zu den Hauptursachen für Gewalt gleich welcher Couleur. Später setzte sich die Anschauung durch, Terrorismus werde (wie der Guerillakrieg) von Armut ausgelöst, doch Studien haben ergeben, dass diese Korrelation nicht existiert: In den fünfzig ärmsten Ländern der Erde gibt es zwar viel Gewalt, aber kaum Terror. Freilich gibt es in besonders reichen Staaten – überwiegend kleinen Gesellschaften – auch kaum Terror, aber da die Wahrscheinlichkeit gleich null ist, dass die ärmsten Länder jemals das Niveau der reichen, Erdöl produzierenden Staaten oder Luxemburgs erreichen werden, hat diese Feststellung keinen analytischen Wert.

Durch politische Reformen mit dem Ziel, größere Freiheit zu erlangen, wird der Terror ebenfalls nicht zwangsläufig ausgemerzt. Wenn zum Beispiel die legitimen Forderungen einer nationalen Minderheit nach mehr Selbstbestimmung oder gar Sezession durch einen von beiden Seiten akzeptablen Kompromiss erfüllt würden, könnte das Terroristen die Basis in der Bevölkerung entziehen. Aber häufig stehen legitime Forderungen einer Gruppe im Konflikt mit den legitimen Forderungen einer anderen. Fanatische Terrorgruppen wollen weder einen Kompromiss noch eine friedliche Koexistenz, sondern wollen ihre Gegner schlicht vernichten.

Nach dem Zweiten Weltkrieg wurden zahlreiche Volksaufstände als kriegsentscheidende Schlachten verklärt. Eine Mythologie der Partisanen und Volkshelden entstand. Mit den historischen Fakten hatte das allerdings wenig zu tun. Weder die russischen Partisanen im Rücken der deutschen Wehrmacht noch Titos Partisanen oder die polnische Heimatarmee »Armia Krajowa« trugen maßgeblich zum Sieg über die Wehrmacht bei. Die Sowjets haben Aufständische wie Basmatschi in Turkestan (1919/20) oder die baltischen und ukrainischen Rebellen in der Schlussphase des Zweiten Weltkrieges mühelos vernichtet. Titos Partisanen erwiesen sich als überaus wirksame Kämpfer, und selbst ihre Widersacher bewunderten sie. Ihre Leistungen waren auch mit Blick auf den Machtkampf in Jugoslawien nach dem Krieg von großer Bedeutung. Der Einfluss auf die deutschen Kriegsanstrengungen insgesamt war jedoch eher gering. Nur drei bis vier Divisionen der Wehrmacht waren in Jugoslawien gebunden, aber zehn Divisionen standen in Norwegen, wo die Deutschen nicht von Partisanen bedrängt wurden. Die spanischen Guerilleros besiegten

Napoleon nicht, und die russischen Partisanen von 1812/13 unter Denis Dawydow griffen erst nach Napoleons Niederlage auf dem Schlachtfeld in den Kampf ein.

Der Mythos von der Unbesiegbarkeit der Rebellen wurde nach den französischen Niederlagen in Indochina und Algerien und nach der amerikanischen in Vietnam neu belebt, und die Schwierigkeiten der US-Truppen in Afghanistan und im Irak wurden ähnlich gedeutet. Aber die Geschichte bietet neben Mythen auch Lehren: Die offensichtlichste Lehre ist die, dass jede Situation anders ist. Rebellen hatten Erfolg, wenn die Machthaber in Kämpfe an anderen Fronten verwickelt waren. Maos Taktik bietet das bekannteste Beispiel. Sie hatten ferner Erfolg in Kriegen gegen Kolonialmächte, die ohnehin geneigt waren, ihre überseeischen Besitzungen zu verlassen. Seltener setzten sie sich in Bürgerkriegen durch, weil die Zentralmacht schwach und ineffektiv war. Fidel Castros Sieg auf Kuba ist das Paradebeispiel. Mitunter waren sie auch erfolgreich, wenn sie massiv von einem Nachbarland aus unterstützt wurden. Aber in den vergangenen fünfzig Jahren waren bewaffnete Konflikte überwiegend Bürgerkriege, und in diesen Kämpfen gegen innere Feinde haben die Rebellen, Guerilla oder Terroristen keine größeren Erfolge erzielt.

Die Liste der Fehlurteile reicht bis in die jüngste Vergangenheit. Das Entsetzen und die Verwirrung, die durch die Zunahme der Selbstmordattentate ausgelöst wurden, belegen das. Dieses Phänomen wurde als einzigartig und völlig neu in den Annalen der Menschheit angesehen, und allerlei krude Theorien wurden präsentiert, um es zu erklären. Tatsächlich waren bis vor circa fünfzig Jahren jedoch die meisten Terrorakte Selbstmordanschläge, weil die verwendeten Waffen wie Dolch oder Pistole ein Entkommen des Attentäters sehr unwahrscheinlich machten, was selbstverständlich auch beim Einsatz primitiver Sprengsätze galt. Obendrein richtete sich der traditionelle Terrorismus im Gegensatz zum heutigen (von Islamisten praktizierten) gegen Monarchen, Minister oder Generäle, die von Leibwächtern gut geschützt wurden, so dass ein Entkommen selten möglich war.

Unlängst wurde behauptet, Selbstmordanschläge würden vor

allem ausgeführt werden, wenn eine ausländische Macht in ein Land einmarschiere. Doch die Fakten belegen dies keineswegs. Eine ausländische Invasion kann Terrorakte auslösen, aber häufig war dies nicht der Fall. Zugleich wurden auch ohne Invasion Terrorakte verübt: von den Philippinen, Pakistan, Kolumbien, Sri Lanka und Indonesien bis hin nach Palästina, Israel und Algerien. Sogar im Irak waren die meisten Selbstmordanschläge nicht gegen die Eindringlinge gerichtet, sondern gegen Sunniten, Schiiten und Kurden.

Ein Wirtschaftsprofessor schrieb 2006/07 zutreffend, dass Armut oder ein Mangel an Bildung nicht die Ursachen des Terrorismus wären. Einige Kommentatoren (darunter der Autor) hatten dies bereits in den 1970er Jahren erklärt, doch nun wurde ihre Sichtweise durch moderne sozialwissenschaftliche Methoden bestätigt. Der Professor glaubte jedoch, eine Einschränkung der bürgerlichen Freiheiten könnte zu den Hauptmotiven zählen, die viele Menschen in die Arme der Terroristen trieben. Allerdings gibt es dafür keinerlei Anzeichen. Eine schwache Repression hat unter Umständen solche Konsequenzen, massive Repression hingegen selten, wenn überhaupt.

Auch die aktuelle Theorie der Netzwerke konstatierte lediglich das Offensichtliche. Sie befasste sich weniger mit den Motiven der Terroristen und konzentrierte sich auf die Organisation, Kommunikation und Operation. Auch in diesem Fall hätte ein bisschen historische Allgemeinbildung die Annahme widerlegt, Netzwerke seien eine Erfindung des Computerzeitalters. Unter verschiedenen Namen war dies die Organisationsform der Geheimbünde des 19. Jahrhunderts: von den italienischen Carbonari bis hin zu französischen, spanischen und italienischen Anarchisten, den russischen und irischen Freiheitskämpfern und den Bünden irischer Bergarbeiter in den Vereinigten Staaten, den sogenannten *Molly Maguires*. Diese kleinen Geheimgesellschaften wurden von Berufsrevolutionären gebildet, die häufig von einem Ort zum anderen zogen. Für sie war es lebenswichtig, überall verlässliche Gewährsleute zu haben, die sie mit Geld, Obdach und Waffen unterstützten. Diese Netzwerke mussten noch ohne Mobiltelefon und E-Mail auskommen, aber sie beruhten auf denselben Prinzipien.

Eine der modernsten Theorien will den Schlüssel zum Verständnis des Terrorismus sogar im Aufkommen des marktwirtschaftlich organisierten Staates entdecken. Die Globalisierung soll das Vorbild für globale Netzwerke des Terrors abgeben. Doch was an all diesen Theorien einen Bezug zur Realität hat, ist bereits seit langem bekannt, und die neuen Ansätze sind meist von zweifelhaftem Wert. Die Psychologen konzentrieren sich auf psychologische Aspekte der Einzelperson und/oder der Gruppe; die Juristen befassen sich in erster Linie mit der Verfassung und den Gesetzen; die Wirtschaftsexperten preisen Konzepte und Methoden aus ihrem Wissensgebiet, und sie alle sind fest überzeugt, dass sie ein Monopol (oder Beinahe-Monopol) für das Verständnis des Terrorismus hätten.

Kommen wir noch einmal auf die Denkschule des Anti-Antiterrorismus zurück, die im Laufe der Jahre ihre Argumente ausgetauscht, aber dennoch erstaunliche Langlebigkeit bewiesen hat. Ursprünglich wollten ihre Vertreter die Unterschiede staatlicher und terroristischer Gewalt verwischen. Die kleinen Terrorgruppen der 1970er Jahre waren linksextrem, und ihnen wurden hehre Motive für ihre Aktionen zugebilligt: Antikapitalismus, Antiamerikanismus, Antiimperialismus, Kampf gegen Ausbeutung und Unterdrückung. In diesem Sinne äußerten sich Chomsky und andere, aber bald stellte sich heraus, dass es auch rechtsextremen Terror gab, den man kaum als »progressive oder befreiende Gewalt« deuten konnte.

Nach einer Phase des Niedergangs tauchte die Anti-Antiterrorismus-Schule zu Beginn des 21. Jahrhunderts in einer anderen Verkleidung bei linken britischen und amerikanischen Universitätsdozenten wieder auf. Sie verstiegen sich zwar nicht dazu, die islamistischen Terrorgruppen ihrem Wesen und ihrer Ideologie nach als links zu bezeichnen, doch weil sie antikapitalistisch, antiamerikanisch und antiimperialistisch waren (oder dies zumindest vorgaben), hatten sie angeblich eher Unterstützung verdient als ihre Gegner wie Reagan, Bush und andere westliche Politiker. Diese kritischen Gelehrten waren jedoch bald mit schier unüberwindlichen Schwierigkeiten konfrontiert. Die meisten Opfer dieser vermeintlich progressiven militanten Islamisten waren nämlich weder westliche Imperialisten noch zionistische Kolonialisten, sondern deren muslimische Landsleute, sei es nun im Irak oder in Algerien, im Libanon, in Pakistan oder in Bangladesch. Aus diesem Dilemma gab es nur den Ausweg, sich bei kritischen Analysen auf die Gegner der Terroristen zu konzentrieren – ein geschickter Schachzug, der aber kaum neues Licht auf den Mord an Benazir Bhutto oder Rajiv Gandhi, auf die Ermordung zahlloser libanesischer und ägyptischer Politiker und ganz allgemein auf das Wesen des modernen Terrorismus werfen wird.

Als in den 1970er Jahren die systematische Untersuchung des Terrorismus begann, befasste sich eine damals viel gelesene Studie mit den »Regimen des Terrors«. Sie ging aus von Untersuchungen zu einigen afrikanischen Stammesgesellschaften. Solche Studien von Ethnologen und Anthropologen haben zweifellos einen gewissen Wert, aber für die Erklärung des modernen Terrorismus, der in Europa, im Nahen Osten oder in Lateinamerika im letzten Drittel des 20. Jahrhunderts auftrat, geschweige denn für den heutigen islamistischen Terrorismus, sind sie völlig irrelevant.

Nach dem 11. September 2001 ist das Interesse an diesem Thema enorm gewachsen, es wurden Mittel zur Verfügung gestellt, Konferenzen wurden arrangiert und neue Zeitschriften gegründet. An vielen Universitäten gehören heute Vorlesungen und Seminare über den Terrorismus zum festen Bestandteil des Lehrangebots. Zehntausende von Büchern und Artikeln sind erschienen, und selbst die obskursten arabischen Schriften wurden ins Englische übersetzt und in riesige Datenbanken aufgenommen. Dazu zählten Autoren wie Abu Basir al-Tantusi und Maidi Ahmad Husain, von denen viele westliche Experten noch nie etwas gehört hatten.

Politisch motivierte Gewalt wurde von vielen Autoren und

Professoren als reizvolles Forschungsgebiet betrachtet. Man brauchte keine besonderen Kenntnisse bis auf die Vertrautheit mit aktuellen Trends in der Politologie und Sozialpsychologie und vor allem mit der Terminologie dieser Disziplinen. Jeder, der wusste, was ein Meta-Narrativ war und was »subaltern« bedeutete, fühlte sich berufen, einen Beitrag zu den laufenden Diskussionen zu leisten, und alle wollten ernst genommen werden.

Die Auswahl der Texte, die den Studenten selbst an manchen Hochschulen der US-Streitkräfte angeboten wurden, war häufig geradezu grotesk: Man verwies auf die spanische Inquisition, die Ludditen (die »Maschinenstürmer« Anfang des 19. Jahrhunderts in England), die Französische Revolution (angeblich der Ursprung des Terrors), auf Hitlers Aufstieg zur Macht und seine Pläne für den Völkermord. Wieder einmal wurde nicht zwischen der Geschichte des Despotismus, der Diktaturen, der Repression et cetera und der spezifischen Geschichte des Terrorismus differenziert. Diese konfuse Herangehensweise musste in Verbindung mit Ignoranz zwangsläufig zu Verwirrung führen. Ich will dazu einige Beispiele nennen.

Angeblich sollte die Sowjetunion den internationalen Terrorismus insgeheim unterstützt haben. Während des Kalten Krieges (und sogar danach) wurde viel Energie darauf verwendet, solche Unterstellungen zu widerlegen, weil sie der Entspannung schaden und die Entwicklung der Ost-West-Beziehung stören würden. Nach dem Zerfall des Sowjetimperiums wurde bekannt, dass die sowjetische Führung schon früh zahlreiche Terrorgruppen im Nahen Osten und in geringerem Maße auch in Italien und Deutschland unterstützt hatte. Gelder, falsche Pässe und Waffen wurden zur Verfügung gestellt, und im Ostblock wurden Ausbildungslager eingerichtet. Als die Terroristen im Westen in die Enge getrieben wurden, konnten sie sich in die Staaten des Ostblocks zurückziehen, so bekamen zum Beispiel Mitglieder der deutschen RAF in der DDR neue Identitäten. Freilich hatten sowjetische Parteiführer und selbst der KGB gewisse Bedenken gegenüber diesen Terroristen und betrachteten sie überwiegend als gefährliche Wirrköpfe. Aber insgesamt wurde ihr Nutzen als destabilisierende Kräfte im Westen höher bewertet als die von ihnen ausgehende Gefahr für die UdSSR. Diese engen Kontakte wurden aufgedeckt, als die westdeutsche Polizei nach dem Fall der Berliner Mauer von ihren ostdeutschen Kollegen beim Aufspüren von Terroristen der Baader-Meinhof-Bande unterstützt wurde, die zuvor in der DDR Asyl gefunden hatten.

Viel Zeit wurde bei der vergeblichen Suche nach einer umfassenden Definition des Terrorismus verschwendet. Ich hatte in den 1970er Jahren argumentiert, dass diese Definition ein Ding der Unmöglichkeit sei, weil sich das Wesen des Terrorismus ständig verändere und er zugleich stets von seinem politischen und kulturellen Umfeld geprägt werde. Die Erforschung des Terrorismus konnte und musste mit einem Minimum an Theorie auskommen. Mein Vorschlag wurde heftig kritisiert mit der Begründung, solange ein Gegenstand nicht klar umrissen sei, herrsche Chaos in der Debatte und alle Schlussfolgerungen seien letztlich beliebig.

So wütende Kritik kam häufig von Politologen, die sich oft mehr für Theorien als für Terrorismus interessierten. Angesichts der verzwickten Natur des Gegenstands ist ihre Empörung vielleicht nachvollziehbar. Aber ich hatte ja nicht vorgeschlagen, man solle bei der Erforschung des Terrorismus den gesunden Menschenverstand ausschalten, und ebenso wenig hatte ich behauptet, maximale Unwissenheit – bezüglich der Geschichte des Terrorismus – sei eine qualifizierende Voraussetzung. Selbst wenn eine allgemeingültige Definition des Terrorismus unmöglich ist, bedeutet das keineswegs, dass jeder ihn nach Belieben definieren könnte, es sei denn, er hätte lediglich eine ideologische Rechtfertigung im Sinn.

Seither sind mehr als drei Jahrzehnte vergangen, doch eine Definition steht immer noch aus. Ihre praktische Notwendigkeit (zum Beispiel für rechtliche Fragen) war freilich unbestritten, aber die Ergebnisse blieben dürftig. Man konnte sich nicht einigen, ob der Schwerpunkt auf den Zielen, den Motiven oder den Methoden liegen sollte. Die vorgelegten Definitionen waren entweder sehr allgemein und vage und deshalb keine große Hilfe in der Praxis oder sehr speziell. Vor allem Letztere waren angesichts des raschen Wandels bald überholt. Der größte Teil der Definitionen in den 1970er Jahren bezog sich auf die deutsche RAF und die italienischen Roten Brigaden. Derzeit verwenden die Vereinten Nationen eine Definition von Terrorismus, die im Grunde inhaltsleer ist: Die Opfer werden als Zivilisten definiert, »die nicht aktiv an den Kampfhandlungen in einem bewaffneten Konflikt teilnehmen«. Leider wird die Frage offen gelassen, was ein bewaffneter Konflikt ist.

Das US-Außenministerium hat seine eigene Definition: »vorsätzliche, politisch motivierte Gewalt gegen nichtkämpfende Ziele«. Die Definition des FBI betont den rechtswidrigen Einsatz von Gewalt gegen Personen oder Eigentum; die Definition des US-Verteidigungsministeriums ist ähnlich, aber nicht völlig identisch.

Zum Teil sind die Unterschiede geradezu lächerlich. Nach der Definition des US-Außenministeriums kann man Personen, die mit Hilfe eines Fahrzeugs einen Bankautomaten knacken und dabei 10 000 Dollar erbeuten, nicht als Terroristen bezeichnen, während die Tat nach der FBI-Definition als Terroranschlag einzustufen ist, sofern diese Personen verdächtigt werden, Verbindungen zu Terroristen zu unterhalten.

Viele offizielle Definitionen legen großen Wert auf die Merkmale der Opfer: Sind sie »unschuldige Zivilisten«, gilt der Anschlag als terroristisch, wenn sie jedoch den Sicherheitskräften angehören, wird der Anschlag als nicht terroristisch bewertet. Doch weshalb soll ein Anschlag auf Soldaten oder Polizisten als nicht terroristisch eingestuft werden? Der Angreifer gehört schließlich nicht den Streitkräften eines anderen Staates an. Obendrein dürfte man keine Terrororganisation in der Geschichte finden, die diese Unterscheidung gemacht hätte. Wenn sie am Vormittag Zivilisten und am Abend Soldaten angreift, hat sie dann binnen zwölf Stunden ihren völkerrechtlichen Status geändert?

Bruce Hoffman, Brian Jenkins und meine Wenigkeit haben die in der Strafjustiz wohl am häufigsten verwendete Definition vorgelegt. Sie geht von einer völkerrechtlich nicht legitimierten Organisation aus, die durch Angriffe auf unschuldige Menschen politische Ziele erreichen möchte. Doch die Schwächen selbst so allgemeiner Definitionen liegen auf der Hand. Wie kategorisiert man »Angriffe auf unschuldige Menschen«? Wer entscheidet über Schuld und Unschuld, und warum sollte ein Angriff auf jemanden, der schuldig ist, nicht als terroristisch eingestuft werden können?

Die akademischen Definitionen hingegen sind überwiegend von ideologischen Vorlieben und Vorurteilen beeinflusst. Hier ist die Tendenz erkennbar, die Trennlinien zwischen unterschiedlichen Formen der Gewalt zu verwischen, die von Regierungen (seien es demokratische oder diktatorische), nichtstaatlichen Gruppen, Sicherheitskräften, Terroristen und Kriminellen angewandt werden. Die Schreiber oder Sprecher urteilen in Abhängigkeit von ihrer ideologischen Nähe zu den jeweiligen Akteuren, weil sie Personen, mit denen sie sympathisieren, nicht als Terroristen bezeichnen möchten.

Die Medien sind häufig bemüht, Bezeichnungen für Terrorismus und Terroristen zu finden, die nicht »abwertend« sind und kein moralisches Urteil beinhalten. Bevorzugt werden Begriffe wie Kämpfer, Guerilla, Aufständische, Rebellen, Militante (ein Lieblingswort), Aktivisten und Extremisten, weil diese keine negativen Konnotationen haben. Der Begriff Terrorist war jedoch nicht immer abwertend. Als Boris Sawinkow, der Chef des militanten Flügels der Sozialrevolutionären Partei in Russland vor dem Ersten Weltkrieg, seine Autobiographie veröffentlichte, nannte er sie selbstbewusst *Erinnerungen eines Terroristen.*

Terrorismus bekam erst eine negative Konnotation, als er grausamer, wilder und blutrünstiger wurde. Der Gegner sollte nicht nur vernichtet werden, ihm sollte zugleich möglichst großes Leid zugefügt werden. Die Terroristen des 19. Jahrhunderts hatten noch einen an Humanität orientierten Ehrenkodex, was für die Akteure in jüngerer Zeit nicht mehr gilt. Wenn ein Großfürst oder Minister oder General im russischen Zarenreich den Schauplatz eines geplanten Anschlags mit Frau und Kind betreten hätte, dann hätten die Terroristen die Aktion abgeblasen, weil sie keine Unschuldigen töten wollten. (Das Dilemma, vor dem sie standen, lieferte den Stoff für ein berühmtes Stück von Albert Camus.) Die uruguayischen Tupamaros ermahnten ihre Anhänger noch 1970 eindringlich, Unschuldige möglichst zu schonen.

Heute ist die Drohung »Wir werden euer Blut trinken« im Nahen und Mittleren Osten an der Tagesordnung. Der Jordanier Abu Musab Sarkawi, einst führender Terrorist im Irak, wurde von Gefolgsleuten getadelt, weil er seinen Opfern vor laufenden Kameras die Kehlen viel zu schnell durchgeschnitten hatte. Ähnliche Berichte kamen aus Algerien, wo in den 1990er Jahren Opfern vor den Augen ihrer Angehörigen langsam der Bauch aufgeschlitzt wurde. Es gab Proteste – allerdings nicht gegen diese Barbareien, sondern dagegen, die Dinge beim Namen zu nennen, anstatt politisch korrekte Euphemismen zu verwenden. Der Terrorismus sei nicht unmenschlicher geworden, verkündeten westliche Orientexperten. Das Gegenteil zu behaupten sei eine »hegemonistische Strategie« mit dem Ziel, die legitime Gewalt »marginalisierter Menschen« verächtlich zu machen.

Prognosen zur Zukunft des Terrorismus sind noch problematischer als zu allgemeinen politischen Trends, weil wir nicht die Bewegungen von Massen beobachten können. Der Terrorismus wird mit Sicherheit nicht aus der Welt verschwinden, denn konventionelle Kriege sind zu gefährlich und zu kostspielig geworden; deshalb dominieren heute Terroranschläge die asymmetrischen Kriege. Doch solange es Konflikte zwischen Menschen gibt, wird es auch Gewalt geben.

Seit Beginn der systematischen Erforschung des Terrorismus sind über vierzig Jahre vergangen, und es gab bereits Versuche, eine Zwischenbilanz zu ziehen. Eine Arbeitsgruppe bei den Vereinten Nationen hat sage und schreibe 490 Themen benannt, die näher untersucht werden sollten. Das reicht von der Rolle der Medien beim Terrorismus und seiner Bekämpfung bis hin zu einem Vergleich der Flughafensicherheit und »Terrorismus und

Internet«. Es ist allerdings zweifelhaft, ob die Forschungen einen nennenswerten Einfluss auf die Häufigkeit von Terroranschlägen hatten. Die einzige Ausnahme dürfte das Gebiet der Sicherheitstechnologie sein, wie Paul Wilkinson zutreffend bemerkte. Wie viel Aufmerksamkeit schenkten die politischen Entscheidungsträger und die Medien in diesen Jahrzehnten den Schriften der Terrorismusforscher? (Vielleicht eine unfaire Frage: Wie viele Kriegsminister und Stabschefs lasen die Literatur zur Strategie seit Clausewitz?)

Ich kann mich für meine Person über einen Mangel an Aufmerksamkeit nicht beklagen: Meine Studien *History of Terrorism* und *Guerilla* standen jahrelang auf dem zweiten Platz der am häufigsten zitierten Bücher. (Zu Recht hat man mich dafür kritisiert, dass ich eine Geschichte des Terrorismus schrieb, obwohl ich der Suche nach einer wissenschaftlichen Definition meines Gegenstands überaus skeptisch gegenüberstand.) Aber wie viele Lehren wurden aus der Geschichte gezogen, und wie viele Lehren könnte man aus ihr ziehen? Überwiegend gewinnt man nur Erkenntnisse, was man tunlichst unterlassen sollte. Womöglich sollte der UN-Liste mit 490 Themen ein weiterer Punkt hinzugefügt werden: Erforschung der Gründe für die Ignoranz und den Widerstand gegenüber den Lehren der Vergangenheit. Viele sind zweifellos ideologischer Natur, aber diese Feststellung bringt uns nicht weiter, denn wie soll man in den Vereinten Nationen einen Konsens über einen Gegenstand wie Terrorismus erreichen? Ich bin in dieser Beziehung nicht völlig pessimistisch, denn sobald Terroristen mit Massenvernichtungswaffen zu einer horrenden internationalen Bedrohung werden, dürften sich die Haltungen ändern, und die Bereitschaft zur Kooperation wird steigen.

Derzeit konzentriert sich die Aufmerksamkeit auf den islamistischen Terrorismus, aber man sollte sich in Erinnerung rufen, dass es eine Vielzahl anderer Konflikte und Missstände gibt, die in Zukunft ebenfalls Terroranschläge auslösen können. Das müssen nicht unbedingt große Konflikte sein in einer Zeit, in der sich auch kleine Organisationen Massenvernichtungswaffen beschaffen könnten.

Derzeit ist der islamische Terrorismus sehr lebendig, aber der Fanatismus wird wohl kaum von Dauer sein, sondern an Intensität nachlassen. Es gibt ein Phänomen, das in Ägypten »Salafi-Burnout« genannt wird. Der Begriff umschreibt den Reifeprozess radikaler junger Menschen und die Abschwächung ihres ursprünglich fanatischen Impetus. Auch bei messianischen Gruppen siegt früher oder später die Routine, sie unterliegen dem Generationenwechsel, sich ändernden politischen Rahmenbedingungen und den jähen oder allmählichen Veränderungen der religiösen Anschauungen. Der Wandel kann entweder als Folge eines Sieges oder einer Niederlage eintreten. Eines Tages wird vermutlich auch der militante Islamismus gemäßigt werden. In der gegenwärtigen Phase massiver Aggression ist das jedoch unwahrscheinlich, weil der Glaube an den weltweiten Sieg noch nicht erschüttert ist.

Es ist zu befürchten, dass es in wenigen Jahren rund 50 Millionen Arbeitslose in Nordafrika und im Nahen Osten geben wird. Süd- und Westeuropa werden durch Migranten unter massiven Druck geraten. Die Radikalisierung der jungen Muslime in Europa ist ein bekanntes Phänomen, aber die Ursachen sind unklar. Die britischen Selbstmordbomber waren nicht sonderlich fromm, die meisten verrichteten nicht einmal die vorgeschriebenen Gebete. Außerdem sind die Muslime in Europa unzähligen Verlockungen ausgesetzt. Wie ein Berliner Imam es einmal ausdrückte: Der Weg zur Moschee ist weit, und der Versuchungen sind viele.

Die Stoßkraft des Terrors wird vermutlich als Folge von Rückschlägen abnehmen. Fanatismus lässt sich nicht problemlos an die nächste Generation weitergeben, wie die Geschichte gezeigt hat. Es werden weiterhin Anschläge verübt werden, einige werden von Erfolg, womöglich spektakulärem Erfolg gekrönt sein, aber viele werden scheitern. Als Alfred Nobel das Dynamit erfand, glaubten viele Terroristen, ihre Gebete seien erhört worden. Heute wird das Selbstmordattentat als Wunderwaffe gepriesen, was sich gleichfalls als eitle Hoffnung erweisen könnte.

Sogar der Einsatz von Massenvernichtungswaffen könnte den

Sieg der Terroristen nicht erzwingen. Womöglich erzielen sie eine geringere Wirkung als angenommen, womöglich erweisen sie sich als so zerstörerisch, dass sie kontraproduktiv wirken. Statistiken belegen, dass bei den Terroranschlägen der letzten Jahrzehnte erheblich mehr Muslime als Ungläubige getötet wurden. Da Terroristen nicht in einem Vakuum operieren, wird das zwangsläufig zu Unmut unter ihren Sympathisanten führen. Vermutlich kommt es zu Spaltungen in den Terrororganisationen, auch wenn ihre Struktur ohnehin nicht stark zentralisiert ist. Die Wahrscheinlichkeit ist also groß, dass eine einheitliche Terrorfront, falls sie jemals zustande kommen sollte, nicht lange Bestand haben wird. Osama und seine Anhänger werden wohl kaum auf ideologischer Ebene kritisiert werden, aber aus politischen und taktischen Gründen wurden bereits Anschläge gegen Schiiten verurteilt. Wenn die Vereinigten Staaten und der Westen sich tatsächlich in einer Phase des Niedergangs befinden, warum legt Al-Qaida dann nicht mehr Geduld an den Tag? Warum musste ein großer Anschlag verübt werden, solange die Ungläubigen noch zu massiver Vergeltung in der Lage waren?

Führende Islamexperten haben argumentiert, der radikale Islamismus habe bereits vor langer Zeit den Zenit überschritten und der Niedergang, ja das Verschwinden stehe in naher Zukunft bevor. Gesellschaften, die der Herrschaft fundamentalistischer Fanatiker wie im Iran oder radikalislamistischen Anschlägen wie in Algerien ausgesetzt waren, seien bis zu einem gewissen Grad gegen die oktroyierte Ideologie immunisiert worden.

Aber in einem Land mit 60 Millionen Einwohnern wie dem Iran wird man immer Freiwillige zur Verübung von Selbstmordanschlägen finden. Wir werden wohl noch mit weiteren gescheiterten Staaten konfrontiert werden. Viele muslimische Länder haben keinen vergleichbaren Lernprozess durchlaufen, und in abgelegenen Regionen der muslimischen Welt wird immer noch von der Einführung der Scharia und der Wiedererrichtung des Kalifats geträumt.

Die Prognosen zum bevorstehenden Niedergang des Islamismus sind ein wenig voreilig, doch sie dürften sich längerfristig als richtig erweisen. Eine bemerkenswerte Studie zur Frage »Wenn Prophezeiungen sich nicht erfüllen«* wurde nicht lange nach dem Zweiten Weltkrieg veröffentlicht. Heute ist eine vergleichbare Studie zu den denkbaren Konsequenzen eines Scheiterns des religiösen Fanatismus angezeigt.

Kurzfristig bleibt jedoch die Gefahr bestehen, und sie könnte in der Tat noch wachsen. Wann und wo werden aller Wahrscheinlichkeit nach Anschläge verübt werden? Sie müssen sich nicht unbedingt gegen den größten und gefährlichsten wahrgenommenen Feind richten. Viel hängt davon ab, wo die Terroristen stark sind und den Feind für schwach halten. Dass im Nahen und Mittleren Osten weiterhin Terroranschläge verübt werden, versteht sich von selbst; andere Gefahrenzonen sind Zentralasien und Pakistan.

Die Staatsgründer Pakistans waren säkulare Politiker. Das religiöse Establishment und vor allem die Extremisten unter den indischen Muslimen hatten die Gründung des neuen Staates abgelehnt, doch alsbald dominierten sie den neuen Staat. Die unzähligen Medresen wurden zu Brutstätten des Dschihad. Die dort ausgebildeten Mudschaheddin strömten nach Afghanistan und später nach Westeuropa. Ayub Khan, der erste Militär im Amt des Präsidenten, versuchte vergeblich, ihre Macht zu brechen, seine Nachfolger, militärische wie zivile, vermieden jeden Konflikt. Die unzähligen Rekruten, die aus den Koranschulen hervorgingen, könnten nicht nur in Pakistan, sondern auch in Zentralasien oder sogar in Indien eingesetzt werden, falls der Konflikt eskalieren sollte. Die radikalsten Führer wollen die Vormachtstellung Indiens brechen. In Anbetracht der innenpolitischen Schwäche Pakistans mag das wirklichkeitsfremd erscheinen, aber ihr zerstörerisches Potential bleibt beachtlich, und sie haben Sympathisanten in den Streitkräften und im militärischen Geheimdienst. Ein gescheiterter Staat Pakistan, der über

---

* L. Festinger, H. W. Riecken, S. Schachter, *When Prophecy Fails*, Minneapolis 1956.

Atomwaffen verfügt, wäre ein regelrechter Albtraum. Allerdings hat der pakistanische Terrorismus wie sein Gegenstück im Nahen Osten vor allem territoriale Ambitionen, und es ist fraglich, ob er diese Ziele erreichen wird.

Europa wird in Zukunft wohl besonders verwundbar werden. Im Laufe der Jahre ist es zur wichtigsten Basis der Unterstützer des Terrorismus geworden. Mit dem Wachstum der muslimischen Gemeinden haben auch die Spannungen mit der einheimischen Bevölkerung zugenommen. Gleichzeitig ist ein Reservoir für neue Rekruten entstanden. In Westeuropa haben Extremisten wesentlich mehr Handlungsfreiheit als in der arabischen und muslimischen Welt. Selbst Dschihad-Kämpfer, die in ihren Heimatländern wegen Kapitalverbrechen verurteilt wurden, erhalten in Europa politisches Asyl. Freilich wurden nach dem 11. September und den Anschlägen in London und Madrid einige verhaftet und ihre Aktivitäten insgesamt eingeengt. Doch angesichts der gesetzlichen Beschränkungen, denen europäische Sicherheitsdienste unterliegen, waren effektive Gegenmaßnahmen nur begrenzt möglich.

Westeuropäische Regierungen wurden häufig kritisiert, weil sie nicht genug unternommen haben, um den muslimischen Teil der Bevölkerung zu integrieren. Doch viele Einwanderer lehnen eine kulturelle und soziale Integration entschieden ab. Ihre Prediger wollen die politische, kulturelle und religiöse Identität und die Lebensweise der Muslime bewahren und missbilligen jede Einmischung seitens weltlicher Behörden. Die erste Generation dieser Einwanderer wollte vermutlich nur in Frieden leben und ihren Lebensunterhalt verdienen. Heute hat sie auf ihre eher radikalen Nachkommen nicht mehr viel Einfluss.

Die Radikalisierung der zweiten Generation von Einwanderern ist ein häufig zu beobachtendes Phänomen. Diese Menschen haben sich oberflächlich angepasst und sprechen die Landessprache fließend, aber ihre Haltung gegenüber dem Gastland ist von Feindseligkeit geprägt. Einwanderer aus muslimischen Ländern erzielen in der Schule und beruflichen Ausbildung weit schlechtere Resultate als Migranten aus dem Fernen Osten oder

Indien. Nicht unbedingt die Kraft der fundamentalistischen Botschaft inspiriert diese jungen Radikalen, sie sind keineswegs besonders fromme Muslime. Doch das Land, aus dem ihre Eltern kamen, ist nicht mehr ihre Heimat, und zugleich sind sie in Europa nicht akzeptiert worden, und sexuelle Diskriminierung (ein Tabuthema unter Muslimen) verschärft noch ihren Unmut. Eine latente Aggression ist die Folge, und kriminelle Energie entsteht, die sich gegen die Ordnungskräfte des Staates und gegen die eigenen Nachbarn richtet. Das Elternhaus hat seine einstige Autorität verloren, und die Normen werden jetzt in der Straßenbande gesetzt.

Nichtmuslime in Europa empfinden diese Entwicklung als Bedrohung. Sie neigen dazu, die Bürger mit Migrationshintergrund als antisoziale Elemente zu betrachten, die ihnen eine fremde Lebensweise aufzwingen wollen. Die europäischen Regierungen werden von allen Seiten, von rechts wie von links, verstärkt unter Druck gesetzt, die Einwanderung zu stoppen und die öffentliche Ordnung wiederherzustellen.

In diesem Milieu haben sich der islamistische Terrorismus und seine Sympathisanten in Europa entwickelt, doch die Zahl der Extremisten ist immer noch klein. Von britischen Muslimen haben nur 13 Prozent ein gewisses Verständnis für Terroranschläge bekundet, aber das sind rund 200 000 Sympathisanten, mehr als genug für eine Terrorkampagne und zweifellos mehr, als die Sicherheitskräfte effektiv überwachen könnten. Außerdem berücksichtigen solche Statistiken nicht das Wachstum der muslimischen Gemeinden und den anhaltenden Bedarf an Einwanderern in den westeuropäischen Ländern angesichts ihrer niedrigen und rückläufigen Geburtenraten. Aus historischen Gründen sind die Spannungen in Europa nicht in allen Ländern gleich stark. Muslime in Deutschland sind zum Beispiel überwiegend türkischer, kurdischer oder alewitischer Abstammung. Bis auf wenige Ausnahmen zeigen sie eine geringere Neigung zu gewaltsamen Aktionen als die Muslime arabischer, nordafrikanischer oder pakistanischer Herkunft. (Laut Studien des deutschen Innenministeriums von 2007/08 ist jeder vierte

Türke »gewaltbereit«, aber es gab bislang keine größeren Anschläge.)

Akkulturation und Integration sind bislang gescheitert, und die langfristigen Aussichten bieten wenig Anlass zu Optimismus für die Zukunft. Die Muslime wollen nicht auf Dauer in hermetisch abgeriegelten Ghettos leben, selbst wenn ihre Prediger weiterhin die Abkapselung preisen. Sie sind abgestoßen vom Alkoholkonsum, von der lockeren Moral und von der Verruchtheit der Gesellschaft ihres Gastlandes, und ihre Prediger bestärken sie in dieser Wahrnehmung. Aber zugleich locken und faszinieren sie die Versuchungen dieser säkularen Welt, was ihren fanatischen Eifer dämpfen könnte. Andere Religionen waren mit ähnlichen Versuchungen konfrontiert und erlagen ihnen schließlich. Und der Islam lässt sich nicht auf den islamistischen Fundamentalismus reduzieren. Häufig wird vergessen, dass zwischen seinen asketischen Anfängen in der Wüste Arabiens und der Pracht und dem Luxus (und der Wissenschaft, Dichtkunst und Architektur) von Harun al-Raschids Bagdad nur eine relativ kurze Zeitspanne lag. Die sittsamen Ideale des Koran kontrastieren scharf mit den lebenslustigen und mitunter frivolen Märchen aus *Tausendundeiner Nacht*. Die Muslime in Europa könnten sich auch an diese Tradition erinnern.

Ich wollte das Thema Terrorabwehr bei meinen Forschungen zum Terrorismus meiden. Diese unterschiedlichen Disziplinen werden häufig miteinander vermischt, doch um Ratschläge zu erteilen, wie Terroranschläge verhindert und abgewehrt werden könnten, braucht man ein Spezialwissen, über das häufig nur Geheimdienste und Regierungsvertreter verfügen.

Gleichwohl kann man aus der Geschichte der Terrorabwehr wichtige Lehren ziehen. Die Formel vom »Krieg gegen den Terror« erschien mir immer dubios. Zweifellos muss das Militär in diesem Kontext eine gewisse Rolle spielen, insbesondere in Ländern, die kollabieren und zu Oasen des Terrorismus werden könnten. Auch Militärschläge gegen massive Konzentrationen von Terrorgruppen können nötig sein. Aber das sind nicht die typischen Szenarien der Bedrohung. Schlüsselrollen haben die Geheimdienste und relativ kleine Spezialeinheiten. Im 20. Jahrhundert ist die Bedrohung durch den Terrorismus jedoch häufig aus Gründen übertrieben worden, die keineswegs geheim waren: Durch Terroranschläge entstand der von den Medien noch geschürte Eindruck, mit ihnen müsse überall und zu jedem Zeitpunkt gerechnet werden und Terroristen könnten unbegrenzten Schaden anrichten. Ersteres war keineswegs der Fall, und der von Terroristen angerichtete Schaden hielt sich insgesamt in Grenzen. Natürlich war es klar, dass sich das spätestens ändern würde, wenn Terroristen Zugriff auf Massenvernichtungswaffen bekommen sollten.

Demokratische Gesellschaften stehen vorläufig bei der Bekämpfung des Terrorismus vor einem anderen Problem: Sie sind mit asymmetrischer Kriegführung konfrontiert und werden in diesem Kampf von ihren eigenen Regeln behindert. Autoritäre Herrscher ignorierten dieses moralische Dilemma. Als der verstorbene syrische Präsident Hafis Assad mit einem Aufstand (und versuchten Attentat) durch die lokalen Muslimbrüder in den Städten Homs und Hama konfrontiert wurde, wurden ganze Viertel dieser Städte dem Erdboden gleichgemacht, und 20 000 Bewohner wurden von seinen Truppen massakriert. Alle Hoffnungen der Terrorgruppen auf einen siegreichen Guerillakrieg wurden zunichte gemacht. In den 1990er Jahren ging auch die ägyptische Regierung gnadenlos gegen terroristische Gegner vor, und in Algerien starben mehr als 100 000 Menschen in einem Bürgerkrieg, den die Islamisten angezettelt hatten, am Ende aber verloren. Bei diesen Maßnahmen zur Terrorbekämpfung wurden keinerlei Regeln eingehalten. Jeder Verweis auf die Genfer Konventionen wäre ignoriert worden, und die Proteste von europäischen Sympathisanten der islamistischen Terroristen verhallten wirkungslos.

Solche Taten einer demokratischen Regierung wären als barbarisch verurteilt worden, als Rückfall in die Praktiken längst vergangener Zeiten vor den Segnungen der Zivilisation. Doch wenn Regierungen die asymmetrische Kriegführung ihrer Gegner akzeptieren, unterliegen sie womöglich verhängnisvollen Einschränkungen. Ein altes Sprichwort bringt das Dilemma auf den Punkt: »Greife niemals in ein Wespennest, doch wenn du greifst, so greife fest.« Diese Grundregel für Abwehrmaßnahmen gegen Terror- und Guerillagruppen ist allzu oft ignoriert worden. Gewalt ist durchaus wirkungsvoll, aber ihre zögerliche Anwendung ist in der Tat ein zweischneidiges Schwert, während massive Gewalt häufig den gewünschten Effekt erzielt.

In diese Zwickmühle gerieten die USA und andere demokratische Staaten, als sie im eigenen Land und im Ausland mit Terroranschlägen konfrontiert wurden. Noch im 19. Jahrhundert wären Terroristen als Piraten betrachtet worden, als *hostes generis humanis* (Feinde der gesamten Menschheit), und man hätte sie wie Geächtete behandelt. In der zweiten Hälfte des 20. Jahrhunderts wurden irreguläre Kämpfer jedoch in demokratischen Gesellschaften durch diverse Menschenrechtskonventionen geschützt. Häufig wird argumentiert, Gewalt allein könne den Terrorismus nicht besiegen, weil es sich hier um eine Auseinandersetzung der Ideen handle, einen Kampf um die Herzen und Köpfe der Menschen. Aber das stimmt nur bis zu einem gewissen Grad. Freilich sind massive militärische Aktionen im eigenen Land nicht gerade populär und werden auch nur in Extremfällen durchgeführt werden. Die russische Regierung hätte die Tschetschenen (oder einen Teil der Ethnie) nach Sibirien deportieren und das Problem mit stalinistischen Methoden lösen können. Wenn die Tschetschenen Moskau oder St. Petersburg, den russischen Staat oder seine Energieversorgung ernstlich bedroht hätten, dann ist nicht auszuschließen, dass der Kreml solche Maßnahmen ergriffen hätte. Doch diese Gefahr bestand nicht, und die russische Armee schlug den Aufstand ohne Deportationen nieder.

Doch nicht die Ideen sind die eigentliche Gefahr, sondern die Waffen. Ein kultureller Dialog mit einem hasserfüllten, fanatischen Gegner wird nicht viel bewirken, und das gilt für religiös oder nationalistisch geprägte Systeme ebenso wie für säkulare Religionen. Als Mussolini vor seinem Marsch auf Rom gefragt wurde, worin sein Programm bestehe, entgegnete er: Mein Programm ist es, den Sozialisten den Schädel einzuschlagen. In gewisser Weise legen viele Terrorgruppen eine ähnliche Haltung an den Tag.

Unter bestimmten Bedingungen mag Soft Power wichtig sein, aber ihre Wirkung ist begrenzt. Der amerikanische Politiker und Politologe Joseph S. Nye erklärte einmal, sie basiere auf Kultur und politischen Ideen und werde von dem verführerischen Reiz der Demokratie, der Menschenrechte und der individuellen Entfaltungsmöglichkeiten gefördert. Leider hat Washington diese Werte nur selten für seine Politik zu nutzen verstanden.

Doch wie attraktiv sind westliche Demokratie und Menschenrechte in der muslimischen Welt? (Derzeit werden diese Werte nicht einmal in Russland sonderlich geschätzt.) Wer soll durch die Verbreitung westlicher Wertvorstellungen und Anschauungen beeinflusst werden? Kulturelle Propaganda und diplomatische Öffentlichkeitsarbeit erzielten in Europa eine gewisse Wirkung und wurden im Kalten Krieg selbst hinter dem Eisernen Vorhang wahrgenommen. Vielleicht haben sogar die Beatles, wie manche meinen, einen gewissen Beitrag zum Sturz des sowjetischen Imperiums geleistet. Aber Soft Power wird keinen Einfluss auf radikale Islamisten haben, die Demokratie kategorisch ablehnen, Menschenrechte und Toleranz für imperialistische Erfindungen halten und ihre Interpretation des Koran verabsolutieren.

Westliche Fernsehprogramme müssten in Staaten und Regionen ausgestrahlt werden, in denen 70 Prozent der Menschen glaubten (und womöglich immer noch glauben), der Mossad habe die Flugzeuge ins World Trade Center gelenkt, obwohl Osama bin Laden sich zu den Anschlägen bekannt hatte. Dieses Publikum ist empfänglich für gezielte Falschinformationen und verschließt sich einer wahrheitsgetreuen, nüchternen Berichterstattung, weil es stark zu Verschwörungstheorien neigt. Nicht wenige Deutsche fielen im Zweiten Weltkrieg auf Lügen der britischen Propaganda herein. »Soft Power« durch die Verbreitung von Lügen könnte jedoch von demokratischen Regierungen in Friedenszeiten niemals eingesetzt werden, weil sie einem Verrat an westlichen Wertvorstellungen gleichkäme.

Antiterrormaßnahmen im Westen sind ein Hindernisrennen, weniger wegen der Findigkeit der Terroristen als wegen der Natur demokratischer Gesellschaften.

In den Vereinigten Staaten und Europa wurden viele mutmaßliche Terroristen verhaftet, aber nur sehr wenige kamen vor Gericht, und noch weniger wurden verurteilt. In vielen Fällen wurden von den Richtern die Beweismittel abgelehnt, oder die Behörden weigerten sich, ihre Informationsquellen preiszugeben. Wenn es den Behörden gelang, Anschläge zu verhindern (was mitunter gar nicht öffentlich gemacht werden kann), dann wurden besondere Maßnahmen oder Gesetze als überflüssig bezeichnet, weil die Terrorgefahr angeblich übertrieben werde.

Erste Pläne, extrem zerstörerische Waffen einzusetzen, gab es schon vor mindestens 150 Jahren. Zum ersten Mal äußerte Karl Heinzen solche Gedanken. Dieser deutsche Radikale lebte später in Louisville, Kentucky, und Boston, Massachusetts. Der Einsatz von Giftgas bei einem Anschlag auf das britische Parlament wurde im 19. Jahrhundert von irischen Radikalen erwogen. Aber das waren Phantasien von wenigen Extremisten.

Heute besteht durchaus die Gefahr des Einsatzes von Massenvernichtungswaffen. Zum ersten Mal in der Geschichte der Menschheit könnten sehr kleine Gruppen schon heute oder in naher Zukunft über gewaltige Zerstörungspotentiale verfügen, und sie haben keinerlei Interesse an Verhandlungslösungen. Einige von ihnen würden wohl auf die Vernichtung des Gegners verzichten, wenn sie ihre politischen Ziele erreichen könnten. Aber es wird immer radikale Elemente geben, die den Kampf bis zum Äußersten fortsetzen wollen. Sie handeln irrational, und womöglich haben sie keine politische, sondern eine apokalyptisches Motivation.

Dieses Szenario ist vielleicht allzu pessimistisch, und die Massenvernichtungswaffen kommen nie zum Einsatz. Ein Professor in Ohio hat der amerikanischen Bevölkerung versichert, dass die Angst vor dem Terror weit übertrieben sei. Der Schaden, den »schmutzige Bomben« mit radioaktivem Material anrichten könnten, dürfe nicht übertrieben werden. Aber die bloße Freisetzung radioaktiven Materials ist freilich harmlos im Vergleich zum Einsatz einer Atombombe, und es wäre ein Novum in der Geschichte der Menschheit, wenn neue Waffen auf Dauer nicht eingesetzt würden.

Einstein wollte Freud 1932 dazu bewegen, pazifistische Bewegungen zu unterstützen. Damals entgegnete Freud, die aggressiven Tendenzen des Menschen ließen sich kaum unterdrücken. Er hege jedoch die Hoffnung, dass der Mensch aus rationalen Gründen Abstand vom Krieg nehme. Schließlich sei er so zerstörerisch geworden, dass Heldentaten nach dem alten Ehrenkodex unmöglich geworden wären.

Freud hatte in gewisser Weise recht, obwohl der Menschheit die Lektion des Zweiten Weltkriegs bereits drohte. Der Krieg, zumindest der Krieg zwischen Großmächten, ist heute aus rationalen und wirtschaftlichen Gründen eher unwahrscheinlich. Der Terrorismus hingegen wird nicht von politischen oder ökonomischen Interessen geleitet, sondern von Fanatismus. Seine Intensität mag schwanken, und manche Teile des Erdballs werden womöglich ganz verschont bleiben, aber es wird keinen Sieg über diesen Gegner geben, sondern nur eine fortdauernde Auseinandersetzung.

Die geltenden Antiterrorgesetze werden Anschläge mit Massenvernichtungswaffen kaum verhindern können. Aber solche Anschläge wurden bislang nicht verübt, und schärfere Gesetze können erst verabschiedet werden, wenn Regierungen die Unterstützung einer breiten Öffentlichkeit haben. Wenn verheerende Anschläge ausbleiben, sind strengere Gesetze überflüssig. Finden sie jedoch statt, dann werden lautstark wirksame Abwehrmaßnahmen gefordert werden, selbst wenn dadurch als selbstverständlich geltende Freiheiten drastisch eingeschränkt werden müssten. Westliche Regierungen können der öffentlichen Meinung nicht allzu weit vorauseilen. Wirksame Maßnahmen können deshalb erst nach einer großen Katastrophe ergriffen werden.

Europa, 1945–2009, oder:
Eine kurze Studie zu Hoffnung
und Enttäuschung

Der lange Sommer von 2007 hatte in Europa früh begonnen. Schon im April und Mai wurden auf dem ganzen Kontinent hohe Temperaturen gemessen. Im Juni, Juli und August fuhren wie immer Millionen von Europäern in den Jahresurlaub, von Nord nach Süd und von Ost nach West. Wie üblich wirkten Paris und Rom im August wie verlassen, aber es bildeten sich lange Staus auf den *routes nationales,* den Autobahnen und *autostradas.* Die Hotels in Seebädern und die Feriendomizile in den Bergen waren komplett ausgebucht; selbst wer auf den Flüssen Europas paddelte, eine Fahrradtour machte oder in den Wäldern wanderte, suchte die Einsamkeit vergebens. Die Kaffeehäuser und Bars waren voll, genau wie die Geschäfte in den Ferienorten. Der Euro sprang von einem Hoch zum nächsten (und dieser Trend hielt auch 2008 bis zu jenem verhängnisvollen Oktober an, als die Finanzkrise ausbrach).

Meine Frau und ich hatten das Glück, ein paar Tage in einem Dorf in den französischen Alpen in Haute-Savoie als Hochzeitsgäste verbringen zu dürfen. Anschließend reisten wir durch Norditalien in seiner ganzen Schönheit, überquerten den Brenner, passierten Innsbruck und blieben ein paar Wochen in unserem Lieblingsurlaubsort Elmau, einem Schloss hoch oben in den Alpen mit Blick auf die Zugspitze, das man zu einem Hotel, Kurhaus und Kulturzentrum umgebaut hat.

Ausgerechnet hier, inmitten der Wälder nahe der österreichisch-deutschen Grenze, in einer wunderschönen Landschaft mit einer strahlenden Sonne am blauen Himmel – ein paar Gletscher und Schneereste schimmerten noch durch die großen Fenster –, musste ich an einem schönen Nachmittag eine Diskussion über mein vor kurzem erschienenes Buch führen: *Die letzten Tage von Europa*. Der Ort, der Zeitpunkt und die Stimmung hätten kaum unpassender sein können. Das Thema erschien weit hergeholt und geradezu unwirklich. Ich fühlte mich wie ein Spielverderber und hoffte insgeheim auf ein kleines Publikum. Aber es kamen viele, und die Diskussion wollte kein Ende nehmen. Manche reisten aus Duisburg an, andere aus Antwerpen, und viele stimmten in einem Urteil überein: Die letzten Tage von Europa (wie sie es gekannt hatten) lagen bereits hinter ihnen, und sie lebten nun in einem posteuropäischen Zeitalter.

Ich dachte zurück. Als ich Europa mit siebzehn verließ, hatte ich sehr wenig davon gesehen. Ich war in Berlin und Kopenhagen und in Prag gewesen, aber Paris und London kannte ich nicht. Meine Neugier war groß, aber ich hatte kein Geld. Mein Vater war niemals nach Frankreich oder Großbritannien gereist, meine Mutter hatte ihre Heimat niemals verlassen, und ich bezweifle, dass meine Großväter jemals in Berlin gewesen waren, der Hauptstadt des Landes, in dem sie geboren wurden und ihr Leben verbrachten. Damals gab es keinen besonderen Grund zu reisen. Der Wunsch, den eigenen Horizont durch Reisen zu erweitern, war nicht sonderlich verbreitet, und diesen Luxus konnten sich ohnehin nur wenige leisten.

Erst mit dreißig begann ich Europa systematisch zu erkunden. Eine Zeitlang bedauerte ich, dass ich vom Vorkriegseuropa so wenig gesehen hatte, aber ich erkannte bald, dass ich vermutlich nicht allzu viel verpasst hatte, weil mir schlicht die nötigen Voraussetzungen gefehlt hätten. Ich kannte die Sprachen nicht und wusste sehr wenig über die Kultur und Geschichte dieser Länder.

Als Historiker lernte ich später das Phänomen der »Grand Tour« kennen. Anfang des 18. Jahrhunderts reisten britische Adlige nach dem Abschluss ihrer Ausbildung in Begleitung eines älteren Mentors nach Paris und anschließend über die Schweiz nach Venedig (damals das beliebteste Reiseziel in Norditalien) und Rom. Die Grand Tour dauerte nie weniger als ein Jahr, häufig erheblich länger. Diplomaten reisten ebenfalls, aber das gehörte zu ihrem Beruf. Das galt auch für Wissenschaftler und Philosophen: Gottfried Leibniz in Hannover, John Locke in London oder Anton van Leeuwenhoek in den Niederlanden. Baruch Spinoza lebte zurückgezogen und reiste nie, ebenso wenig wie Isaac Newton, aber in den Generationen nach ihnen kamen Reisen in Mode.

Ich erfuhr, dass einige große Köpfe des 18. Jahrhunderts erst mit dreißig oder noch später die Grand Tour antraten. Johann Wolfgang von Goethe quartierte sich in Rom ein, das ihm als Gipfel der Welt erschien, auch wenn er ganz bescheiden lebte. Sein Freund Friedrich Schiller konnte sich eine Auslandsreise nicht leisten, aber wäre *Wilhelm Tell* wirklich besser oder gar authentischer, wenn Schiller die Schauplätze in der Schweiz, den Berg Rigi und Küssnacht, besucht hätte? Adam Smith reiste als Mentor eines englischen Adligen auf den Kontinent. Voltaire reiste auf der Höhe seines Ruhmes in Europa sehr viel. Der Adel und die obere Mittelschicht Englands waren viel reiselustiger als die Franzosen, die überzeugt waren, dass es außerhalb von Paris ohnehin kein Leben gebe.

Die Russen waren enthusiastische Reisende und folgten damit dem Beispiel Zar Peters des Großen. Alexander Puschkin und Michail Lermontow waren arm und starben jung, aber die meisten Geistesgrößen nach ihnen erkundeten Europa. Nikolai Gogol fuhr nach Rom und sogar nach Jerusalem. Leo Tolstoi besuchte Italien, Fjodor Dostojewski Paris, London und Baden-Baden, dessen Spielcasino eine verhängnisvolle und viel stärkere Anziehung auf ihn ausübte als der Louvre oder das Britische Museum.

Ein Urgroßonkel von mir namens Alexander Borissowitsch Lakwir machte sich als führender russischer Reiseschriftsteller seiner Zeit einen Namen. Er schrieb den ersten systematischen Reisebericht über die Vereinigten Staaten (wobei er Kuba in seine Reise einschloss), aber Reisen nach Amerika waren die Ausnahme. Zu den Reisenden aus den USA zählte Mark Twain, der einmal schrieb: »Ich *hasse* Reisen, und ich *hasse* Hotels, und ich *hasse* die Oper.« Er verabscheute auch das feuchte Klima in Deutschland und die vermaledeiten Kuckucksuhren, aber dennoch kam er weit in der Welt herum, und *The Innocents Abroad* (1869; deutsch: *Die Arglosen im Ausland,* 1875) brachte ihm Ruhm und Ehre ein.

Wozu die Beschäftigung mit der Grand Tour vergangener Zeiten? Meiner Ansicht nach hat sie noch immer einen klaren Bezug zu aktuellen Themen. Als ich nach dem Zweiten Weltkrieg Europa bereiste, hatte ich nicht nur europäische Geschichte studiert, sondern ich verfolgte regelmäßig die britische, französische, deutsche und russische Presse und war über die aktuelle Politik gut informiert. Seit einigen Jahren schrieb ich bereits Kommentare zur europäischen Politik, aber ich war auf Wissen aus zweiter Hand angewiesen, weil ich keine eigenen Erfahrungen gemacht hatte. Eine ganz wesentliche Dimension fehlte: Ich schrieb über Menschen und Orte, die ich nie gesehen hatte. Jetzt wollte ich sie kennenlernen.

Meine erste Station in Europa Anfang der 1950er Jahre war Paris, die zweite Berlin, die dritte London. Was ursprünglich als längerer Besuch gedacht gewesen war, entwickelte sich zu einem Aufenthalt von fünfzehn Jahren. Meine Frau und ich zogen in eine Wohnung in London, wo unsere Kinder zur Schule gingen, aber wir verbrachten viel Zeit mit Reisen durch ganz Europa. In jenen Tagen war Reisen beschwerlicher als heute. Man brauchte ein Visum für jedes Land, und es gab Devisenbeschränkungen. Ich erinnere mich an einen Schweizer Konsul in London, der mir ein Visum verweigern wollte. Ich hatte ihm gesagt, dass ich an einer Konferenz teilnehmen müsse. Er stammte aus der französischen Schweiz und verstand unter »*conference*« das Halten eines Vortrags, für den ich vermutlich ein Honorar bekommen würde, was Ausländern strikt untersagt war. Reisen in die Sowjetunion und nach Osteuropa waren die reinsten Torturen. Es gab de facto keinen Tourismus, und er wurde nicht einmal ansatzweise gefördert. Weite Teile dieser Länder waren für Ausländer tabu. Buchstäblich bis zur letzten Minute vor der Abreise wusste man nicht, ob das Visum erteilt wurde, und in welchem Hotel man untergebracht wurde, stand in den Sternen. In der Regel interessierte sich die Geheimpolizei für die Wege und Ziele der wenigen Ausländer, denn der KGB musste seine Existenz und sein Budget rechtfertigen. Nach Stalins Tod im Jahr 1953 war die Gefahr einer grundlosen Verhaftung erheblich geringer, aber sie war keineswegs ausgeschlossen. Wenn die Vereinigten Staaten oder Großbritannien einen sowjetischen Spion entlarvt hatten, neigte der sowjetische Geheimdienst dazu, einen Touristen als Geisel zu nehmen.

Zwischen den Ländern bestanden gewaltige Unterschiede. Das Berlin, das ich kaum gekannt hatte, war zerstört worden. Die Trümmer waren erstaunlich schnell weggeräumt worden, aber viele Viertel waren noch nicht saniert, und überdies war die Stadt damals geteilt. Besuche des östlichen Sektors waren jedoch vor dem Bau der Mauer relativ einfach möglich. In Paris waren keine Schäden durch den Krieg zu entdecken, aber es gab auch kaum neue Gebäude. Frankreich sah vermutlich noch genauso aus wie vor dem Krieg – oder wie ich es aus den Filmen der 1930er Jahre kannte –, mit kleinen Läden, die bis spät abends Eier, Butter und Gemüse verkauften, kleinen Renaults und Citroëns und vielen kleinen Restaurants (die großen konnten wir uns nicht leisten). Die großen gesellschaftlichen Veränderungen hatten noch nicht stattgefunden, und das Land schien jeglichem Wandel abgeneigt. Aber in Frankreich gab es reichlich Lebensmittel und keine Rationierung, in Großbritannien hingegen waren Fleisch und viele andere Lebensmittel und Waren bis 1954 rationiert, und die Lebensmittel in den Handelsketten waren ungenießbar. »*Austerity*«, Askese, hieß die Parole.

Kulturell wurde in Paris am meisten geboten. Deutschland war vollauf mit dem Wiederaufbau der Wirtschaft beschäftigt, und London wirkte lethargisch, obwohl einige große Schriftsteller der Vergangenheit noch lebten, der Sender BBC einen guten Ruf genoss und viele Theater wieder geöffnet hatten. Die »*Angry Young Men*«, eine Gruppe von Autoren um John Osborne, waren noch weitgehend unbekannt.

Der Niedergang des britischen Empires hatte begonnen. Indien und andere Juwelen des Commonwealth waren ihm bereits entrissen worden, aber Großbritannien verfügte noch über viele Besitzungen in Übersee. Die meisten Menschen in London hielten Großbritannien trotz aller finanziellen Nöte weiterhin für eine Weltmacht und glaubten, das Commonwealth existiere fort und Großbritannien gehöre im Grunde nicht zu Europa. Die Menschen in den Städten und Staaten Europas wirkten bemerkenswert homogen. Es gab nicht viel Tourismus. Ich sah ein paar Schwarze in Brixton, sonst aber kaum Asiaten oder Afrikaner. Der starke Zuzug von den Westindischen Inseln begann erst im nächsten Jahrzehnt.

Bei Kriegsende und in den ersten Jahren danach war die Meinung weit verbreitet, dass Europa am Ende sei: physisch zerstört, mental erschöpft. Unzählige junge Menschen waren im Krieg umgekommen, und die wirtschaftliche Lage war katastrophal. Die Menschen litten Hunger und wurden von extremer Inflation geplagt. Der Kontinent produzierte nicht genug Lebensmittel und Rohstoffe, um die Wirtschaft wieder in Gang zu bringen, und gleichzeitig fehlte das Geld für Importe. Das klaffende Ungleichgewicht zwischen den europäischen Währungen und dem Dollar als Leitwährung, die berüchtigte Dollar-Lücke, hielt die Wirtschaft Europas am Boden. In dieser kritischen Phase wurde der Marshall-Plan gestartet. Unlängst haben Historiker die Ansicht vertreten, Europa hätte sich auch ohne den Marshall-Plan erholt. Das mag sein, aber es hätte erheblich länger gedauert, und ich bezweifle, dass diese Zeit zur Verfügung gestanden hätte, weil in Frankreich und Italien gefährliche politische Krisen schwelten. Nicht auszudenken, was ohne die wirtschaftliche Erholung hätte geschehen können.

Die meisten europäischen Regierungen kooperierten nur zögerlich mit den Nachbarstaaten und fürchteten eine Liberalisierung des Handels, und in dieser Hinsicht war der Druck seitens der Vereinigten Staaten überaus wirksam und hilfreich. Der Gedanke einer europäischen Armee wurde in Erwägung gezogen und rasch wieder verworfen. In dieser Phase der Stagnation veranlasste ausgerechnet die Sowjetunion durch ihre imperiale Strategie die westeuropäischen Staaten zu mehr Kooperation. Die Sowjets hatten Osteuropa besetzt und die Länder in Satellitenstaaten verwandelt. Die westlichen Regierungen und Gesellschaften, so träge und zurückhaltend sie gegenüber neuen Kooperationen waren, erkannten, dass sie Initiative entwickeln mussten, um ihre Unabhängigkeit zu verteidigen.

Diese Verhältnisse prägten damals das mentale und wirtschaftliche Klima in Europa, doch es lag auch schon ein verhaltener Optimismus in der Luft. Die Geschichte der europäischen Erholung nach dem Zweiten Weltkrieg ist schon viele Male beschrieben worden und soll hier nur kurz zusammengefasst werden. Das Wirtschaftswunder brach keineswegs überall gleichzeitig aus. In den 1950er Jahren erlebte Deutschland den erstaunlichsten Wirtschaftsaufschwung aller Zeiten trotz zeitweiliger Einbrüche der Weltwirtschaft als Folge des Koreakriegs. In Italien setzte das Wirtschaftswunder erheblich später ein, in Frankreich waren nur langsame Fortschritte zu verzeichnen, und Großbritannien stagnierte lange, obwohl das Königreich mehr Hilfe von den Vereinigten Staaten erhielt als jedes andere Land. »Die meisten Menschen in unserem Land hatten es noch nie so gut«, sagte Premierminister Harold Macmillan 1957. Das stimmte durchaus, doch Großbritannien blieb weit hinter den anderen Staaten Westeuropas zurück. Ein paar marxistische Intellektuelle wie Jean-Paul Sartre verkündeten, Europa liege in den letzten Zügen, aber vermutlich meinten sie das eher bildlich; ernst nahm sie ohnehin niemand.

Europa gewann vor allem in den Jahren des »Tauwetters« im Ostblock nach Stalins Tod neues Selbstvertrauen. Die von der UdSSR ausgehende Gefahr war freilich nicht gebannt, aber die NATO bot mittlerweile einen Schutzschild. In Westeuropa fand eine politische Versöhnung zwischen den Erzfeinden Frankreich und Deutschland statt. Die wirtschaftliche Zusammenarbeit zwischen den Staaten wurde ebenfalls intensiviert, und alle profitierten davon. Am erstaunlichsten waren wohl die Fortschritte, die rückständige Staaten wie Spanien und Irland machten.

Ich fasste die Geschichte des Fortschritts in Europa bis zum Jahr 1990 mit einem Vergleich zusammen: Die Ereignisse, die

Widerstände, Konflikte und Spannungsbögen erinnerten an die Dramaturgie eines klassischen Hollywood-Drehbuchs, dessen Höhepunkt ein verblüffendes Happy End ist. Ich fügte jedoch hinzu, dass die Geschichte kein Ende kenne und ein fortgesetzter Wandel die Zukunft prägen werde, der durchaus neues Unheil heraufbeschwören könnte.

Ich wurde ein Historiker der Nachkriegszeit in Europa. Mein Buch *Europe since Hitler* wurde im Jahr 1969 geschrieben und erschien 1970 (deutsch: *Europa aus der Asche*). Es wurde mehrmals neu aufgelegt, zuletzt 1992. Darauf folgte *A Continent Astray* (1979; deutsch: *Europa vor der Entscheidung*) und schließlich *The Last Days of Europe,* das 2006 erschienen ist (deutsch: *Die letzten Tage von Europa*). Mein erstes Werk *Europa aus der Asche* endete mit einer optimistischen Einschätzung der Zukunft. Ich wies auf die seltsame Diskrepanz zwischen der wirtschaftlichen Stärke Europas und der politischen und militärischen Impotenz hin. Aber diese Diskrepanz war europäischen Politikern und den Bürgern offensichtlich gleichgültig.

In den Hauptstädten Europas wurde 1972 der Beginn eines Goldenen Zeitalters eingeläutet. Die Konflikte der Nachkriegszeit schienen beigelegt, in der Weltpolitik war ein Wendepunkt erreicht worden, und der ersehnte Frieden schien angebrochen. Doch alsbald folgte ein jäher Umschlag der Stimmung. In der Ölkrise von 1973 schnellten die Rohstoffpreise in die Höhe, und das hatte politische, wirtschaftliche und psychologische Langzeitwirkungen. Das vage Gefühl machte sich breit, dass Demokratien unregierbar geworden sein könnten. Von einer neuen, tragischen Phase des sozialen und politischen Rückschritts wurde gemunkelt. Manche spekulierten sogar über den möglichen Zusammenbruch des europäischen Systems. Der Belgier Leo Tindemans (erster Vorsitzender der Europäischen Volkspartei) schrieb über die Zukunft des Kontinents. Er verglich Europa mit einem Haus im Rohbau ohne Dach. Wenn man den Bau nicht vollende, sei es Regen und Sturm ausgesetzt und werde über kurz oder lang einstürzen. Der deutsche Ex-Bundeskanzler Willy Brandt eröffnete unmittelbar nach seinem Rücktritt im Jahr 1974 einigen Vertrauten, die Staaten Westeuropas würden allenfalls noch zwanzig bis dreißig Jahre demokratisch regiert werden; ohne Antrieb und ohne Steuerruder würden sie danach in dem sie umgebenden Meer der Diktaturen versinken. Valéry Giscard d'Estaing, der französische Staatspräsident, meinte, die Welt sei tief beunruhigt, weil sie nicht wisse, wohin die Reise gehe. Sollte sie das jedoch herausfinden, dann stehe ihr die schreckliche Erkenntnis bevor, dass die Katastrophe unabwendbar sei.

Diesen apokalyptischen Prophezeiungen schenkte ich keinen Glauben. Europa war in seiner langen Geschichte von unzähligen Krisen geplagt worden und hatte sich immer wieder erholt. Allen Phasen des Niedergangs zum Trotz gab es in der europäischen Geschichte immer wieder Phasen der Wiedergeburt; auf Phasen des Pessimismus und der Verzweiflung folgten Zeitalter der Hoffnung und des neuen Aufbruchs. Die Gefahren, die Europa vermeintlich von außen drohten, konnten durchaus weniger akut und zerstörerisch sein, als sie damals schienen. Die wirtschaftlichen, politischen und militärischen Probleme, vor denen Europa stand, waren keineswegs unüberwindlich. Eine sonderbare »Abulie« hatte die Staaten erfasst. Diesen Begriff hatten französische Psychologen Ende des 19. Jahrhunderts geprägt. Er bezeichnet eine unerklärliche Willenlosigkeit, die manche nun als Begleiterscheinung des Wohlstands interpretierten.

Tatsächlich lösten sich einige Probleme der 1970er Jahre ganz einfach in Luft auf wie der gefürchtete Eurokommunismus. Die Wirtschaft kam nach der Ölkrise wieder in Gang, doch sie konnte die Wachstumsraten früherer Jahrzehnte nicht mehr erreichen. Der Prozess der europäischen Einheit nahm erneut Fahrt auf. Staaten wie Großbritannien und Spanien traten der Europäischen Wirtschaftsgemeinschaft (EWG) bei, aus der später die Europäische Union (EU) hervorging. Ein europäisches Parlament trat erstmals im Jahr 1979 zusammen, und in Übereinstimmung mit der Einheitlichen Europäischen Akte (1986 unterschrieben, 1987 in Kraft getreten) wurden zahlreiche Handelsbeschränkungen aufgehoben.

Die Hauptgründe für den Euro-Optimismus waren jedoch das Ende des Kalten Krieges und der Fall des Eisernen Vorhangs. Die militärische Bedrohung war gebannt, die Deutschen erlangten die Wiedervereinigung. Das Jahr 1989 war ein *annus mirabilis,* ein Jahr der Wunder, und es wurde voller Begeisterung in westlichen Hauptstädten gefeiert. Am Ende gab es einen europäischen Reisepass und eine europäische Hymne: Ludwig van Beethovens *Ode an die Freude* mit dem lateinischen Text »*Est Europa nunc unita*«. Die Einführung des Euro wurde umgesetzt (von 1999 bis 2002), und trotz vielen Murrens wurde er von den meisten europäischen Ländern übernommen. Allen Unkenrufen zum Trotz entwickelte er sich zu einer starken Währung.

Im Jahr 2000 zeigten sich europäische Staats- und Regierungschefs bei einem Gipfeltreffen in Lissabon überzeugt, dass Europa ein leuchtendes Beispiel, ein Vorbild für die Nationen abgeben werde. Es sei geprägt von internationalen Tugenden, und mit seinen gemeinsamen Werten und dem System der zwischenstaatlichen Beziehungen werde es zu einer weltweit führenden Kraft aufsteigen. Weite Teile der Öffentlichkeit begrüßten den Prozess der Einigung. Euro-Optimisten priesen ein Europa, das durch die Achtung der Menschenrechte, durch Rechtsstaatlichkeit und friedliche Koexistenz zu einem Vorbild der Menschheit geworden sei. Über das Thema debattierten Freunde Europas auch in den Vereinigten Staaten in Büchern, Vorlesungen und Fernsehsendungen. Ein Artikel eines Euro-Optimisten trug den Titel: »America Is the Past, Europe – the Future.« Das 21. Jahrhundert werde also das Jahrhundert Europas werden.

Dieser Euro-Optimismus erschien mir ebenso übertrieben wie die apokalyptischen Prophezeiungen der 1970er Jahre. Ich schrieb in der letzten Ausgabe von *Europa aus der Asche* – inzwischen umbenannt in *Europa auf dem Weg zur Weltmacht* –, es sei zum Jubeln wohl noch zu früh. Alsbald wurde erkennbar, dass der reformerische Elan, der Michail Gorbatschow in der UdSSR und im Ausland so beliebt gemacht hatte, rasch erlahmte. Die Übergangsphase zu einer neuen Ordnung von Bestand drohte unruhig und langwierig zu werden. Bezüglich der Länder Osteuropas galt die Losung: »Die Tyrannei ist besiegt worden. Aber die politische Freiheit ist noch nicht gesichert.«

Die Bedrohung aus dem Osten, die sich vermeintlich in Luft aufgelöst hatte, war keineswegs die einzige Gefahr für Europa. In meinem Buch *Europa vor der Entscheidung* gehe ich auf die drohende ökologische Krise, die steigenden Kosten des Wohlfahrtsstaates, die immer härtere Konkurrenz auf den Weltmärkten, die wachsende Abhängigkeit bei der Versorgung mit fossilen Energieträgern und die grassierende Skepsis gegenüber der europäischen Zusammenarbeit auf zahlreichen wichtigen Gebieten ein. Unablässig war von einer gemeinsamen europäischen Verteidigungs- und Außenpolitik die Rede, doch es wurden keine nennenswerten Fortschritte erzielt. Bei jeder größeren internationalen Krise wurde erkennbar, dass Europa handlungsunfähig war.

Die Zahl der Euro-Skeptiker wuchs, was sich in der Ablehnung einer europäischen Verfassung im Jahr 2005 niederschlug. Im Oktober 2007 einigten sich die europäischen Minister in Lissabon auf einen supranationalen Vertrag, der nun nicht mehr Verfassung genannt wurde. Doch auch dieser Vertrag wurde im Juni 2008 von den irischen Wählern abgelehnt. Die europäische Einigung geriet sichtlich ins Stocken. Die verbreitete Unzufriedenheit hatte unterschiedliche Gründe, und die Bürger der europäischen Staaten fragten sich vermehrt: Was haben wir davon? In vielen Mitgliedstaaten überwogen nationale Prioritäten wieder die gemeinsamen Interessen. War es womöglich naiv gewesen, etwas anderes zu erwarten? Die Nationalstaaten hatten sich im Laufe vieler Jahrhunderte entwickelt. War die Annahme unrealistisch, dass sich europäisches Bewusstsein und europäische Solidarität innerhalb weniger Jahrzehnte entwickeln könnten?

Kurz gesagt: War die Behauptung, ausgerechnet Europa werde das 21. Jahrhundert dominieren, aus der Luft gegriffen?

Ich schrieb *The Last Days of Europe* im Jahr 2006. Die letzten Tage von Europa? Das war natürlich nicht wörtlich gemeint. Europa wird nicht unter einem Ascheregen versinken wie Pompeji und

Herculaneum. Aber das Europa, das meine Generation kannte, verschwindet tatsächlich. Viele weigern sich, diese Realität zur Kenntnis zu nehmen. Ich rate ihnen zu einer Tour durch Westdeutschland, Nordfrankreich, Belgien und die Niederlande, wo sie einen Blick in die Schulen und Kindergärten werfen sollten. Politiker und politische Analytiker interessieren sich offenbar nicht sonderlich für Grundschulen, aber sie brauchten lediglich die Veränderungen in den Städten zu beobachten oder die Veröffentlichungen der statistischen Abteilungen der Vereinten Nationen *(World Population to 2300)* oder der Europäischen Union (Eurostat) zu lesen. Wenn die Geburtenraten in Europa weiterhin auf dem derzeit niedrigen Stand bleiben, dann dürften in West-, Süd- und Nordeuropa »im Jahr 2300 jeweils nur 28 bis 30 Millionen Menschen leben, und in Osteuropa nur 5 Millionen. In der Europäischen Union leben heute 452–455 Millionen Menschen (Zahlen von 2000 oder 2005), doch die Bevölkerung kann bis 2300 auf nur 59 Millionen sinken. Etwa die Hälfte der Staaten Europas wird in diesem Zeitraum 95 Prozent oder mehr ihrer Bevölkerung verlieren, und Ländern wie der Russischen Föderation und Italien wird nur ein Prozent der Bevölkerung bleiben.«

Diese Prognosen wirken geradezu bizarr und erscheinen unwahrscheinlich. Hochrechnungen können wertlos sein, weil sie weder große wissenschaftliche oder technologische Errungenschaften berücksichtigen (die in dieser langen Zeitspanne durchaus vorstellbar sind) noch große Katastrophen. Prognosen für das Jahr 2050 sind erheblich solider; sie betreffen die Lebenszeit von Menschen, die heute 20 bis 30 Jahre alt sind. Laut denselben Prognosen wird im Jahr 2050 Äthiopien 171 Millionen Einwohner haben, Ägypten 127 Millionen, der Iran 105 Millionen, Uganda 103 Millionen, die Türkei 98 Millionen, der Jemen 84 Millionen und die Russische Föderation 101 Millionen (20 Prozent Muslime). Alle europäischen Länder werden ausnahmslos eine kleinere und ältere Bevölkerung haben, und der Anteil Europas an der Weltbevölkerung wird erheblich gesunken sein.

Als ich in den 1930er Jahren zur Schule ging, lernte ich, dass London und New York die Städte mit den meisten Einwohnern auf der Welt sind, gefolgt von Berlin und Paris. Heute steht New York auf Platz zwölf der Liste der größten Städte, und Paris und Berlin folgen ganz weit hinten. Yangon (das ehemalige Rangoon) hat heute mehr Einwohner als Berlin oder Paris, und Lagos übertrifft sie bei weitem, obwohl die meisten Europäer und Amerikaner diese Städte auf der Weltkarte nur mit Mühe finden würden. Im Jahr 1900 (als mein Vater gerade volljährig geworden war) lebten etwa 25 Prozent der Weltbevölkerung in Europa. Im Jahr 2050 (wenn meine Enkelkinder in Rente gehen) werden es noch 7 Prozent sein.

Was bedeuten diese demographischen Entwicklungen? Manche Kommentatoren haben darauf hingewiesen, dass sich demographische Prognosen häufig als falsch entpuppt haben. Bis vor etwa vierzig Jahren fürchteten alle noch eine Überbevölkerung. Doch der Jemen ist größtenteils von Wüste bedeckt. Es ist nahezu ausgeschlossen, dass dieses Land eine Bevölkerung von 84 Millionen Menschen ernähren könnte. Die Zahlen deuten jedoch darauf hin, dass die Geburtenraten nicht nur in Europa sinken, sondern auch in vielen anderen Teilen der Welt wie in China und Indien (in Afrika und im Nahen Osten allerdings nicht nennenswert). Folglich wird nicht nur die Bevölkerung Europas altern und schrumpfen, sondern die Weltbevölkerung insgesamt. Angesichts der begrenzten Ressourcen der Erde ist dieser Trend jedoch eher begrüßenswert.

Im 18. Jahrhundert sagte Thomas Malthus Hungersnöte voraus, weil die Landwirtschaft bei der Produktion von Lebensmitteln nicht mit dem damaligen Bevölkerungswachstum Schritt halten könne. Doch die Menschheit ist nicht in der »Bevölkerungsfalle« zugrunde gegangen, und die heute prognostizierten Katastrophen werden vermutlich ebenfalls ausbleiben. Solche Zahlen mögen mit Blick auf die Lebensqualität und kulturellen Errungenschaften belanglos erscheinen, doch sie spielen in der Weltpolitik eine wichtige Rolle. Im Spätmittelalter und in der frühen Neuzeit lag das Gravitationszentrum Europas im Mittelmeerraum. Dass Italien mehr Einwohner hatte als Deutschland und sogar doppelt so viele wie England, dürfte eine wichtige

Ursache dieser Dominanz gewesen sein. Das Zentrum verschob sich auf Grund des raschen Bevölkerungswachstums im Norden und der Stagnation oder des gebremsten Wachstums im Süden in späteren Zeiten dramatisch. Auch die wachsende Bedeutung der Vereinigten Staaten in den letzten 150 Jahren war nicht zuletzt darauf zurückzuführen, dass in Europa im Jahr 1850 noch zehnmal so viele Menschen lebten wie in den USA, während sich die Bevölkerungszahlen bis heute stetig angenähert haben. Bis zur Mitte des 21. Jahrhunderts könnten die Vereinigten Staaten die Europäische Union überholen. Noch vor hundert Jahren gab es dreimal so viel Europäer wie Muslime; heute ist die Zahl der Muslime doppelt so hoch wie die der Europäer. Die Bevölkerungszahl eines Landes oder Kontinents ist zwar nicht der einzige entscheidende Faktor für Prosperität und Macht, aber sie ist wichtig für ihren Einfluss auf die Weltpolitik.

Demographen gehen übereinstimmend davon aus, dass mit einer Geburtenrate von 2,1 Kindern pro Frau eine Bevölkerung konstant bleibt. Gestritten wird über die Frage, ob Untergangsszenarien wie die Auslöschung eines Volkes realistisch sind, weil die Geburtenraten unter 2,1 liegen. Männer und Frauen werden auch in Zukunft Kinder wollen, und wenn sie erkennen, dass ihre Nation oder ihr Kontinent sich womöglich nicht mehr selbst erhalten könnten, dann wird eine Änderung ihres Verhaltens erfolgen, und es werden wieder mehr Kinder geboren werden. Die Geburtenrate sollte dann nicht weiter sinken, sondern nach dem Erreichen eines kritischen Punktes wieder steigen.

Doch die Annahme, dass die Geburtenrate nicht unter eine bestimmte Untergrenze sinken wird, ist keineswegs gesichert. Durch die modernen Verhütungsmittel liegt es heute im Ermessen der fruchtbaren Paare, wie viele Kinder sie zeugen. Außerdem wird ein dramatisches Bevölkerungswachstum unwahrscheinlich oder gar unmöglich, wenn die Geburtenrate erst einmal unter 1,2 gefallen ist. Französische Kommentatoren verkündeten stolz, dass die Geburtenrate in ihrem Land wieder fast auf Reproduktionsniveau gestiegen sei (sie machen allerdings keine Angaben, wie viele Kinder von französischen und wie viele von ausländischen

Müttern geboren wurden). Russische Demographen haben die feste Überzeugung geäußert, dass ein Anstieg der sehr niedrigen Geburtenrate mit Blick auf den Wirtschaftsboom nicht lange auf sich warten lassen werde (doch es ist historisch nicht belegt, dass Wohlstand mehr Nachwuchs hervorbringt als Armut).

Es liegt auf der Hand, dass Europa schrumpft und altert. Der Kontinent wird viele Millionen Einwanderer brauchen, um die Wirtschaft in Gang zu halten und die Funktion der sozialen Einrichtungen zu gewährleisten.

Vor der Einwanderung von Neubürgern braucht kein Land Angst zu haben. Sie ist eine Konstante der Menschheitsgeschichte. Karl Marx und Friedrich Engels schrieben die Geschichte mit Blick auf den Klassenkampf, aber man könnte sie ebenso gut als Geschichte der Migrationen deuten. Einwanderer haben stagnierenden und schrumpfenden Gesellschaften neuen Elan verliehen. In den letzten Jahrhunderten haben Einwanderer die Vereinigten Staaten, Kanada und Australien aufgebaut, und sie haben alsbald beachtliche Beiträge zu den Volkswirtschaften in Europa geleistet. Wie ein Autor im *The Economist* in einer Rezension von *The Last Days of Europe* (3. Mai 2007) ganz richtig bemerkte, wurde das Leben in europäischen Städten wie London oder Berlin durch Einwanderer aus der ganzen Welt belebt und bereichert.

Aber es besteht ein Unterschied zwischen der sozialen Rolle der Computerexperten aus Bangalore oder der Zimmerleute aus Polen und anderer Gruppen, sagen wir, aus Bergdörfern in Anatolien oder Pakistan, deren Beitrag zum wirtschaftlichen und kulturellen Leben der Städte und Staaten Europas eher gering war. Europas Problem ist nicht, dass es auf Einwanderung angewiesen ist, sondern dass es immer schwieriger werden wird, genau jene Einwanderer zu bekommen, die gebraucht werden: qualifizierte, fleißige und unternehmerisch denkende Fachkräfte.

Die Computerexperten aus Bangalore bevorzugen englischsprachige Länder. Derzeit gehen nur fünf Prozent der qualifizierten Fachkräfte aus Asien, Afrika und dem Nahen Osten nach Europa, 85 Prozent hingegen ziehen die Vereinigten Staaten vor.

Gleichzeitig ist ein starker und wachsender Einwanderungsdruck von gering Qualifizierten aus dem Nahen Osten und aus Nord- und Zentralafrika entstanden. Das einzige größere Reservoir von Gebildeten und Fachkräften sind gegenwärtig politische Flüchtlinge aus dem Irak und Iran, aber auch ihr Eifer, nach Europa auszuwandern, hält sich in Grenzen. Gegen die Einwanderung aus Zentral- und Nordafrika, aus dem Nahen Osten und Pakistan regt sich in Europa massiver Widerstand, weil es zweifelhaft erscheint, dass diese Migranten die wirtschaftlichen Probleme Europas lösen könnten.

Aber die Ängste, dass Europa Gefahr laufe, ein muslimisch dominiertes »Eurabien« unter der Scharia zu werden, werden maßlos übertrieben. Seriöse Fachleute schließen es aus, dass Europa (wie es in einer UN-Studie heißt) in zwei Jahrhunderten ein schwarzer Kontinent sein müsste, wenn es weiterhin politisches Gewicht haben will. Mir hat der Begriff »Eurabien« stets missfallen, und ich habe ihn nie verwendet. Über die Hälfte der Einwanderer nach Großbritannien sind keine Muslime, und von den Muslimen stammen die meisten aus Pakistan, nicht aus Arabien. Sie sprechen nicht Arabisch, und es bestehen sogar Rivalitäten (milde ausgedrückt) zwischen pakistanischen und arabischen Migranten um die Dominanz in muslimischen Organisationen in Großbritannien. In Deutschland sind die meisten Muslime keine Araber, sondern Türken, Alewiten oder Kurden, und die meisten Einwanderer in Frankreich kommen aus Nordafrika. Viele Einwanderer in Belgien und den Niederlanden kamen aus Marokko, andere aus der Türkei. Es gibt gemeinsame Interessen zwischen den diversen muslimischen Gemeinden, aber auch große Unterschiede, nicht zuletzt in ihren Haltungen gegenüber dem Islam. Diese Tatsachen wurden häufig von den Behörden in den Staaten Europas und auch von den Bürgern zu wenig beachtet.

Der Begriff »Islamophobie« (erstmals 1997 geprägt) ist gleichfalls problematisch. In der neueren Geschichte wurde der Islam kaum als Bedrohung wahrgenommen, vielleicht mit Ausnahme bestimmter Regionen Indiens, des Balkans oder Nigerias, wo es zu Konflikten zwischen verschiedenen Gemeinschaften kam (aber ausgerechnet hier wurde niemals von »Islamophobie« gesprochen). Es gab und gibt eine »Terrorphobie«, aber der Islam als Religion hat in den nichtmuslimischen Teilen der Welt eher unter Desinteresse zu leiden als unter einem tief verwurzelten Antagonismus. Nicht einmal die Islamisten verwenden den Begriff, weil sie eine Bezeichnung vorziehen würden, die auf eine Spielart des Rassismus statt auf eine feindselige Haltung gegenüber ihrer Religion hindeutet. Ihre Suche nach einem propagandistisch brauchbaren Begriff blieb jedoch erfolglos, weil der Islam eine Weltreligion ist und zu dieser Glaubensgemeinschaft viele Völker, Länder und Rassen zählen. Angesichts dieser Vielfalt wäre der Vorwurf des Rassismus noch unsinniger als der Vorwurf der Feindseligkeit gegenüber dem Islam.

Was ist von dem Einwand zu halten, dass relativ wenige Muslime in Europa leben und sie deshalb in absehbarer Zukunft keine bedeutsame politische Rolle spielen könnten? Die exakte Zahl der Muslime in Europa ist nicht bekannt, und die Schätzungen weichen stark voneinander ab. Ein geringer Anteil der europäischen Muslime sind illegale Einwanderer, und sie werden von offiziellen Statistiken nicht erfasst. In manchen Ländern wie Frankreich sind Statistiken zum ethnischen und religiösen Hintergrund von Menschen sogar verboten. Es trifft zwar zu, dass die Geburtenrate der Einwanderer aus muslimischen Ländern immer noch höher ist als die der einheimischen Bevölkerung, aber sie ist im letzten Jahrzehnt leicht gesunken, und dieser Trend könnte sich in Zukunft fortsetzen. Aber welche Folgen könnte es haben, wenn Muslime in Deutschland in einigen Jahrzehnten 20 bis 25 Prozent (und in Russland vielleicht sogar mehr) der Gesamtbevölkerung stellen?

Die muslimischen Gemeinden sind deutlich jünger. Schätzungen zufolge sind derzeit in vielen französischen, belgischen und westdeutschen Städten etwa 30 Prozent der jüngeren Generation Muslime oder Kinder anderer Migranten. Im Jahr 2025 könnte das bereits der Durchschnittswert für weitere europäische Städte sein. Heute hat jedes dritte Kind, das in Großbritannien geboren wird, ausländische Eltern, und in weiten Teilen Westeuropas ist die Lage ähnlich. In Ballungsräumen und Städten wie London (ohne Vororte), Manchester, Birmingham, Leicester, Köln, Brüssel, Antwerpen, Duisburg, Nürnberg, Frankfurt und Stuttgart sind es sogar 30 bis 45 Prozent der Kinder. Es ist auch nicht auszuschließen, dass dieser Prozentsatz noch steigen könnte, obwohl die Geburtenrate sinkt.

Die Zahlen hätten nur geringe Bedeutung, wenn diese jungen Menschen relativ gut in die europäischen Gesellschaften integriert wären. Die Integration von chinesischen und indischen Einwanderern oder von Polen, der größten Gruppe der Einwanderer nach Großbritannien zu Beginn des 21. Jahrhunderts, hat sich als unproblematisch erwiesen. Leider ist dieser Prozess bei der zweiten und dritten Generation von Migranten aus muslimischen Ländern weitgehend gescheitert, und das, obwohl sie die Sprache ihrer Gastländer besser beherrschen als die ihrer Eltern. Viele von ihnen lehnen die Wertvorstellungen und den Lebensstil der Menschen in ihrer neuen Heimat noch entschiedener ab als ihre Eltern und Großeltern.

Doch das Bild ist keineswegs einheitlich. Es gibt durchaus Beispiele für Integration und wirtschaftlichen Erfolg von Migranten. Eine gesellschaftliche und kulturelle Assimilation kann allmählich stattfinden. Kultureller und sozialer Wandel ist möglich, ja sogar wahrscheinlich, aber er könnte Generationen dauern.

Zudem besteht die Gefahr, dass die Kinder der Migranten die positiven Aspekte der westlichen Gesellschaften ablehnen und die negativen übernehmen. Die Straßenbanden verwandeln sich nicht in Studienkreise von Jürgen Habermas, Giorgio Agamben, der *New Left Review* oder Slavoj Žižeks; sie finden auf anderen Gebieten reizvollere (und häufig einträglichere) Betätigungen. Vor allem im Bildungs- und Schulwesen stellen sich Grundsatzfragen, wenn aus Minderheiten Mehrheiten werden: Was ist zu tun, wenn Schulen überwiegend von Kindern ausländischer Herkunft besucht werden? Sollen Behörden den Unterricht weiterhin auf der Grundlage eines Lehrplans durchsetzen, der keinen Bezug zur kulturellen und religiösen Identität der Mehrheit der Schüler hat? Und ist diese Durchsetzung überhaupt möglich, wenn die Schüler die Inhalte des Unterrichts ablehnen und sich gar nicht integrieren wollen?

In Großbritannien werden pragmatische Gründe betont: Der Englisch-Unterricht gilt als notwendig, weil Englisch die *lingua franca* der verschiedenen Volksgruppen der muslimischen Gemeinde ist, die sonst keine gemeinsame Sprache haben. Allerdings ist kaum einzusehen, weshalb türkische Kinder in Berlin Gedichte von Goethe und den deutschen Romantikern interpretieren sollen, während türkische Literatur im Unterricht nicht vorkommt. Das ist keineswegs nur eine Frage der Religion. Niemand darf von jungen Pakistanis und Türken verlangen, dass sie »Land of Hope and Glory« oder »Kein schöner Land in dieser Zeit« singen, oder von einem palästinensischen Araber, dass er in die »Hatikwa« (die israelische Nationalhymne) einstimmt, die den 2000 Jahre alten Traum vom Reich Zion preist. (Indien hat mit den nationalistischen Gedichten des »Vande Mataram« ein ähnliches Problem. Diese rühmen eine hinduistische Gottheit und sind deshalb für Muslime und Sikhs eine unerträgliche Provokation.)

In manchen Staaten Europas wird in den Schulen Weihnachten oder Ostern nicht mehr gefeiert, um die Gefühle der Kinder anderer Religionen nicht zu verletzen. Aber reicht solcher Verzicht aus? Die muslimischen Kinder werden von ihren Religionslehrern dazu erzogen, die Normen und Werte einer sündigen, westlichen Zivilisation abzulehnen; sie fühlen sich, laut allen Umfragen, in erster Linie als Muslime, nicht als Briten, Franzosen oder Deutsche. Und mit welchem Recht sollte man ihnen fremde und unerwünschte Traditionen aufzwingen? Eine gesellschaftliche und kulturelle Assimilation muss jedoch zwangsläufig stattfinden, aber die kann nur durch gegenseitige Annäherung möglich werden, und das wird sich vermutlich über Generationen hinziehen. Über das Ergebnis kann man nur spekulieren, aber es wird sich wohl erheblich von der Zivilisation des alten Europa unterscheiden. Ich bezweifle, dass diese neue Gesellschaft sonderlich attraktiv sein wird.

Europa verändert sich bereits heute dramatisch: Niemand, der in jüngster Zeit Brüssel (die Viertel Marollen und Sint-Gillis) oder Kopenhagen (das Viertel Nørrebro) oder Paris besucht hat, kann dies bestreiten. Diese Veränderungen könnten sich auch als großartige Chance erweisen, wie manche Beobachter meinen. Doch die zweite Generation der Euro-Optimisten vertritt die Meinung, es gebe gar keine Veränderungen von großer Tragweite. Diese existierten lediglich in den hysterischen Phantasien der extremen Rechten.

Die Abneigung, das Offensichtliche zur Kenntnis zu nehmen, ist wieder einmal groß.

Wenn die Rede auf Europas Zukunft kommt, wird gerne darauf verwiesen, dass auch die USA mit gravierenden Problemen zu kämpfen haben. Bei manchen Eurokraten hat sich der Wettstreit mit den Vereinigten Staaten zur Obsession entwickelt. Die Abhängigkeit Europas von den USA bei der Verteidigung hat zusätzlich eine transatlantische Entfremdung gefördert. Als die NATO 1979 begann, neue Raketen in Westeuropa zu stationieren, regte sich massiver Protest, nicht nur bei Linken, sondern auch in den Kirchen und anderen Bereichen der europäischen Staaten. Gravierende Differenzen zwischen europäischen und amerikanischen Interessen wurden offensichtlich. Als die Entspannungspolitik nach der sowjetischen Invasion in Afghanistan ausgesetzt wurde und US-Präsident Ronald Reagan auf Konfrontationskurs ging, herrschte in Europa große Angst vor einem Atomkrieg. Nach dem Ende des Kalten Krieges hielt sich der Antiamerikanismus hartnäckig und gewann an Boden; manche bedauerten es sogar, dass es in diesem Krieg der Ideologien und Ökonomien nicht zwei Verlierer gegeben hatte: die UdSSR und die USA. Der Antiamerikanismus flackerte in den ersten Jahren des 21. Jahrhunderts dank der kurzsichtigen (oder arroganten) und aggressiven US-Außenpolitik wieder auf. Die Vereinigten Staaten werden in den kommenden Jahren zwangsläufig ihre Interventionen im Ausland einschränken, aber es ist zweifelhaft, ob wir dadurch eine friedlichere Welt bekommen werden.

Die ernsten wirtschaftlichen, sozialen und politischen Probleme der USA werden derzeit lebhaft und weltweit erörtert. Auch in den Vereinigten Staaten wird heftig über die Folgen der legalen und illegalen Einwanderung diskutiert. Doch die Fixierung auf die Migration verhindert den Blick auf die größeren Zusammenhänge. Alle Staaten, auch jene, die in den letzten Jahrzehnten enorme wirtschaftliche Fortschritte erzielt haben, stecken derzeit in einer schweren Krise, und Europa kann mit Sicherheit nicht davon profitieren, dass es anderen nicht besser ergeht. Im Gegenteil, durch die massive Abhängigkeit der europäischen Volkswirtschaften von Exporten wird sich jede Krise, sei es in Amerika oder in Asien, auch auf Europa negativ auswirken. Ein geschwächtes Amerika mag den Antiamerikanern eine gewisse Schadenfreude bereiten, aber sie dürfte von kurzer Dauer sein, weil Europa ohne die transatlantischen Bindungen der Erpressung durch die Erdölproduzenten noch stärker ausgeliefert wäre.

Die spektakuläre wirtschaftliche Erholung Europas nach dem Zweiten Weltkrieg verstellt den Blick auf gravierende Versäumnisse. Bis heute steht der Kontinent in politischer und militärischer Hinsicht nicht auf eigenen Füßen. Das wäre belanglos gewesen, wenn Machtpolitik keine Rolle mehr gespielt hätte und Konflikte friedlich durch die Vereinten Nationen geregelt worden wären. Leider sind die Schwerter nicht zu Pflugscharen umgeschmiedet worden. Die Zahl der Konflikte hat nicht abgenommen, und die Leidenschaften hinter ihnen brennen unvermindert.

Politisch ist Europa schwächer geworden, und eine gemeinsame europäische Verteidigungs- und Außenpolitik erscheint utopisch. Europa hat sich gescheut, Sanktionen zu verhängen, sei es angesichts massiver Menschenrechtsverstöße oder um künftige Gefahren abzuwenden. Es war außerstande, in Krisen außerhalb Europas zu intervenieren, und bewies seine Ohnmacht sogar bei Kriegen im eigenen Hinterhof. Ohne amerikanische Initiative und Unterstützung hätten die Europäer den Genoziden auf dem Balkan tatenlos zugesehen. Die meisten europäischen Regierungen haben nicht einmal, um den *Economist* zu zitieren, die Courage, sich zu ihrem Doppelspiel zu bekennen. Sie sind zwar stärker für ein »politisches Europa« als ihre Wähler, aber das gilt nur, wenn sie möglichst viel für ihr eigenes Land herausschlagen können.

Europa ist abhängig von Erdöl und Gas aus Russland und dem Nahen und Mittleren Osten. Wie könnte unter diesen Umständen eine unabhängige Außenpolitik aussehen? Etwa 85 Prozent des Erdöls und Gases werden importiert. Beträchtliche Anstrengungen wären nötig gewesen, um sich auf eine gemeinsame Energiepolitik zu einigen, aber die Resultate sind mehr als dürftig. Selbst bei wirtschaftlichen Themen wie den Agrarsubventionen gibt es keinen Fortschritt, weil die unterschiedlichen nationalen Interessen überwiegen. Ist es unter diesen Voraussetzungen realistisch, von einer europäischen Unabhängigkeit in der Weltpolitik zu sprechen?

Europa hat seinen moralischen Kredit weitgehend verspielt. Es schaudert einen geradezu, wenn man sich seine Hilflosigkeit angesichts der heraufziehenden Stürme vorstellt. Konfrontationen mit Ländern, die in der Machtpolitik alles andere als zimperlich sind, werden unvermeidlich sein. Nachdem der alte Kontinent lange das Zentrum der Weltpolitik gewesen war, läuft er nunmehr Gefahr, zum Spielball der Politik zu werden. Er dürfte weiterhin in der Weltpolitik mehr Gewicht haben als Lateinamerika, aber der Abstand wird schwinden. Doch Europa ist exponierter als Lateinamerika und wird unter stärkeren Druck geraten.

Vielleicht könnte eine schwere Krise die Nationen Europas unter einer geschickten Führung zu der Einsicht bewegen, dass die alte Ordnung überholt und eine enge Kooperation zwingend erforderlich ist. Sie müssen nationale Interessen hintanstellen, wenn sie sich einen letzten Rest an Einfluss auf die Weltpolitik erhalten wollen. Zugleich sind die innenpolitischen Errungenschaften, auf die sie so stolz sind, akut gefährdet. Ein starkes Europa könnte auf dem internationalen Parkett durchaus positiven Einfluss haben. Doch die schönen Reden von europäischen Politikern über die mangelnde Achtung der Menschenrechte bewirken allenfalls Verärgerung in China und Russland. Diese wohlmeinenden Ermahnungen haben wenig Gewicht, wenn sie aus einer Position der Schwäche heraus vorgetragen werden. Europa wäre unter den gegebenen Umständen gut beraten, sich bedeckt zu halten, wie ich in *Die letzten Tage von Europa* dargelegt habe. Große Reden über Menschenrechte, Demokratie und die Notwendigkeit, etwas gegen den Klimawandel zu unternehmen, wirken nur anmaßend und aufgesetzt.

Ich will die Errungenschaften der europäischen Gesellschaften auf den Feldern Freiheit, Menschenrechte und soziale Gerechtigkeit nicht schmälern. Doch Europa ist viel zu schwach, um eine zivilisierende Rolle in der Weltpolitik zu spielen, selbst wenn das 21. Jahrhundert von dauerhaftem Frieden und gutem Willen geprägt werden sollte, wie die Euro-Optimisten hoffen. Leider sind jedoch scharfe Konflikte und Fanatismus erheblich wahrscheinlicher, von der Verbreitung der Massenvernichtungswaffen ganz zu schweigen. In solchen Zeiten wird eine nur zivile oder moralische Supermacht keine gestaltende Rolle spielen können. Europa wird wohl auch in Zukunft durch seine Wirtschaft Einfluss haben, aber sein politisches Gewicht wird in einer globalisierten Welt weiter schwinden.

Welche Bedeutung wird Europa in den Vereinigten Staaten beigemessen? In einer aktuellen (und durchaus typischen) Ausgabe der *New York Times* erschien ein Bericht über einen Tunnel in der Schweiz und eine kurze Notiz zu Usbekistan. Der führenden Tageszeitung der USA ist Europa keinen längeren Artikel wert. Weltpolitisch relevant ist nur ein kurzer Bericht aus London: Der britische Außenminister kündigte an, dass sich die britische Diplomatie von den europäischen Hauptstädten abwenden und vermehrt auf Asien konzentrieren werde. Der Minister äußerte die Meinung, dass die Vereinigten Staaten noch 20 bis 30 Jahre eine Supermacht bleiben würden. Er hielt es jedoch für denkbar, dass ein asiatisches Jahrhundert heraufziehen könnte.

Wird Europa zu einem Museum werden, zu einem kulturellen Themenpark für gut betuchte Touristen aus China und Indien, in dem Reiseführer, Dolmetscher und Gondolieri dem Rest der Welt die bewundernswerten Überreste einer hochentwickelten Zivilisation vorführen werden, die einst die Welt beherrschte? Der Tourismus ist bereits zu einem der wichtigsten Wirtschaftszweige vieler europäischer Länder geworden. Dass Regionen oder Länder in Museen verwandelt werden, ist keineswegs beispiellos in der Geschichte. Tim Blanning, ein führender Historiker des frühneuzeitlichen Europa, schreibt in *The Pursuit of Glory* (2007), dass bereits im 18. Jahrhundert die Menschen des Nordens nach Italien reisten »wie in ein Museum. Ihre Bewunderung für die Vergangenheit des Landes wurde nur von der Verachtung für seine Gegenwart übertroffen.« Ein englischer Reisender (ein Offizier der Garde, der auch Voltaire übersetzte) besuchte 1778 Rom und schrieb, die Stadt sei einst »von einer Nation der Helden und Patrioten bewohnt gewesen, doch jetzt befinde sie sich in den Händen eines völlig verweichlichten und abergläubischen Volkes, das im ganzen Universum nicht seinesgleichen hat«.

Viele Jahrhunderte lang spielte Europa eine Führungsrolle in der Weltgeschichte, doch kein Staat oder Kontinent kann sich auf Dauer an der Spitze behaupten. Ein Ermüdungsprozess, der zum Niedergang und mitunter zum Zerfall führt, ist unvermeidlich. Aufstieg und Zerfall von Reichen sind Konstanten der Geschichte, und Historiker suchen seit der Antike nach Erklärungen für diese Phänomene. Autoren der römischen Antike machten einen Klimawandel verantwortlich: Im Winter regnete es zu wenig, im Sommer war es nicht warm genug. Im 18. Jahrhundert führte Edward Gibbon eine ganze Reihe von Gründen und Ursachen für den Untergang des alten Rom an: Verlust der traditionellen Tugenden, Vergnügungssucht, Boshaftigkeit, Ehrgeiz, Korruption, Einfluss des Christentums (»der Klerus predigte erfolgreich die Lehren der Geduld und Verzagtheit«). Moderne Historiker haben weitere Ursachen für den Fall Roms hinzugefügt, etwa schrumpfende Steuereinnahmen. Die Zentralregierung habe die Truppen für die Verteidigung des Imperiums nicht mehr finanzieren können.

Oswald Spengler betrachtete in seinem Werk *Der Untergang des Abendlandes* (1918–1922) den Verfall von Kulturen als zyklisch bedingt und unvermeidlich. Gibbon macht in seinem Werk *Verfall und Untergang des Römischen Reiches* eine bemerkenswerte

Beobachtung: »Es besteht in der menschlichen Natur die starke Neigung, die guten Seiten der Gegenwart herabzusetzen und die schlechten hochzuspielen.« Doch zyklische Theorien haben begrenzten Erklärungswert: Alle Faktoren, die zum Niedergang Roms führten, waren auch im Oströmischen Reich gegeben. Der Zerfall hätte ähnlich verlaufen müssen, doch Byzanz überdauerte weitere tausend Jahre.

Vorhersagen zum bevorstehenden Niedergang von Kulturen und Staaten ist also mit Skepsis zu begegnen. Schon Sallust behauptete, alle Zivilisationen und Reiche würden altern und siech werden. Er beklagte den Verfall der Sitten, den Verlust der alten Tugenden und die Degeneration des Adels und prophezeite seinem Vaterland ein schmähliches Ende. Aber seine Vorhersagen waren verfrüht. Sallust starb im Jahr 34 v. Chr., drei Jahre vor der Schlacht von Actium, die nach Ansicht der Historiker das Goldene Zeitalter des Römischen Reiches einleitete. Mit dem Imperator Augustus begannen eine Hochblüte der Kunst und Literatur und eine Ära des Fortschritts, Wohlstands und Friedens.

Am Ende des ersten Jahrtausends n. Chr. verfiel ganz Europa aus Furcht vor der Apokalypse in Hysterie, aber die folgenden drei Jahrhunderte waren keineswegs schlimmer als die vorhergehenden. Es gibt unzählige Beispiele im Mittelalter und in der Neuzeit für Prophezeiungen, die nicht in Erfüllung gingen. In der zweiten Hälfte des 18. Jahrhunderts galt Frankreich als elender Pfuhl der Sünde und Dekadenz, aber auf die Französische Revolution folgte Napoleon, und er eroberte fast ganz Europa.

Nach dem verlorenen Krieg gegen Preußen (1870/71) erschienen in Paris unzählige Bücher und Pamphlete mit dem Titel *Finis Galliae*, und es gab allen Grund, die düsteren Prognosen ernst zu nehmen: Die Bevölkerung sank, Alkoholismus und Kriminalität grassierten. In der Literatur war Dekadenz die herrschende Mode. Frankreich war gegenüber den anderen europäischen Mächten ins Hintertreffen geraten und hatte nicht einmal mehr den Willen, mit ihnen zu konkurrieren. Diese pessimistische Stimmung lähmte Frankreich drei Jahrzehnte lang, doch in den ersten Jahren des 20. Jahrhunderts entstand ein Kult der Jugend, des Aktivismus und des Sports, und nun grassierte auch wieder der Militarismus. Doch die demographischen Fakten hatten sich nicht geändert, und es wurde immer noch reichlich Alkohol konsumiert. Dieser dramatische Stimmungsumschwung bleibt im Grunde unerklärlich. Womöglich war eine neue Generation der pessimistischen Haltung ihrer Eltern einfach überdrüssig geworden. Nach dem Ersten Weltkrieg war der französische Defätismus jedoch weitgehend auf das schreckliche Blutvergießen des Krieges zurückzuführen.

Warum hat sich Europa trotz Frieden und Wohlstand aus der Weltpolitik verabschiedet? Weshalb nehmen die Europäer Spenglers Diktum nicht zur Kenntnis, dass der Rückzug keinen Schutz vor den Konsequenzen bietet? Europäische Staaten beherrschten einst Kolonialreiche, doch heute müssen sie bei anderen Ländern den Bittsteller spielen. Die Regierungen müssen sorgfältig darauf achten, wen sie als Gäste empfangen und mit wem sie kooperieren, damit sie nicht den Zorn Chinas oder der muslimischen Welt auf sich ziehen. Spontan denkt man an holländische Soldaten, die tatenlos dem Massaker von Srebrenica zusahen, an den deutschen Ex-Bundeskanzler, der nach seiner Wahlniederlage unverzüglich in Putins Dienste trat, oder an die zahlreichen französischen Politiker, die mit einem Fuß im Gefängnis stehen. Der König der Numiden Jugurtha kannte die Römer, weil er mehrmals gegen sie gekämpft hatte. Er bezeichnete Rom als »*urbem venalem et mature perituram, si emptorem invenerit*« – eine Stadt, die wohlfeil und zu rascher Zerstörung verdammt ist, falls sich jemals ein Käufer finden sollte. Ähnlich reden auch Osama bin Laden und andere Islamisten über den dekadenten Westen. Doch man sollte nicht vergessen, dass Jugurtha von den Römern besiegt, in Ketten nach Rom gebracht und hingerichtet wurde.

Warum hat Europa abgedankt, und wie stehen die Aussichten auf eine Umkehrung des Prozesses? Wodurch ging das einstige Selbstvertrauen verloren? Ist es, wie Spengler seinerzeit meinte, eine unweigerliche Konsequenz des Alterungsprozesses – der Wunsch eines alten Menschen nach einem ruhigen und unbehelligten Leben? Hat der materielle Wohlstand eine verweichlichte, postheroische Gesellschaft hervorgebracht, die allen Konflikten ausweichen und sämtliche Warnsignale ignorieren möchte, die ihren Hedonismus stören könnten?

Die Propheten des asiatisch-afrikanischen Jahrhunderts weisen beharrlich auf die Verschiebung der globalen Macht von West nach Ost hin. In der Tat ist das Ende der westlichen Vorherrschaft absehbar, und den spektakulären Aufstieg der asiatischen Wirtschaften kann niemand bestreiten. Zugleich wächst die politische Macht der Schwellenländer, doch die Herolde des asiatischen Triumphzugs unterschätzen die inneren Konflikte und die Spannungen zwischen diesen Ländern.

Weshalb sollte man den selbsternannten Weisen der Gegenwart mehr Glauben schenken als den unzähligen falschen Propheten der Vergangenheit? Haben nicht einst Experten verkündet, der Mensch könne nicht zum Mond zu fliegen oder auf der ganzen Welt würden nicht mehr als fünf Computer gebraucht? Es kann nie absolute Gewissheit geben, aber einige Prognosen von Malthus oder gar Spengler haben sich als zutreffend (oder nahezu zutreffend) erwiesen. Unsere Überlegungen zur Zukunft Europas stützen sich schließlich nicht nur auf Entwicklungen, die womöglich eintreten könnten, sondern auch auf jene, die bereits eingetreten sind. Ob ein grundlegender Wandel in Europa unter den gegebenen Umständen möglich ist oder ob die beschriebenen Entwicklungen bereits zu weit fortgeschritten sind, kann niemand mit Sicherheit sagen. Einige Kritiker von *Die letzten Tage von Europa* haben mir übertriebenen Pessimismus vorgeworfen. Häufig wünsche ich mir, dass sie recht behalten, denn in schlechten Zeiten ist die Hoffnung das Einzige, was geblieben ist.

Nachwort

Als Schüler lernte ich im ersten Jahr Latein ein Sprichwort, nach dem man stets klug handeln und das Ende bedenken solle: *Quidquid agis, prudenter agas et respice finem!* Mit anderen Worten: Erst wägen, dann wagen. Das ist ein vortrefflicher Ratschlag, im privaten wie im öffentlichen Leben, aber er bewahrt einen nicht verlässlich vor Torheiten, weil die Geschichte kein Ende kennt. Handlungen, so weise und weitsichtig sie sein mögen, können unbeabsichtigte und unerwünschte Folgen haben. Selbst unmissverständlich scheinende Lektionen im privaten wie im öffentlichen Leben sind keine Garantie für erfolgreiches Handeln, weil jede Situation anders ist. Das heißt keineswegs, dass ein gesunder Menschenverstand und Erfahrung nichts zählen. Obwohl es keine Gewissheit gibt, können doch Wahrscheinlichkeiten erwogen werden. Die wenigen Leitsätze, die wir haben, dürfen nicht ungestraft ignoriert werden. Leider wird dem Historiker die Arbeit zusätzlich erschwert, weil diese Leitsätze häufig nicht vermittelt werden können; Menschen lernen mehr durch Erfahrungen als in Vorlesungen oder durch Lektüre.

Zu den wichtigsten Parolen des US-Präsidentschaftswahlkampfs von 2008 zählte der Aufruf, endlich die grassierende Angst zu überwinden. Eine von Angst geleitete Politik wurde als eine der größten Gefahren überhaupt dargestellt. Ein großartiger Ratschlag, den bereits Franklin D. Roosevelt den US-Bürgern in seiner Antrittsrede gab: »Das Einzige, was wir zu fürchten haben, ist die Furcht selbst.« Dieser Rat lässt sich bis zu einem gewissen Grad auch auf die Bewegung der Aktienkurse seit den Tagen der »Südseeblase« bis heute anwenden. Die maßlos übertriebenen Behauptungen eines britischen Unternehmens, der South Sea

Company, über seine Gewinnerwartungen durch Besitzungen auf den Südseeinseln verursachten 1720 einen großen Crash an der Londoner Börse. Als Sir Isaac Newton einmal nach seinen Prognosen bezüglich der Aktienkurse gefragt wurde, erwiderte er: »Ich kann die Bewegungen der Himmelskörper berechnen, aber nicht die Verrücktheit der Menschen.«

Diese zeitlose Wahrheit gilt noch heute für die Maßlosigkeit der Wertpapierhändler und die panischen Rettungsversuche der Regierungen. Unter den Nobelpreisträgern für Wirtschaft fanden sich in den letzten Jahren ein paar Psychologen; vielleicht hätten auch ein paar Psychiater darunter sein sollen. Selbstverständlich gibt es in der Wirtschaft neben der Furcht ganz reale Gefahren, weil das Finanzsystem grundlegende Mängel hat, aber es ist zweifellos richtig, dass übertriebene Angst immer negative Folgen hat.

Doch welche Bedeutung hat die Angst in der Weltpolitik? Vielleicht wird sie von den Aposteln der Hoffnung überschätzt. Ich will nicht ausschließen, dass ich in den letzten Jahren in den falschen Kreisen verkehrt habe, aber ich habe nirgendwo alles beherrschende Ängste gefunden, genauso wenig wie maßlosen Optimismus. Derzeit dominiert nach meinem Eindruck eine Art Lethargie gegenüber dem vermeintlich Unabwendbaren.

Der Tenor der Leitartikel war zu Beginn des 20. Jahrhunderts weltweit sehr optimistisch. Der Glaube an eine bessere Zukunft war jedoch auch in früheren Epochen verbreitet. Der Humanismus der Renaissance ist ein herausragendes Beispiel. Erasmus von Rotterdam glaubte an Erziehung, Vernunft und Toleranz und hoffte, für künftige Generationen eine bessere Welt zu schaffen. Ulrich von Hutten pries seine Zeit mit überschwänglichem Lob: »O Jahrhundert, o Wissenschaft! Es ist eine Lust zu leben. Die Studien blühen, die Geister regen sich. Barbarei, nimm dir einen Strick und mach dich auf Verbannung gefasst!« Ob die Barbarei sich mit dem Strick am besten gleich aufhängen oder für die Verbannung gefesselt werden sollte, ließ Hutten leider offen. »Die Luft der Freiheit weht«, verkündete er emphatisch. Die kalifornische Stanford University wählte dies als Leitspruch.

Ein sehr gutes Beispiel ist auch das Traktat *Über die Fortschritte des menschlichen Geistes* (Original 1750) von Anne Robert Jacques Turgot. Der Gelehrte und Philosoph machte sich auch als Ökonom einen Namen und wird zu den Gründervätern der Wirtschaftswissenschaften gezählt. Auch Turgot preist die Fortschritte seines Jahrhunderts: »Die Sitten wurden sanfter, der menschliche Verstand wird aufgeklärter, isolierte Nationen rücken für den gegenseitigen Handel näher zusammen und die Politik verbindet alle Teile der Welt miteinander, und die ganze Masse der menschlichen Rasse, die zwischen Ruhe und Unruhe, guten und schlechten Bedingungen wechselt, marschiert stetig, wenn auch langsam in Richtung größerer Vollkommenheit.«

Es ist bemerkenswert, dass Turgot den wirtschaftlichen Aufschwung nicht als Begründung für seinen Optimismus anführt. Heute wird uns eingeredet, ein Aufschwung werde die Stimmung weltweit heben und ein Wachstum des Bruttosozialprodukts könne die Menschen zufriedener machen. Doch wir erleben eine globale Rezession anstelle eines globalen Wachstums, und die Konjunktur in China und Indien wird in Europa und Nordamerika schmerzlich vermisst: Nagende Zweifel machen sich breit, ob es künftigen Generationen besser gehen wird, und die Angst vor Alter und Armut als Folge des wirtschaftlichen und sozialen Niedergangs greift um sich. Der Unmut wächst, weil die Reichen in Saus und Braus leben, während die Mittelschicht schrumpft und ihr Einkommen sinkt. Die enorme Diskrepanz zwischen Reich und Arm ist mittlerweile ein wachsendes Problem in West und Ost. Sie führt zu politischer Polarisierung und könnte sogar Konflikte nach dem Muster von Klassenkämpfen heraufbeschwören, weil der Aufschwung sehr ungleich verteilt ist. Diese Gefahr bedroht China oder den Nahen und Mittleren Osten, aber auch Indien oder Europa und Nordamerika. Viele Kommentatoren preisen den wirtschaftlichen Fortschritt, den China und Indien in den jüngsten Jahren erzielt haben, aber sie verschließen die Augen vor den absehbaren politischen und sozialen Problemen dieser Länder. Ihre Blindheit ist geradezu verblüffend. »*Enrichissez-vous*« – Bereichert euch! – lautet wieder einmal die Devise, wie schon im 19. Jahrhundert, und Politiker in West und Ost wetteifern hemmungslos um die höchsten Wachstumsraten.

Die Liste der Milliardäre, alljährlich von der Zeitschrift *Forbes* veröffentlicht, wird immer länger, und obwohl die Superreichen in der Finanzkrise von 2008 viel Geld verloren haben, ist die Ungleichheit nicht geschwunden. Von einem Siegeszug der Demokratie, Freiheit und Gerechtigkeit, der vor nur fünfzehn Jahren angekündigt wurde, ist nichts mehr zu spüren. Mit dem 21. Jahrhundert kam die Wende; immer mehr Staaten gelten nunmehr als »gefährdete Demokratien«, und in manchen, die bis vor kurzem als Hoffnungsträger gegolten hatten, ist der Rechtsstaat unverkennbar gescheitert. Wer korrupte und unfähige Politiker allein verantwortlich macht, erklärt diese Entwicklungen durch einen einzigen Faktor von vielen, und dieser dürfte nicht einmal der wichtigste sein. Aus allen Meinungsumfragen in Russland, im Nahen Osten und in anderen Teilen der Welt geht hervor, dass nur eine kleine Minderheit mehr Demokratie und politische Freiheit will. Die Mehrheit steht diesen Werten gleichgültig oder gar skeptisch und feindselig gegenüber. Die politischen Wertvorstellungen des Westens können allenfalls mit Einschränkungen in andere Teile der Welt exportiert werden. Doch auch in Amerika und Europa haben sich viele Normalbürger und sogar Intellektuelle von den Idealen der Aufklärung verabschiedet. Seit geraumer Zeit hat der Westen stetig an Selbstvertrauen verloren und ist in eine Phase der kulturellen Erschöpfung eingetreten, in der die sonderbarsten Lehren aufgeblüht sind und Anhänger gefunden haben. Die immer größere Kluft zwischen Armen und Reichen wird zwangsläufig die politischen und sozialen Spannungen in West und Ost verschärfen und so den antidemokratischen Bewegungen zusätzliche Stoßkraft verleihen. Haben wir einen historischen Wendepunkt überschritten? Geht es in Zukunft nur noch bergab? Es ist ebenso denkbar, dass aus heute nicht absehbaren Gründen neue Impulse entstehen. Dann könnte die Menschheit wieder nach jener Vollkommenheit streben, die den Humanisten im 16. Jahrhundert oder Turgot und seinen Zeitgenossen im 18. Jahrhundert vorschwebte.

Als sehr junger Mann in Deutschland las ich das Buch *Im Schatten von Morgen* (1935) des großen holländischen Historikers Johan Huizinga. Aus unerfindlichen Gründen war es von der nationalsozialistischen Zensur übersehen oder nicht verstanden worden. Es passierte die Zensur und fand eine breite Leserschaft. Huizinga äußerte sich tief pessimistisch über die nahe Zukunft, er sah ein Zeitalter der Barbarei, des Humbugs und des Wahnsinns heraufziehen. In seinen Augen versank die Welt in einer beispiellosen kulturellen Krise. Die Menschen verfügten zwar über mehr Wissen als jemals zuvor, aber ihr Urteilsvermögen sei auf erschreckende Weise verkümmert, betonte Huizinga. Der kritische Geist schwinde, und die Welt durchlaufe einen Prozess massiver Verblödung.

1935 hatten der Nationalsozialismus, der Faschismus und der Stalinismus in vielen Staaten Europas gesiegt, und Huizingas Pessimismus war durchaus berechtigt. Im Zweiten Weltkrieg wurden seine schlimmsten Befürchtungen zeitweilig bestätigt, aber eine Phase der politischen und wirtschaftlichen Erholung folgte auf die Katastrophe. Ob sie zugleich ein Zeitalter beständiger spiritueller und kultureller Erneuerung einleitete, bleibt zweifelhaft. Moralischer und kultureller Relativismus sind heute so verbreitet wie eh und je, und dem Glauben an zeitlose Werte steht eine moralisch indifferente Skepsis gegenüber.

Heute fehlen dem Glauben an den menschlichen Fortschritt die zwingend erforderlichen Impulse. Anzeichen für eine Wiedergeburt oder eine Erneuerung vermag ich nicht zu entdecken. Das führt mich zu meinem Ausgangspunkt zurück: meiner Vorliebe für das späte 19. Jahrhundert. Unsere Epoche dürfte trotz aller Errungenschaften den Menschen nicht das größte Glück und die höchste Zufriedenheit in der modernen Geschichte gewährt haben, und die Aussichten für das 21. Jahrhundert sind nicht gerade berauschend. Ich sehe keinen Grund, jenen vorsichtigen Rat zu revidieren, den ich meinen Nachfahren noch einmal geben möchte: Macht euch keine allzu großen Hoffnungen für die absehbare Zukunft. Doch vermutlich sind sie auch ohne meinen Rat zu diesem Schluss gelangt.

Publikationen des Autors

Die folgende Liste mit Monographien und Essays des Autors ist bei weitem nicht vollständig, doch sie vermittelt einen Überblick über seine politischen Werke.

Europa und Deutschland

Die deutsche Jugendbewegung. Eine historische Studie, Köln 1962

Europa aus der Asche. Geschichte seit 1945, München 1970. Überarbeitete aktuelle deutsche Fassung: *Europa auf dem Weg zur Weltmacht. 1945– 1992,* München 1992

Out of the Ruins of Europe, New York 1971

Weimar. Die Kultur der Republik, Frankfurt am Main 1976

Fascism. A Reader's Guide. Analyses, Interpretations, Bibliography (Hg.), London 1976

»Europe. The Specter of Finlandization«, *Commentary* 64 (Dezember 1977), S. 37–41

»Cowboys for the Kaiser«, Buchrezension von Karl May, *In the Desert, Winnetou* und *Ardistan and Djinnistan, New York Times,* 29. Januar 1978

»Letter to the Editor«, *Commentary* 66 (Oktober 1978)

Europa vor der Entscheidung, München 1978

Political Psychology of Appeasement. Finlandization and Other Unpopular Essays, New York 1980

America, Europe, and the Soviet Union. Selected Essays, New Brunswick, N.J., 1983

Was ist los mit den Deutschen?, Frankfurt am Main 1985

Der Mann, der das Schweigen brach. Wie die Welt vom Holocaust erfuhr, Frankfurt am Main 1986

»A Postscript on Finlandization«, *Commentary* 95 (Januar 1993)

»Fin-de-siècle: Once More with Feeling«, *Journal of Contemporary History* 31, Nr. 1 (Januar 1996), S. 5–47

Fin de siècle and Other Essays on Europe and America. New Brunswick, N.J., 1996

Faschismus: gestern – heute – morgen, Berlin 1997

Die letzten Tage von Europa. Ein Kontinent verändert sein Gesicht, Berlin 2006

Sowjetunion und Russland

Deutschland und Russland, Berlin 1965

The State of Soviet Studies (Hg. mit Leopold Labedz), Cambridge, Mass., 1965

Mythos der Revolution. Deutungen und Fehldeutungen der Sowjetgeschichte. Eine Studie, Frankfurt am Main 1967

»Confessions of a Self-Made Sovietologist«, *Society* 26 (September 1989), S. 5–9

Der lange Weg zur Freiheit. Russland unter Gorbatschow, Frankfurt am Main 1989

Soviet Union 2000. Reform or Revolution (mit John Erickson), New York 1990

Stalin. Abrechnung im Zeichen von Glasnost, München 1990

Der Schoß ist fruchtbar noch. Der militante Nationalismus der russischen Rechten, München 1993

The Dream That Failed. Reflections on the Soviet Union, New York 1994

»Anti-Communism Abroad: A Memoir of the Congress for Cultural Freedom«, *Partisan Review* 63, Nr. 2 (1996)

Jüdische Geschichte, Israel und der Nahe Osten

Communism and Nationalism in the Middle East, London 1956

The Middle East in Transition. Studies in Contemporary History (Hg.), London 1958

The Soviet Union and the Middle East, New York 1959

»Israel, the Arabs and the World Opinion«, *Commentary* 44 (August 1967), S. 49–59

Nahost vor dem Sturm. Die Vorgeschichte des Sechstage-Krieges im Juni 1967, Frankfurt am Main 1968

The Struggle for the Middle East. The Soviet Union and the Middle East, 1958–1970, Harmondsworth 1972

Der Weg zum Staat Israel. Geschichte des Zionismus, Wien 1975

Was niemand wissen wollte. Die Unterdrückung der Nachrichten über Hitlers »Endlösung«, Frankfurt am Main 1981

The Holocaust Encyclopedia (Hg. mit Judith Tydor Baumel), New Haven 2001

Geboren in Deutschland. Der Exodus der jüdischen Jugend nach 1933, Berlin 2000

Jerusalem. Jüdischer Traum und israelische Wirklichkeit, Berlin 2004

Gesichter des Antisemitismus. Von den Anfängen bis heute, Berlin 2008

Disraelia. A Counterfactual History, 1848–2000. Middle East Papers, 1. April 2008. Die Middle East Papers, vom Institut für Middle East Strategy an der Harvard University veröffentlichte Studien, erschienen ausschließlich online unter: http://blogs.law.harvard.edu/mesh/papers

Politische Gewalt und Nachrichtenbeschaffung

Guerrilla. A Historical and Critical Study, Boston 1976

Terrorismus, Kronberg im Taunus 1977

The Guerrilla Reader. A Historical Anthology (Hg.), New York 1977

Zeugnisse politischer Gewalt. Dokumente zur Geschichte des Terrorismus (Hg.), Kronberg im Taunus 1978

A World of Secrets. The Uses and Limits of Intelligence, New York 1985. Nachgedruckt unter dem Titel: *The Uses and Limits of Intelligence,* mit einer neuen Einführung des Autors, New Brunswick, N.J., 1993

Terrorismus. Eine globale Herausforderung, Frankfurt am Main 1987

»Save Public Diplomacy: Broadcasting America's Message Matters«, *Foreign Affairs* 73 (Sept./Okt.1994), S. 19–24

Die globale Bedrohung. Neue Gefahren des Terrorismus, Berlin 1998

Krieg dem Westen. Terrorismus im 21. Jahrhundert, Berlin 2003

»The Terrorism to Come«, *Policy Review* 126 (Aug./Sept. 2004)

Autobiographie und fiktive Darstellungen

The Missing Years. A Novel. Boston 1980; deutsch: *Jahre auf Abruf*, Stuttgart 1982

Farewell to Europe. A Novel, Boston 1981

Thursday's Child Has Far to Go. A Memoir of the Journeying Years, New York 1992; deutsch: *Wanderer wider Willen. Erinnerungen 1921–1951*, Berlin 1995

Zeitschriften (gegründet und mitherausgegeben)

Survey (Soviet Survey)
Journal of Contemporary History
Washington Quarterly
Washington Papers

Personenregister

Abdullah, König von Jordanien 274
Abramow, Fjodor 135
Abshire, David 245
Acheson, Dean 86, 250
Achmatowa, Anna 235 f.
Adams, John 12
Adenauer, Konrad 260
Agamben, Giorgio 330
Ahmadinedschad, Mahmud 166
Aktil, Anatol d' 132
Al Capone 152
Alexander der Große 12
Alexander II., Zar 95
Alexandrowa, Wera 78
Al-Kamil, Sultan 161
Amalrik, Andrej 134
Amin, Idi 211
Anders, Władysław 76
Andersen Nexø, Martin 65
Andrews, Christopher 201
Andropow, Juri 125, 137, 139
Angleton, Jim 253
Arendt, Hannah 24, 135
Aristoteles 12
Arminius der Cherusker 255
Arnold, Hap 244
Aron, Raymond 105, 109, 113 f., 121, 125, 192
Assad, Hafis 308
Astafjew, Viktor 135
Atatürk, Kemal 91
Auden, W. H. 25
Augustinus, Aurelius 265
Augustus, Kaiser 12, 255, 337
Aurobindo, Sri 65
Azzam, Abdallah Yusuf 268

Baer, Robert 268
Baker, James 251
Baker, Josephine 238
Bakunin, Michail 192
Balmont, Konstantin 235
Balzac, Honoré de 234
Banna, Hassan al- 273

Barak, Ehud 183
Barbusse, Henri 65
Barclay de Tolly, Michail 112
Barlach, Ernst 31
Barnett, Correlli 201
Barraclough, Geoffrey 199
Barrès, Maurice 13
Batista, Fulgencio 283
Baudelaire, Charles 15
Baudrillard, Jean 271
Bauer, Bruno 192
Baum, Herbert 67
Baum, Marianne 67
Bayes, Thomas 260
Beethoven, Ludwig van 194, 322
Bell, Daniel 125
Bely, Andrej 235 f.
Ben Gurion, David 170
Berdychewski, Micha 193
Berija, Lawrenti 224
Bernadotte, Folke 274
Bernstein, Eduard 36 f.
Beumelburg, Werner 33
Bhutto, Benazir 295
Bin Laden, Osama 70, 82, 125, 166, 183, 268 ff., 272, 290, 303, 310, 338
Bismarck, Otto von 30
Blair, Tony 252
Blanning, Tim 336
Blériot, Louis 232
Blok, Alexander 235 f.
Bogdanow, Nikolai 64
Bondy, François 105
Borkenau, Franz 97, 105
Boswell, James 230
Brahms, Johannes 14
Brandt, Willy 117, 238, 320
Braque, Georges 13
Brecht, Bertolt 115
Brenner, Josef Haim 193
Breschnew, Leonid 96, 100, 125, 133, 135, 139, 142 f., 146, 153

Briand, Aristide 249
Bruckner, Anton 235
Brüning, Heinrich 41
Brzezinski, Zbigniew 180, 251, 259
Bunin, Iwan 235
Burgess, Anthony 201
Burke, Arleigh 245
Burke, Edmund 13, 96, 265 f.
Burnham, James 109
Bush, George sen. 126, 257, 295

Camus, Albert 300
Carné, Marcel 239
Carnegie, Andrew 244
Carr, E. H. 97, 271
Carter, Jimmy 170, 173
Casey, William 257 f.
Cassius Dio 199
Castiglione, Baldassare 253
Castro, Fidel 89, 119, 283, 292
Cato, Marcus 12, 212
Cecil, Robert 244
Celine, Louis-Ferdinand 23
Chamberlain, Arthur Neville 204
Che Guevara, Ernesto 275
Chiaromonte, Nicola 113
Chirac, Jacques 252
Chomsky, Noam 294
Christopher, Warren 250
Chruschtschow, Nikita 96, 101, 133, 136, 143, 153, 253
Churchill, Winston 71, 83
Clair, René 24, 239
Claudius, Hermann 238
Claudius, Matthias 238
Clausewitz, Carl von 301
Cliff, Tony 80
Clinton, Bill 126, 258, 268
Cobb, Richard 256
Cohn, Willy 51, 54
Colby, William 250, 257
Coleman, Peter 107 f.

Collier, Peter 120
Cooper, James Fenimore 163
Coughlin, Charles Edward 211
Craig, Gordon 201
Curtis, Lionel 244
Custine, Adolphe de 155

Dagras, Jane 106
Dahrendorf, Ralf 201
Dante Alighieri 132, 161
Danton, Georges 265
Davis, Joseph 73
Dawydow, Denis 292
Debussy, Claude 231
Delacroix, Eugène 13
Deutch, John 258
Deutscher, Isaac 92–95
Dietrich, Marlene 115
Disraeli, Benjamin 176 ff.
Djagilew, Sergej 236
Djilas, Milovan 153
Donizetti, Gaetano 220
Donskoi, Dmitri 202
Doriot, Jacques 240
Dostojewski, Fjodor 315
Draper, Theodore 119
Dulles, Allen 257
Dulles, John Foster 250, 258
Dumont, Alberto Santos 232
Duvivier, Julien 24
Dwinger, Edwin Erich 33

Eden, Anthony 249
Edison, Thomas Alva 15
Ehrenburg, Ilja 30, 65, 74, 92
Einstein, Albert 163, 312
Eliot, George 14
Eliot, T. S. 114
Engels, Friedrich 34, 62, 327
Epstein, Jason 119
Epstein, Klaus 201
Erasmus von Rotterdam 341
Estaing, Valéry Giscard d' 321

Fairbanks, John 271
Falin, Valentin 138
Fanon, Frantz 281
Farman, Henri 232
Faulkner, William 23
Faure, Edgar 231
Fedotow, Georgi 80
Ferdusi, Abu l-Qasim 161
Fischer, Fritz 49 f.
Fischer, Louis 76
Fitin, Pawel 267
Fontane, Theodor 235
Foucault, Michel 203, 271
Fould, Achille 178
Franco, Francisco 46, 91, 278
Freud, Sigmund 191, 312
Friedrich der Große 30, 255
Friedrich II., deutscher Kaiser 12, 161 f.

Gabin, Jean 24, 239
Gaddis, John Lewis 85, 88 f.
Galili, Israel 171
Gandhi, Mahatma 65, 76
Gandhi, Rajiv 295
Garaudy, Roger 167
Gary, Romain 192
Gates, Robert 250
Gaulle, Charles de 91, 192
Gauty, Lys 239
Gaydamak, Arkadi 170
Geertz, Clifford 142
Genscher, Hans-Dietrich 252
George, Heinrich 30
George, Lloyd 232
George, Stefan 162
German, Pawel 133
Gibbon, Edward 12, 17, 208, 336
Giono, Jean 23
Goebbels, Joseph 30, 35, 40, 42, 83, 194
Goethe, Johann Wolfgang von 19, 26, 315, 331
Gogol, Nikolai 315
Goodman, Benny 24
Gorbatschow, Michail 100,

102, 140, 143 f., 146, 148 f., 154, 253, 322
Göring, Hermann 40, 42 f.
Gorter, Herman 44
Goss, Porter 250, 257
Gramsci, Antonio 288
Gremion, Pierre 107 f.
Grossman, Wassili 74, 93
Gumiljow, Nikolai 235 f.
Guttentag, Werner 55

Habermas, Jürgen 241, 330
Halifax, Charles Lindley 204
Hannibal 12
Hanslick, Eduard 235
Hardy, Thomas 14
Harper, Samuel 270
Haussmann, Georges-Eugène 13, 230 f.
Hayek, Friedrich A. von 118
Heckel, Erich 31
Hehn, Victor 155
Heinzen, Karl 311
Heisenberg, Werner 205
Helms, Richard 250, 257
Hemingway, Ernest 23
Herzen, Alexander 144, 154 f., 157
Herzl, Theodor 170, 177, 187, 193
Hess, Moses 178
Hess, Rudolf 40
Hesse, Hermann 33, 163
Hexter, Jack H. 201
Heydrich, Reinhard 40
Himmler, Heinrich 40, 43
Hirsch, Helmut 55
Hirschmann, Albert 142
Hitler, Adolf 19 ff., 26–29, 32, 35, 37–50, 55, 60, 62 f., 69, 71 f., 87, 91, 99, 104, 111, 120, 123, 162 f., 166, 181, 187, 189, 194, 202, 204 ff., 210, 212, 221, 226, 229, 238, 255, 261, 265, 271, 275, 296
Hoffman, Bruce 298
Honecker, Erich 141
Hook, Sidney 108
Hoover, Herbert Clark 41

Howard, Leslie 30
Hoxha, Enver 82
Hughes, Charles Evans 249
Hugo, Victor 13, 15, 220
Huizinga, Johan 344
Hull, Cordell 249 ff.
Husain, Maidi Ahmad 295
Husseini, Dschamal 274
Husseini, Fausi 273 f.
Husseini, Hadsch Amin al- 274
Hutten, Ulrich von 341

Innozenz III., Papst 15
Isherwood, Christopher 25
Iwan der Schreckliche 157, 202

Jackson, Senator 125
Jannings, Emil 30
Jansen, Johannes 268
Jaspers, Karl 109
Jelzin, Boris 153 f.
Jenkins, Brian 298
Johnson, Samuel 230
Joll, James 201
Josselson, Michael 104 ff., 108, 110, 112
Jugurtha, König der Numiden 338
Jung, Carl 44
Jünger, Ernst 20 f.

Kalischer, Hirsch Zvi 178
Kantorowicz, Ernst Hartwig 162
Kasparow, Gari 152
Kästner, Erich 23
Kekkonen, Urho 127–131
Kellermann, Henry 51
Kellog, Frank 249
Kennan, George 87, 89, 103, 106, 128, 217
Kennedy, John F. 250 f.
Kepel, Gilles 268, 270
Kershaw, Ian 204
Khan, Ayub 304
Khomeini, Ruhollah 203, 271
Kim Il Sung 86

Kipling, Rudyard 210
Kirchner, Ernst Ludwig 31
Kissinger, Henry 55, 250 f.
Kitt, Eartha 9
Knittel, John 162
Knowles, David 201
Koebel, Eberhard 34
Koestler, Arthur 69, 108
Kohl, Helmut 252
Kohn, Hans 135
Koivisto, Mauno 129
Kolarz, Walter 135
Kondratjew, Alexander 235
Korsch, Karl 44
Kouchner, Bernard 252
Krauss, Karl 115
Kreisky, Bruno 195
Kristol, Irvin 105, 114
Kuhn, Thomas 265
Kutusow, Michail 202

Labedz, Leo 116
Lachmann, Trainer 39
Lakwir, Alexander 315
Lang, Fritz 30
Laqueur, Naomi 77
Lash, Christopher 119 ff., 124
Lasky, Melvin 108 f., 112
Lassalle, Ferdinand 192
Le Mière de Corvey, Jean Frederic 281
Leeuwenhoek, Anton van 315
Leffler, Melvyn 143
Leibniz, Gottfried 315
Lenin, Wladimir 36, 41, 44, 95, 129, 152, 265
Lermontow, Michail 315
Lewin, Bernard 134
Lewis, Bernard 270
Lichtheim, George 104, 106
Lieber, Francis 214
Liebermann, Avigdor 170
Liebermann, Max 233
Liebknecht, Karl 36
Lincke, Paul 232, 238
Lippmann, Walter 217
Lipponen, Paavo 130
Litwinow, Maxim 249

Lloyd, Mary 237
Locke, John 315
Lombroso, Cesare 290
Loubet, Émile 231
Lowe, Adolph 28
Löwenthal, Richard 105, 127, 264
Lüthy, Herbert 105
Luxemburg, Rosa 35, 191
Lyttleton, Adrian 201

Machiavelli, Niccolò 130, 253
Macke, August 233
Macmillan, Harold 319
Magsaysay, Ramon 283
Maher, Ahmes 273
Malenkow, Georgi 95, 143
Malia, Martin 142
Malthus, Thomas 325, 339
Manet, Édouard 13, 233
Mann, Thomas 23, 26
Mao Tse-tung 265, 275 f., 278, 283, 292
Marshall, George 250
Martow, Julius 152
Marx, Karl 34, 36, 44, 62, 70, 178, 192, 228, 265, 327
Mason, A. E. W. 159
Massenet, Jules Émile 231
Maurras, Charles 192
Mauthner, Fritz 193
Mawdudi, Abul A'la 269
May, Karl 160, 163 f.
McCarthy, Joe 28, 210
McCloy, John 109
McCone, John 257
Medwedew, Dmitri 148, 150
Metternich, Klemens Wenzel 19
Michelet, Jules 230
Miller, Max 237
Miner, Josef 39
Mistinguett (Jean Marie Bourgeois) 238
Mitford, Nancy 114
Mitterrand, François 252
Mohammed Ali 175 f.
Mommsen, Hans 99
Mommsen, Wolfgang 201

Mondale, Walter 128
Monet, Claude 13, 233
Monte, Hilda 56
Montefiore, Moses 178
Montesquieu, Charles 152
Moravia, Alberto 123
Morgenthau, Hans 261
Morosow, Iwan 236
Mosse, George 38, 106, 198
Murdoch, Rupert 120
Mussolini, Benito 44, 46, 152, 265, 272, 309
Mussorgski, Modest 14

Nabokov, Nicholas 104
Nadeau, Maurice 201
Napoleon I. Bonaparte 72, 199, 255, 275, 292, 337
Napoleon III. 13
Nashashibi, Fachri 273
Nasser, Gamal Abdel 138, 170, 183
Negroponte, John 257, 267
Nero, römischer Kaiser 199
Netanyahu, Benjamin 170
Newton, Isaac 315, 341
Nicolai, Walter 255
Nietzsche, Friedrich Wilhelm 171
Nikolajewski, Boris 78
Nikolaus II., Zar 221
Nixon, Richard 28, 251
Nkrumah, Kwame 138
Nobel, Alfred 302
Nokraschi, Mahmud 273
Nolde, Emil 31
Nolte, Ernst 50
Northcliffe, Lord Alfred 232
Nye, Joseph S. 310

O'Brien, Connor Cruise 119 f.
Obama, Barack 82
Offenbach, Jacques 232
Ognew, Nikolai 64
Oppenheimer, Robert 25
Orwell, George 111
Osborne, John 317
Oxenstierna, Axel 225

Oxenstierna, Johan 225
Oz, Amos 77

Pannekoek, Anton 44
Papagos, Alexandros 283
Pares, Bernard 270 f.
Pascal, Blaise 194
Pasternak, Boris 193
Pavelić, Ante 211
Pawlowski, Gleb 156
Pechstein, Max 31
Peguy, Charles 14
Perikles 12, 154
Perón, Juan 46, 91
Peter der Große 202, 315
Pinochet, Augusto 91
Pipes, Richard 142
Pissarro, Camille 13
Pitt, William 243
Platon 12
Pokrowski, Michail 202
Pol Pot 82, 211, 265
Polanyi, Michael 118
Powell, Colin 250
Powell, Enoch 248
Proust, Marcel 11, 235
Puschkin, Alexander 73, 154, 170, 315
Putin, Wladimir 79, 93, 135, 143, 146, 148, 150, 152 f., 156 f., 338
Puzo, Mario 152

Qutb, Sayyid 269

Rabin, Yitzhak 174
Raeborn, William 257
Raschid, Harun al- 307
Rasputin, Valentin 135
Rathenau, Walther 194
Ravel, Maurice 231
Reagan, Ronald 137 f., 143, 258, 295, 332
Reed, John 64
Rees, Martin 240
Reilinger, Kurt 55
Remond, René 201
Renoir, Jean 24
Ribbentrop, Joachim von 72
Rimbaud, Arthur 194

Ringer, Fritz 201
Robespierre, Maximilien 227, 265, 290
Rogers, William P. 250
Rolland, Romain 23, 65
Roosevelt, Franklin D. 49, 251, 340
Rorty, Richard 241
Rosenberg, Alfred 43
Rothschild, James 178
Rothschild, Lionel 178
Roy, Olivier 270
Rubin, Barry 10
Rumbold, Horace 271
Rusk, Dean 250, 252
Russell, Bertrand 89, 109

Sachs, Maurice 194
Saddam Hussein 262, 278
Said, Edward 159, 164
Saint-Just, Antoine de 227
Saint-Saëns, Camille 231, 238
Salazar, Antonio 46
Sallust, Gaius 337
Sánchez, Ilich Ramírez (»Carlos, der Schakal«) 167, 187
Sarkawi, Abu Musab 300
Sarkozy, Nicolas 13, 196, 252
Sartre, Jean-Paul 110, 113, 121, 123, 319
Saunders, Frances Stonor 107
Saussure, Ferdinand de 142
Sawahiri, Aiman as- 268
Sawinkow, Boris 299
Schapiro, Henry 76
Schdanow, Andrej 91
Schewardnadse, Eduard 149
Schiller, Friedrich 26, 315
Schlesinger, Arthur 207
Schmid, Carlo 108
Schmidt-Rottluff, Karl 31
Schröder, Gerhard 252
Schukow, Georgi 72, 93
Schukschin, Wassili 135
Schwartz, Solomon 78
Schweitzer, Albert 163

Segni, Lothar von (Innozenz III.) 15
Serauky, Eberhard 268
Seton-Watson, Hugh 97, 201
Shachtman, Max 80
Shapiro, Leonard 97
Shaw, George Bernard 272
Shils, Edward 107, 125
Shultz, George 251
Sieczynski, Rudolf 234
Siedler, Wolf Jobst 214 f.
Silone, Ignazio 44, 108, 113
Simonow, Konstantin 74
Sinclair, Upton 65
Smith, Adam 152, 315
Smith, Gerald L. K. 211
Sokrates 12
Solschenizyn, Alexander 111, 122
Sorge, Richard 72
Sorokin, Wladimir 157
Soros, George 247
Spender, Stephen 25, 104
Spengler, Oswald 336, 338 f.
Sperber, Manes 105
Spinoza, Baruch 315
Stahl, Friedrich Julius 178
Stalin, Josef 27, 45, 47, 49, 63, 65 f., 68–73, 77, 79, 81 f., 84 ff., 88–96, 99, 102, 104, 109, 113, 143, 146 f., 149, 151 f., 195, 209 f., 221, 224, 229, 253, 261, 265, 267, 272, 317, 319
Stein, Edith 193
Stepanow, Wladimir 127
Sternberg, Fritz 44
Stevens, Edmund 76
Stimson, Henry 249 f.
Stone, Norman 201
Stone, Shepard 103
Strasser, Otto 35
Strauß, Franz Josef 127
Strauss, Johann 14, 235
Strauss, Leo 124

Strawinski, Igor 231
Streicher, Julius 39, 194
Stresemann, Gustav 249
Sueton, Gaius 255
Sukarno, Achmed 138
Sun Tsu 255
Suworow, Alexander 202
Swinburne, Algernon Charles 15

Taha, Sami 274
Talleyrand, Charles Maurice 19
Tantusi, Abu Basir al- 295
Tenet, George 250, 257
Thälmann, Ernst 35
Thatcher, Margaret 252
Theodorakis, Mikis 187
Thomas, Hugh 201
Thukydides 199
Tindemans, Leo 320
Tito, Josip Broz 275, 291
Titulescu, Nicolae 249
Tjutschew, Fjodor 69, 144
Todd, Emmanuel 134
Tolstoi, Alexej 74
Tolstoi, Leo 14, 315
Torberg, Friedrich 115
Torrio, Dan 152
Toynbee, Arnold 201, 244
Trebitsch, Arthur 194
Trenet, Charles 239
Tretjakow, Sergej 64
Trevelyan, George Macaulay 200, 265 f.
Trotzki, Leo 16, 73, 80 f., 92
Tschaadajew, Pjotr 154 f.
Tschaikowski, Peter 14, 236
Tschechow, Anton 155, 235
Tschernenko, Konstantin 139
Tschiang Kai-schek 283
Turgenjew, Iwan 14
Turgot, Anne Robert Jacques 342 f.
Turner, Stansfield 257
Twain, Mark 315

Ulam, Adam 151 f.
Ustrjalow, Nikolai 78 f.

Valiani, Leo 201
Vance, Cyrus 250
Varus, Quintilius 255
Venizelos, Eleftherios 249
Verlaine, Paul 13
Verne, Jules 14
Vishniak, Marc 79 f.
Voltaire 224, 315, 336

Wagner, Richard 235
Watt, Donald 201
Waugh, Evelyn 114
Webb, Beatrice 271
Webb, Sidney 271
Weber, Eugen 201, 239
Weber, Max 214
Weil, Simone 191
Weininger, Otto 194
Weizmann, Chaim 50, 170
Werth, Alexander 118, 120
Wiles, Peter 118
Wilhelm II., Kaiser 221, 234
Wilkinson, Paul 301
Wladimirow, Wiktor 127
Wohlstetter, Roberta 254
Wolf, Markus 55
Wolfe, Bertram 97
Wolfe, Thomas 23
Woodward, Llewelyn 200
Woolsey, Jim 257
Wright, Brüder 232

Xenophon 199

Young, Arthur 226

Zeldin, Theodore 201
Zeppelin, Ferdinand Adolf Heinrich August Graf von 18, 232
Žižek, Slavoj 330
Zola, Émile 230 f.